U0608432

Structural Equation Models:
Methods and Applications

结构方程模型：
方法与应用

（第二版）

王济川　王小倩　姜宝法

中国教育出版传媒集团

高等教育出版社·北京

图书在版编目（CIP）数据

结构方程模型：方法与应用 = Structural
Equation Models: Methods and Applications / 王济川，
王小倩，姜宝法编著 . -- 2 版 . -- 北京 : 高等教育出
版社 , 2025. 1. -- ISBN 978-7-04-062311-6

Ⅰ . C32

中国国家版本馆 CIP 数据核字第 2024JJ7894 号

JIEGOU FANGCHENG MOXING: FANGFA YU YINGYONG

策划编辑	李华英	责任编辑	李华英	封面设计	李树龙	版式设计	童 丹
责任绘图	李沛蓉	责任校对	胡美萍	责任印制	赵 佳		

出版发行	高等教育出版社	网 址	http://www.hep.edu.cn	
社 址	北京市西城区德外大街 4 号		http://www.hep.com.cn	
邮政编码	100120	网上订购	http://www.hepmall.com.cn	
印 刷	北京中科印刷有限公司		http://www.hepmall.com	
开 本	787mm×1092mm 1/16		http://www.hepmall.cn	
印 张	30.5	版 次	2011 年 5 月第 1 版	
字 数	560 千字		2025 年 1 月第 2 版	
购书热线	010-58581118	印 次	2025 年 1 月第 1 次印刷	
咨询电话	400-810-0598	定 价	98.00 元	

第二版前言

本书的第一版由高等教育出版社于 2011 年出版发行, 该书用通俗易懂的语言介绍结构方程模型 (structural equation model, SEM), 并用真实科研数据演示如何使用结构方程模型流行软件 Mplus 来估计不同的结构方程模型, 为学习和运用结构方程模型提供参考指南。自该书出版以来, 结构方程模型有许多新发展, Mplus 也经历了数次版本更新, 添加了许多新功能。本书的第二版重新组织了第一版的章节, 全书由原来的 6 章改为 7 章。第一版未曾讨论的有限混合模型 (finite mixture model), 现在第二版第六章中介绍和演示。原有各章亦均增加了新内容以涵盖更多的结构方程模型。所有示例的 Mplus 程序也已使用 Mplus 8.8 进行了更新。以下是具体章节的更新内容。

第一章: 在模型估计部分简单介绍了贝叶斯模型估计法及相应的模型拟合评估。

第二章: 增加了因子尺度的效应编码, 双因子 CFA (bifactor CFA) 模型, 贝叶斯 CFA (Bayesian CFA, BCFA) 模型, 以及估计和保存潜变量的合理值 (plausible value) 以供进一步分析的方法。

第三章: 增加了调节中介效应模型, 自助法结构方程模型, 使用潜变量合理值的结构方程模型, 以及贝叶斯结构方程模型。

第四章: 增加了带个体差异观察时间的潜发展模型, 因而, 允许纵向数据中重复测量间的时间间隔因人而异。

第五章: 增加了使用分类标识变量的多组 CFA 模型来评估带分类观察标识的量表的测量不变性。

第六章: 讨论和演示的模型是第一版未涵盖的。内容包括常用的各种有限混合模型, 如潜类别分析模型 (latent class analysis (LCA) model), 潜剖面分析模型 (latent profile analysis (LPA) model), 潜转换分析模型 (latent transition analysis (LTA) model), 发展混合模型 (growth mixture model, GMM), 因子混合建模 (factor mixture modeling, FMM), 以及多组潜剖面分析模型 (multi-group LPA model, MGLPA)。

第七章: 增加了带分类观察标识的 LCA 的功效分析和样本量估计。

本书涵盖了结构方程建模的基本概念、方法和应用, 包括一些最近开发的高级结构方程模型。书中模型演示使用国际知名的计算机程序 Mplus 8.8, 并为每个示例模型提供了 Mplus 程序。虽然本书中用于示例模型的数据来自公共卫生研究, 但分析方法适用于社会科学定量分析的其他领域。有关程序和数据可通过扫描以下二维码免费下载。

程序

数据

本书的英文版于 2020 年由 John Wiley & Sons 在美国出版, 被很多大学作为教学参考书。许多研究人员和研究生发现这本书对他们学习和实践结构方程建模很有帮助。我们希望本书的第二版能帮助国内对结构方程建模感兴趣的教师、研究生和研究人员更好地了解结构方程模型的基本原理、理论框架和方法, 以及使用 Mplus 实际运行各种结构方程模型。

第一版前言

在过去二十年中, 结构方程模型 (structural equation model, SEM) 已广泛应用于社会科学的各个领域, 包括心理学、社会学、经济学、教育学、人口学、政治学以及生物学和健康研究。与传统的统计方法, 如多元回归模型、方差分析、路径分析和多层统计分析模型等相比较, 结构方程模型的优势包括但不限于: 充分考虑了测量误差; 可同时对多个结局变量建模; 可检验总体模型拟合度; 可估计和检验直接、间接和总效应; 可检验复杂和特定假设; 可处理复杂数据 (如带有自相关误差的时间序列数据、非正态数据、删截数据及分类结局数据等); 可检验模型参数跨总体/组群的恒定性。然而, 结构方程模型在社会科学和健康研究中的应用仍相对较少。本书旨在为结构方程模型的初学者提供学习资源, 并为那些比较熟悉结构方程模型的学者提供指导和参考。

本书重点介绍结构方程模型的基本概念、建模方法和模型的应用, 涵盖结构方程模型的基本原理, 同时介绍结构方程模型的最新进展。在写作上力求少使用数学专业术语, 侧重介绍结构方程模型的概念及实际应用。本书采用国际著名 SEM 软件 —— Mplus (Muthén & Muthén, 1998—2008), 使用真实数据来演示各种常见的以及某些新近发展起来的较高级的结构方程模型, 提供相应的 Mplus 程序, 并详细解读程序输出结果。

本书共分为 6 章。第一章对结构方程模型进行了概述, 通过结构方程模型建模的 5 个步骤 (模型表达、模型识别、模型估计、模型评估和模型修正), 对结构方程模型的基本概念、原理和方法进行了阐述。

第二章讨论验证性因子分析 (confirmatory factor analysis, CFA) 及其应用。模型演示中介绍了如何具体处理验证性因子分析中的一些常见问题, 如怎样处理不遵从多元正态分布假设的数据, 如何分析删截结局测量和不同的分类结局测量等。在本章的最后, 我们将一阶 CFA (first-order CFA) 模型扩展为二阶 CFA (second-order CFA) 模型。

第三章讨论结构方程模型及其应用。本章从结构方程模型的一个特例 —— MIMIC (multiple indicators and multiple causes) 模型开始, 介绍并用真实数据演示了各种结构方程模型。在模型的演示过程中, 我们重点讨论了结构方程模型实际应用中经常遇到的一些问题, 诸如协变量间的交互效应、涉及潜变量的交互效应、条目功能差异 (differential item function, DIF) 检验、间接效应和总效应的估计和检验, 以及单标识变量中测量误差效应校正等。

第四章将结构方程模型的应用扩展到纵向数据分析。纵向数据是指对研究对象进行长期追踪观察、重复测量个体有关变量所获得的数据。本章介绍了一个新近发展起来的分析纵向数据的结构方程模型 —— 潜发展模型 (latent growth model, LGM), 讨论并演示了潜发展模型的各种形式, 如线性潜发展模型、非线性潜发展模型、多结局测量的潜发展模型、两部式潜发展模型 (two-part LGM) 和分类结局测量的潜发展模型。

第五章将单组结构方程模型扩展到多组结构方程模型, 以评估同一测量量表是否适用于不同的总体或组别, 以及检验因果效应是否具有跨总体或组别不变性 (或跨组恒定性)。本章所演示的模型包括多组 CFA 模型 (多组一阶 CFA 模型和多组二阶 CFA 模型)、多组 SEM 和多组 LGM。

第六章讨论结构方程模型的功效分析 (power analysis) 和样本量的计算。在简要地回顾了结构方程模型样本量估计的经验法则以后, 我们讨论估计结构方程模型建模所需样本量的各种方法。就侦测非零模型参数而言, 我们演示和比较了运用 Satorra-Saris 法和蒙特卡罗模拟法对 CFA 模型和 LGM 进行功效分析和样本量估计。然后, 我们介绍和演示了结构方程模型功效分析的一些新方法, 例如 MacCallum, Browne & Sugawara 法和 Kim 法。这些方法基于模型总体拟合度的零假设检验, 估计达到某统计功效 (如 0.80) 所需的样本量, 或计算给定样本量的统计功效。

目前很多计算机软件可用于构建结构方程模型。这些软件均可以构建和估计大多数的结构方程模型。应用哪种软件往往取决于成本、技术支持和个人喜好。本书中用于模型演示的计算机软件为 Mplus, 该软件已越来越广泛地应用于构建结构方程模型。应用该软件不需要复杂的编程即可进行多种高级结构方程模型分析。本书所演示的模型旨在向读者展示如何应用 Mplus 软件构建横向数据和纵向数据的结构方程模型。示例模型相应的数据集和 Mplus 程序可登录高等教育出版社网站下载。虽然本书中示例模型所用数据均来自健康研究, 但其所应用的方法和分析技术适用于社会科学其他领域。

本书适用于社会科学和健康研究领域的教师、研究生及科研工作者。本书可作为学习结构方程模型的教学参考书和运用 Mplus 构建结构方程模型的参考指南。

目录

第一章 结构方程建模简介 (Introduction to Structural Equation Modeling) ·· **1**

1.1 简介 (Introduction) ·· 1

1.2 模型表述 (Model formulation) ······························· 3

    1.2.1 测量模型 (Measurement model) ······················ 4

    1.2.2 结构模型 (Structural model) ························· 6

    1.2.3 模型表述公式 (Model formulation in equations) ·············· 6

1.3 模型识别 (Model identification) ···························· 11

1.4 模型估计 (Model estimation) ······························· 13

1.5 模型拟合评估 (Model fit evaluation) ······················ 18

1.6 模型修正 (Model modification) ····························· 25

附录 1.A 将观察变量之间的方差/协方差表示为模型参数的函数 (Expressing variances and covariances among observed variables as functions of model parameters) ····· 27

附录 1.B SEM 的最大似然函数 (Maximum likelihood function for SEM) ·· 29

第二章 验证性因子分析 (Confirmatory Factor Analysis, CFA) ··· **31**

2.1 简介 (Introduction) ·· 31

2.2　CFA 模型基础 (Basics of CFA model)·························· 33

2.3　带连续标识变量的 CFA 模型 (CFA model with continuous indicator variables)······························· 42

　　2.3.1　因子标度设定备选方法 (Alternative methods for factor scaling) ··· 51

　　2.3.2　基于模型估计的条目信度 (Model estimated item reliability)······· 55

　　2.3.3　基于修正指数的模型修正 (Model modification based on modification indices) ····························· 56

　　2.3.4　基于模型估计的量表信度 (Model estimated scale reliability) ······ 57

　　2.3.5　条目打包 (Item parceling) ····························· 58

2.4　带非正态或删失连续标识变量的 CFA 模型 (CFA model with non-normal or censored continuous indicator variables)········· 59

　　2.4.1　检验非正态性 (Testing non-normality)···················· 60

　　2.4.2　带非正态连续标识变量的 CFA 模型 (CFA model with non-normal continuous indicator variables) ···················· 61

　　2.4.3　带删失连续标识变量的 CFA 模型 (CFA model with censored continuous indicator variables) ···················· 66

2.5　带分类标识变量的 CFA 模型 (CFA model with categorical indicator variables)····························· 68

　　2.5.1　带二分类标识变量的 CFA 模型 (CFA model with binary indicator variables)····························· 70

　　2.5.2　带有序分类标识变量的 CFA 模型 (CFA model with ordinal indicator variables) ····························· 75

2.6　贝叶斯 CFA 模型 (Bayesian CFA model, BCFA)·············· 76

2.7　潜变量合理值 (Plausible values of latent variables)·············· 85

2.8　CFA 模型的扩展 (Extension of CFA model)·················· 88

　　2.8.1　高阶 CFA 模型 (Higher-order CFA model)················ 88

　　2.8.2　双因子 CFA 模型 (Bifactor CFA model)················· 93

附录 2.A　BSI-18 量表 (BSI-18 instrument)···················· 99

附录 2.B　条目信度 (Item reliability)·························· 100

附录 2.C　Cronbach α 系数 (Cronbach's alpha coefficient)·········· 101

附录 2.D　用 PROBIT 回归系数计算概率 (Calculating probabilities using PROBIT regression coefficients)······· 101

第三章　结构方程模型 (Structural Equation Model, SEM)·· **103**

3.1　简介 (Introduction)······························· 103

3.2 MIMIC 模型 (Multiple indicators and multiple causes model)·· 104

3.3 结构方程模型 (Structural equation model)················· 123

3.4 单标识变量中测量误差的校正 (Correcting for measurement error in single indicator variable)·················· 134

3.5 检验涉及潜变量的交互效应 (Testing interactions involving latent variable)····························· 137

3.6 调节中介效应模型 (Moderated mediation effect model)········ 141

3.7 使用潜变量合理值的 SEM (SEM using plausible values of latent variable) ······························· 151

3.8 贝叶斯路径分析模型 (Bayesian path analysis model)·········· 155

附录 3.A 测量误差的影响 (Influence of measurement errors) ····· 161

附录 3.B 缺失信息分率 (Fraction of missing information, FMI) ···· 162

第四章 潜发展模型 (Latent Growth Model, LGM) ········ 164

4.1 简介 (Introduction) ····························· 164

4.2 线性潜发展模型 (Linear LGM) ····················· 165

4.2.1 无条件线性潜发展模型 (Unconditional linear LGM) ············· 165

4.2.2 带时间恒定协变量的潜发展模型 (LGM with time-invariant covariates)························ 171

4.2.3 带时间变化协变量的潜发展模型 (LGM with time-varying covariates) ······················ 175

4.3 非线性潜发展模型 (Nonlinear LGM) ··················· 179

4.3.1 带多项式时间函数的潜发展模型 (LGM with polynomial time functions) ···················· 179

4.3.2 分段线性潜发展模型 (Piecewise linear LGM) ·············· 192

4.3.3 自由时间分值潜发展模型 (LGM with free time scores) ··········· 196

4.3.4 带终端结局测量的潜发展模型 (LGM with distal outcomes) ······· 199

4.4 带多结局测量发展过程的线性潜发展模型 (LGM with multiple growth processes) ··························· 202

4.5 两部式潜发展模型 (Two-part LGM)··················· 208

4.6 带分类结局测量的潜发展模型 (LGM with categorical outcomes)··························· 216

4.7 带个体差异观察时间的潜发展模型 (LGM with individually varying time of observations) ····················· 226

第五章　多组模型 (Multi-group Model)·······················**230**

5.1　简介 (Introduction)··································· 230

5.2　多组 CFA 模型 (Multi-group CFA model)················· 231

　　5.2.1　多组一阶 CFA 模型 (Multi-group first-order CFA model)········ 234

　　5.2.2　多组二阶 CFA 模型 (Multi-group second-order CFA model)······ 265

　　5.2.3　带分类标识的多组 CFA (Multi-group CFA with
　　　　　ordinal categorical indicators)······················ 286

5.3　多组结构方程模型 (Multi-group structural equation model)···· 294

5.4　多组潜发展模型 (Multi-group latent growth model)·········· 305

第六章　混合模型 (Mixture Model)··················· **317**

6.1　简介 (Introduction)··································· 317

6.2　潜类别分析模型 (Latent class analysis (LCA) model)········· 318

　　6.2.1　潜类别分析模型的描述 (Description of LCA model)··········· 319

　　6.2.2　无条件潜类别分析模型 (Unconditional LCA model)··········· 323

　　6.2.3　检验潜类别与观察变量的关系 (Testing relationship of
　　　　　latent class with observed variables)················· 336

　　6.2.4　带残差协方差的潜类别分析模型 (LCA model with
　　　　　residual covariance)························ 353

6.3　潜剖面分析模型 (Latent profile analysis (LPA) model)········ 355

6.4　纵向数据混合模型 (Longitudinal data mixture model)·········· 359

　　6.4.1　纵向潜剖面分析 (Longitudinal latent profile analysis, LLPA)····· 359

　　6.4.2　潜转换分析模型 (Latent transition analysis (LTA) model)········ 362

　　6.4.3　用三步法估计带协变量的 LTA 模型 (Estimate LTA model with
　　　　　covariates using 3-step method)················ 372

　　6.4.4　发展混合模型 (Growth mixture model, GMM)·············· 376

6.5　因子混合建模 (Factor mixture modeling, FMM)··············· 397

6.6　多组潜剖面分析模型 (Multi-group LPA model, MGLPA)······· 403

　　6.6.1　检验条目均值的跨组不变性 (Testing invariance of
　　　　　item means across groups)······················ 405

　　6.6.2　检验条目方差的跨组不变性 (Testing invariance of
　　　　　item variances across groups)······················ 408

　　6.6.3　检验潜剖面分布的跨组不变性 (Testing invariance of
　　　　　latent profile distribution across groups)··················· 409

　　6.6.4　带协变量和结局测量的多组潜剖面模型 (Multi-group LPA model
　　　　　with covariates and outcome measure)·············· 409

第七章　结构方程建模的样本量估计 (Sample Size Estimation for Structural Equation Modeling) ·········· **415**

7.1　简介 (Introduction) ······························· 415

7.2　结构方程模型样本量估计的经验法则 (The rule of thumb for sample size needed for SEM) ··················· 416

7.3　用 Satorra-Saris 方法估计样本量 (Satorra-Saris's method for sample size estimation) ······················ 417

　　7.3.1　Satorra-Saris 方法在 CFA 模型中的应用 (Application of Satorra-Saris's method to CFA model) ·············· 418

　　7.3.2　Satorra-Saris 方法在 LGM 中的应用 (Application of Satorra-Saris's method to LGM) ················ 426

7.4　用蒙特卡罗模拟估计样本量 (Monte Carlo simulation for sample size estimation) ······················ 430

　　7.4.1　蒙特卡罗模拟在 CFA 模型中的应用 (Application of Monte Carlo simulation to CFA model) ············ 431

　　7.4.2　蒙特卡罗模拟在 LGM 中的应用 (Application of Monte Carlo simulation to LGM) ·················· 439

　　7.4.3　蒙特卡罗模拟在带协变量的 LGM 中的应用 (Application of Monte Carlo simulation to LGM with covariate) ········ 442

　　7.4.4　蒙特卡罗模拟在带缺失值的 LGM 中的应用 (Application of Monte Carlo simulation to LGM with missing values) ·········· 445

7.5　基于模型拟合统计量/指标估计 SEM 的样本量 (Estimate sample size for SEM based on model fit statistics/indexes) ····· 449

　　7.5.1　MacCallum, Browne & Sugawara 方法的应用 (Application of MacCallum, Browne & Sugawara's method) ·············· 450

　　7.5.2　Kim 方法的应用 (Application of Kim's method) ·········· 452

7.6　LCA 模型的样本量估计 (Estimate sample size for LCA model) ·································· 454

参考文献 (References) ····························· **457**

名词索引 (Index) ······························· **458**

第一章 结构方程建模简介 (Introduction to Structural Equation Modeling)

1.1 简介 (Introduction)

结构方程模型 (structural equation model, SEM) 起源于因子分析 (Spearman, 1904; Tucker, 1955), 路径分析或联立方程 (Wright, 1918, 1921, 1934). 通过整合因子分析和路径分析, 产生一个更广义的分析框架, 称为结构方程建模 (structural equation modeling) (Jöreskog, 1967, 1969, 1973; Keesling, 1972; Wiley, 1973). 在 SEM 中, 不可观察的潜变量 (latent variable) (概念或因子) 是从观察到的标识变量 (indicator variable) 中估计出来的. SEM 的重点是估计潜变量之间的关系, 并排除测量误差 (measurement error) 对此关系的影响 (Jöreskog, 1973; Jöreskog & Sörbom, 1979; Bentler, 1980, 1983; Bollen, 1989).

SEM 提供了一种处理模型中观察变量测量误差的方法. 在社会科学中, 一些结局 (outcomes), 如智力、能力、信任、自尊、动机、成功、野心、偏见、异化、保守主义等, 是不能直接观察和测量的. 它们本质上是假设的构念或概念, 不能直接测量. 研究人员只能用一些可观察的测量作为潜变量的标识, 进行间接测量. 测量误差也始终是统计分析中的一个问题. 传统的统计方法 (例如多元回归、方差分析 (ANOVA)、路径分析、联立方程) 忽略了模型中变量的潜在测量误差问题. 如果多元回归模型中的自变量存在测量误差, 则模型残差将与该自变量相关, 因而违反基本统计假设. 这样一来, 回归模型的参数估计就会有偏差, 导致结论不正确. SEM 提供了一种灵活而高效的方法, 可以同时评估变量的测量质量, 并检验构念/概念之间的因果关系. 也就是说, 它提供了构建未观察到的潜变量和估计未受测量误差污染的潜变量之间关系的机会.

SEM 的其他优势包括同时对多个因变量建模; 检验整体模型拟合, 检验直接和间接影响, 检验复杂和特定假设; 处理困难数据 (例如, 具有自相关误差的时间序列, 非正态、删失、计数和分类结局变量等); 检验测量或参数跨组不变性以及整合以案例为中心 (case-centered) 和以变量为中心 (variable-centered) 的分析方法. 这些模型特征的相关议题在本书的以下章节中讨论.

本章简要介绍大多数结构方程建模中应用的五个步骤 (Bollen & Long, 1993):

(1) 模型表述 (model formulation). 它是指正确设定研究人员想要检验的结构方程模型. 该模型可以在理论或经验发现的基础上设定. 一般的结构方程模型由两部分组成: 测量模型 (measurement model) 和结构模型 (structural model).

(2) 模型识别 (model identification). 它确定设定模型中所有自由参数是否存在唯一解. 如果模型不能被识别, 那么模型无法估计; 如果模型设定错误, 那么模型估计可能无法收敛或无法求解.

(3) 模型估计 (model estimation). 它是估计模型参数并生成拟合函数. 不同的方法可用于估计结构方程模型, 最常用的方法是最大似然 (maximum likelihood) 法.

(4) 模型评估 (model evaluation). 在获得有意义的模型参数估计后, 研究人员需要评估模型是否适合数据. 如果模型很好地拟合数据并且结果可以解释, 那么建模过程就此结束.

(5) 模型修正 (model modification). 如果模型拟合数据不好, 那么需要重新设定或修正模型. 在这种情况下, 研究人员将决定如何删除、添加或修改模型中的参数设定. 重新设定模型后, 可以再次执行步骤 (1) 到 (4). 在实际研究中, 模型修正可能会重复多次. 在下面的部分中, 我们将逐步介绍结构方程建模过程.

1.2 模型表述 (Model formulation)

结构方程建模从模型表述开始. 有不同的方法来设定感兴趣的模型. 最直观的方法是通过 Wright (1934) 首先建议的路径图 (path diagram) 来描述一个模型. 路径图是 SEM 的基础, 它允许研究人员以最直观的图像方式设定模型. 该图对理解变量之间的关系很有帮助. 在 SEM 路径图中有几种约定, 其中观察变量 (也称为测量变量 (measured variable)、外显变量 (manifest variable) 或标识 (indicator)) 显示在正方形或长方形中, 而潜变量或因子则显示在圆形或椭圆形中. 变量之间的关系用线条表示; 缺少连接变量的线意味着没有假设相应变量之间的直接关系. 带单箭头的线代表两个变量之间假设的效应关系, 箭头指向受另一个变量影响的变量; 双向箭头表示变量之间的相互关联, 而不是效应.

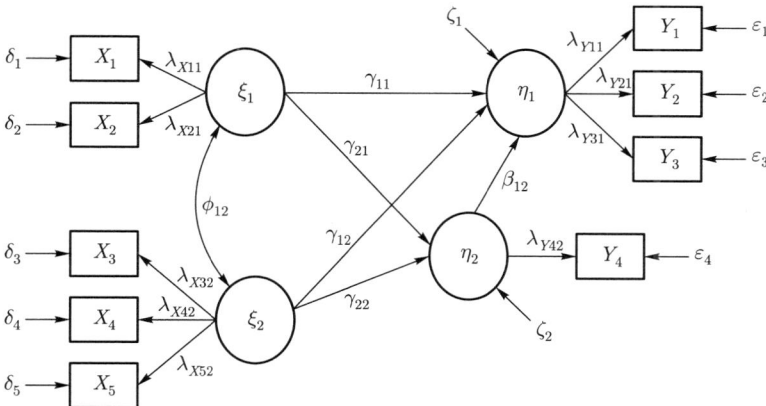

图 1.1 假设的一般结构方程模型

图 1.1 所示的路径图中设定了一个假设的一般结构方程模型 (general structural equation model) 的示例. 如上所述, 在路径图中潜变量用椭圆表示, 观察变量用长方形表示. 潜变量或因子的测量是通过一个或多个观察表示完成的.

在我们的示例模型中, 两个观察变量 (X_1 和 X_2) 用作潜变量 ξ_1 的标识/条目, 三个观察变量 (X_3 — X_5) 用作潜变量 ξ_2 的标识/条目, 三个观察变量 (Y_1 — Y_3) 用作潜变量 η_1 的标识/条目. 注意, η_2 具有单个标识, 我们会在第三章中讨论这种特例.

由模型内的变量决定的潜变量或因子称为内生潜变量 (endogenous latent variable), 用 η 表示; 由模型外的变量决定的潜变量称为外生潜变量 (exogenous latent variable), 用 ξ 表示. 在示例模型中, 有两个外生潜变量 (ξ_1 和 ξ_2) 和两个内生潜变量 (η_1 和 η_2). 外生潜变量的标识称为外生标识 (exogenous indicator) (如 X_1—X_5); 内生潜变量的标识称为内生标识 (endogenous indicator) (如 Y_1—Y_4). 前者的测量误差用 δ 表示, 后者的测量误差用 ε 表示 (见图 1.1).

路径图中的系数 β 和 γ 为路径系数 (path coefficient). 路径系数的第一个下标表示内生因变量, 第二个下标表示原因变量, 其可以是内生或外生变量. 如果原因变量是外生的 (ξ), 则路径系数为 γ; 如果原因变量是另一个内生变量 (η), 则路径系数是 β. 例如, γ_{12} 是第二个外生变量 ξ_2 对第一个内生变量 η_1 的效应, β_{12} 是内生变量 η_2 对内生变量 η_1 的效应. 就像多元回归一样, 结构方程也有残差项, 即模型中的 ζ_1 和 ζ_2.

与多元回归、方差分析和路径分析等传统统计方法不同, SEM 关注的是潜变量/因子, 而不是观察变量. SEM 的基本目标是提供一种方法来估计假设模型的未观察到的潜变量之间的结构关系, 它们不受测量误差的影响. 这一目标是通过将测量模型 (验证性因子分析) 和结构模型 (结构方程或潜变量模型) 整合到结构方程模型框架中来实现的. 可以说一般结构方程模型由两部分组成: (1) 将观察到的变量与未观察到的潜变量 (因子) 联系起来的测量模型; (2) 通过联立方程系统将潜变量相互联系起来的结构方程 (Jöreskog, 1973).

1.2.1　测量模型 (Measurement model)

测量模型是 SEM 的测量部分. 它的目的是描述用观察到的标识变量测量潜变量/因子的效果. 验证性因子分析 (confirmatory factor analysis, CFA) 用来评估测量模型. 测量模型提议观察标识变量与其所测量潜变量/因子之间的关系, 然后用 CFA 模型根据数据对它们进行检验, 以 "确认" 提议的因子结构.

图 1.1 所示的 SEM 显示了三种测量模型 (见图 1.2a—1.2c). 在每个测量模型中, 系数 λ 在因子分析的术语中称为因子载荷, 是观察变量和潜变量之间的联系. 例如, 在图 1.2a 中, 观察标识变量 X_1—X_5 通过 λ_{X11}—λ_{X52} 分别连接到潜变量 ξ_1 和 ξ_2. 在图 1.2b 中, 观察到的标识变量 Y_1—Y_3 通过 λ_{Y11}—λ_{Y31} 连接到潜变量 η_1. 注意, 图 1.2c 可以视为具有单因子 η_2 和单标识 Y_4 的特殊模型. 当然, 这个模型不能单独估计, 因为它是未识别模型 (unidentified model). 我们在第二章会讨论这个问题.

CFA 模型中的因子载荷通常用希腊字母 λ 表示. 因子载荷的第一个下标表示标识, 第二个下标表示相应的潜变量. 例如, λ_{X21} 是将标识 X_2 与外生潜变量 ξ_1 连接起来的因子载荷; 而 λ_{Y31} 是将标识 Y_3 与内生潜变量 η_1 连接起

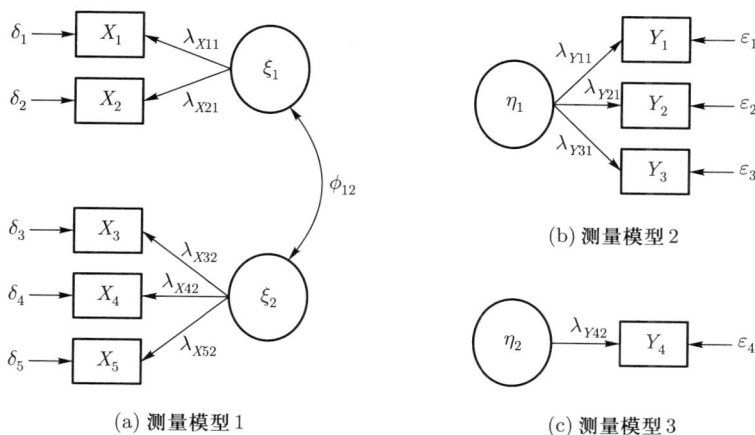

(a) 测量模型 1

(b) 测量模型 2

(c) 测量模型 3

图 1.2

来的因子载荷.

在图 1.2a 所示的测量模型中, 有两个潜变量/因子 ξ_1 和 ξ_2, 每个潜变量/因子都由一组观察到的标识来测量. 观察变量 X_1 和 X_2 是潜变量 ξ_1 的标识, 而 X_3—X_5 是潜变量 ξ_2 的标识. 在这个测量模型中, 两个潜变量 ξ_1 和 ξ_2 相互关联 (图 1.2a 中的 ϕ_{12} 代表 ξ_1 和 ξ_2 之间的协方差), 但两者之间没有因果关系. 如果这两个潜变量彼此不相关 (即 $\phi_{12} = 0$), 则 ξ_1 和 ξ_2 将分别是单独的测量模型, 其中 ξ_1 的测量模型只有两个观察标识, 模型不能被识别, 将不能单独估计.

对于单因子 CFA 模型, 模型识别至少需要三个标识. 如果无条目残差相关, 具有三个标识的单因子 CFA 模型 (例如, 图 1.2b 中所示的测量模型) 是恰识别模型 (just-identified model) (即观察到的方差/协方差的数量等于自由参数的数量[①]).

在这种情况下, 虽然可以估计模型参数, 但无法评估模型拟合. 为了评估模型拟合, 模型必须是超识别的 (over-identified) (即, 观察到的信息多于需要估计的模型参数). 在无条目误差相关的情况下, 单因子 CFA 模型需要四个或更多标识才能是超识别模型. 然而, 如果 CFA 模型中一个因子与至少一个其他因子相关, 且模型没有条目误差相关, 那么只有两个标识的因子是可以接受的 (Bollen, 1989; Brown, 2015). 尽管因子 ξ_1 只有两个标识, 但图 1.2a 中显示的测量模型仍是超识别的. 不过, 有更多标识可以更完整地代表因子结构, 因为

[①] 对于三个标识的单因子 CFA 模型, 有 $3 \times (3+1)/2 = 6$ 个观察方差/协方差; 六个自由参数: 两个因子载荷 (一个载荷固定为 1), 一个因子方差, 三个误差项方差; 因此自由度 $df = 0$.

不同的标识可以反映潜概念结构的非重叠方面. 图 1.2c 显示了一个简单的测量模型. 对于一些不太可能出现测量误差的单一观察变量 (如性别、种族), 简单的测量模型会变成 $Y_4 = \eta_2$, 其中因子载荷 λ_{Y42} 设置为 1.0, 测量误差 ε_4 为 0. 也就是说, 观察变量 Y_4 是潜变量 η_2 的 "完美" 测量. 如果测量误差 $\varepsilon_4 \neq 0$, 则模型设置需要用特殊方法, 我们在第三章中会介绍.

1.2.2   结构模型 (Structural model)

SEM 的另一部分是结构模型, 或称结构方程 (structural equation) 或潜变量模型 (见图 1.3). 在验证了测量模型后, 潜变量之间的潜在关系在结构模型中设定. 图 1.3 所示模型中, 路径系数 γ_{11}, γ_{12}, γ_{21} 和 γ_{22} 设定外生潜变量 ξ_1 和 ξ_2 对内生潜变量 η_1 和 η_2 的效应; 而 β_{12} 设定 η_2 对 η_1 的效应. 结构模型定义潜变量之间的关系, 并与测量模型同时在 SEM 中估计. 注意, 如果结构模型中的变量都是观察变量, 而无潜变量, 则结构模型将成为一组观察变量之间结构关系的建模系统; 因此, 该模型简化为社会学中的传统路径分析 (path analysis) 或计量经济学中的联立方程模型 (simultaneous equations model).

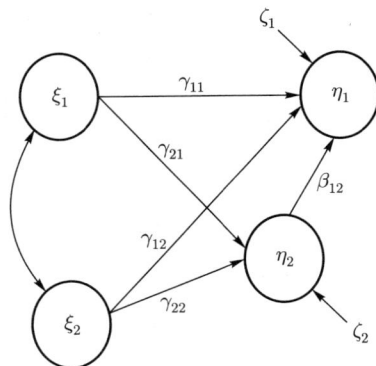

图 1.3   结构模型

1.2.3   模型表述公式 (Model formulation in equations)

传统上, SEM 是基于协方差结构 (covariance structure, COVS) 分析来估计的, 其中, 标识变量被转换为与原始观察标识变量的均值离差 (deviation from the mean); 换句话说, 将标识变量的截距设置为零. 这种数据转换有助于简化模型设置和计算, 并且不影响参数估计. 但是, 当建模涉及因子均值和标识截距 (或分类结局变量的阈值) 时, 应分析均值和协方差结构 (mean and covariance structure, MACS) (也称为矩结构分析, analysis of moment structure). 为简单起见, 这里我们讨论基于 COVS 的模型设定.

一般结构方程模型可以用三个基本方程表示:

$$\eta = B\eta + \Gamma\xi + \zeta,$$
$$Y = \Lambda_Y\eta + \varepsilon, \qquad (1.1)$$
$$X = \Lambda_X\xi + \delta.$$

这三个方程以矩阵形式表示[①]. 三个方程所涉及的变量矩阵的定义见表 1.1. 公式 (1.1) 中的第一个方程表示结构模型, 它建立潜变量之间的关系或结构方程. η 和 ξ 分别是内生和外生潜变量. 内生和外生潜变量通过具有系数矩阵 B (beta) 和 Γ (gamma) 以及残差向量 ζ (zeta) 的线性方程组连接, 其中, Γ 表示外生潜变量对内生潜变量的影响, B 表示一些内生潜变量对其他内生潜变量的影响, ζ 为回归残差项.

公式 (1.1) 中的第二个和第三个方程表示测量模型, 其定义潜变量及其相关标识. 第二个方程将内生标识 (观察到的 Y 变量) 与内生潜变量 (即 η) 联系起来; 而第三个方程将外生标识 (观察到的 X 变量) 与外生潜变量 (即 ξ) 联系起来. 观察变量 Y 和 X 通过因子载荷 Λ_Y 和 Λ_X 与相应的潜变量 η 和 ξ 连接. ε 和 δ 分别是与观察变量 Y 和 X 相关的测量误差. 假设 $E(\varepsilon) = 0$, $E(\delta) = 0$, $\mathrm{Cov}(\varepsilon, \xi) = 0$, $\mathrm{Cov}(\varepsilon, \eta) = 0$, $\mathrm{Cov}(\delta, \eta) = 0$, $\mathrm{Cov}(\delta, \xi) = 0$, 以及 $\mathrm{Cov}(\varepsilon, \delta) = 0$, 但是 $\mathrm{Cov}(\varepsilon_i, \varepsilon_j)$ 和 $\mathrm{Cov}(\eta_i, \eta_j)$ $(i \neq j)$ 可能不为零.

表 1.1　一般结构方程模型三个基本方程中变量矩阵的定义

变量	定义	维度
η (eta)	内生潜变量	$m \times 1$
ξ (xi)	外生潜变量	$n \times 1$
ζ (zeta)	方程中的残差项	$m \times 1$
Y	内生标识	$p \times 1$
X	外生标识	$q \times 1$
ε (epsilon)	内生标识的测量误差	$p \times 1$
δ (delta)	外生标识的测量误差	$q \times 1$

注: m 和 n 分别是样本中内生和外生潜变量的数量; p 和 q 分别是样本中内生和外生标识的数量.

公式 (1.1) 所示的三个基本方程中, 总共有八个采用 LISREL[②] 表示法的

---

① 为简单起见, 在结构方程模型设定中通常使用原始观察变量均值离差.

② LISREL 代表线性结构关系, 是由瑞典 Uppsala 大学的 Karl Jöreskog 和 Dag Sörbom 教授开发的第一个用于 SEM 的计算机软件. SEM 过去一直被称为 LISREL 模型.

基本矩阵: $\Lambda_X, \Lambda_Y, \Gamma, B, \Phi, \Psi, \Theta_\varepsilon$ 和 Θ_δ (Jöreskog & Sörbom, 1981). SEM 在理论上由这八个矩阵的结构设置定义. 在结构方程建模的早期, 结构方程建模的计算机编程便是设定这八个参数矩阵的格式. 尽管现有 SEM 程序/软件中不再使用矩阵编程, 但在 Mplus 计算机程序的输出中仍然会使用这些符号来报告有关参数矩阵中参数估计的信息. 理解这些符号有助于研究人员检查输出中特定参数的估计值.

这些矩阵和向量的汇总见表 1.2. 前两个矩阵 Λ_Y 和 Λ_X 是因子载荷矩阵, 分别将观察到的标识与潜变量 η 和 ξ 联系起来. 接下来的两个矩阵 B 和 Γ 是结构系数矩阵 (structural coefficient matrix). 矩阵 B 是一个 $m \times m$ 系数矩阵, 表示潜在的内生变量之间的关系. 该模型假设 $(I - B)$ 必须是非奇异的, 因此 $(I - B)^{-1}$ 存在, 以便可以进行模型估计. 矩阵 B 中的零表示一个内生潜变量对另一个没有影响. 例如, $\eta_{12} = 0$ 代表潜变量 η_2 对 η_1 没有影响. 注意, 矩阵的主对角线值为零; 也就是说, 潜变量 η 不能是其自身的预测因子. 矩阵 Γ 是一个 $m \times n$ 系数矩阵, 它将外生潜变量与内生潜变量联系起来.

表 1.2　一般结构方程模型的八个基本参数矩阵

矩阵	定义	维度
系数矩阵		
Λ_Y (lambda Y)	Y 在 η 上的因子载荷	$p \times m$
Λ_X (lambda X)	X 在 ξ 上的因子载荷	$q \times n$
B (beta)	η 潜变量间的系数矩阵	$m \times m$
Γ (gamma)	ξ 和 η 潜变量间的系数矩阵	$m \times n$
方差/协方差矩阵		
Φ (phi)	ξ 的方差/协方差矩阵	$n \times n$
Ψ (psi)	ζ 的方差/协方差矩阵	$m \times m$
Θ_ε (theta-epsilon)	ε 的方差/协方差矩阵	$p \times p$
Θ_δ (theta-delta)	δ 的方差/协方差矩阵	$q \times q$

注: p 为 Y 的变量数, q 为 X 的变量数, n 为 ξ 的变量数, m 为 η 的变量数.

一般结构方程模型 (general structural equation model) 有四个参数方差/协方差矩阵: $\Phi, \Psi, \Theta_\varepsilon$ 和 Θ_δ.[①] 四个方差/协方差矩阵都是对称方阵; 即, 每

[①] 内生潜变量 η 的方差/协方差矩阵不需要通过建模来估计, 因为它们可以计算为: $\mathrm{Var}(\eta) = \mathrm{Var}[(\Gamma\xi + \zeta)/(I - B)]$.

个矩阵中行数等于列数. 每个矩阵的主对角线上的元素是始终为正的方差; 非对角线上的元素是矩阵中所有变量对的协方差. 当所有变量 (即观察标识变量和潜变量) 都标准化时, 每个方差/协方差矩阵将成为一个相关矩阵, 其中对角线元素都为 1, 非对角线元素为相关系数. $n \times n$ 矩阵 Φ 是外生潜变量 ξ 的方差/协方差矩阵. 它的非对角线元素 ϕ_{ij} (即矩阵 Φ 中第 i 行第 j 列的元素) 是外生潜变量 ξ_i 和 $\xi_j (i \neq j)$ 之间的协方差. 如果假设 ξ_i 和 ξ_j 在模型中不相关, 那么在建模时应设置 $\phi_{ij} = 0$. 在计量经济学的联立方程中, 通常假设不同方程中的干扰项彼此相关. 最后两个方差/协方差矩阵 (即 $p \times p$ 的 Θ_ε 和 $q \times q$ 的 Θ_δ) 分别是观察变量 Y 和 X 的测量误差的方差/协方差矩阵. 在纵向研究中, 可以通过将特定误差项相互关联来处理自相关 (autocorrelation).

SEM 设定实际上就是八个参数矩阵中的元素设定. 这些参数可以设定为固定参数 (fixed parameter) 或自由参数 (free parameter). 固定参数是不从模型中估计的, 它们的值通常固定为 0 (例如, 零协方差或零路径系数表示没有关系或没有影响) 或 1 (例如, 为了模型识别的需要, 将因子载荷之一固定为 1). 自由参数是从模型中估计出来的.

图 1.1 中所示的假设模型可以基于三个基本方程用矩阵表示. 首先, 方程 $\eta = B\eta + \Gamma\xi + \zeta$ 可以表示为:

$$\begin{bmatrix} \eta_1 \\ \eta_2 \end{bmatrix} = \begin{bmatrix} 0 & \beta_{12} \\ 0 & 0 \end{bmatrix} \begin{bmatrix} \eta_1 \\ \eta_2 \end{bmatrix} + \begin{bmatrix} \gamma_{11} & \gamma_{12} \\ \gamma_{21} & \gamma_{22} \end{bmatrix} \begin{bmatrix} \xi_1 \\ \xi_2 \end{bmatrix} + \begin{bmatrix} \zeta_1 \\ \zeta_2 \end{bmatrix}, \tag{1.2}$$

其中自由参数由符号表示 (例如, 希腊字母). 根据模型, 固定参数表示对参数的限制. 例如, β_{21} 固定为 0, 表示在假设模型中潜变量 η_2 不受潜变量 η_1 的影响. 矩阵中的对角线元素都固定为 0, 因为变量本身不应该影响自身. 矩阵中的元素是将内生潜变量表示为其他内生潜变量的线性函数的结构系数 (structural coefficient); 矩阵 Γ 中的元素是将内生潜变量 η 表示为外生潜变量 ξ 的线性函数的结构系数.

从方程 (1.2), 我们有以下两个结构方程:

$$\begin{aligned} \eta_1 &= \beta_{12}\eta_2 + \gamma_{11}\xi_1 + \gamma_{12}\xi_2 + \zeta_1, \\ \eta_2 &= \gamma_{21}\xi_1 + \gamma_{22}\xi_2 + \zeta_2. \end{aligned} \tag{1.3}$$

图 1.1 中的测量方程 (measurement equation) $Y = \Lambda_Y \eta + \varepsilon$ 的矩阵表示为:

$$
\begin{bmatrix} Y_1 \\ Y_2 \\ Y_3 \\ Y_4 \end{bmatrix} = \begin{bmatrix} 1 & 0 \\ \lambda_{Y21} & 0 \\ \lambda_{Y31} & 0 \\ 0 & \lambda_{Y42} \end{bmatrix} \begin{bmatrix} \eta_1 \\ \eta_2 \end{bmatrix} + \begin{bmatrix} \varepsilon_1 \\ \varepsilon_2 \\ \varepsilon_3 \\ \varepsilon_4 \end{bmatrix}, \tag{1.4}
$$

其中, 矩阵决定将哪些观察到的内生 y 标识加载到哪些内生潜变量上. 固定值 0 表示对应的标识不加载到对应的潜变量, 固定值 1 用于定义潜变量的标度 (scale). 我们将在后面的第二章详细讨论这个问题.

从上面的矩阵方程我们有以下四个测量方程:

$$
\begin{aligned}
Y_1 &= \eta_1 + \varepsilon_1, \\
Y_2 &= \lambda_{Y21}\eta_1 + \varepsilon_2, \\
Y_3 &= \lambda_{Y31}\eta_1 + \varepsilon_3, \\
Y_4 &= \lambda_{Y42}\eta_2 + \varepsilon_4.
\end{aligned} \tag{1.5}
$$

由于第二个内生潜变量只有一个标识 (即 Y_4), 因此 λ_{Y42} 应设置为 1, 这样 $Y_4 = \eta_2 + \varepsilon_4$. 由于在结构方程建模中很难估计此类方程的测量误差, 因此该方程通常设置为 $Y_4 = \eta_2$, 假设单标识 Y_4 可以完美地测量潜变量 η_2.

不过, 如果 Y_4 的信度 (reliability) 可以基于先前的研究或根据重测 (test-retest) 数据估计, 方程 $Y_4 = \eta_2 + \varepsilon_4$ 中 ε_4 的方差可以估计并在模型中设定, 以考虑 Y_4 中测量误差的影响. 我们将在第三章中演示具体操作.

图 1.1 中的另一测量方程 $X = \Lambda_X \xi + \delta$ 的矩阵表示为:

$$
\begin{bmatrix} X_1 \\ X_2 \\ X_3 \\ X_4 \\ X_5 \end{bmatrix} = \begin{bmatrix} 1 & 0 \\ \lambda_{X21} & 0 \\ 0 & 1 \\ 0 & \lambda_{X42} \\ 0 & \lambda_{X52} \end{bmatrix} \begin{bmatrix} \xi_1 \\ \xi_2 \end{bmatrix} + \begin{bmatrix} \delta_1 \\ \delta_2 \\ \delta_3 \\ \delta_4 \\ \delta_5 \end{bmatrix}, \tag{1.6}
$$

那么,

$$
\begin{aligned}
X_1 &= \xi_1 + \delta_1, \\
X_2 &= \lambda_{Y21}\xi_1 + \delta_2, \\
X_3 &= \xi_2 + \delta_3, \\
X_4 &= \lambda_{Y42}\xi_2 + \delta_4, \\
X_5 &= \lambda_{Y52}\xi_2 + \delta_5.
\end{aligned} \tag{1.7}
$$

在七个随机变量向量 $(\delta, \varepsilon, \zeta, X, Y, \xi$ 和 $\eta)$ 中, 观察变量 (X, Y) 和潜变量 (ξ, η) 通常与八个参数矩阵一起使用来定义 SEM. 其他的是误差项或模型残差, 假设 $E(\zeta) = 0$, $E(\varepsilon) = 0$, $E(\delta) = 0$, $\mathrm{Cov}(\zeta, \xi) = 0$, $\mathrm{Cov}(\varepsilon, \eta) = 0$ 和 $\mathrm{Cov}(\delta, \xi) = 0$. 此外, 假设观察变量 X 和 Y 具有多元正态性.

1.3 模型识别 (Model identification)

设定 SEM 考虑的一个基本因素是模型识别. 本质上, 模型识别涉及是否可以从观察数据中估计每个未知参数的唯一值. 对于需要模型估计的未知自由参数, 如果无法将其表示为样本方差/协方差的函数, 则该参数是非识别的 (unidentified). 我们可以通过考虑示例方程 $\mathrm{Var}(Y) = \mathrm{Var}(\eta) + \mathrm{Var}(\varepsilon)$ 来理解这个问题, 其中 $\mathrm{Var}(Y)$ 是观察变量 Y 的方差, $\mathrm{Var}(\eta)$ 是潜变量 η 的方差, $\mathrm{Var}(\varepsilon)$ 是测量误差的方差. 方程中有一个已知数 (即 $\mathrm{Var}(Y)$) 和两个未知数 (即 $\mathrm{Var}(\eta)$ 和 $\mathrm{Var}(\varepsilon)$); 因此, 该方程中的 $\mathrm{Var}(\eta)$ 或 $\mathrm{Var}(\varepsilon)$ 没有唯一解. 也就是说, 有无数个 $\mathrm{Var}(\eta)$ 和 $\mathrm{Var}(\varepsilon)$ 值的组合将等于 $\mathrm{Var}(Y)$, 从而使这个单一方程模型无法识别. 为了解决这个问题, 我们需要在方程中施加一些限制. 一种这样的限制可能是通过添加另一个方程 $\mathrm{Var}(\varepsilon) = C$ (C 是一个常数) 来将 $\mathrm{Var}(\varepsilon)$ 的值固定为一个常数. 以确保 $\mathrm{Var}(\eta)$ 具有唯一估计, 即 $\mathrm{Var}(\eta) = \mathrm{Var}(Y) - C$. 换言之, 方程中的参数 $\mathrm{Var}(\eta)$ 是识别的. 相同的原则适用于更复杂的 SEM. 如果未知参数可以用观察变量的方差/协方差矩阵 S 中的一个或多个元素的代数函数表示, 那么该参数是识别的. 如果所有未知参数是识别的, 则模型是识别的. 很多时候, 参数可以由多个不同的函数表示. 在这种情况下, 参数是超识别的 (over-identified). 超识别意味着估计一个 (或多个) 参数的方法不止一种, 因为估计参数的信息绰绰有余. 当模型正确时, 从不同函数获得的总体参数 (population parameter) 估计值应该是相同的 (Bollen, 1989). 当每个参数都是识别的并且至少一个参数是超识别的, 则模型是超识别的. 当每个参数都是识别的, 但没有超识别的参数时, 模型是恰识别模型 (just-identified model). 识别模型 (identified model) 是指恰识别和超识别的模型. 如果模型中一个或多个参数是非识别的, 则模型是非识别的 (under-identified or unidentified), 因而不能估计. 模型识别不是样本量大小的问题. 无论样本量有多大, 非识别的模型仍然是非识别的. 对于任何要估计的模型, 它必须是恰识别的或超识别的.

超识别的 SEM 是 SEM 应用的主要关注点. 它是指模型中的参数少于数据点 (data point) 的情况[①]. 但是, 超识别模型也不一定就能拟合数据, 因此, 我们需要检验模型是否适合数据. 观察变量的方差和协方差的数量与自由参数

[①] 数据点通常是指观察变量的方差和协方差的数量; 然而, 当分析均值和协方差结构时, 观察变量的均值将计入数据点.

的数量之间的差称为与模型拟合相关的自由度 (df). 只有在 $df > 0$ 时才能检验模型拟合优度. 恰识别的模型的 $df = 0$, 因此, 无法检验其拟合优度.

关于模型识别, 应检查两个必要条件. 首先, 数据点的数量不能少于自由参数的数量. 数据点的数量是观察到的方差/协方差矩阵 S 中不同元素的数量, 它等于 $(p+q)(p+q+1)/2$, 即矩阵 S 中的对角线方差和对角线上方 (或下方) 的协方差总数, 其中, $(p+q)$ 是观察变量的总数 (p 是内生变量的数量, q 是外生变量的数量). 自由参数的数量是模型中要估计的路径系数、潜变量的方差、误差项的方差、潜变量之间的协方差和误差项协方差的数量. 如果数据点多于自由参数, 则称该模型为超识别的. 如果数据点少于自由参数, 则称该模型为非识别的, 模型不能估计. 其次, 潜变量/因子是一种假设的测量, 没有内在的标度 (intrinsic scale); 因此, 必须为模型中的每个潜变量/因子建立一个测量标度 (measurement scale). 为了建立潜变量的测量标度, 通常有两种方法: (1) 将因子载荷 (λ) 之一固定为 1.0;[①] (2) 将潜变量的方差固定为 1.0. 另外, 最近开发的效应编码方法 (effect-coding method) 可以允许潜变量方差和所有因子载荷 (λ) 都为自由参数 (Little, Slegers & Card, 2006; TeGrotenhuis, et al., 2017). 我们在下一章将演示所有三种方法.

以上模型识别的两个条件是必要的但不是充分的. 即使满足这两个条件, 识别问题仍然会出现. 尽管可以通过代数方式实现模型识别的严格验证, 但现有的 SEM 软件/程序通常会在模型估计期间提供识别检查. 当模型是非识别时, 程序输出中将提示错误信息, 指向识别问题中涉及的参数. 此信息可以帮助修改模型以消除模型识别问题.

解决模型识别问题的最好方法是避免它. 通常, 可以添加更多潜变量的标识, 以便有更多数据点. 但是, 基本预防策略是强调参数设置. 模型识别实际上取决于自由参数、固定参数或受限制参数的设置. 自由参数是未知的需要模型估计的参数. 固定参数是被固定为设定值的参数. 例如, 在测量模型中, 每个潜变量的一个标识的因子载荷通常被固定为 1.0, 或者每个潜变量的方差被固定为 1.0. 此外, 一些路径系数或相关性/协方差被固定为 0, 因为假设模型中不存在此类效应或相关. 一个参数也可以被限制为等于另一个或多个其他参数. 假设先前的研究表明变量 X_1 和 X_2 对一个因变量具有相同的效应, 则可以在 SEM 中为它们设定等同的路径系数. 通过固定或限制一些参数, 可以减少自由参数的数量, 让非识别模型成为识别模型. 此外, 互逆模型 (reciprocal model) 或非递归模型 (non-recursive model) 通常存在模型识别问题.

[①] 大多数现有的 SEM 软件/程序默认将潜变量的第一个观察标识的因子载荷设置为 1.0.

当在模型中存在互逆或双向关系时, 结构模型是非递归的, 即模型中的两个变量之间存在反馈回路 (feedback loop), 也就是说, η_1 影响 η_2, 另一方面 η_2 又影响 η_1. 这类模型比较困难 (Bollen, 1989; Hayduk, 1987), 本书不予讨论.

一般来说, 在模型构建初期, 应考虑简约模型 (parsimonious model). 就是说, 仅在模型中包括关键参数. 如果模型拟合数据, 则可逐步增加其他感兴趣的参数, 最后通过比较所有替代模型, 选出最适当的模型.

1.4 模型估计 (Model estimation)

SEM 的估计不同于多元回归的估计. SEM 估计程序不是最小化应答变量的拟合值和观察值之间的差 (即回归方程中的残差最小化), 而是最小化样本方差/协方差与模型估计的方差/协方差之间的差. 让我们用 Σ 来表示观察变量 Y 和 X 的总体协方差矩阵 (population covariance matrix), Σ 可以表示为假设模型中自由参数 θ 的函数 (见附录 1.A). 结构方程建模的基本假设是:

$$\Sigma = \Sigma(\theta), \tag{1.8}$$

其中, $\Sigma(\theta)$ 称为隐含方差/协方差矩阵 (implied variance/covariance matrix), 即假设模型的总体参数隐含的方差/协方差矩阵. 模型估计或模型拟合的目的是找到一组模型参数 θ 来生成 $\Sigma(\theta)$, 使得 $(\Sigma - \Sigma(\theta))$ 最小化. Σ 和 $\Sigma(\theta)$ 之间的差异表明模型与数据的拟合程度.

由于 Σ 和 $\Sigma(\theta)$ 是未知的, 在结构方程建模中实际上最小化的是 $(S - \Sigma(\hat{\theta}))$ 或 $(S - \hat{\Sigma})$, 其中 S 是样本方差/协方差矩阵, $\hat{\theta}$ 是模型参数估计值, $\Sigma(\hat{\theta})$ 或 $\hat{\Sigma}$ 是模型估计的方差/协方差矩阵. 如前所述, SEM 是通过在八个参数矩阵中设定固定和自由 (估计的) 参数的特定模式来表示. 观察变量的方差/协方差矩阵 (S) 用于估计参数矩阵中的自由参数, 使其能最好地重现数据. 给定八个模型参数矩阵的任何一组特定数值 (见表 1.2), 一个且只有一个 $\hat{\Sigma}$ 将被复制. 如果模型是正确的, $\hat{\Sigma}$ 将非常接近 S. 这个估计过程涉及使用特定的拟合函数来最小化 S 和 $\hat{\Sigma}$ 之间的差异. 有许多拟合函数或估计程序可用于模型估计. SEM 最常用的拟合函数是最大似然 (maximum likelihood, ML) 函数 (见附录 1.A):

$$F_{\mathrm{ML}}(\hat{\theta}) = \ln|\hat{\Sigma}| + \mathrm{tr}(S\hat{\Sigma}^{-1}) - \ln S - (p+q), \tag{1.9}$$

其中 S 和 $\hat{\Sigma}$ 分别是样本和模型估计的方差/协方差矩阵, $(p+q)$ 是模型中涉及的观察变量的数量, S 和 $\hat{\Sigma}$ 中的方差和协方差数均为 $(p+q)(p+q+1)/2$.

SEM 估计的目标是估计出能最小化 S 和 $\hat{\Sigma}$ 之间差异函数的一组模型参数. F_{ML} 是这种差异函数的测量, 称为最小差异函数 (minimum discrepancy function).

当模型完美拟合数据时, 模型估计的方差/协方差矩阵等于样本的方差/协方差矩阵, 即 $\hat{\Sigma} = S$, 则 $\ln|\hat{\Sigma}| = \ln|S|$, $\mathrm{tr}(\hat{\Sigma}^{-1}S) = \mathrm{tr}(I) = p + q$, 因此 $F_{\mathrm{ML}}(\hat{\theta}) = 0$. 也就是说, 完美的模型拟合由拟合函数的零值表示.

ML 有几个重要的特性. 第一, ML 估计是无偏的 (unbiased)——参数估计的期望值等于真实参数值. 第二, ML 估计具有一致性 (consistency)——随着样本量的增加, ML 估计逐步向总体参数的真值收敛. 第三, ML 估计有渐近有效性 (asymptotical efficiency)——当样本量很大时, 参数估计的标准误至少不比其他方法估计的标准误大. 第四, 随着样本量的增加, 参数估计的分布接近正态分布 (即它们是渐近正态分布的). 这样, 我们可以利用该性质进行统计假设的显著性检验和计算参数估计的置信区间 (confidence interval). 第五, ML 函数通常是无标度的 (scale free)——变量标度的变化不会影响模型估计. 第六, 在多元正态性和大样本的假设下, ML 拟合函数乘以 $(n-1)$ 近似于卡方分布, 模型卡方可用于检验整体模型拟合.

另外, ML 估计法结合全信息最大似然 (full information maximum likelihood, FIML) (有时称为直接最大似然或原始最大似然) 已在 SEM 计算机软件 (包括 Mplus) 中广泛用于模型估计. FIML 基于模型处理缺失数据, 因而优于传统方法, 如 LISTWISE 删除、PAIRWISE 删除或应答模式插补等 (Enders & Bandalos, 2001). FIML 使用结局测量中的所有信息进行模型估计 (如在纵向数据分析中, 一个案例只要在一个时间点有观察值便可纳入模型分析). 结合 FIML, ML 估计法假设数据缺失机制 (missing data mechanism) 为随机缺失 (missing at random, MAR), 而不是传统的完全随机缺失 (missing completely at random, MCAR). MAR 是一个合理的假设, 它允许数据缺失与观察到的结局测量或协变量相关联 (Arbuckle, 1996; Little & Rubin, 2002). 这在实际研究中非常重要, 如纵向研究中, 随访减员 (attrition) 常常会与干预分配个体特征、基期结局测量水平等相关联, 这显然违背 MCAR 的假设, 但不违背 MAR 的假设.

ML 在正态性假设下用于连续结局测量. 在严重的非正态性情况下, ML 参数估计不太可能有偏差, 但参数估计的标准误可能会有偏差, 并且模型卡方统计量可能会扩大, 导致模型拒绝的 I 类错误膨胀. 当非正态性威胁到 ML 显著性检验的有效性时, 有几种措施可以补救. 首先, 研究人员可以考虑对非正态变量进行转换, 使之更好地近似多元正态性. 其次, 从数据中去除异常

值 (outliers). 再次, 使用自助法估计模型 (Efron & Tibshirani, 1993; Shipley, 2000; Bollen & Stine, 1993). 但最好是运用允许非正态性的稳健估计法估计模型.

SEM 的稳健估计法: 著名的渐近无分布估计法 (asymptotically distribution free estimator, ADF) 不假设观察变量的多元正态性 (Browne, 1982, 1984). ADF 是加权最小二乘估计法 (weighted least square estimator, WLS). ADF 中使用的权重矩阵是样本方差/协方差矩阵 S 的渐近方差/协方差矩阵的估计. ADF 的缺点是计算耗时长且需要大样本 (Jöreskog & Sörbom, 1989; Muthén & Kaplan, 1992; Bentler & Yuan, 1999).

Satorra & Bentler (1988) 提出的另一种方法, 用一个标度校正因子 (scaling correction factor) 来调整 ML 估计, 以处理观察变量的非正态性. 这种方法提供了一种标度校正卡方统计量 (rescaled χ^2 statistic), 称为 Satorra-Bentler 卡方或 SB 卡方, 它在非正态性下是稳健的 (Boomsma & Hoogland, 2001; Hoogland, 1999). Bentler & Yuan (1999) 提出了调整后的 ADF 卡方 (adjusted ADF χ^2), 并发现它在小样本下表现良好.

Mplus 提供多种基于最大似然法 (ML) 和加权最小二乘法 (WLS) 的 SEM 稳健估计法 (Muthén & Muthén, 1998 — 2017). 常用的两种 ML 稳健估计是稳健最大似然估计 (robust maximum likelihood estimator, MLR) 和标准误及均值调整似然估计 (standard errors and mean adjusted maximum likelihood estimator, MLM). 用 MLR 估计的模型卡方值等价于 Yuan-Bentler T_2^* 检验统计值, 用 MLM 估计的模型卡方值等价 Satorra-Bentler 卡方检验统计值.

MLM 需要在 DATA 指令中设定 LISTWISE=ON, 因为它们无法处理缺失值. MLR 可以处理数据缺失. 在数据非正态情况下, MLR 允许数据缺失与观察到的协变量相关联, 但不能与观察到的结局测量相关联. 也就是说, MLR 对数据缺失的假设在 MCAR 和 MAR 之间, 即 MARX (missing at random with respect to X)[①]. MLR 是一种优选的 ML 估计法, 它不仅对数据非正态性具有稳健性, 而且在分析分层结构数据 (hierarchically structured data) 时, 对观察非独立性 (observation non-independence) 也具有稳健性.

对于序数分类结局 (ordinal categorical outcome) (例如, 二分类、有序分类), 最初为非正态连续结局设计的 ADF 估计法常常用于分析有序数分类结局的 SEM (Browne, 1984). Mplus 提供稳健的加权最小二乘估计法, 例如 WLS、WLSM (均值调整 WLS) 和 WLSMV (均值和方差调整 WLS), 使用

---

① 根据 Muthén (2006), 如果 $[Y|X]$ 是非正态的, MLR 在以下条件给出有效结果: 缺失模式是 MCAR; 或数据缺失与 X 相关联, 不与 Y 相关联. 即缺失模式介于 MCAR 和 MAR 之间.

PROBIT 链接估计带序数分类结局的模型 (Muthén, 1984; Muthén, du Toit & Spisic, 1997; Muthén & Muthén, 1998—2017). 默认估计法为 WLSMV. WLS、WLSM 和 WLSMV 使用相同的权重矩阵 (即渐近方差/协方差矩阵), 但方式不同 (Muthén & Satorra, 1995). WLS 使用整个权重矩阵, 而 WLSM 和 WLSMV 仅将整个权重矩阵用于标准误和拟合检验. 对于参数估计, WLSM 和 WLSMV 使用权重矩阵的对角线. 不同的 WLS 估计法提供的模型结果略有不同, 但 WLSM 和 WLSMV 提供相同的参数估计和标准误, 只是调整后的模型卡方统计量略有不同. 与 ML 估计法不同, WLS 估计法不使用 FIML, 而是使用成对删除 (pairwise deletion) 来处理缺失数据并且不假设 MAR. 然而, WLS 估计法也允许观察协变量与数据缺失相关联, 即在 MARX 假设下提供一致估计 (Asparouhov & Muthén, 2010a).

　　ML 估计法也可用于估计带分类结局的 SEM. 其默认链接函数 (link function) 是 LOGIT. 但通过在 Mplus 程序的 ANALYSIS 指令中使用 LINK= PROBIT 语句, ML 估计法也可以使用 PROBIT 链接估计模型. ML 估计法结合 FIML 估计模型, 比 WLS 估计更好地处理缺失数据.

　　此外, 对于数据的非正态性, ML 估计法中的 MLM、MLMV 和 MLR 是稳健估计法 (robust estimator), 而 WLS 估计法则不是. 因此, 当模型中同时涉及分类变量和连续变量, 且连续变量无正态分布时, 可以使用 ML 估计进行模型估计. 注意, 如果使用 ML 估计法对分类结局建模, Mplus 不提供模型卡方统计量和相关的模型拟合指数. 此外, 使用 ML 法对分类结局建模的计算非常费时.

　　贝叶斯估计 (Bayesian estimator). 上述模型估计法是传统的频率论方法 (frequentist method), 模型参数的未知真值被认为是固定的, 而数据是随机的 (不确定性). 在贝叶斯估计中, 未知的真实模型参数被认为是随机的 (不确定性), 而数据是固定的. 贝叶斯估计将模型参数的先验分布 (prior distribution) 与观察数据相结合, 形成参数估计的后验分布 (posterior distribution), 用新的观察数据更新参数的先验知识. 从 Mplus 6 以后, 贝叶斯估计便成为 Mplus 的主要模型估计法之一. 我们将分别在第二章和第三章中演示贝叶斯验证性因子分析 (Bayesian confirmatory factor analysis, BCFA) 和贝叶斯结构方程模型 (Bayesian structural equation model, BSEM) 的应用.

　　与传统的频率论方法相比, 贝叶斯估计法具有许多优点 (Lee & Song, 2004; Yuan & MacKinnon, 2009; Asparouhov & Muthén, 2010c; Muthén, 2010; Muthén & Asparouhov, 2012a; Kaplan & Depaoli, 2012), 包括但不限于:

　　(1) 贝叶斯估计将先验信息与新数据相结合, 这样, 研究人员的信念或先前的发现可用于为建模提供信息. (2) 贝叶斯估计不依赖渐近假设, 在小样本中表现出色. (3) 频率论方法估计将参数视为常数, 而贝叶斯估计将它们视为变量, 参数模拟的后验分布是通过从马尔可夫链蒙特卡罗 (Markov Chain Monte Carlo, MCMC) 迭代链中进行随机抽取来构建的, 考虑了参数估计的不确定性, 因而提供更现实的预测 (Asparouhov & Muthén, 2010c). (4) 使用贝叶斯估计, 我们可以估计一些传统方法无法估计的复杂 SEM (我们在下一章将会讨论有关问题). (5) 贝叶斯估计是全信息估计法 (full information estimator), 它以最佳方式使用所有可用数据进行建模, 并假设数据缺失为 MAR. (6) 贝叶斯估计的模拟缺失值 (simulated missing values) 可以用作缺失值多重插补 (multiple imputation, MI), 使用 Rubin (1987) 方法同时分析多组这样的缺失值, 可以处理缺失值插补的不确定性 (uncertainty in missing value imputation) (Schafer, 1997; Asparouhov & Muthén, 2010b). 从贝叶斯估计法模拟的因子分值称为潜变量合理值 (plausible value of latent variable). 与传统方法 (例如, 量表条目总分、估计的因子分值等) 相比, 使用潜变量合理值进行进一步统计分析可以有更准确的参数估计 (Asparouhov & Muthén, 2010d). (7) 贝叶斯估计法可以用于对连续和分类结局变量进行建模. (8) 在贝叶斯估计法中可以通过选择适当的先验分布来避免模型估计中的不适当解 (例如, 越界估计、负误差方差等). 此外, 一些新模型, 例如动态结构方程模型 (dynamic structural equation model, DSEM), 需要使用贝叶斯估计法估计模型. 虽然贝叶斯估计法有许多优点, 但运用该法需要有合适的先验信息.

　　贝叶斯定理:

$$P(\theta|Y) = \frac{P(Y|\theta)P(\theta)}{P(Y)}, \tag{1.10}$$

其中 θ 是模型参数; $P(\theta|Y)$ 是给定观察数据 Y 的情况下 θ 的后验分布; $P(Y|\theta)$ 是给定模型参数 θ 的情况下数据的似然函数; $P(\theta)$ 是参数的先验分布; $P(Y)$ 是用似然函数表示的观察数据. 在传统频率论方法 (例如, ML) 中, 总体参数是固定的, 但在贝叶斯模拟中, 每个参数都是随机的. 参数的不确定性由先验分布 $P(\theta)$ 表示, 它是在收集数据之前关于参数的知识或假设. 方程 (1.10) 中的乘积 $P(Y|\theta)P(\theta)$ 表明参数的先验信息被观察数据 (新信息) 加权或更新, 以产生后验参数分布, 其可以被看成先验信息和新信息的结合.

　　在贝叶斯估计法运用中, 最常使用马尔可夫链蒙特卡罗 (MCMC) 算法来简化复杂的高维计算问题. MCMC 由两部分组成, 马尔可夫链和蒙特卡罗积分. MCMC 的马尔可夫链部分通过多次迭代从贝叶斯后验分布中抽取参数估计的随机值. 不同的采样方法, 例如, Metropolis-Hastings 采样 (Chib & Greenberg, 1995)、Gibbs 采样 (Geman & Geman, 1984), 可用于马尔可夫链采样. Mplus 中的默认方法是 Gibbs 采样. 在多次迭代中随机采样抽取的一系列参数值称为马尔可夫链, 其中每个值除了与前一个值相关联外不与之前的任何值相关联, 这称为马尔可夫无记忆特性 (memoryless property). 随机采样用不同种子设置不同起始值, 可以从后验分布的不同位置为一个参数生成多个马尔可夫链. 在每个链中, 参数的初始迭代被丢弃, 因为这些迭代生成的值不能充分表示后验分布 (Mplus 丢弃链的前面一半的迭代). 丢弃一些初始迭代称为 "老化" (burn-in). 之后, 继续从后验分布中随机抽取值. 一旦马尔可夫链达到平稳分布, 就认为链是收敛的. 从 "老化" 后迭代模拟的参数值生成参数估计理想的或目标后验分布. MCMC 的蒙特卡罗部分用于后验点估计 (posterior point estimate) (例如, 中值、均值、众数), 以及它们的标准差和置信区间.

1.5　模型拟合评估 (Model fit evaluation)

结构方程建模的一个关键特征是对基本假设 $\Sigma = \Sigma(\theta)$ 进行整体模型拟合检验 (overall model fit test). 也就是说, 评估模型估计的方差/协方差矩阵与观察到的样本方差/协方差矩阵 S 的不同程度 (Hoelter, 1983; Bollen, 1989; Jöreskog & Sörbom, 1989; Bentler, 1990). 如果模型估计的方差/协方差矩阵 $\hat{\Sigma}$ 与观察到的数据方差/协方差矩阵 S 没有显著差异, 那么我们说该模型很好地拟合了数据, 并且我们接受了零假设 (null hypothesis), 或者我们说模型支持假设的变量之间关系的合理性; 否则模型不拟合数据, 应拒绝零假设. 整体模型拟合评估应在解释参数估计值之前进行. 在不评估模型拟合的情况下, 模型估计的任何结论都可能具有误导性.

有关模型拟合检验和模型拟合指数的详细信息, 读者可以参考 Marsh, Balla & McDonald (1988), Bollen (1989), Gerbing & Anderson (1993), Tanaka (1993), Hu & Bentler (1995, 1998, 1999).

大多数 SEM 软件/程序 (例如 LISREL、EQS、AMOS) 都提供了一长串模型拟合指数. 然而, 在实际研究中只需报告少数模型拟合指数. 在下文中, 我们将重点介绍 Mplus 提供并在 SEM 应用程序中常见的模型拟合检验和指数.

模型卡方统计量: 模型卡方是 SEM 的原始拟合检验, 定义为[1]:

$$\chi^2 = f_{\mathrm{ML}}(N-1), \tag{1.11}$$

---

[1] 在大多数 SEM 计算机软件中, 模型卡方被定义为 $\chi^2 = f_{\mathrm{ML}}(N-1)$, 但在 Mplus 中定义为 $\chi^2 = f_{\mathrm{ML}}(N)$.

其中, $f_{\mathrm{ML}} = F(S)$ 是设定模型的拟合函数的最小值 (见附录 1.B), N 是样本量. 如果数据是多元正态的, 并且设定的模型是正确的, 则该乘积符合卡方分布. 卡方统计量评估样本与模型估计方差/协方差矩阵之间的差异幅度. 与传统的统计检验不同, 期望的不是显著的卡方统计检验, 而是不显著的卡方. 也就是说, 我们期望检验不会拒绝零假设 (H_0: 残差矩阵为零或模型估计的方差/协方差与观察到的样本方差/协方差之间没有差异). 事实上, 这个卡方是一个差拟合检验统计量 (badness-of-fit test statistic), 因为大的卡方对应于差的拟合, 小的卡方对应于好的拟合, 而卡方值为零表示完美拟合.

卡方统计量是 SEM 中常规的整体拟合检验. 在 Jöreskog (1969) 开发卡方检验之前, 因子分析只是基于主观决策. 卡方统计量首次提供了一种评估具有更客观标准的因子分析模型的方法. 然而, 卡方统计量有一些明确的限制. 首先, 将卡方定义为拟合函数的 ($N-1$) 倍; 因此, 它对样本量高度敏感. 样本量越大, 拒绝模型的可能性越大, 因此出现 I 类错误 (type I error) 的可能性越大 (拒绝正确的假设). 即使观察到的和模型估计的方差/协方差矩阵之间的差异微不足道, 当样本量增加时, 拒绝模型的概率也会大大增加. 其次, 当样本量较小时, 拟合函数可能不遵循卡方分布. 再次, 卡方对违反多元正态性假设非常敏感. 当变量分布具有高度偏斜 (skewed) 和峰态 (kurtotic) 时, 卡方值会增加. 最后, 当模型中的变量数量增加时, 卡方值会增加. 因此, 卡方检验的显著性本身不应成为拒绝模型的理由. 除了卡方统计量之外, 还应查看相对卡方统计量, 即卡方统计量与其自由度的比率 $\dfrac{\chi^2}{df}$. $\dfrac{\chi^2}{df} \leqslant 2$ 通常表示恰当拟合 (Brookings & Bolton, 1988). 为了解决卡方检验的局限性, 还有许多模型拟合指数用于模型拟合检验.

比较拟合指数 (comparative fit index, CFI): Bentler (1990) 的比较拟合指数将设定模型拟合与零假设模型 (观察变量之间的协方差为零的模型) 进行比较. 该指标直接基于离中参数 $d = \chi^2 - df$, 其中 df 是模型的自由度. CFI 定义为:

$$\mathrm{CFI} = \frac{d_{\mathrm{null}} - d_{\mathrm{specified}}}{d_{\mathrm{null}}}, \tag{1.12}$$

其中 d_{null} 和 $d_{\mathrm{specified}}$ 分别是空模型和设定模型的重新标度的离中参数. CFI 定义为非中心改善率, 即由零模型向设定模型移动非中心性的改善比. 因为空模型的拟合最差, 其非中心性参数值大于设定模型的非中心性参数值. CFI 的值范围为 $0 \sim 1$ (如果超出此范围则重置为 0 或 1). 如果设定模型完美拟合数据, 则 $d_{\mathrm{specified}} = 0$, CFI 等于 1. 通常 CFI 的切断值为 0.90, 即 CFI $\geqslant 0.90$, 则模型拟合数据. Hu & Bentler (1998, 1999) 认为应将该值提高到 0.95.

即便是小样本, CFI 也是一个很好的拟合指数 (Bentler, 1995). 但是, CFI 依赖于数据的相关性的均值大小. 如果变量之间的平均相关性不高, 那么 CFI 不会很高.

Tucker Lewis 指数 (Tucker Lewis index, TLI) 或非规范拟合指数 (non-normed fit index, NNFI): Tucker-Lewis 指数 (TLI) (Tucker & Lewis, 1973), 也被 Bentler & Bonett (1980) 称为 NNFI, 是将设定模型的欠拟合 (lack of fit) 与空模型的欠拟合进行比较的另一种方法. TLI 定义为:

$$\text{TLI} = \frac{\dfrac{\chi^2_{\text{null}}}{df_{\text{null}}} - \dfrac{\chi^2_{\text{specified}}}{df_{\text{specified}}}}{\dfrac{\chi^2_{\text{null}}}{df_{\text{null}}} - 1}, \tag{1.13}$$

其中, $\chi^2_{\text{null}}/df_{\text{null}}$ 和 $\chi^2_{\text{specified}}/df_{\text{specified}}$ 分别是零模型和设定模型的卡方统计量与自由度之比. 因此, TLI 对模型复杂性有惩罚功能, 因为设定模型的自由参数越多, 则 $df_{\text{specified}}$ 越小, 因此 $\chi^2_{\text{specified}}/df_{\text{specified}}$ 越大, 导致 TLI 越小. TLI 的值不能保证在 0 ~ 1 范围内. 如果它的值在 0 ~ 1 范围之外, 则将其重置为 0 或 1. 负 TLI 表示空模型的卡方值与自由度之比小于设定的模型. 如果设定模型的自由度非常低且观察变量之间的相关性较低, 则可能会发生这种情况. 尽管 TLI 往往略低于 CFI, 但 TLI 的推荐临界值与 CFI 相同. TLI 值低于 0.90 表示需要重新设定模型.

与 CFI 一样, TLI 与数据中变量之间相关性的平均值相关. 如果变量之间的平均相关性不高, 那么 TLI 不会很高. 与 CFI 不同, TLI 对模型的简约性做了适度调节: 它的值可估计相对于空模型的单位自由度的模型拟合改善情况 (Hoyle & Panter, 1995). TLI 通常与 CFI 一起报告; 这类似于在使用 LISREL 或其他 SEM 程序进行建模时将 AGFI 与 GFI 一起报告.

近似误差均方根 (root mean-square error of approximation, RMSEA): RMSEA 是近似误差的标准化测量值. 近似误差意味着设定模型与总体之间的欠拟合. 该测量以离中参数为基础定义如下:

$$\text{RMSEA} = \sqrt{\frac{(\chi^2_S - df_S)/N}{df_S}} = \sqrt{\frac{(\chi^2_S/df_S) - 1}{N}}, \tag{1.14}$$

其中, $(\chi^2_s - df_S)/N$ 是重新标度的离中参数. RMSEA 是一种简约的测量. 通过调整模型自由度 df_S, 它测量每个自由度的平均欠拟合度. 对 RMSEA 值的解释通常为: 0: 完美拟合 (perfect fit); < 0.05: 精确拟合 (close fit); 0.05 ~ 0.08:

合理拟合 (fair fit); 0.08 ∼ 0.10: 拟合不理想 (mediocre fit); > 0.10: 拟合很差 (poor fit) (Browne & Cudeck, 1993; MacCallum, Browne & Sugawara, 1996; Byrne, 1998). 有人建议将 RMSEA= 0.06 (Hu & Bentler, 1999) 作为临界值. RMSEA 临界值是总体的定义. 为了了解 RMSEA 中的抽样误差, 在 Mplus 输出中计算了 RMSEA 的 90% 置信区间. RMSEA 的置信区间围绕点估计是不对称的, 范围从零到正无穷大 (Browne & Cudeck, 1993). 理想情况下 90% 置信区间的低端值应该非常接近于零 (或不大于 0.05), 高端值应小于 0.08. 此外, 还有一种零假设 (H$_0$: RMSEA ⩽0.05) 的单边检验, 称为精确拟合检验. 如果检验的 P 值在统计上不显著 ($P > 0.05$), 那么我们不能拒绝零假设; 因此, 该模型被认为具有精确拟合; 否则, 模型的拟合比精确拟合差 (即 RMSEA> 0.05). 在模型拟合评估中, 精确拟合检验的 P 值 > 0.05 是理想的. RMSEA 已成为 SEM 应用中越来越多地使用的模型拟合指数, 模拟研究表明, RMSEA 的性能优于其他拟合指数 (Browne & Arminger, 1995; Browne & Cudeck, 1993; Marsh & Balla, 1994; Steiger, 1990 ; Sugawara & MaCallum, 1993).

均方根残差 (root mean-square residual, RMR) 和标准化均方根残差 (standardized root mean-square residual, SRMR): 它们均为基于残差的模型拟合指数. 均方根残差 (RMR) 是平均残差的平方根. 如前所述, 结构方程建模中的残差是样本方差/协方差矩阵 (S) 和模型隐含方差/协方差矩阵 (model implied variance/covariance matrix) ($\hat{\Sigma}$) 之间元素的差异. RMR 定义为 (Jöreskog & Sörbom, 1981):

$$\text{RMR} = \left(\sum\sum (s_{jk} - \hat{\sigma}_{jk})^2/e \right)^{1/2}, \tag{1.15}$$

其中, s_{jk} 和 $\hat{\sigma}_{jk}$ 分别是样本方差/协方差矩阵 S 和模型估计方差/协方差矩阵中的元素; $e = (p+q)(p+q+1)/2$ 且 $(p+q)$ 是观察变量总数[1]. RMR 是一种拟合不良指数 (badness-of-fit index) (值越大表示拟合越差), 范围从 0.0 到 1.0. RMR< 0.08 被认为是拟合良好 (Hu & Bentler, 1999). 当样本量和模型中的参数数量增加时, 该指标的值往往会变小.

SRMR 是基于标准化残差的标准化 RMR 版本. 它被定义为 (Bentler, 1995; Muthén, 1998 — 2004):

$$\text{SRMR} = \left(\sum\sum r_{jk}^2/e \right)^{1/2}, \tag{1.16}$$

---

[1] 如果样本中有 p 个内生标识 (endogenous indicator) 和 q 个外生标识 (exogenous indicator), 则样本中不同方差和协方差的总数等于 $(p+q)(p+q+1)/2$.

其中 r_{jk} 是相关系数矩阵的残差, 即观察相关系数矩阵和模型估计的相关系数矩阵之间元素的差异 (Muthén, 1998—2004):

$$r_{jk} = \frac{s_{jk}}{\sqrt{s_{jj}}\sqrt{s_{kk}}} - \frac{\hat{\sigma}_{jk}}{\sqrt{\hat{\sigma}_{jj}}\sqrt{\hat{\sigma}_{kk}}}, \tag{1.17}$$

其中, s_{jk} 是观察变量 Y_j 和 Y_k 之间的样本协方差, $\hat{\sigma}_{jk}$ 是对应的模型估计协方差; s_{jj} 和 s_{kk} 分别是样本方差和模型估计方差. SRMR< 0.08 被认为是拟合良好 (Hu & Bentler, 1999), 大于 0.08 但小于 0.10 也可以接受 (Kline, 2005).

信息标准指数 (information criterion indice): 信息标准统计量是相对模型拟合统计量 (relative model fit statistic), 通常用于模型比较, 包括非嵌套模型比较. 信息标准统计的一般形式定义为 (Sclove, 1987):

$$-2\ln L + a(n)m \tag{1.18}$$

其中, L 是模型的最大似然, 值越大表示拟合越好. $-2\ln L$ 的可能值范围从 0 到 ∞, 较小的值表示拟合较好. 公式 (1.18) 中的 "$a(n)m$" 项是考虑到模型复杂性而添加到 $-2\ln L$ 的惩罚 (penalty), 其中 n 和 m 分别代表样本量和模型自由参数数量.

Mplus 提供三种类型的信息标准度量: Akaike 信息标准 (Akaike's information criterion, AIC) (Akaike, 1973, 1983), 贝叶斯信息标准 (Bayesian information criterion, BIC) 或 Schwarz 标准 (Schwarz criterion) (Schwarz, 1978), 样本量调整的贝叶斯信息标准 (sample-size adjusted BIC, ABIC) (Sclove, 1987), 分别定义为:

$$\text{AIC} = -2\ln L + 2m, \tag{1.19}$$

$$\text{BIC} = -2\ln L + m\ln n, \tag{1.20}$$

$$\text{ABIC} = -2\ln L + m\ln n^*. \tag{1.21}$$

上述公式都是公式 (1.18) 的特例. 对于 AIC, 无论样本量大小如何, 公式 (1.18) 中的 $a(n)$ 项都被替换为 2; 而对于 BIC, 公式 (1.18) 的惩罚项中的 $a(n)$ 被替换为 $\ln n$. 对于 ABIC, 样本量 n 被替换为 $n^* = (n+2)/24$ 以在一定程度上减少较大样本量的惩罚 (Sclove, 1987; Muthén, 1998—2004). BIC 和 ABIC 的惩罚项中包含了样本量, 因而它们对自由参数多的复杂模型施加更多的惩罚.

以上我们介绍了多种模型拟合指数, 没有一个指数可以单独用来检验模型. 通常模型拟合评估需要报告多个拟合指数 (Bollen, 1989; Bollen & Long, 1992; Tanaka, 1993; Bentler, 2007). 检验单个模型时, 通常报告 Mplus 提供的以下拟合指数: CFI、TLI、RMSEA、RMSEA 的 90% 置信区间、精确拟合检验 (H$_0$: RMSEA ≤0.05) P 值和 SRMR. 重要的是, 模型拟合指数表明了模型整体拟合情况. 但拟合指数良好并不一定意味着模型必然是正确模型. 首先, 其他模型组成部分对于模型评估也很重要. 例如, 系数估计应该是可解释的, 方程的 R^2 是可以接受的, 参数估计没有不当解 (例如, 负方差、相关系数小于 -1 或大于 1). 如果模型估计的有关部分中出现问题, 则表明模型的某些部分可能无法拟合数据. 其次, 如果仅用模型拟合指数判断, 可能存在许多拟合良好的模型. 在这些等效模型中, 应该接受简约模型 (parsimonious model). 此外, 模型评估不完全是统计问题. 它还应该基于合理的理论和实践经验. 如果一个模型结果没有实质性意义, 即使它在统计上很好地拟合了数据, 也没有意义.

使用贝叶斯估计进行模型拟合评估 (model fit evaluation with Bayesian estimator): 当贝叶斯估计法用于模型估计时, 传统的模型拟合指数不适用. 在贝叶斯分析中, 仔细检查马尔可夫链是否收敛或达到平稳非常重要. 在进行任何推断之前应检查所有参数估计的收敛性. 尽管没有一个检验是决定性的, 但各种统计诊断检验可以帮助评估马尔可夫链的收敛性. Mplus 中用于评估收敛性的主要标准是基于潜在标度缩减 (potential scale reduction, PSR) (Asparouhov & Muthén, 2010c) 的 Gelman-Rubin 收敛标准 (Gelman-Rubin convergence criterion) (Gelman & Rubin, 1992). PSR 定义为跨链的总方差与合并的内部方差之比

$$PSR = \sqrt{\frac{W + B}{W}}, \tag{1.22}$$

其中 W 和 B 分别是后验参数估计的链内和链间变化. 如果模型中所有参数的 PSR 接近 1 (例如, 介于 1 和 1.1 之间) (Gelman, Carlin, Stern & Rubin, 2004), 则表明链间变化很小, 因此可认为具有收敛性. 注意, PSR 与类内相关系数 (intra-class correlation coefficient, ICC) 密切相关[①]. PSR 越接近 1, ICC 越小, 说明不同的迭代过程 (即不同的链) 产生相似的参数估计, 因此 MCMC 过程是收敛的或平稳的.

Mplus 7 及以后版本还提供 Kolomogorov-Smirnov 检验 (Kolomogorov-Smirnov test, KS 检验) (Chakravarti, Laha & Roy, 1967), 用于通过比较跨链的后验分布来评估收敛性. KS 检验的假设是参数估计的后验分布在链上相等. 如果 KS 检验不拒绝假设 (即 $P > 0.05$), 则表明 MCMC 序列已经收

---

① $1 - \dfrac{1}{PSR^2} = 1 - \dfrac{W}{W + B} = \dfrac{B}{W + B} = ICC.$

敛. 然而, "对于更复杂的模型, $P > 0.001$ 可以解释为确认的收敛" (Muthén & Asparouhov, 2012b). 此外, Mplus 中还提供了用于后验参数轨迹图 (posterior parameter trace plot) 和自相关图 (autocorrelation plot) 的图形选项, 用于监测后验分布 (Muthén & Muthén, 1998—2017).

在确认 MCMC 算法收敛后, 可以使用贝叶斯后验预测检查 (Bayesian posterior predictive checking, BPPC) 评估模型拟合 (Gelman, Meng, Stern & Rubin, 1996; Scheines, Hoijtink & Boomsma, 1999; Muthén, 2010; Kaplan & Depaoli, 2012). 对于连续结局测量和分类结局测量的潜连续应答变量, 模型卡方拟合函数 $f(Y_t, X, \theta_t)$ 使用当前参数估计值和 MCMC 的第 t 次迭代中的观察数据计算. 此外, 使用当前参数估计生成与原始数据集大小相同的复制数据集 $\hat{Y}_t$, 并根据复制数据计算卡方拟合函数 $f(\hat{Y}_t, X, \theta_t)$. 在 Mplus 中每 10 次迭代计算一次 $f(Y_t, X, \theta_t)$ 和 $f(\hat{Y}_t, X, \theta_t)$ 之间的差值, 从而得到卡方拟合函数差值的分布, 以及该差值的 95% 置信区间. 对于好的拟合模型, 0 值落在该置信区间的中间附近. 如果 95% 置信区间未涵盖 0, 则表明模型不适合数据 (Muthén, 2010; Muthén & Asparouhov, 2012a; Asparouhov & Muthén, 2010c).

在后验预测检查 (posterior predictive checking, PPC) 中, 后验预测 P 值 (posterior predictive P-value, PPP) 计算为 (Asparouhov & Muthén, 2010c; Muthén & Asparouhov, 2012a)

$$\text{PPP} = P\left\{ f\left(Y_t, X, \theta_t\right) < f\left(\hat{Y}_t, X, \theta_t\right) \right\}, \qquad (1.23)$$

这是在 m 次迭代中观察数据的卡方拟合函数小于 (即好于) 复制数据卡方拟合函数的次数的比例.

类似于 SEM 拟合指数 (Muthén & Asparouhov, 2012a), 小的 PPP 值 (例如 < 0.05) 表明模型拟合不佳 (Lynch & Western, 2004). 如果 PPP > 0.05, 我们说模型复制数据与观察数据之间的差异在统计上不显著, 因此模型拟合数据. 当 PPP $= 0.50$ 时模型拟合数据最好, 表明观察数据与模型复制数据相仿 (Asparouhov & Muthén, 2010c; Muthén & Asparouhov, 2012a). 但较大的 PPP 值 (例如 0.90) 也表明模型拟合良好.

模型比较 (model comparison): 在结构方程建模中, 通常考虑不同的替代模型, 通过模型比较来确定最佳拟合模型 (Bollen & Long, 1993). 与其他统计模型比较一样, 似然比 (likelihood ratio, LR) 检验通常用于两个嵌套模型的比较. 如果模型 B 嵌套于模型 A 中, 则模型 B 具有较少的自由参数, 因此, 模型 A 的 df 数量更大. 此外, 模型 B 中不能包含模型 A 中未包含的新参数. 一旦满足这两个条件, 两个模型之间的似然函数的差异将遵循卡方分布, 其 *df* 就是两个模型的卡方自由度之差. 需要提醒的是, 当一些稳健的模型估计法, 如MLM、MLMV、MLR、ULMSV、WLSM 和 WLSMV 用于模型估计时, 模型卡方统计量不能以常规方式用于 LR 检验, 因为两个嵌套模型的卡方统计量之间的差异不遵循卡方分布 (Muthén & Muthén, 1998—2017). 此类差异检验将在下一章中通过示例进行讨论.

另外, AIC、BIC、ABIC 等信息标准度量也广泛用于模型比较. 具有较小信息度量的模型具有更好的拟合. 这些信息度量是重要的简约校正指数, 可用于比较嵌套和非嵌套模型. Raftery (1996) 在 Jeffreys (1961) 的基础上, 基于BIC 绝对值的差异, 提出了一些关于信息标准度量的证据强度的指导: 0 ~ 2:弱证据; 2 ~ 6: 正面证据; 6 ~ 10: 有力的证据; 10+: 非常有力的证据.

对于贝叶斯 SEM (BSEM), Mplus 提供了离差信息标准 (deviance information criterion, DIC) 用于模型比较 (Spiegelhalter, Best, Carlin & van der Linde, 2002; Muthén, 2010). DIC 是 AIC 的贝叶斯泛化, 它平衡了模型的简约性和模型拟合度 (Gill, 2008). DIC 由 Spiegelhalter 等人 (2002) 定义为

$$\mathrm{DIC} = pD + \bar{D}, \tag{1.24}$$

其中, $\bar{D}$ 是离差的后验平均值, pD 是 $\bar{D}$ 减去 $D\left(\bar{\theta}\right)$ —— 后验平均值的离差, 即 $pD = \bar{D} - D\left(\bar{\theta}\right)$. 由于离差可以为负, 因此允许 DIC 为负. 与 AIC 和 BIC 一样, 无论模型是否嵌套, DIC 都可以用于比较模型. DIC 值越小表示模型越好.

1.6 模型修正 (Model modification)

在 SEM 的应用中, 人们通常会在现有理论、文献或先前研究的基础上设定模型, 然后用该模型来拟合可用数据. 很多时候, 初始模型可能并不如愿地拟合数据. 换言之, 初始模型有设定不当之处. 因而需要寻找模型拟合不良的原因, 以确定模型设定的具体问题, 然后修正模型并使用同一数据重新检验. 此过程称为 "模型设定搜索".

为了改善拟合不良的初始模型, 常使用修正指数 (modification indice, MI) (Sörbom, 1989) 作为诊断指标来帮助修改模型设定. 修正指数与模型的具体固定参数联系在一起. 一个固定参数的 MI 值相当于自由度 *df* = 1 的模型卡方值. 就是说, 如果将模型中某个固定参数改为自由参数, 模型卡方值的减少相当于该参数的 MI 估计值.

高 MI 值表示应释放相应的固定参数以改进模型拟合. 如果改变一个固定

参数为自由参数使模型卡方值下降 3.84, 则表明模型拟合在 $P = 0.05$ 水平上发生了显著变化. 但是, 关于 MI 必须多大才能保证有意义的模型修正, 不存在严格的经验法则. 在 Mplus 程序的 OUTPUT 指令中使用 MODINCES (或 MOD) 选项, 默认情况下 MI $\geqslant$ 10 的参数将列在 Mplus 输出中. 要获得 MI $\geqslant$ 3.84 的所有参数, 应将该选项设定为 MOD (3.84).

如果存在多个 MI 值较高的参数, 则应一次释放一个, 从最大的 MI 开始, 因为模型中单个参数的更改可能会影响模型的其他参数估计 (MacCallum, Roznowski & Necowitz, 1992). 注意, 通过释放一些参数可以改善模型拟合, 但是, 模型修正必须具有理论上的意义.

如果一个参数被释放, Mplus 还提供预期参数变化 (expected parameter change, EPC) 和预期参数变化的标准化 EPC (standardized EPC) 指数 (Saris, Satorra & Sörbom, 1987). EPC 与 MI 一起提供模型重新设定的重要信息.

此外, 检查模型拟合缺失的一个重要方法是检查模型残差. 与多元回归中的残差不同, 结构方程建模中的残差是残差矩阵 $(S - \hat{\Sigma})$ 中的元素, 其中 S 是样本方差/协方差矩阵, $\hat{\Sigma}$ 是模型估计的方差/协方差矩阵. 残差取决于观察变量的测量尺度, 因此意义不大, 因为观察变量通常具有各种度量.

为了避免这个问题, 残差通常被除以它们的渐近标准误差 (asymptotical standard error) (Jöreskog & Sörbom, 1989) 而标准化. 尽管标准化残差在技术上不是模型拟合指数, 但它提供了有关估计方差/协方差与观察到的方差/协方差的接近程度的有用信息. 较大的标准化残差表示 S 和 $\hat{\Sigma}$ 之间的特定方差/协方差存在较大差异. 一般来说, 一个标准化残差大于 2.58, 则认为该标化残差较大 (Jöreskog & Sörbom, 1989).

必须强调的是, 模型修正或重新规范设定应该是数据驱动和理论驱动的. 任何模型修正都必须在理论基础和实证结果上是合理的. 应避免在模型修正中盲目使用修正索引. 不应仅出于改进模型拟合的目的而添加或删除参数. 我们的目标是找到一个从统计的角度很好地拟合数据的模型, 重要的是, 模型的所有参数都有实质性的有意义的解释.

估计 SEM 的计算机软件最初只有 LISREL (Jöreskog & Sörbom, 2015), 因而结构方程模型传统上又称 LISREL 模型. 现在已有多种计算机程序/软件可供结构方程分析使用. 有几个著名的专业软件包, 例如 AMOS (Arbuckle, 2014), EQS (Bentler, 2006), Mplus (Muthén & Muthén, 1998—2017), Proc CALIS in SAS (SAS Institute Inc., 2013), STATA 中的 SEM (Acock, 2013), R 中的 SEM (Fox, 2006), lavaan (Rosseel, 2012), 以及 OpenMx (Neale, et al., 2016) 等. 每个计算机程序都有自己的优势和独特的功能. 使用哪个程序基本

上是个人喜好.

本书采用计算机软件 Mplus 进行模型演示. Mplus 是计算机软件 LIS-COMP (Muthén, 1988) 的继承者. 在保留了 LISCOMP 对分类和连续变量的结构方程建模的大部分功能的同时, Mplus (特别是在 Mplus 7 及更高版本中) 发展出许多先进的功能. 它在处理具有连续和分类结局以及分类潜变量的多种类型的模型方面具有很大的灵活性.

本书中的模型旨在向读者展示如何使用横截面和纵向数据在 Mplus 中构建 SEM. 模型的 Mplus 编程语法 (syntax) 在本书的每个相应章节中都有提供. 本书中用于模型演示的数据可通过扫描前言中的二维码下载.

附录 1.A 将观察变量之间的方差/协方差表示为模型参数的函数 (Expressing variances and covariances among observed variables as functions of model parameters)

让我们用 Σ 表示变量 Y 和 X 的总体方差/协方差矩阵 (population variance/covariance matrix), 则

$$\Sigma = \begin{bmatrix} E(YY') & E(XY')' \\ E(XY') & E(XX') \end{bmatrix}, \tag{1.A.1}$$

其中对角线上的元素分别为变量 Y 和 X 的方差; 对角线以外的元素是 Y 和 X 之间的协方差. 在结构方程建模中, 假设 Y 和 X 的总体方差/协方差矩阵可以表示为模型参数的函数, 即

$$\Sigma = \Sigma(\theta), \tag{1.A.2}$$

其中 $\Sigma(\theta)$ 称为模型隐含方差/协方差矩阵 (model implied variance/covariance matrix).

基于 SEM 三个基本方程 (1.1) 中的第一个方程, $\Sigma(\theta)$ 可以表示为八个 SEM 基本矩阵中参数的函数. 先从 Y 的方差/协方差矩阵开始, 然后是 X 的方差/协方差矩阵, Y 和 X 的方差/协方差矩阵; 最后将它们组合在一起.

观察变量 Y 的方差/协方差矩阵可以表示为

$$\begin{aligned} E(YY') &= E\left[(\Lambda_Y\eta + \varepsilon)(\Lambda_Y\eta + \varepsilon)'\right] \\ &= E\left[(\Lambda_Y\eta + \varepsilon)(\eta'\Lambda_Y' + \varepsilon')\right] \\ &= E(\Lambda_Y\eta\eta'\Lambda_Y') + \Theta_\varepsilon \end{aligned}$$

$$= \Lambda_Y E(\eta\eta')\Lambda_Y' + \Theta_\varepsilon, \tag{1.A.3}$$

其中 ε 与 η 不相关, Θ_ε 是误差项的方差/协方差矩阵. 因为

$$\eta = B\eta + \Gamma\xi + \zeta,$$

所以

$$\eta = (I - B)^{-1}(\Gamma\xi + \zeta),$$

因而

$$
\begin{aligned}
\eta\eta' &= [(I - B)^{-1}(\Gamma\xi + \zeta)][(I - B)^{-1}(\Gamma\xi + \zeta)]' \\
&= (I - B)^{-1}(\Gamma\xi + \zeta)(\Gamma\xi + \zeta)'[(I - B)^{-1}]' \\
&= (I - B)^{-1}(\Gamma\xi + \zeta)(\xi'\Gamma' + \zeta')[(I - B)^{-1}]'.
\end{aligned} \tag{1.A.4}
$$

假设 ζ 与 ξ 不相关, 则

$$E(\eta\eta') = (I - B)^{-1}(\Gamma\Phi\Gamma' + \Psi)[(I - B)^{-1}]', \tag{1.A.5}$$

其中 Φ 是潜变量 ξ 的方差/协方差矩阵; Ψ 是残差 ζ 的方差/协方差矩阵. 将公式 (1.A.5) 代入公式 (1.A.3), 我们有

$$E(YY') = \Lambda_Y(I - B)^{-1}(\Gamma\Phi\Gamma' + \Psi)[(I - B)^{-1}]'\Lambda_Y' + \Theta_\varepsilon. \tag{1.A.6}$$

这个公式意味着观察变量 Y 的方差/协方差是模型参数的函数, 例如因子载荷 Λ_Y、路径系数 B 和 Γ、外生潜变量 (exogenous latent variable) 的方差/协方差 Φ、结构方程中的残差方差/协方差矩阵 (residual variance/covariance matrix) Ψ 和测量模型中的误差方差/协方差矩阵 (error variance/covariance matrix) Θ_ε 等参数.

观察变量 X 的方差/协方差矩阵可以表示为

$$
\begin{aligned}
E(XX') &= E[(\Lambda_X\xi + \delta)(\Lambda_X\xi + \delta)'] \\
&= E[(\Lambda_X\xi + \delta)(\xi'\Lambda_X' + \delta')],
\end{aligned} \tag{1.A.7}
$$

假设 δ 与 ξ 不相关, 则

$$
\begin{aligned}
E(XX') &= E[\Lambda_X\xi\xi'\Lambda_X' + \delta\delta'] \\
&= \Lambda_X\Phi\Lambda_X' + \Theta_\delta,
\end{aligned} \tag{1.A.8}
$$

其中 Θ_δ 是误差项 δ 的方差/协方差矩阵. 等式 (1.A.8) 意味着观察变量 X 的方差/协方差是模型参数的函数, 例如因子载荷 Λ_X、外生潜变量的方差/协方差 Φ 和误差方差/协方差 Θ_ε 等参数.

观察变量 X 和 Y 之间的方差/协方差矩阵可以表示为

$$
\begin{aligned}
E(XY') &= E[(\Lambda_X\xi + \delta)(\Lambda_Y\eta + \varepsilon)'] \\
&= E[(\Lambda_X\xi + \delta)(\eta'\Lambda_Y' + \varepsilon')],
\end{aligned} \tag{1.A.9}
$$

假设 δ 和 ε 不相关, 且都与潜变量无关, 则

$$
\begin{aligned}
E(XY') &= E(\Lambda_X\xi\eta'\Lambda_Y') \\
&= \Lambda_X E(\xi\eta')\Lambda_Y' \\
&= \Lambda_X E\left\{\xi[(I-B)^{-1}(\Gamma\xi + \zeta)]'\right\}\Lambda_Y' \\
&= \Lambda_X E\left\{\xi(\Gamma\xi + \zeta)'[(I-B)^{-1}]'\right\}\Lambda_Y' \\
&= \Lambda_X E\left\{\xi\xi'\Gamma'[(I-B)^{-1}]' + \xi\zeta'[(I-B)^{-1}]'\right\}\Lambda_Y' \\
&= \Lambda_X \Phi\Gamma'[(I-B)^{-1}]'\Lambda_Y',
\end{aligned} \tag{1.A.10}
$$

因此, 观察变量 X 和 Y 之间的方差/协方差矩阵可以用模型参数表示为

$$
\Sigma(\theta) = \begin{bmatrix} \Lambda_Y(I-B)^{-1}(\Gamma\Phi\Gamma' + \Psi)[(I-B)^{-1}]'\Lambda_Y' + \Theta_\varepsilon & \Lambda_Y(I-B)^{-1}\Gamma\Phi\Lambda_X' \\ \Lambda_X\Phi\Gamma'[(I-B)^{-1}]'\Lambda_Y' & \Lambda_X\Phi\Lambda_X' + \Theta_\delta \end{bmatrix},
$$
$$\tag{1.A.11}$$

其中矩阵的右上部分是 X 和 Y 之间的协方差矩阵的转置. 模型隐含方差/协方差矩阵 $\Sigma(\theta)$ 中的每个元素都是模型参数的函数. 对于构成 SEM 的八个 SEM 基本矩阵中的一组特定模型参数, 对应的模型隐含方差/协方差矩阵只有一个.

附录 1.B　SEM 的最大似然函数 (Maximum likelihood function for SEM)

SEM 估计关注的是观察方差/协方差矩阵 S 的样本分布. 如果从多元正态总体中选择随机样本, 获取一个具有方差/协方差矩阵 S 的样本的似然由 Wishart 分布给出 (Wishart, 1928):

$$
W(S, \Sigma, n) = \frac{e^{-\frac{1}{2}n\cdot\text{tr}(S\Sigma^{-1})}|nS|^{\frac{1}{2}(n-K-1)}}{|\Sigma|^{\frac{1}{2}n}2^{\frac{1}{2}nK}\pi^{\frac{1}{4}K(K-1)}\prod_{k=1}^{K}\Gamma\left(\frac{1}{2}(n+1-k)\right)}, \tag{1.B.1}
$$

其中 S 是样本方差/协方差矩阵, Σ 是总体方差/协方差矩阵, $n = N - 1$ (其中, N 是样本量), K 是变量数, Γ 是伽马函数. 注意, 公式 (1.B.1) 中的所有项 (除了涉及 Σ 的项) 都是常数. 由于我们只关心函数的最大化而不是计算函数的精确值, 因此可以将公式 (1.B.1) 中的所有常数项合并为一个常数项 C, 因此该等式可以简化为

$$
\begin{aligned}
W(S, \Sigma, n) &= \frac{e^{-\frac{1}{2}n \cdot \text{tr}(S\Sigma^{-1})}}{|\Sigma|^{\frac{1}{2}n}} C \\
&= e^{-\frac{1}{2}n \cdot \text{tr}(S\Sigma^{-1})} |\Sigma|^{-\frac{1}{2}n} C.
\end{aligned} \tag{1.B.2}
$$

对于完美拟合数据的模型, $\hat{\Sigma} = S$. 因此, 设定模型的 Wishart 函数与完美模型的 Wishart 函数之比为

$$
\begin{aligned}
\text{LR} &= \frac{e^{-\frac{1}{2}n \cdot \text{tr}(S\Sigma^{-1})} |\Sigma|^{-\frac{1}{2}n} C}{e^{-\frac{1}{2}n \cdot \text{tr}(SS^{-1})} |S|^{-\frac{1}{2}n} C} \\
&= e^{-\frac{1}{2}n \cdot \text{tr}(S\Sigma^{-1})} |\Sigma|^{-\frac{1}{2}n} e^{\frac{1}{2}n \cdot \text{tr}(SS^{-1})} |S|^{\frac{1}{2}n},
\end{aligned} \tag{1.B.3}
$$

取自然对数, 我们有

$$
\begin{aligned}
\ln(\text{LR}) &= -\frac{1}{2}n \cdot \text{tr}(S\Sigma^{-1}) - \frac{1}{2}n \cdot \ln|\Sigma| + \frac{1}{2}n \cdot \text{tr}(SS^{-1}) + \frac{1}{2}n \cdot \ln S \\
&= -\frac{1}{2}n \left[\text{tr}(S\Sigma^{-1}) + \ln|\Sigma| - \text{tr}(SS^{-1}) - \ln S \right] \\
&= -\frac{1}{2}n \left[\text{tr}(S\Sigma^{-1}) + \ln|\Sigma| - (p+q) - \ln S \right].
\end{aligned} \tag{1.B.4}
$$

由于等式 (1.B.4) 的右侧以负号开头, 因此最大化等式等效于最小化括号中的函数:

$$
F_{\text{ML}}(\hat{\theta}) = \ln|\hat{\Sigma}| + \text{tr}(S\hat{\Sigma}^{-1}) - \ln S - (p+q), \tag{1.B.5}
$$

其中 $F_{\text{ML}}(\theta)$ 或 F_{ML} 称为最小差异函数, 它是在最终估计中评估的拟合函数的值 (Hayduk, 1987).

第二章　验证性因子分析 (Confirmatory Factor Analysis, CFA)

2.1　简介 (Introduction)

如第一章所述, 路径分析与结构方程模型 (structural equation model, SEM) 的主要区别在于, 前者分析观察变量之间的关系, 而后者侧重于潜变量/因子之间的关系. 在进行结构方程建模前, 须用测量模型 (measurement model) 定义和检验 SEM 中的潜变量/因子. 潜变量是不可观察的, 只能从观察到的标识/条目中间接估计. 传统上, 探索性因子分析 (exploratory factor analysis, EFA) 技术用于确定测量工具的潜在因子结构 (Comrey & Lee, 1992; Gorsuch, 1983; Mulaik, 1972). EFA 从一组观察到的标识变量中提取未观察到的因子. EFA 事先不确定因子数量, 不定义因子, 也不确定观察到的标识变量如何加载到特定的因子上, 而是在提取因子后再分别定义. 换句话说, EFA 适用于因子结构 (factorial structure) 或工具维度 (dimensionality of an instrument) 不明的情况, 因而通常用于开发新的测量工具. 在理论上或经验发现对某量表的维度有一定了解或假设的情况, CFA 模型用来验证该量表的因子结构 (Bollen, 1989; Brown, 2015). 在检验 CFA 模型之前, 模型中有关因子只是从理论上定义的, 特定标识变量/条目如何加载到哪些因子上是假设的. 研究人员希望从数据中验证并确认所研究量表的因子结构与假设一致. 在 CFA 的应用中, 研究人员主要感兴趣的是评估特定量表中的一组标识/条目, 实际测量它们旨在测量潜变量/因子的程度. CFA 的某些功能与 EFA 不同. 第一, EFA 中的所有因子要么不相关或正交 (orthogonal), 要么相关 (倾斜, oblique). 在 CFA 中, 可以在理论或经验发现的基础上灵活地设定因子之间的关系. 第二, EFA 中观察标识/条目加载到所有因子上; 而在 CFA 中观察标识/条目仅加载到它们旨在测量的因子上. 当然, 如果出于理论上的需要, 一个标识/条目也可以加载到 CFA 中的多个因子上. 因此, CFA 模型更简约, 因为在 CFA 模型中, 标识对无关因子的载荷都被设定为 0, 从而大大减少了自由参数的数量. 第三, 条目测量误差 (measurement error) 在 EFA 中不允许相互关联, 而在 CFA 中则可以. 在 CFA 中适当设定相关误差可用于检验方法效应 (Marsh, 1996; Tomás & Oliver, 1999; Wang, et al., 2001). 第四, CFA 可以多组别同时运行, 以检验跨组别的测量不变性 (measurement invariance). 第五, 协变量可以方便地纳入 CFA 来预测因子, 从而将 CFA 模型扩展为 SEM[①].

在 CFA 中, 观察标识/条目与因子之间的联系由因子载荷表示. 观察标识对因子回归的斜率系数是标识对该因子的因子载荷 (factor loading), 相关的误差项是标识中相应的测量误差. 当我们对潜变量/因子之间的关系进行建模时, 潜变量/因子之间的关系估计将不受条目测量误差的影响.

CFA 是 SEM 的基础部分 (即测量模型). SEM 技术的普遍用途之一是研究量表有效性 (validity) 或评估所研究测量工具中量表的因子结构. 运行 SEM 的第一步是确保 SEM 中涉及的测量模型的设定是正确的且能够很好地拟合数据. 在实际研究中, 当 SEM 不能拟合数据时, 最常见的原因是其包含的测量模型存在问题. 在本章中, 我们将讨论 CFA 的一些基础知识, 并使用真实的研究数据演示 CFA 在 Mplus 中的应用. 在各种 CFA 模型的演示中, 我们将讨论 CFA 建模中的一些重要问题, 例如, 如何处理违反多元正态性假设、删失测量 (censored measure)、二分类或有序分类变量等. 我们还将讨论贝叶斯 CFA (Bayesian CFA, BCFA) 模型, 潜变量合理值 (plausible value of latent variable), 以及高阶 CFA 模型 (higher-order CFA model)、双因子模型 (bifactor model).

---

① 协变量也可以纳入 EFA 模型, 从而将 EFA 模型扩展为探索性 SEM (Asparouhov & Muthén, 2009). 但该模型运用不是很广泛.

2.2 CFA 模型基础 (Basics of CFA model)

CFA 通常用于确认已开发的量表应用于具体目标总体时的因子结构. 换句话说, CFA 检验现有量表的理论定义或假设因子结构在具体目标总体中的有效性 (validity). 如果假设的 CFA 模型拟合数据, 我们确认因子结构对总体有效. 这称为测量工具的因子有效性 (factorial validity) 检验 (Byrne, 2006). 在本节中, 我们将讨论 CFA 模型的一些基础知识, 并以著名的精神病学测量工具——简要症状量表 BSI-18 (Brief Symptoms Inventory 18, BSI-18) (Derogatis, 2000, 2001)——为例. BSI-18 是 BSI-53 (Derogatis, 1993; Derogatis & Spencer, 1983) 的微缩版. BSI-53 广泛用于评估临床和非临床人群的心理障碍. 它具有良好的心理测量特性, 包括较好的内部一致性 (internal consistency) 和重测信度 (test-retest reliability) (Derogatis, 1993; Derogatis & Spencer, 1983). BSI-53 有 9 个定义明确的心理测量分量表. 然而, 这 9 个分量表在实际运用中通常以条目总分计算, 它们的因子结构未使用因子分析得到验证 (Boulet & Boss, 1991; Ruiperez, et al., 2001). 因此, Derogatis (2000) 在 BSI-53 量表基础上开发了该工具的微缩版——BSI-18——用作筛查常见精神疾病的工具: 躯体化 (somatization, SOM)、抑郁 (depression, DEP) 和焦虑 (anxiety, ANX). 量表描述见附录 2.A. BSI-18 的因子结构如表 2.1 所示, 其中 18 个观察标识/条目分别加载到 3 个因子 (SOM、DEP 和 ANX) 上, 每

表 2.1 BSI-18 的分量表及对应条目

躯体化 (SOM)		抑郁 (DEP)		焦虑 (ANX)	
条目	编号	条目	编号	条目	编号
眩晕 (Faintness, X_1)	1	孤独 (Lonely, X_5)	5	神经质 (Nervousness, X_3)	3
胸痛 (Chest pains, X_4)	4	无兴趣 (No interest, X_2)	2	紧张 (Tense, X_6)	6
恶心 (Nausea, X_7)	7	沮丧 (Blue, X_8)	8	惊吓 (Scared, X_9)	9
呼吸急促 (Short of breath, X_{10})	10	无价值 (Worthlessness, X_{11})	11	恐慌 (Panic episodes, X_{12})	12
麻木或刺痛 (Numb or tingling, X_{13})	13	绝望 (Hopelessness, X_{14})	14	坐立不安 (Restlessness, X_{15})	15
身体虚弱 (Body weakness, X_{16})	16	有自杀念头 (Suicidal thought, X_{17})	17	惧怕 (Fearful, X_{18})	18

注: 应答分值采用五点 Likert 量表 (0–完全没有; 1–一点点; 2–中等; 3–相当多; 4–非常多) 测量.

个因子 6 个条目. Derogatis (2000) 使用主成分分析 (principal components analysis, PCA) (Tabachnick & Fidell, 2001) 验证了理论上定义的 3 个分量表 (SOM、DEP 和 ANX). 但 Derogatis (2000, 2001) 的研究表明, 前两个因子 (SOM 和 DEP) 保持不变, 但第三个因子 (ANX) 又可分为两个因子: 因子 3 躁动 (agitation, AGI) 症状 (条目 3 – 神经质, 条目 6 – 紧张, 条目 15 – 坐立不安), 因子 4 恐慌 (panic, PAN) 症状 (条目 9 – 惊吓, 条目 12 – 恐慌, 条目 18 – 惧怕). 因而产生 4 因子结构 (SOM、DEP、AGI 和 PAN). 尽管如此, 因为最后两个因子都可以被认为是焦虑 (ANX), 所以 BSI-18 中的 3 因子结构可以被认为是有效的 (Derogatis, 2000, 2001).

　　BSI-18 的因子分析通常基于 EFA, 且结果不一致. 一些研究认为 BSI-18 可能只测量一个潜在因子, 即心理疾患整体严重指数 (global severity index, GSI) (Asnerself, Schreiber & Marotta, 2006; Boulet & Boss, 1991; Coelho, Strauss & Jenkins, 1998; Prelow, Weaver, Swenson & Bowman, 2005). 但是, 使用 CFA 模型 (潜变量结构理论的更严格的因子结构评估方法) 分析时, 研究人员验证了 BSI-18 量表最初设计的三维结构 (即 SOM、DEP 和 ANX) (Recklitis, et al., 2006; Durá, et al., 2006). 虽然 3 因子和 4 因子模型都很好地拟合了数据, 但 3 因子模型比 4 因子模型更简洁且更易于解释. 此外, 作为一项筛查工具, BSI-18 无意区分焦虑亚型 (Derogatis, 2000). 因此, 3 因子模型应是首选模型 (Recklitis, et al., 2006; Durá, et al., 2006).

　　在本章中, 我们将演示如何利用 CFA 使用真实数据评估 BSI-18 的因子结构. 图 2.1a — 2.1c 展示了 3 个单因子 CFA 模型. 在图示的圆圈中, ξ_1, ξ_2 和 ξ_3 代表 3 个潜变量/因子, 而方框中的 X_1 — X_{18} 代表 18 个观察标识/条目. 在每

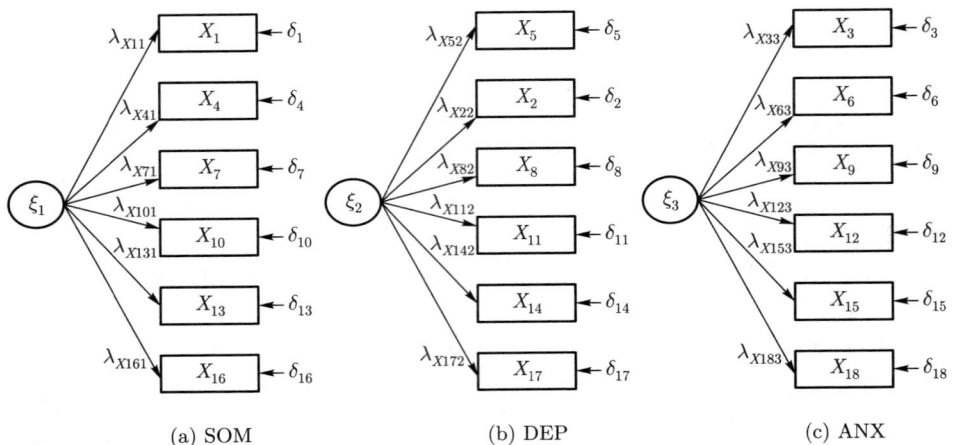

(a) SOM　　　　　　　(b) DEP　　　　　　　(c) ANX

图 2.1　单因子 CFA 模型

个 CFA 模型中, 一个因子有 6 个标识/条目, 因此, 观察信息条数 (即观察标识的方差/协方差个数) 为 $6 \times (6+1)/2 = 21$, 大于模型需要估计的 12 个自由参数总数 (即 5 个自由因子载荷、1 个因子方差和 6 个残差/误差方差). 因此, 每个 CFA 模型都是有 9 个自由度 $(df = 9)$ 的超识别模型. 图 2.2 显示一个 3 因子 CFA 模型, 其中, 符号 ϕ_{21}, ϕ_{31} 和 ϕ_{32} 代表因子之间的协方差. 这是本章中我们要关注的模型. 如果模型拟合数据良好, 则可以在模型中加入解释变量来预测因子, 那么模型就成为 MIMIC 模型 (multiple indicators and multiple causes model); 如果我们用因果效应 (路径图中的单向箭头) 替代因子之间的关系 (路径图中的双向箭头), 那么该模型将成为结构方程模型. 从这个角度来看, 我们可以看出 CFA 是结构方程建模的基础.

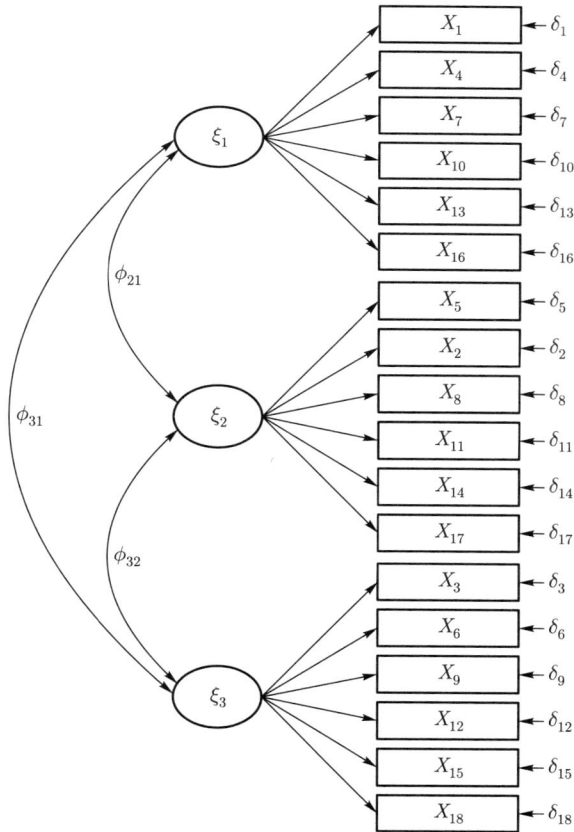

图 2.2 BSI-18 的 3 因子 CFA 模型

下面我们以矩阵形式和 SEM 基本方程展示 3 因子 CFA 模型:

$$
\begin{bmatrix} X_1 \\ X_4 \\ X_7 \\ X_{10} \\ X_{13} \\ X_{16} \\ X_5 \\ X_2 \\ X_8 \\ X_{11} \\ X_{14} \\ X_{17} \\ X_3 \\ X_6 \\ X_9 \\ X_{12} \\ X_{15} \\ X_{18} \end{bmatrix} = \begin{bmatrix} 1 & 0 & 0 \\ \lambda_{X41} & 0 & 0 \\ \lambda_{X71} & 0 & 0 \\ \lambda_{X101} & 0 & 0 \\ \lambda_{X131} & 0 & 0 \\ \lambda_{X161} & 0 & 0 \\ 0 & 1 & 0 \\ 0 & \lambda_{X22} & 0 \\ 0 & \lambda_{X82} & 0 \\ 0 & \lambda_{X112} & 0 \\ 0 & \lambda_{X142} & 0 \\ 0 & \lambda_{X172} & 0 \\ 0 & 0 & 1 \\ 0 & 0 & \lambda_{X63} \\ 0 & 0 & \lambda_{X93} \\ 0 & 0 & \lambda_{X123} \\ 0 & 0 & \lambda_{X153} \\ 0 & 0 & \lambda_{X183} \end{bmatrix} \begin{bmatrix} \xi_1 \\ \xi_2 \\ \xi_3 \end{bmatrix} + \begin{bmatrix} \delta_1 \\ \delta_4 \\ \delta_7 \\ \delta_{10} \\ \delta_{13} \\ \delta_{16} \\ \delta_5 \\ \delta_2 \\ \delta_8 \\ \delta_{11} \\ \delta_{14} \\ \delta_{17} \\ \delta_3 \\ \delta_6 \\ \delta_9 \\ \delta_{12} \\ \delta_{15} \\ \delta_{18} \end{bmatrix}, \tag{2.1}
$$

这相当于

$$
X_1 = \xi_1 + \delta_1, \quad X_4 = \lambda_{X41}\xi_1 + \delta_4, \cdots, X_{16} = \lambda_{X161}\xi_1 + \delta_{16},
$$

$$
X_5 = \xi_2 + \delta_5, \quad X_2 = \lambda_{X22}\xi_2 + \delta_2, \cdots, X_{17} = \lambda_{X172}\xi_2 + \delta_{17},
$$

$$
X_3 = \xi_3 + \delta_3, \quad X_6 = \lambda_{X63}\xi_3 + \delta_6, \cdots, X_{18} = \lambda_{X183}\xi_3 + \delta_{18}, \tag{2.2}
$$

其中, 每个观察标识都表示为一个特定潜变量/因子和随机误差的线性函数. 与通常的回归不同的是, 方程右边的变量 ξ 不是观察到的变量, 而是潜变量. 因子载荷的下标是条目编号及其对应的因子编号. 例如, λ_{X183} 是标识 X_{18} 在因子 ξ_3 上的因子载荷, 测量 BSI-18 条目 X_{18} 对应于因子 ANX 上一个单位变化的变化幅度.

潜变量/因子 (latent variable/factor): 潜变量的概念最初是由 Lazarsfeld (1950) 在他的潜在结构分析研究中构建的. 潜变量是指涉及理论或假设概念的一些不能直接观察或测量的变量. 例如我们用于 CFA 演示的数据集中的因子: 躯体化 (SOM, 表示为 ξ_1)、抑郁 (DEP, 表示为 ξ_2) 和焦虑 (ANX, 表示为 ξ_3). 潜变量假设可以解释观察到的标识变量中的协方差. 在 SEM 中, 兴趣集中在潜变量/因子上, 而不是用于测量潜变量/因子的可观察的标识变量. 因为潜变量/因子是观察不到的, 只能从它们的标识变量中估计出来, 所以它们没有度量单位. 为了解决这个问题, 最常用的方法是将一个因子载荷固定为 1.0. 在我们的示例中, 每个因子都有一个因子载荷 (例如 λ_{X11}、λ_{X52} 和 λ_{X33}) 被设置为 1.0 (参见公式 (2.1)). 大多数现有的 SEM 计算机程序, 包括 Mplus, 默认将因子的第一个标识的因子载荷固定为 1.0. 这将因子的标度 (scale) 设置为对应的观察标识的标度. 另外的方法, 例如潜在标准化方法 (latent standardization method) 和效应编码方法 (effect-coding method) 将在第 2.3 节中讨论.

标识变量 (indicator variable): 由于潜变量不能直接测量, 我们必须根据可观察的标识变量来定义感兴趣的潜变量, 并通过对标识变量的测量来间接评估潜变量[①]. 标识变量也称为条目 (item)、观察变量 (observed variable)、测量变量 (measured variable) 或外显变量 (manifest variable). 任何单一标识都是对潜变量的不完美测量, 即存在测量误差. 在测量模型 (例如 CFA) 中测量潜变量需要有多个标识变量/条目. 在我们的示例模型中, 标识变量表示为 X_1 — X_{18}, 每个因子有 6 个标识/条目 (见图 2.1a — 2.1c). 但是, 每个因子究竟需要多少个标识/条目却不是很明确. 一些研究人员赞成每个因子应有较多的标识/条目, 如 Marsh, Hau, Balla & Grayson (1998) 认为 "越多越好". 他们的研究表明, 每个因子的大量标识在一定程度上可以补偿小样本量, 反之亦然. 此外, MacCallum, Browne & Sugawara (1996) 也认为每个因子的标识/条目越多, 则估计值越精确 (例如, 拟合指数有较小的置信区间). 但是, 一些研究表明, 每个因子的标识/条目数量对某些模型拟合指数有负面影响. 例如, Anderson & Gerbing (1984) 表明, 每个因子的标识数量越多, 模型拟合指数 GFI、AGFI、RMS 越差; 另外, Ding, Velicer & Harlow (1995) 也发现, 增加每个因子的标识数量会对模型拟合指数 NFI、NNFI、RNI 和 CFI 有负面影响.

在模型识别 (model identification) 方面, 单因子 CFA 模型中因子至少需要 3 个标识/条目, 且测量误差项彼此不相关, 否则模型不能被识别. 在多因子 CFA 模型中, 如果每个标识/条目只加载于一个因子, 所有测量误差项不相关, 但允许所有因子相互关联, 那么即使每个因子只有两个标识/条目的模型也可以被识别. 不过, 即使在多因子 CFA 模型中, 通常每个因子至少也要有 3 个标识/条目 (Velicer & Fava, 1998), 并且建议每个因子至少要有 4 个标识/条目

[①] 在 SEM 中, 潜变量的标识有两种: 因果标识和效应标识. 前者是直接影响其潜变量的观察变量, 而后者是受其潜变量影响的观察变量. 几乎所有实际测量研究中都假设效应标识. 本书只关注效应标识. 有关因果标识的更多信息, 读者可参阅 Blalock (1964), Bollen (1984), Bollen & Lennox (1991) 以及 Edwards & Bagozzi (2000).

(例如, Costner & Schoenberg, 1973; Mulaik, 1983).

在应用研究中, 特别是在精神病学研究中, 测量工具/量表通常由大量条目组成, 导致每个潜变量或每个因子有许多标识/条目. 通常, 条目总分用于生成合成测量 (composite measure). 如果测量信度好, 那么该合成测量便可接受. Cronbach α 系数 > 0.70 是社会研究中广泛使用的信度测量经验法则 (Nunnally & Bernstein, 1994). 然而, 一些量表的 α 值很高 (如 BSI-53), 但其因子结构却无法通过因子分析进行验证. CFA 建模中标识表现不佳的原因很复杂. 一种可能的解决方案是考虑每个因子不要有太多的标识/条目, 以简约 CFA 模型为好. Hayduk (1996) 指出, 实际研究中, 每一个概念或潜变量要找到 2 ~ 3 个好的标识变量/条目是很困难的事. 当 CFA 模型中包含许多标识/条目时, 建议把标识变量/条目数降低到每个因子只有 2 ~ 3 个最好的标识/条目. 注意, 此建议仅适用于多因子 CFA 模型.

条目打包 (item parceling): 在实际研究中, 通常用于测量理论概念 (潜变量) 的标识数量很多, 因此常常导致建模困难. 每个因子的标识/条目越多, 需要估计的参数就越多, 因此需要更大的样本量. 另外, CFA 模型中大量标识/条目经常遇到的问题是, 除非将许多误差项设定为相关 (即, 将一些误差协方差设置为自由参数), 否则模型拟合数据很差. 误差项相关意味着观察标识不仅测量潜在的共同因子, 而且相关条目还共享某些未知成分. 此外, 观察标识往往不具有正态分布, 从而违反了正态理论最大似然和广义最小二乘估计所依据的假设. 条目打包是 CFA 实践中的一种常见做法, 用于处理量表中的大量条目, 它还可以帮助解决数据中的非正态性问题 (Bandalos, 2002; Bandalos & Finney, 2001; Marsh, 1994; Nasser & Wisenbaker, 2006; Thompson & Melancon, 1996).

条目打包或捆绑条目是指将两个或多个条目的原始条目分值相加或平均, 并使用这些包裹分值代替原单个条目分值作为 CFA 建模中潜变量/因子的新标识/条目. 每个包裹与潜变量通常会更加相关, 并且不太可能受到与单个条目相关的方法效应 (method effect) 的影响 (Marsh & Hau, 1999). 研究表明, 打包后的新标识比原单个条目更有可能符合多元正态性假设. 因此, 通过打包, 我们将得到一个更简约的模型, 它具有更优化的观察变量与样本量的比率, 以及更稳定的参数估计, 尤其是在样本量较小的情况下. 此类模型的 RMSEA、CFI 和 χ^2 检验拟合数据会更好 (Bagozzi & Edwards, 1998; Bandalos, 2002; Hau & Marsh, 2004; Thompson & Melancon, 1996).

打包通常基于以下原则: 内容相似性 (content similarity) (Nasser, Takahashi & Benson, 1997); 内部一致性 (internal consistency) (Kishton & Widaman, 1994); 探索性因子分析中的因子载荷 (Kishton & Widaman, 1994); 验证性

因子分析 (CFA) 中的因子载荷和整体模型拟合指数 (Kishton & Widaman, 1994; Nasser, Takahashi & Benson, 1997); 条目的描述性统计 (例如, 偏度/峰度) (Thompson & Melancon, 1996; Landis, Beal & Tesluk, 2000; Nasser & Wisenbaker, 2003) 和条目的随机组合 (例如, 分成两半或奇偶组合) (Prats, 1990).

将更多相似的条目放在同一个包裹中称为孤立打包 (isolated parceling); 而将相似的条目均匀分布在包裹中称为分布式打包 (distributed parceling). 此外, 将两个连续测量的条目平均形成一个包裹, 称为条目对打包 (item pair parceling) (Hau & Marsh, 2004; Marsh & O'Neill, 1984). 当样本量较小、误差项相关或违反多元正态性假设时, 通常建议将条目打包. 然而, 最近的一项研究表明, 条目打包很可能会导致参数估计偏差 (Bandalos, 2008).

因子载荷 (factor loading): 在因子分析的术语中, 将标识/条目与其潜变量/因子联系起来的系数被称为因子载荷 (例如, 我们示例 CFA 模型中的 $\lambda_{X41}, \cdots, \lambda_{X183}$), 表示标识/条目与潜变量之间的关系[①]. 与 EFA 不同, CFA 中的许多因子载荷被固定为 0, 表明相关标识/条目不加载到该因子上或不受该因子的影响. 在标准的 CFA 模型中, 一个标识/条目仅加载于一个因子, 并且其测量误差与其他条目的测量误差不相关. 标识/条目具有交叉因子载荷 (cross-factor loading) 的 CFA 模型属于非标准 CFA 模型. 通常, 交叉加载条目是量表的一个不受欢迎的特征, 因为它们会导致复杂的因子结构, 很难进行交叉验证.

CFA 模型中标识在其潜变量上的载荷不是固定的. 当额外的标识添加到模型中后, 特定标识的因子载荷值可能会发生变化. 通常, 在实际研究中报告完全标准化解 (即, 观察标识和因子都是标准化的) 的因子载荷[②]. 习惯上, 人们将 0.30 的水平视为标准化因子载荷大小的切断值 (Kim & Mueller, 1978; Brown, 2015). 有人认为 0.32 是一个适当的因子载荷切断值, 表明一个条目至少有 10% 的方差 (即 $0.32^2 \approx 0.10$) 由其潜变量解释 (Tabachnick & Fidell, 2001). 一个更保守一点的切断值为 0.40 (Ford, MacCallum & Tait, 1986). 另外, 重要的是标识的因子载荷必须有统计学意义 (即其 t 检验 P 值 < 0.05).

标准化因子载荷 (standardized factor loading) 的值通常小于 1.0, 包括因模型识别需要将非标准化值固定为 1.0 的因子载荷. 但是, 标准化因子载

---

① 对于连续观察标识变量, 因子载荷是简单的线性回归系数. 如果观察标识是分类变量, 那么因子载荷可能是 PROBIT 模型或逻辑斯谛回归模型的系数, 具体取决于用什么方法估计模型. 我们稍后会讨论这个问题.

② 无论哪个标识的非标准化因子载荷设置为 1.0, 其标准化解将始终相同, 因为完全标准化解将所有潜变量和标识的方差设置为 1.0.

荷的值也可能大于 1.0. 大于 1.0 的标准化因子载荷并不一定有错. 当因子标准化时, 模型分析的是数据的相关矩阵 (correlation matrix), 如果因子正交 (orthogonal), 即因子间不相关, 此时因子载荷代表的回归系数等于相关系数, 不能大于 1.0. 如果因子相关 (倾斜, oblique), 标准化因子载荷只是回归系数, 而不等于相关系数, 因此它们的值可能大于 1.0. 然而, 大于 1.0 的标准化因子载荷可能表明数据中存在高度的多重共线性 (Jöreskog, 1999).

测量误差 (measurement error): 社会科学中观察到的标识变量永远无法完美测量一个抽象的理论概念 (潜变量), 这是一个常识. 无论测量多么精细, 无论应用程序多么谨慎, 观察到的标识变量通常都包含测量误差[1]. 即使对于可以直接测量的变量 (如收入), 测量误差也始终是一个问题. 调查中测量误差可能来源于调查问卷 (例如, 设计不当的问题或措辞), 数据收集方法 (例如, 面对面访谈、计算机辅助的自我采访 (ACASI)、电话访谈或在线访谈), 调查者或受访者. 从严格意义上讲, 我们永远无法完全准确测量理论上预期的真值. 如果不适当处理观察变量中的测量误差, 模型结果可能会出现误导性结论, 从而导致错误的政策制定.

在我们的 BSI-18 示例 CFA 模型中, 外生标识 (exogenous indicator) X_1 — X_{18} 的测量误差用 δ_1 — δ_{18} 表示. 内生标识 (endogenous indicator) 的测量误差用 ε 表示 (见表 1.1). 测量误差反映了观察标识/条目中的方差不能被潜变量/因子解释的部分. 在因子分析中, 同一潜变量/因子的标识变量一定分享一些共同点, 因此它们至少应该彼此适度相关. 也就是说, 标识之间的协方差是由潜变量造成的, 因为它们都受同一个潜变量的影响. 一旦标识加载到它们旨在测量的潜变量/因子上后, 它们就不再相互关联. 这称为局部独立性 (local independence) 假设. 换句话说, 在标准 CFA 模型中, 所有条目的残差/误差协方差都为 0, 因为所有条目的测量误差彼此不相关. 局部独立性假设可以通过检查条目误差的协方差/相关性来评估. 误差相关性表示条目的应答依赖性 (response dependence) 或多维性 (multidimensionality) (即, 除了标识旨在测量的因素之外, 相应条目可能还测量未包含在模型中的其他共享成分) (Tennant & Conaghan, 2007). 但是, 只要条目相关性 $|r| < 0.70$ (即 49% 共享方差, Linacre, 2009), 一些研究人员就不太关心误差相关性. 也有学者把 $|r| = 0.30$ 看作误差相关性的切断值 (Miller, Slade, Pallant & Galea, 2010; Smith, 2002). 误差相关性通常是由测量伪像 (measurement artifact) (例如,

---

[1] 测量误差有两种: 随机误差 (random error) 和系统性误差 (systematic error). 随机误差是测量中不可预测的波动的误差, 假设随机散布在具有正态分布的真实值周围. 系统性误差是测量中的偏差, 它要么是常数, 要么与测量的真实值成比例. 本书只考虑随机误差.

条目问卷中的相似措辞、正面与负面措辞、阅读困难、涉及相似场景的条目等)引起的.

条目信度 (item reliability): 测量变量信度的经典定义是观察变量的方差被其所要测量的真值所解释的程度 (Lord & Novick, 1968). 让我们定义一个观察变量 $X = \lambda_X \xi + \delta$, 那么 X 的方差 $\mathrm{Var}(X) = (\lambda_X)^2 \varphi + \theta_\delta$, 其中, φ 是潜变量 ξ 的方差, θ_δ 为测量误差方差; 变量 X 的方差被 ξ 解释的百分比是 $(\lambda_X)^2 \varphi / \mathrm{Var}(X)$, 在 SEM 计算机程序的输出中报告为多重相关平方 (squared multiple correlation). 当观察变量仅加载到一个因子上时, 该值可以解释为观察变量作为潜变量/因子的条目信度. 这称为条目信度的结构方程定义 (Bollen, 1989). 在完全标准化解中, $\varphi = 1$ 且 $\mathrm{Var}(X) = 1$, 因此, $(\lambda_X)^2 \varphi / \mathrm{Var}(X) = (\lambda_X)^2$, 即 X 在 ξ 上的标准化因子载荷的平方. 因子载荷的平方也称为标识共性. 然而, 术语 "共性" 更常用于标识交叉加载到多个因子的情况. 在这种情况下, 标识共性计算为该标识的因子载荷平方和. 这相当于 R^2 或多重相关平方, 其测量观察变量方差多大程度上由标识加载的所有潜变量/因子所解释.

在社会科学研究中, 单个标识的测量信度通常是在平行测量 (parallel measure) 或 τ 等价测量 (tau-equivalent measure) 的假设下, 基于相同条目的重测 (test-retest) 来估计的 (见附录 2.B). CFA 模型的优势之一是能够使用横截面数据来估计观察变量的信度. 重要的是, 它提供了条目信度估计的通用公式, 其中标识变量可以是平行测量、τ 等价测量或同类测量 (congeneric measure) (见附录 2.B).

量表信度 (scale reliability): 量表信度或概念信度 (construct reliability) 是指理论概念或潜变量的信度. 当一个量表由多个条目测量时, 社会科学中使用的一种测量量表信度的流行方法是 Cronbach α 系数 (Cronbach, 1951; 见附录 2.C). Cronbach α 系数的计算简单, 但它不能提供非常可靠的量表信度估计. 如果标识不是 τ 等价或平行测量 (应用研究中经常出现这种情况), 当相应标识的测量误差不相关时, Cronbach α 系数会低估量表的信度; 当标识的测量误差相关时, Cronbach α 系数会低估或高估量表信度, 取决于测量参数 (Raykov, 2001).

为了克服 Cronbach α 系数的缺点, 可以根据 CFA 的结果来估计量表信度 (Jöreskog, 1971a; Dillon & Goldstein, 1984; Bollen, 1989). 当测量误差不相关时, 基于 CFA 的量表信度可以计算为:

$$\rho = \frac{\left(\sum_i \lambda_i\right)^2 \mathrm{Var}(\xi)}{\left(\sum_i \lambda_i\right)^2 \mathrm{Var}(\xi) + \sum_i \theta_i}, \tag{2.3}$$

其中, λ_i 是 CFA 模型估计的第 i 个标识的非标准化因子载荷, θ_i 是第 i 个标识的非标准化误差方差. 当使用标准化解的结果时, 公式 (2.3) 变为:

$$\rho = \frac{\left(\sum_i \lambda_i\right)^2}{\left(\sum_i \lambda_i\right)^2 + \sum_i \theta_i}. \tag{2.4}$$

当测量误差相关时, 公式 (2.4) 被修改为 (Raykov, 2004):

$$\rho = \frac{\left(\sum_i \lambda_i\right)^2}{\left(\sum_i \lambda_i\right)^2 + \sum_i \theta_i + 2\sum_i \sum_j \theta_{ij}}, \tag{2.5}$$

其中, 分母中包含一个新项 $2\sum_i \sum_j \theta_{ij}$, 它是误差协方差总和的 2 倍. 公式 (2.3)—(2.5) 显示了如何使用 CFA 模型结果计算量表信度的点估计. 虽然量表信度的置信区间在文献中并不常见, 但可以使用 CFA 建模结果来估计 (Raykov, 2002, 2004). 我们稍后将在示例中展示, 在 Mplus 中可以轻松估计量表信度及其置信区间.

2.3　带连续标识变量的 CFA 模型 (CFA model with continuous indicator variables)

　　介绍了 CFA 模型的基本概念后, 本节中我们将演示如何使用 Mplus 运行带连续标识变量的 CFA 模型. 建模数据来自美国俄亥俄州农村非法药物使用者自然历史研究的真实研究数据. 这样的人群是检验 BSI-18 的重要人群 (Grant, et al., 2004). 该研究项目从俄亥俄州的三个县招募了 248 名非法药物使用者: 采用受访者驱动抽样 (respondent-driven sampling, RDS) 法进行抽样 (Heckathorn, 1997, 2002; Wang, et al., 2007). 关于抽样方法和样本特征的详细描述可以在有关文献中找到 (Siegal, et al., 2006).

　　下面的 Mplus 程序估计一个 3 因子 (即 SOM、DEP 和 ANX) CFA 模型, 其中所有 BSI-18 条目都被视为连续变量.

Mplus 程序 2.1[*]

```
TITLE: 3-factor CFA with continuous indicator variables
DATA: FILE = BSI_18.dat;
VARIABLE:
  NAMES = X1-X18 Gender Ethnic Age Edu Crack ID;
  MISSING = ALL (-9);
```

---

　　[*] Mplus 程序中的字母不区分大小写.

```
  USEVARIABLES = X1-X18;
ANALYSIS:
  !ESTIMATOR = ML; !default;
  !TYPE = GENERAL MISSING; !default;
MODEL:
  SOM BY X1 X4 X7 X10 X13 X16; !Somatization;
  DEP BY X5 X2 X8 X11 X14 X17; !Depression;
  ANX BY X3 X6 X9 X12 X15 X18; !Anxiety;
OUTPUT: PATTERNS TECH1 STDY FSDETERMINACY MOD;
```

其中, TITLE 指令为程序提供一个简要注释, 它不是程序必需的. DATA 指令告诉程序在哪里读取数据. 数据必须是 ASCII 格式 (美国信息交换标准代码, American Standard Code for Information Interchange) 或文本格式. DATA 指令中的 FILE 语句设定数据文件名. 在我们的示例中, 数据文件 (BSI_18.dat) 和程序文件 (Mplus inp 文件) 都存储在计算机的同一文件夹中, 因此这里不需要指定路径. 在 VARIABLE 指令中, 语句 NAMES 列出的数据中包含所有变量名称. 程序中设定的变量顺序必须与它们出现在数据中的顺序相匹配. 在模型中需要使用的变量在 USEVARIABLES 语句中设定, 变量的顺序不重要. 在此示例中, 数据集中的变量 X_1—X_{18} 用于建模. MISSING 语句设定数据中用户指定的代表数据缺失值的符号. 例如, 数据中的缺失值编码为 -9, 我们在 VARIABLE 指令中使用 "MISSING = ALL (-9)" 语句设定缺失值. 如果缺失值是由符号 "." 或 "*" 代表, 可以使用 "MISSING = ." 或 "MISSING = *" 语句设定. ANALYSIS 指令设定将实施的分析类型. 例如, 默认类型为 TYPE = GENERAL, 涵盖 Mplus 基本程序中包含的分析, 例如回归、路径分析、CFA、SEM、增长模型和生存分析等. TYPE = MIXTURE 将应用于第 6 章中的混合模型. 其他类型的分析, 如 TWOLEVEL、THREELEVEL、COMPLEX、CROSSCLASSIFIED 等, 读者可参考 Mplus 用户手册. ANALYSIS 指令设定各种模型估计法. 对于连续结局变量, 默认估计法为最大似然 (ML) 估计. TYPE = MISSING 是处理所有缺失数据的默认选项, 假设缺失为可忽略缺失, 即完全随机缺失 (missing completely at random, MCAR) 或随机缺失 (missing at random, MAR). 全信息最大似然 (full information maximum likelihood, FIML) (Arbuckle, 1996; Little & Rubin, 2002) 与 ML 估计法一起用于模型估计. FIML 使用数据中的每一条信息进行建模. FIML 优于其他方法, 例如 LISTWISE 删除、PAIRWISE 删除和类似的应答模式插补 (response pattern imputation) (Enders & Bandalos, 2001). 使用 FIML, 可以假设随机缺失, 而不是完全随机缺失. MAR 允许数据缺失与观察到的结局测量或协变量相关 (Arbuckle, 1996; Little & Rubin, 2002).

注意, 与许多其他 SEM 程序一样, Mplus 的早期版本默认基于协方差结构 (covariance structure, COVS) 来估计模型. 从版本 5 开始, 默认情况下 Mplus 根据均值和协方差结构 (mean and covariance structure, MACS) 来估计模型. 当模型包括均值结构 (mean structure) 时, MACS 分析是必要的, 例如在多组模型 (multi-group model) (见第五章) 和潜发展模型 (latent growth model) (见第四章) 中. 对于单组模型 (single group model), 基于 MACS 分析的结果与基于 COVS 分析的结果相同, 只是 MACS 分析对每个标识变量估计了一个截距参数.

在 Mplus 程序中, 模型在 MODEL 指令中设定. 示例模型中, 18 个标识分别通过 BY 语句加载到 3 个因子 (SOM、DEP 和 ANX) 上. 出于模型识别的目的, 每个因子的第一个标识的因子载荷默认固定为 1.0. 在 OUTPUT 指令中, PATTERNS 语句在输出中打印数据缺失模式信息; TECH1 报告参数设置; STDY 要求打印标准化解[①]; MOD 选项打印修正指数 (modification indice). FSDETERMINACY 选项要求打印每个因子的因子分值确定性 (factor score determinacy), 它是估计的因子分值与范围从 0 到 1 的不可观察的真实因子分值间的相关性. 它也被视为内部一致性 (internal consistency) 的测量. 大于等于 0.80 的因子分值确定性表明条目与其各自的因子具有很强的相关性, 内部一致性很高 (Gorsuch, 1983).

表 2.2　部分 Mplus 输出: 3 因子 CFA 模型

```
SUMMARY OF DATA

    Number of missing data patterns                    5
SUMMARY OF MISSING DATA PATTERNS



    MISSING DATA PATTERNS (x = not missing)
         1  2  3  4  5
X1       x  x  x  x  x
X2       x  x  x  x  x
X3       x  x  x  x  x
X4       x  x  x  x  x
X5       x  x  x  x  x
```

---

① Mplus 中提供了不同的标准化. 使用 OUTPUT 指令中的 STDYX 选项, 所有结局变量、连续潜变量和协变量都将被标准化; 使用 STDY 选项, 所有结局变量和连续潜变量都将被标准化; 使用 STD 选项, 只有连续潜变量将被标准化. 如果使用 STANDARDIZED 选项, Mplus 将生成所有三种不同的标准化解决方案.

```
X6        x   x   x   x
X7        x   x   x   x   x
X8        x   x   x   x   x
X9        x   x   x   x   x
X10       x   x   x   x   x
X11       x   x   x       x
X12       x   x   x   x   x
X13       x   x       x   x
X14       x       x       x
X15       x   x   x   x   x
X16       x   x   x   x   x
X17       x   x   x   x   x
X18       x   x   x   x   x
```

```
    MISSING DATA PATTERN FREQUENCIES


    Pattern   Frequency     Pattern   Frequency     Pattern   Frequency
       1         243           3          1            5          1
       2           2           4          1
...
MODEL FIT INFORMATION


Number of Free Parameters              57


Loglikelihood
        H0 Value              -5973.598
        H1 Value              -5823.073


Information Criteria
        Akaike (AIC)           12061.196
        Bayesian (BIC)         12261.462
        Sample-Size Adjusted BIC   12080.770
        (n* = (n + 2) / 24)


Chi-Square Test of Model Fit
        Value                    301.051
        Degrees of Freedom           132
        P-Value                   0.0000


RMSEA (Root Mean Square Error Of Approximation)
        Estimate                  0.072
        90 Percent C.I.           0.061   0.083
        Probability RMSEA <= .05  0.001
```

续表

```
CFI/TLI
        CFI                             0.919
        TLI                             0.906


Chi-Square Test of Model Fit for the Baseline Model
        Value                        2243.924
        Degrees of Freedom                153
        P-Value                        0.0000


SRMR (Standardized Root Mean Square Residual)
        Value                           0.049
```

MODEL RESULTS

		Estimate	S.E.	Est./S.E.	Two-Tailed P-Value
SOM	BY				
X1		1.000	0.000	999.000	999.000
X4		0.969	0.114	8.508	0.000
X7		1.353	0.128	10.605	0.000
X10		1.100	0.111	9.946	0.000
X13		1.041	0.127	8.231	0.000
X16		1.419	0.132	10.750	0.000
DEP	BY				
X5		1.000	0.000	999.000	999.000
X2		0.906	0.070	12.971	0.000
X8		1.005	0.058	17.194	0.000
X11		0.827	0.067	12.330	0.000
X14		0.650	0.073	8.947	0.000
X17		0.206	0.035	5.848	0.000
ANX	BY				
X3		1.000	0.000	999.000	999.000
X6		1.060	0.100	10.554	0.000
X9		0.870	0.090	9.687	0.000
X12		0.912	0.092	9.934	0.000
X15		1.044	0.106	9.835	0.000
X18		0.852	0.092	9.298	0.000
DEP	WITH				
SOM		0.505	0.073	6.919	0.000
ANX	WITH				
SOM		0.482	0.069	6.946	0.000

续表

DEP	0.733	0.099	7.393	0.000
Intercepts				
X1	0.637	0.061	10.388	0.000
X2	1.298	0.082	15.827	0.000
X3	1.427	0.078	18.239	0.000
...				
X16	1.222	0.081	15.023	0.000
X17	0.173	0.037	4.649	0.000
X18	0.690	0.072	9.573	0.000
Variances				
SOM	0.464	0.077	6.039	0.000
DEP	1.169	0.152	7.674	0.000
ANX	0.746	0.124	6.027	0.000
Residual Variances				
X1	0.468	0.049	9.496	0.000
X2	0.709	0.075	9.435	0.000
X3	0.773	0.080	9.701	0.000
...				
X7	0.532	0.052	10.269	0.000
X8	0.776	0.037	21.017	0.000
...				
X16	0.706	0.079	8.895	0.000
X17	0.295	0.027	10.934	0.000
X18	0.746	0.074	10.057	0.000

STANDARDIZED MODEL RESULTS

STDY Standardization

				Two-Tailed
	Estimate	S.E.	Est./S.E.	P-Value
SOM BY				
X1	0.706	0.037	18.855	0.000
X4	0.595	0.046	12.809	0.000
X7	0.729	0.036	20.537	0.000
X10	0.704	0.038	18.574	0.000
X13	0.576	0.048	12.075	0.000
X16	0.755	0.033	22.581	0.000

```
DEP        BY
    X5                0.827      0.026      32.415      0.000
    X2                0.759      0.031      24.287      0.000
    X8                0.881      0.021      42.035      0.000
    X11               0.737      0.034      21.894      0.000
    X14               0.569      0.047      12.044      0.000
    X17               0.380      0.058       6.579      0.000

ANX        BY
    X3                0.701      0.037      18.849      0.000
    X6                0.722      0.036      20.324      0.000
    X9                0.681      0.039      17.341      0.000
    X12               0.699      0.038      18.518      0.000
    X15               0.680      0.039      17.482      0.000
    X18               0.648      0.041      15.646      0.000

DEP        WITH
    SOM               0.685      0.045      15.328      0.000

ANX        WITH
    SOM               0.819      0.034      23.949      0.000
    DEP               0.785      0.036      21.977      0.000
...


Residual Variances
    X1                0.502      0.053       9.511      0.000
    X2                0.425      0.047       8.962      0.000
...
    X17               0.856      0.044      19.509      0.000
    X18               0.579      0.054      10.780      0.000


R-SQUARE

    Observed                                Two-Tailed
    Variable        Estimate      S.E.   Est./S.E.  P-Value

    X1                0.498      0.053       9.427      0.000
    X2                0.575      0.047      12.144      0.000
...
    X7                0.532      0.052      10.269      0.000
    X8                0.776      0.037      21.017      0.000
...
    X17               0.144      0.044       3.290      0.001
    X18               0.421      0.054       7.823      0.000
```

```
MODEL MODIFICATION INDICES
...

Minimum M.I. value for printing the modification index    10.000
                         M.I.     E.P.C.  Std E.P.C.  StdYX E.P.C.
WITH Statements
...
X8      WITH X5        62.000    0.391     0.391       0.909
X10     WITH X4        23.652    0.240     0.240       0.356
X12     WITH X9        26.497    0.249     0.249       0.382
...
SUMMARY OF FACTOR SCORES

     FACTOR SCORE INFORMATION (COMPLETE-DATA PATTERN)

          FACTOR DETERMINACIES
          SOM       0.935
          DEP       0.954
          ANX       0.942


     FACTOR SCORE INFORMATION (PATTERN 2)

          FACTOR DETERMINACIES

          SOM       0.935
          DEP       0.951
          ANX       0.941
...

     FACTOR SCORE INFORMATION (PATTERN 5)

          FACTOR DETERMINACIES
          SOM       0.935
          DEP       0.953
          ANX       0.933
```

部分模型结果见表 2.2. Mplus 输出的 MODEL FIT INFORMATION 部分提供有关整体模型拟合的信息. 模型的卡方统计量为 $\chi^2 = 301.051$, $df = 132$ ($P < 0.001$), 这拒绝了模型拟合数据的假设. 如第一章所述, 模型卡方统计量对样本量高度敏感, 其检验的显著性本身不应成为拒绝模型的理由. 注意, 在 Mplus 输出中, 基线模型 (baseline model) 的卡方模型拟合检验 $\chi^2 = 2243.924$, $df = 153$ ($P < 0.001$) 远大于模型拟合的卡方检验 $\chi^2 = 301.051$, $df = 132$ ($P < 0.001$). 在 Mplus 的基线 CFA 模型中, 所有因子载荷都设置为 1.0, 潜变量/因子的所有方差/协方差都设置为 0, 只有标识/条目的截距和残差

是估计的. 如果我们设定示例 CFA 模型如下:

```
...
MODEL:
  SOM BY X1@1 X4@1 X7@1 X10@1 X13@1 X16@1;
  DEP BY X5@1 X2@1 X8@1 X11@1 X14@1 X17@1;
  ANX BY X3@1 X6@1 X9@1 X12@1 X15@1 X18@1;
  SOM@0;
  DEP@0;
  ANX@0;
  SOM WITH DEP@0 ANX@0;
  DEP WITH ANX@0;
```

那么, 估计的模型卡方统计量将与基线模型的估计值相同 ($\chi^2 = 2243.924$, $df = 153$, $P < 0.001$). 对于其他模型拟合指数, 表 2.2 显示 CFI = 0.919 和 TLI = 0.906, 均大于 0.90, SRMR = 0.049 < 0.08, 表明拟合可接受. RMSEA 的估计值 (0.072) 在合理拟合范围 (0.05 ~ 0.08) 内. 不过, 其 90% 置信区间 (0.061, 0.083) 上限超出边界 (0.08), 并且精确拟合检验 ($P = 0.001$) 显示拒绝 RMSEA $\leqslant$ 0.05 的精确拟合假设. 因此总体而言, 模型拟合是可以接受的, 但不是很令人满意.

  Mplus 输出的 MODEL RESULTS 部分显示估计的潜变量的因子载荷、方差和协方差、残差方差, 以及它们的标准误差、t 检验及其 P 值. 由于模型估计是基于对 MACS 的分析, 因此每个条目 (即 X_1 — X_{18}) 都有一个截距参数估计. 示例模型是单组模型, 由于模型识别的需要, 模型中所有因子均值都默认设置为 0. 标准化参数估计值在输出的 STANDARDIZED MODEL RESULTS 部分报告. 标识变量/条目的标准化因子载荷均统计显著, 且都大于 0.30 的常规切断值.

  Mplus 输出中的 SUMMARY OF DATA 部分 (表 2.2 上部) 显示, 我们的示例模型使用的 18 个标识变量 (X_1 — X_{18}) 有 5 个缺失数据模式 (missing data pattern). 在第 1 种模式中, 18 个标识均无缺失值, 而模式 2—5 中标识的数据缺失各不相同. FSDETERMINACY 选项生成的因子分值确定性估计显示在表 2.2 中的 SUMMARY OF FACTOR SCORES 部分. 对于所有缺失数据模式, 估计的因子分值确定性 (factor score determinacy) 在 0.93 到 0.95 之间, 表明 BSI-18 量表中的 3 个分量表 (SOM、DEP 和 ANX) 均具有良好的信度.

2.3.1 因子标度设定备选方法 (Alternative methods for factor scaling)

因模型识别的需要, CFA 建模时将因子的一个标识载荷固定为 1 (SEM 软件通常将因子的第一个标识载荷默认设定为 1; 如 Mplus 程序 2.1), 因此, 该标识变量的标度就被赋予其旨在测量的潜变量/因子了. 该标识称为标记标识 (marker indicator), 该方法称为标记标识方法 (marker indicator method) 或固定标记方法 (fixed marker method). 因子标度设定的另一种方法是潜在标准化 (latent standardization) 或固定因子方法 (fixed factor method). 通过将潜变量/因子的方差固定为 1, 同时释放因子的所有因子载荷为自由参数. 在单组 CFA 模型中, 所有因子均值都设置为 0. 将因子的方差固定为 1 意味着对因子进行标准化.

固定因子方法的应用可以通过修改 Mplus 程序 2.1 的 MODEL 指令来完成. 如下所示, 模型所有因子载荷设置为自由参数, 所有因子方差固定为 1.

```
MODEL:
  SOM BY X1* X4 X7 X10 X13 X16;!Somatization;
  DEP BY X5* X2 X8 X11 X14 X17;!Depression;
  ANX BY X3* X6 X9 X12 X15 X18;!Anxiety;
  SOM@1; DEP@1; ANX@1;!Fixing factor variance to 1.0;
```

其中, 符号 "∗" 放在每个因子的第一个标识 (即 SOM 的 X_1、DEP 的 X_5 和 ANX 的 X_3) 之后, 以释放 Mplus 中默认固定为 1 的因子载荷. 模型拟合统计量/指数和标准化参数估计与 Mplus 程序 2.1 估计的相同. 然而, 未标准化的参数估计 (例如, 未标准化的因子载荷和因子协方差) 由于因子标度不同而有所不同.

标记标识和潜在标准化方法都是随意度量方法 (arbitrary metric method). 另有一种方法是效应编码方法 (effect-coding method). 在该方法中, 平均条目截距被限制为 0, 平均因子载荷被限制为 1 (Little, Slegers & Card, 2006; Te Grotenhuis, et al., 2017). 如果平均因子载荷为 1, 且平均条目截距为 0, 那么, 潜变量/因子的度量等同于其所有标识平均值的度量. 因此, 效应编码被称为 "非任意" 度量方法. 下面的程序示范效应编码在 CFA 中的应用.

Mplus 程序 2.2

```
TITLE: CFA with effect coding
DATA: FILE = BSI_18.dat;
VARIABLE:
  NAMES = X1-X18 Gender Ethnic Age Edu Crack ID;
```

```
  MISSING = ALL (-9);
  USEVARIABLES = X1-X18;
ANALYSIS:
  ESTIMATOR = ML;
  !TYPE = GENERAL MISSING; !default;
MODEL:
SOM BY X1* (SL1)
  X4 X7 X10 X13 X16 (SL2-SL6);
DEP BY X5* (DL1)
  X2 X8 X11 X14 X17 (DL2-DL6);
ANX BY X3* (AL1)
  X6 X9 X12 X15 X18 (AL2-AL6);
[X1 X4 X7 X10 X13 X16](SI1-SI6);
[X5 X2 X8 X11 X14 X17](DI1-DI6);
[X3 X6 X9 X12 X15 X18](AI1-AI6);
[SOM DEP ANX];
MODEL CONSTRAINT:
  0 = SL1+SL2+SL3+SL4+SL5+SL6-6;
  0 = DL1+DL2+DL3+DL4+DL5+DL6-6;
  0 = AL1+AL2+AL3+AL4+AL5+AL6-6;
  0 = SI1+SI2+SI3+SI4+SI5+SI6;
  0 = DI1+DI2+DI3+DI4+DI5+DI6;
  0 = AI1+AI2+AI3+AI4+AI5+AI6;
Output: STDY;
```

其中, 所有因子载荷都设置为自由参数. 此外, 与随意度量方法不同, 效应编码方法允许在单组模型中估计因子均值. MODEL 指令中的语句 [SOM DEP ANX] 将 BSI-18 的 3 因子均值设置为自由参数. 程序中, 括号内的标签被分配给 MODEL 指令中的相应参数. 例如, 标签 SL1–SL6 代表因子 SOM 的 6 个条目的因子载荷, 而 SI1–SI6 代表 6 个条目的截距. 注意, 在 Mplus 中, 标签列表只能在变量列表之后使用 (例如, 变量 X_4 X_7 X_{10} X_{13} X_{16} 之后的 SL2–SL6). 因为变量 X_1 之前有子指令 BY, 所以我们只能在该指令行的 X_1 之后放置一个标签 (SL1). 上述程序中的变量 X_5 和 X_3 遵循相同的规则. 然后, 在 MODEL CONSTRAINT 指令中使用标签将每个因子的平均因子载荷设置为 1, 将平均条目截距设置为 0 等效于将条目截距的总和设置为 0. 将平均因子载荷设置为 1 相当于将因子载荷的总和限制为观察标识的数量 (例如, 在我们的示例中, 每个因子为 6). 部分模型结果如表 2.3 所示. 模型拟合统计量/指数和标准化参数估计与使用随意度量方法 (即标记标识和潜在标准化方法) 估计的完全相同. 正如预期的那样, 每个因子的非标准化平均因子载荷为 1, 平均条目截距为 0.

表 2.3 部分 Mplus 输出: 使用效应编码的 CFA 模型

```
MODEL FIT INFORMATION
...


Chi-Square Test of Model Fit

        Value                       301.051
        Degrees of Freedom              132
        P-Value                      0.0000


RMSEA (Root Mean Square Error Of Approximation)

        Estimate                      0.072
        90 Percent C.I.               0.061   0.083
        Probability RMSEA <= .05      0.001

CFI/TLI

        CFI                           0.919
        TLI                           0.906
...

SRMR (Standardized Root Mean Square Residual)

        Value                         0.049
...
MODEL RESULTS


                                                   Two-Tailed
                    Estimate     S.E.   Est./S.E.   P-Value

 SOM     BY
    X1                0.872     0.058    15.006      0.000
    X4                0.845     0.072    11.759      0.000
    X7                1.179     0.071    16.591      0.000
    X10               0.959     0.063    15.246      0.000
    X13               0.908     0.080    11.398      0.000
    X16               1.237     0.070    17.742      0.000

 DEP     BY
    X5                1.306     0.059    21.990      0.000
    X2                1.184     0.062    18.998      0.000
    X8                1.312     0.053    24.934      0.000
```

X11	1.080	0.061	17.717	0.000
X14	0.848	0.074	11.472	0.000
X17	0.269	0.042	6.355	0.000
ANX BY				
X3	1.046	0.067	15.630	0.000
X6	1.109	0.067	16.507	0.000
X9	0.910	0.063	14.543	0.000
X12	0.954	0.062	15.310	0.000
X15	1.092	0.072	15.159	0.000
X18	0.891	0.066	13.511	0.000
...				
Intercepts				
X1	-0.179	0.068	-2.621	0.009
X2	0.084	0.080	1.052	0.293
X3	0.304	0.088	3.452	0.001
X4	0.012	0.085	0.140	0.888
X5	0.007	0.075	0.095	0.924
X6	0.328	0.088	3.714	0.000
X7	0.037	0.083	0.448	0.654
X8	-0.120	0.066	-1.818	0.069
X9	-0.320	0.082	-3.890	0.000
X10	-0.212	0.074	-2.865	0.004
X11	-0.129	0.078	-1.649	0.099
X12	-0.379	0.082	-4.626	0.000
X13	0.278	0.094	2.966	0.003
X14	0.261	0.095	2.745	0.006
X15	0.335	0.095	3.530	0.000
X16	0.064	0.082	0.782	0.434
X17	-0.103	0.055	-1.880	0.060
X18	-0.267	0.087	-3.081	0.002

...

STANDARDIZED MODEL RESULTS

STDY Standardization

	Estimate	S.E.	Est./S.E.	Two-Tailed P-Value
SOM BY				
X1	0.706	0.037	18.855	0.000
X4	0.595	0.046	12.808	0.000
X7	0.729	0.036	20.537	0.000
X10	0.704	0.038	18.574	0.000
X13	0.576	0.048	12.075	0.000

续表

X16		0.755	0.033	22.583	0.000
DEP	BY				
X5		0.827	0.026	32.414	0.000
X2		0.759	0.031	24.288	0.000
X8		0.881	0.021	42.031	0.000
X11		0.737	0.034	21.895	0.000
X14		0.569	0.047	12.044	0.000
X17		0.380	0.058	6.579	0.000
ANX	BY				
X3		0.701	0.037	18.844	0.000
X6		0.722	0.036	20.323	0.000
X9		0.681	0.039	17.343	0.000
X12		0.699	0.038	18.520	0.000
X15		0.680	0.039	17.481	0.000
X18		0.648	0.041	15.647	0.000
...					
Means					
SOM		1.198	0.095	12.643	0.000
DEP		1.239	0.093	13.292	0.000
ANX		1.301	0.098	13.286	0.000

在使用标记标识方法或固定因子方法等随意度量方法的单组 CFA 模型中, 由于模型识别的需要, 因子均值被设置为 0. 当效应编码用于因子度量时, 因子均值被估计并在 Mplus 输出中报告. 因子均值是观察变量的最优加权线性组合 (Hatcher, 1994), 因此因子均值反映了因子标识均值的最优加权平均值 (Brown, 2015). 因子方差反映了该因子解释的标识方差的平均值 (Brown, 2015). 效应编码方法的一个局限性是, 它要求所有标识变量的取值范围必须一致 (例如, 所有 BSI-18 条目均以 5 分制测量); 否则, 应使用标记标识或潜在标准化方法 (Brown, 2015).

2.3.2 基于模型估计的条目信度 (Model estimated item reliability)

条目的标准化因子载荷平方 (squared standardized factor loading) 或估计的条目 R^2 提供了关于条目方差被其潜在因子解释的信息. 例如, 标识 X_1 的标准化因子载荷为 0.706, 则其信度为 $0.706^2 = 0.498$, 其 R^2 也是 0.498 (见表 2.2). 由 CFA 模型估计的条目 R^2 是衡量标识与其因子之间线性关系强度的指标, 表示因子在多大程度上解释标识方差. 因此, 它被视为模型估计的条目信度. 在本例中, X_8 的 R^2 最高 (0.78), 而 X_{17} 的 R^2 最低 (0.14).

2.3.3   基于修正指数的模型修正 (Model modification based on modification indices)

Mplus 输出指令中的 MOD 选项打印模型修正指数 (modification indice, MI) 和相关的预期参数变化 (expected parameter change, EPC). 默认情况下, Mplus 打印 $\geqslant 10.0$ 的 MI. 高 MI 值表示如果释放相应的固定参数为自由参数, 模型拟合将得到改进. 在我们的示例模型中, 9 个残差/误差协方差的 MI 值大于 10.0. 标识 X_5 和 X_8 的误差项之间的协方差 $(\theta_{\delta 58})$ 具有最高的 MI 值 (62.00) (见表 2.2 中 MODEL MODIFICATION INDICES 部分), 表明释放此参数为自由参数会使模型卡方统计量减少 62.00. 因此, 我们通过在以下 Mplus 程序中将误差协方差 $\theta_{\delta 58}$ 设置为自由参数来修改模型.

Mplus 程序 2.3

```
TITLE: Modified 3-factor CFA with continuous indicator variables
DATA: FILE = BSI_18.dat;
VARIABLE:
  NAMES = X1-X18 Gender Ethnic Age Edu Crack ID;
  MISSING = ALL (-9);
  USEVARIABLES = X1-X18;
ANALYSIS:
  ESTIMATOR = ML;
MODEL:
  SOM BY X1 X4 X7 X10 X13 X16; !Somatization;
  DEP BY X5 X2 X8 X11 X14 X17; !Depression;
  ANX BY X3 X6 X9 X12 X15 X18; !Anxiety;
  X5 WITH X8;
OUTPUT: TECH1 STDY MOD;
```

其中, MODEL 指令中的 "X5 with X8" 语句将误差协方差 $\mathrm{Cov}(X_5, X_8)$ 设置为自由参数. 如前所述, CFA 模型中的相关测量误差表明, 除了它们旨在测量的潜变量之外, 相关标识还测量了其他什么共同点. 在我们的示例中, 条目测量误差相关似乎与 BSI-18 量表 (见附录 2.A) 中相应问题的措辞相似有关. 将误差协方差 $\mathrm{Cov}(X_5, X_8)$ 设置为自由参数后, 因子载荷估计基本不变, 但所有拟合指标都有所改善: CFI 和 TLI 更大, AIC、BIC、ABIC、RMSEA 和 SRMR 更小. 此外, 精确拟合检验 (close fit test) 的 P 值在统计上变得不显著了 $(P = 0.065)$, 表明模型拟合数据更好.

2.3.4 基于模型估计的量表信度 (Model estimated scale reliability)

量表信度可以用公式 (2.4) 或 (2.5) 计算, 也可以使用 MODEL CON-STRAINT 指令在 Mplus 中计算.

Mplus 程序 2.4

```
TITLE: Calculating scale reliability
DATA: FILE = BSI_18.dat;
VARIABLE:
  NAMES = X1-X18 Gender Ethnic Age Edu Crack ID;
  MISSING = ALL (-9);
  USEVARIABLES = X1-X18;
ANALYSIS:
  ESTIMATOR = ML;
  !TYPE = GENERAL; !default;
MODEL:
  SOM BY X1* X4 X7 X10 X13 X16 (Lam1-Lam6);
  DEP BY X5* X2 X8 X11 X14 X17 (Lam7-Lam12);
  ANX BY X3* X6 X9 X12 X15 X18 (Lam13-Lam18);
  SOM@1; DEP@1; ANX@1; !fix factor variance at 1.0;
X1 X4 X7 X10 X13 X16 (Var1-Var6);
X5 X2 X8 X11 X14 X17 (Var7-Var12);
X3 X6 X9 X12 X15 X18 (Var13-Var18);
X5 WITH X8 (Cov58);
MODEL CONSTRAINT:
!ReliabS, ReliabD, and ReliabA are scale reliability of SOM, DEP, and ANX;
NEW(ReliabS ReliabD ReliabA);
 ReliabS=(Lam1+Lam2+Lam3+Lam4+Lam5+Lam6)^2
        /((Lam1+Lam2+Lam3+Lam4+Lam5+Lam6)^2
        +(Var1+Var2+var3+var4+var5+Var6));
 ReliabD=(Lam7+Lam8+Lam9+Lam10+Lam11+Lam12)^2
        /((Lam7+Lam8+Lam9+Lam10+Lam11+Lam12)^2
        +(Var7+Var8+var9+var10+var11+Var12)+2*Cov58);
 ReliabA=(Lam13+Lam14+Lam15+Lam16+Lam17+Lam18)^2
        /((Lam13+Lam14+Lam15+Lam16+Lam17+Lam18)^2
        +(Var13+Var14+var15+var16+var17+Var18));
OUTPUT: CINTERVAL;!estimate CI of parameter estimates;
```

其中, MODEL 指令中的参数标签 Lam1–Lam6 代表因子 SOM 的 6 个因子载荷; 标签 Var1–Var6 代表 6 个条目的方差; Cov58 代表误差协方差 $\text{Cov}(X_5, X_8)$.
同样也为因子 DEP 和 ANX 创建了标签. 在 MODEL CONSTRAINT 指令
中这些标签用来产生 3 个新参数 ReliabS、ReliabD 和 ReliabA, 分别代表躯
体化 (SOM)、抑郁 (DEP) 和焦虑 (ANX) 的量表信度. ReliabS 和 ReliabA
均使用公式 (2.4) 计算, 而 ReliabD 使用公式 (2.5) 计算. OUTPUT 指令中
的 CINTERVAL 选项打印所有参数估计的置信区间, 包括在 MODEL CON-
STRAINT 指令中估计的新参数. 以下是 Mplus 输出中估计的量表信度及其
置信区间.

```
                                        Two-Tailed
                Estimate    S.E.  Est./S.E.  P-Value

New/Additional Parameters
    RELIABS       0.836    0.016    51.868    0.000
    RELIABD       0.840    0.017    48.862    0.000
    RELIABA       0.844    0.015    54.914    0.000
...


CONFIDENCE INTERVALS OF MODEL RESULTS

                Lower .5% Lower 2.5%  Lower 5%  Estimate  Upper 5%  Upper 2.5%  Upper .5%
New/Additional Parameters
RELIABS           0.795     0.805     0.810     0.836     0.863     0.868      0.878
RELIABD           0.795     0.806     0.811     0.840     0.868     0.873      0.884
RELIABA           0.804     0.814     0.819     0.844     0.869     0.874      0.884
```

2.3.5　条目打包 (Item parceling)

在我们的示例 CFA 模型中, 有 18 个标识/条目 (每个因子 6 个标识/条
目). 正如 Mplus 估计的 MI 所建议的那样, 当一些条目误差协方差被释放为
自由参数时, 我们的模型有更好的拟合. 这里, 我们使用条目对打包 (item pair
parceling) 方法演示条目打包, 以制作更简约的模型. 通过条目对打包, 每个因
子的前两个条目被平均形成第一个条目对, 接下来的两个条目被平均形成第二
个条目对, 依此类推. 使用条目对打包比使用原始的单个条目有某些优势. 一
般情况下, 条目对比单个条目有更好的信度, 更具正态分布, 且较少有特异质方
差 (idiosyncratic variance). 特别是在样本量较小或进行多组分析时 (见第五
章) (Hau & Marsh, 2004; Marsh & O'Neill, 1984). 下面的 Mplus 程序示范条
目对打包.

Mplus 程序 2.5

```
TITLE: CFA with Item Parceling
DATA:  FILE = BSI_18.dat;
```

```
VARIABLE:
  NAMES = X1-X18 Gender Ethnic Age Edu Crack ID;
  MISSING = ALL (-9);
  USEVARIABLES ARE S1-S3 D1-D3 A1-A3;
DEFINE: S1=(X1+X4)/2; S2=(X7+X10)/2; S3=(X13+X16)/2;
        D1=(X2+X5)/2; D2=(X8+X11)/2; D3=(X14+X17)/2;
        A1=(X3+X6)/2; A2=(X9+X12)/2;  A3=(X15+X18)/2;
!ANALYSIS: ESTIMATOR = ML;!default;
MODEL:
SOM BY S1-S3; !Somatization;
DEP BY D1-D3; !Depression;
ANX BY A1-A3; !Anxiety;
OUTPUT: TECH1 STDY MOD;
```

其中, 条目打包 (item parceling) S1–S3、D1–D3 和 A1–A3 是通过在 DEFINE 指令中对 BSI-18 的每个子量表中的条目对进行逐对平均而产生的. 然后将这些条目包裹用作三个潜变量/因子 (即 SOM、DEP 和 ANX) 的新标识/条目. 这个简约模型拟合数据更好, 且无须设定任何误差协方差. 模型卡方统计量、对数似然函数和信息标准指数要小得多. CFI 和 TLI 均在 0.95 以上; SRMR = 0.032; RMSEA = 0.051, RMSEA 的 90% 置信区间 = (0.018, 0.078); 并且精确拟合检验 $P = 0.449$, 表明不能拒绝 RMSEA $\leqslant 0.05$ 的假设. 此示例表明, 条目打包是开发更简约模型和改进模型拟合的有用方法.

2.4 带非正态或删失连续标识变量的 CFA 模型 (CFA model with non-normal or censored continuous indicator variables)

在第 2.2 节中, 我们讨论并演示了带连续标识的 CFA 模型. 默认的 ML 估计模型要求数据具有正态分布. 很多时候, 社会科学研究中的数据并不满足这一假设. 在非正态条件下, ML 参数估计不太可能有偏差; 然而, 当非正态性增加时, ML 参数估计的标准误和模型拟合指数往往会被低估, 模型卡方统计量则会被夸大 (Browne, 1982; Finch, West & MacKinnon, 1997; Satorra, 1992; West, Finch & Curran, 1995). 因此, 处理非正态性是 CFA 建模的一个重要问题. 非正态数据违反多元正态性假设主要是由于偏度 (skewness)、峰度 (kurtosis)、删失 (censoring)、异常值 (outlier) 和有影响的案例. 在本节中, 我们将讨论和演示如何对非正态和删失数据运行 CFA 模型. 我们从检验非正态性开始.

2.4.1　检验非正态性 (Testing non-normality)

Mplus 允许通过检查马氏距离 (Mahalanobis distance) (Rousseeuw & Van Zomeren, 1990)、对数似然距离影响测量 (Cook & Weisberg, 1982)、Cook D (Cook, 1977), 以及直方图或散点图来筛选异常值和有影响的案例的数据. 然而, Mplus 没有提供案例稳健估计法来处理异常值和有影响的案例. 一旦发现异常值和有影响的案例, 它们可能会从数据中被删除 (Muthén & Muthén, 1998—2017). 在这里, 我们关注由偏度和峰度引起的非正态性. Mplus 输出指令中的 TECH13 选项可用于检验非正态性. TECH13 需要与 VARIABLE 指令中的 CLASSES = C(1) 语句, ANALYSIS 指令中的 TYPE = MIXTURE 语句, 以及 MODEL 指令中的%Overall% 语句结合使用. 以下 Mplus 程序检验 BSI-18 的 18 个观察标识 $(X_1 — X_{18})$ 的非正态性.

Mplus 程序 2.6

```
TITLE: Testing nonnormality
DATA:   FILE = BSI_18.dat;
        LISTWISE=ON;
VARIABLE:
  NAMES = X1-X18 Gender Ethnic Age Edu Crack ID;
  MISSING = ALL (-9);
  USEVARIABLES ARE X1-X18;
  CLASSES = C(1);
ANALYSIS: TYPE = MIXTURE;
MODEL: %Overall%
OUTPUT: TECH13;
```

其中, DATA 指令中的 LISTWISE = ON 语句是使用 TECH13 所必需的. 以上程序提供单变量、双变量和 Mardia 多变量偏度和峰度检验 (Mardia multivariate skewness and kurtosis test) (Mardia, 1974; Mardia, Kent & Bibby, 1979).

此处仅报告多元非正态性检验结果. 如果数据服从多元正态分布, 则意味着数据中的每个变量都服从一元正态分布, 并且每对变量服从二元正态分布 (Hayduk, 1987). 结果表明, 对多变量偏度和峰度的检验在统计上是显著的 (见表 2.4), 表明所研究数据违反了多元正态性假设.

表 2.4   部分 Mplus 输出: 非正态性检验

```
TECHNICAL 13 OUTPUT


    SKEW AND KURTOSIS TESTS OF MODEL FIT

    TWO-SIDED MULTIVARIATE SKEW TEST OF FIT

         Sample Value                        85.942
         Mean                                27.779
         Standard Deviation                   1.219
         P-Value                             0.0000

    TWO-SIDED MULTIVARIATE KURTOSIS TEST OF FIT

         Sample Value                       481.889
         Mean                               357.265
         Standard Deviation                   3.174
         P-Value                             0.0000
```

2.4.2   带非正态连续标识变量的 CFA 模型 (CFA model with non-normal continuous indicator variables)

一些数据转换, 例如对数转换、幂转换、平方根转换等经常被用来处理非正态数据. 尽管转换使数据看起来有更正态的分布, 但这种数据转换使模型参数估计的解释不是很直观. 有几种方法是基于模型来处理数据非正态性并在 SEM 计算机软件中实现的 (West, Finch & Curran, 1995): (1) 渐近无分布估计法 (asymptotically distribution free estimator, ADF) (Browne, 1984); (2) 用重新标度方法 (rescaling method) 调整正态理论的模型卡方和标准误 (Satorra & Bentler, 1988); (3) 自助法 (bootstrap method) (Beran & Srivastava, 1985; Bollen & Stine, 1992, 1993). 由于 ADF 方法需要大样本量且计算量大, 因此不是首选. 虽然自助法在 Mplus 中可用, 但使用基于重新标度的稳健估计法来处理数据中的非正态性要方便得多.

Satorra & Bentler (1988) 开发了一种基于重新标度的稳健估计法, 它提供了重新标度的卡方统计量, 称为 Satorra-Bentler 卡方或 SB 卡方. 在非正态条件下, 正态理论 ML 估计的卡方统计量不服从卡方分布; 但可以对其进行调整或重新标度, 使其近似于卡方分布. SB 估计法通过一个常数 (称为标度校正因子) 调整 ML 卡方值来处理变量非正态性的影响. SB 估计法还提供稳健的标准误估计, 用于单个参数估计的显著性 t 检验. SB 估计法在不需要大样本的情况下工作得相当好 (Boomsma & Hoogland, 2001; Curran, West & Finch, 1996; Hoogland, 1999). 统计软件 EQS 提供了 SB 估计法 (Bentler, 1995, 2006).

　　Mplus 提供基于重新标度的稳健估计法, 例如均值调整最大似然 (mean-adjusted maximum likelihood, MLM) 估计法和稳健最大似然 (robust maximum likelihood, MLR) 估计法 (Muthén, 1998—2004; Muthén & Muthén, 1998—2017). 对非正态数据, MLM 提供与 EQS 中提供的 SB 和标准误等效的稳健标准误和均值调整的卡方检验统计量 (Bentler, 2006), 但它无法处理缺失值. MLR 使用全信息最大似然 (full information maximum likelihood, FIML) 处理缺失值, 并提供模型卡方检验统计量和标准误的稳健估计. 下面的 Mplus 程序中, 我们使用 MLR 估计法来处理数据中的非正态性和缺失值.

Mplus 程序 2.7

```
TITLE: Using MLR to handle non-normal data
DATA:  FILE = BSI_18.dat;
VARIABLE:
  NAMES = X1-X18 Gender Ethnic Age Edu Crack ID;
  MISSING = ALL (-9);
  USEVARIABLES = X1-X18;
ANALYSIS: ESTIMATOR = MLR;
MODEL:
SOM BY X1 X4 X7 X10 X13 X16; !Somatization;
DEP BY X5 X2 X8 X11 X14 X17; !Depression;
ANX BY X3 X6 X9 X12 X15 X18; !Anxiety;
OUTPUT: TECH1 STDY MOD;
```

其中, 通过在 ANALYSIS 指令行上的 ESTIMATOR = MLR 语句, 将默认估计法 ML 替换为稳健估计法 MLR. 使用稳健估计法 MLR 后, 没有设定误差协方差模型拟合数据也非常好: RMSEA = 0.057, 90% 置信区间 = (0.045, 0.068), 精确拟合检验 (close fit test) $P = 0.165$, CFI = 0.932, TLI = 0.921, SRMR = 0.049 (见表 2.5).

　　如果使用 MLM 估计法, 模型结果非常接近表 2.5 中所示的结果. 由于 MLM 估算法不允许缺失值, 因此它必须与 DATA 指令中的 LISTWISE = ON 语句结合使用. 因此, 将删除具有任何缺失值的案例. 例如, 在我们的示例模型中使用 MLM, 只有 243 个案例用于建模.

表 2.5 部分 Mplus 输出: 用稳健估计法 MLR 估计 CFA 模型

```
MODEL FIT INFORMATION
...
Chi-Square Test of Model Fit

        Value                         237.441*
        Degrees of Freedom                 132
        P-Value                         0.0000
        Scaling Correction Factor       1.2679


RMSEA (Root Mean Square Error Of Approximation)
...
        Estimate                         0.057
        90 Percent C.I.                  0.045   0.068
        Probability RMSEA <= .05         0.165


CFI/TLI

        CFI                              0.932
        TLI                              0.921
...
SRMR (Standardized Root Mean Square Residual)

        Value                            0.049
```

由于数据正态性假设在许多研究中几乎不成立, 尤其是在社会科学研究中, 因此最好使用稳健估计法 (如 MLR) 进行模型估计. 然而, ML 估计法在处理缺失值方面比稳健估计法更灵活. ML 不假设缺失为 MCAR, 即不假设数据缺失与任何协变量或结局测量无关; ML 假设 MAR, 即允许缺失与协变量 (如个体特征, 干预/治疗分配) 和能观察到的结局测量 (如基线结局水平) 相关. 这在纵向数据研究中非常重要. 相比之下, MLR 允许缺失与观察到的协变量相关, 但与观察到的结局测量无关.

注意, 当使用稳健估计法进行模型估计时, Mplus 输出会警示模型卡方统计量不能直接用于似然比 (LR) 检验, 因为这里两个嵌套模型的卡方值之间的差不遵循卡方分布 (Muthén & Muthén, 1998 — 2017). 当 MLM、MLR 或 WLSM 估计法用于模型估计时, 标度校正卡方值差异 (scaled difference in χ^2) 用来进行嵌套模型的比较. 当 MLMV、WLSMV 或 ULSMV 估计法用于模型估计时, Mplus SAVEDATA 指令中的 DIFFTEST 选项提供一个两步法来检验相关的模型卡方值差异. 我们将在下一节讨论此议题.

下面的 Mplus 程序中, 我们在示例 CFA 模型中对每个因子的因子载荷作等同限制, 再将修改后的模型同示例 CFA 模型进行比较. 目的是示范如何用模型稳健估计法 MLR 得到的两个嵌套模型卡方值差进行 LR 检验.

Mplus 程序 2.8

```
TITLE: CFA with non-normal data and restricted factor loadings
DATA:  FILE = BSI_18.dat;
VARIABLE:
  NAMES = X1-X18 Gender Ethnic Age Edu Crack ID;
  MISSING = ALL (-9);
  USEVARIABLES = X1-X18;
ANALYSIS: ESTIMATOR = MLR;
MODEL:
SOM BY X1@1.0 X4 X7 X10 X13 X16(1); !Somatization;
DEP BY X5@1.0 X2 X8 X11 X14 X17(2); !Depression;
ANX BY X3@1.0 X6 X9 X12 X15 X18(3); !Anxiety;
OUTPUT: TECH1 STDY MOD;
```

表 2.6　　部分 Mplus 输出: 等因子载荷 CFA 模型

Chi-Square Test of Model Fit

Value	424.036*
Degrees of Freedom	144
P-Value	0.0000
Scaling Correction Factor for MLR	1.314

其中, MODEL 指令的 BY 语句中的标签 (1)、(2) 和 (3) 将每个因子上的载荷限制为相等. 有了这些限制, 自由参数的数量减少了 $3 \times (5-1) = 12$. 即模型的 df 从 132 增加到 144; 并且 MLR 卡方统计量从 237.441 增加到 424.036 (见表 2.5 和 2.6). 下面, 我们用 Mplus 网站中提供的方法, 对两个嵌套模型的标度校正卡方值差异进行 LR 检验.

$$TR_d = (T_0 c_0 - T_1 c_1)/c_d, \tag{2.6}$$

其中, TR_d 是标度校正卡方值差, T_0 和 T_1 分别是受限 CFA 模型和非受限 CFA 模型的 MLR 卡方统计量, c_0 和 c_1 分别是模型 H_0 和 H_1 的标度校正因子 (scaling correction factor). 对于稳健模型估计法 (MLR, MLM), 乘积 $T_0 c_0$

和 $T_1 c_1$ 等同于相应的 ML 卡方统计量. 等式中的分母 c_d 是差异检验标度校正, 定义为

$$c_d = (d_0 c_0 - d_1 c_1)/(d_0 - d_1), \tag{2.7}$$

其中, d_0 和 d_1 是模型 H_0 和 H_1 的自由度. 将表 2.7 中的相应值代入公式 (2.6) 和 (2.7), 我们有

$$
\begin{aligned}
TR_d &= (T_0 c_0 - T_1 c_1)(d_0 - d_1)/(d_0 c_0 - d_1 c_1) \\
&= (557.183 - 301.075) \times (144 - 132)/(144 \times 1.314 - 132 \times 1.268) \\
&= 140.72.
\end{aligned}
\tag{2.8}
$$

表 2.7 使用稳健估计法的嵌套模型之标度校正卡方值差异计算

模型 H_1				
MLR			ML	
T_1	d_1	c_1	$T_1 c_1$	d_1
237.441	132	1.268	301.075	132
模型 H_0				
MLR			ML	
T_0	d_0	c_0	$T_0 c_0$	d_0
424.036	144	1.314	557.183	144

注: 模型 H_1-自由因子载荷的 3 因子 CFA 模型; T_1-模型 H_1 的 MLR 卡方统计量; d_1-模型 H_1 的自由度; c_1-模型 H_1 的标度校正因子; $T_1 c_1$-模型 H_1 的 ML 卡方统计量. 模型 H_0-等因子载荷的 3 因子 CFA 模型; T_0-模型 H_0 的 MLR 卡方统计量; d_0-模型 H_0 的自由度; c_0-模型 H_0 的标度校正因子; $T_0 c_0$-模型 H_0 的 ML 卡方统计量.

此卡方检验的自由度为 $df = 144 - 132 = 12$. 卡方检验具有统计显著性 $(P < 0.001)$[1], 说明限制因子载荷相等会使模型拟合明显变差. 这说明 BSI-18 量表各条目加载到其所测因子上的载荷量不尽相同.

---

[1] 可以在以下 SAS 程序中计算 P 值:
Data _null_;
P_value=1-probchi(140.72, 12);
Put P_value; Run;

2.4.3　带删失连续标识变量的 CFA 模型 (CFA model with censored continuous indicator variables)

删失数据 (censored data) 通常指删失正态分布 (censored nomal distribution) 数据. 在社会科学研究中, 一些结局测量经常有数据删失. 例如, 当考题难度不够大时, 有相当多的学生获得了最高分, 这样满分学生之间没有差异. 这称为高端删失或上删失. 另一个例子是人们在特定时期 (例如一年内) 在高端耐用品 (例如电脑、钢琴、汽车等) 上的消费. 在观察期内不购买高端耐用品的人群中, 有些人可能永远不会购买任何高端耐用品 (他们花费的金额真正为零). 而有些人可能已经准备购买, 但还没有购买. 无论这些人的潜在倾向如何, 对于在研究期间未购买任何高端耐用品的人, 观察到的结局测量值为 "零". 在这种情况下, 删失发生在测量的低端或最小值端——这就是所谓的低端删失. 当然, 删失也可能同时发生在低端和高端. 例如, Likert 量表通常为所测变量提供有限数量的顺序应答. 例如, 自我报告的健康状况可以用 5 分制衡量: 1-非常差, 2-差, 3-不知道, 4-好, 5-非常好. 在某些情况下, 应答可能会在健康量表的两端 "堆积". 此外, 调查中提出问题的方式也会产生删失数据. 调查中, 某些问题可能有下限和上限, 例如收入 $\leqslant 10000$ 元, 或收入 $\geqslant 100000$ 元. 在这种情况下, 删失可能发生在低端或高端. 当一个结局测量有删失时, 它的分布被扭曲了. 忽略删失存在的回归模型可能会产生有偏差的系数估计. 经典的 TOBIT 回归模型 (Greene, 1990; Tobin, 1958) 通常用于对在已知点下方、上方或两端删失的正态分布结局测量进行建模. 下面的 Mplus 程序检查观察变量的频数.

Mplus 程序 2.9

```
TITLE: Data screening
DATA:  FILE = BSI_18.dat;
VARIABLE:
  NAMES = X1-X18 Gender Ethnic Age Edu Crack ID;
  MISSING = ALL (-9);
  USEVARIABLES = X1-X18;
!ANALYSIS: ESTIMATOR = ML;!default;
MODEL:
SOM BY X1 X4 X7 X10 X13 X16; !Somatization;
DEP BY X5 X2 X8 X11 X14 X17; !Depression;
ANX BY X3 X6 X9 X12 X15 X18; !Anxiety;
PLOT: TYPE = PLOT1;
```

其中, PLOT 指令中的 TYPE = PLOT1 语句打印观察变量的图表. 在屏幕上显示绘图后, 右键单击屏幕, 然后单击 "Export Plot to" 可将图像文件存储在计算机中.

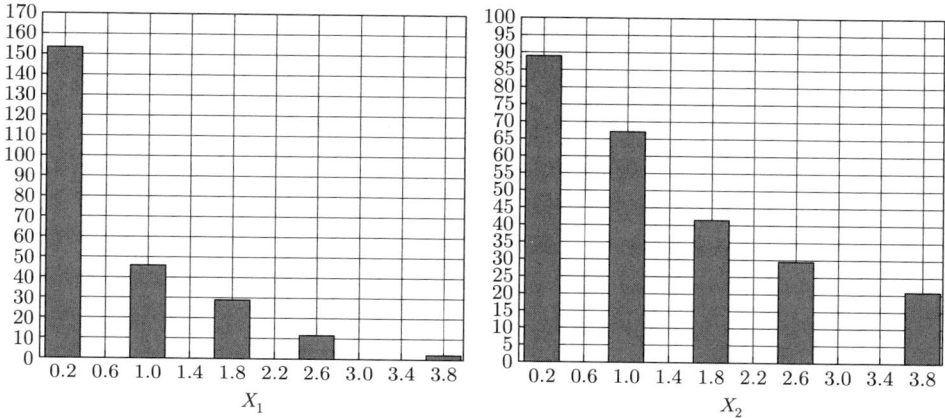

图 2.3 标识 X_1 和 X_2 的频数

图 2.3 显示从 BSI-18 数据集中选择的标识 X_1 和 X_2 的频数. 观察值在五点 Likert 量表的下端堆积 (0–完全没有; 1–一点点; 2–中等; 3–相当多; 4–非常多). 出于示范的目的, 我们将标识 X_1 和 X_2 视为以下 Mplus 程序中带数据删失的变量.

Mplus 程序 2.10

```
TITLE: CFA with censored continuous indicators
DATA:  FILE = BSI_18.dat;
VARIABLE:
  NAMES = X1-X18 Gender Ethnic Age Edu Crack ID;
  MISSING = ALL (-9);
  USEVARIABLES = X1-X18;
  CENSORED = X1 X2 (b);
ANALYSIS: ESTIMATOR = MLR;
MODEL:
SOM BY X1 X4 X7 X10 X13 X16; !Somatization;
DEP BY X5 X2 X8 X11 X14 X17; !Depression;
ANX BY X3 X6 X9 X12 X15 X18; !Anxiety;
OUTPUT: TECH1 STDY;
```

其中, X_1 和 X_2 通过 VARIABLE 指令中的语句 CENSORED = X1 X2 (b) 设定为低端删失变量. 当变量被设定为删失变量时, 模型估计非常耗时. 此外, 对于模型拟合, Mplus 仅提供对数似然值和信息指标 (AIC、BIC 和 ABIC), 不提供 CFI、TLI、RMSEA、SRMR 和 WRMR 等模型拟合指数, 也不提供模型修正指数 (MI).

模型估计正常终止, 与不考虑删失的 CFA 模型估计相比, 模型结果显示较小的对数似然值和较小的信息指标 (见表 2.8).

表 2.8　部分 Mplus 输出: 带删失标识的 CFA 模型

```
MODEL FIT INFORMATION

Number of Free Parameters                   57

Loglikelihood

    H0 Value                           -5938.866
    H0 Scaling Correction Factor           1.3554
       for MLR

Information Criteria

    Akaike (AIC)                       11991.731
    Bayesian (BIC)                     12191.997
    Sample-Size Adjusted BIC           12011.305
       (n* = (n + 2) / 24)
```

上面的模型示例演示了如何使用删失标识/条目运行 CFA 模型. 有兴趣的读者可以尝试在 Mplus 中运行传统的 TOBIT 模型 (即将带删失的观察结局测量在观察自变量上回归).

2.5　带分类标识变量的 CFA 模型 (CFA model with categorical indicator variables)

在调查研究中广泛应用的 Likert 测量 (Likert measure) 常常在统计分析中被当作连续变量使用, 这不是很严谨. 如果有序测量 (ordinal measure) 或多分类测量 (polytomous categorical measure) 至少有 5 个应答选项, 并且在最低或最高端上没有堆积应答, 可以将它们视为连续变量 (Raykov & Marcoulides, 2011). 但是, 如果一个 Likert 测量的应答选项小于 5, 或在测量的最低或最高端上有堆积应答, 则该变量应被视为有序分类变量 (Rhemtulla, Brosseau-Liard & Savalei, 2012).

假设一个有序分类变量有 M 个分类 $(m = 1, 2, \cdots, M)$, 其观察值为

$(U = 1), (U = 2), \cdots, (U = M)$, 且 $(U = 1) < (U = 2) < \cdots < (U = M)$, 则将有 $M - 1$ 个未知阈值 (threshold) 将相邻类别分开, 即

$$
\begin{aligned}
&U = 1, \text{ 若 } Y^* \leqslant \tau_1; \\
&U = 2, \text{ 若 } \tau_1 < Y^* \leqslant \tau_2; \\
&\cdots\cdots\cdots\cdots \\
&U = M, \text{ 若 } Y^* > \tau_{M-1}.
\end{aligned}
\tag{2.9}
$$

其中 Y^* 是与观察到的分类变量 U 对应的未观察到的潜连续应答变量; τ_1, $\tau_2, \cdots, \tau_{M-1}$ 是 $M - 1$ 个阈值, 且 $\tau_1 < \tau_2 < \cdots < \tau_{M-1}$. 阈值将潜连续应答变量 Y^* 与观察到的分类变量 U 联系起来. 有序分类结局测量的一个特殊情况是二分类测量 (binary measure), 其只有一个阈值.

传统上, 渐近无分布估计法 (asymptotically distribution free estimator, ADF) (Browne, 1984) 用于估计带有序分类结局测量的 SEM. 从概念上讲, 用 ADF 估计法分析有序分类结局测量有几个步骤: (1) 使用 ML 估计分类变量的阈值; (2) 估计潜相关矩阵 (latent correlation matrix) (即潜连续变量 Y^* 之间的相关矩阵); (3) 估计潜相关矩阵的渐近方差–协方差矩阵 (asymptotical variance-covariance matrix); (4) 分析潜相关矩阵来估计参数, 其中, 使用渐近方差–协方差矩阵的逆矩阵作为加权最小二乘法 (WLS) 的权重 (Jöreskog & Sörbom, 1988; Kaplan, 2000). 在 SEM 软件 LISREL 中, 前三个步骤是在模型估计之前使用 LISREL 的附件 PRELIS 实现的. 而在 Mplus 中, 所有步骤是同时进行的.

潜相关 (latent correlation) 有不同类型. 一个连续变量和一个有序分类变量的潜相关称为多序列相关 (polyserial correlation); 两个分类变量的潜相关称为多元相关 (polychoric correlation); 两个二分类变量的潜相关称为四分相关 (tetrachoric correlation); 一个连续变量和一个二分类变量的潜相关称为双序列相关 (biserial correlation) (Jöreskog & Sörbom, 1988).

如前所述, ADF 估计法需要较大的样本量, 因此, 当样本量不大时, 它可能不是一个好的选项. 使用分类变量进行 SEM 估计的一个重要进展是基于 Muthén (1978, 1983, 1984) 的加权最小二乘法 (weighted least square, WLS) 的稳健 WLS 估计法, 例如均值调整 WLS 估计法 (mean-adjusted WLS estimator, WLSM), 均值和方差调整 WLS (mean and variance-adjusted WLS, WLSMV). 加权最小二乘的稳健估计法不需要非常大的样本量, 且可以应用于二分类、有序分类和连续变量的不同组合. Mplus 中用于分析分类结局测量的默认估计法是 WLSMV. 然而, 与其他 WLS 估计法一样, 当分类变量和连续变

量同时用于建模时, WLSMV 对数据非正态性并不稳健, 并且它使用成对删除法处理缺失值.

2.5.1　带二分类标识变量的 CFA 模型 (CFA model with binary indicator variables)

　　有序分类结局测量的特殊情况是调查中经常使用的二分类测量, 例如 "是"与 "否"、"真" 与 "假"、"同意" 与 "不同意" 等问卷应答. 为了用二分类标识演示 CFA, 我们从 BSI-18 条目中创建了 18 个二分类标识/条目. 回忆一下, BSI-18 的每个条目都是在五点 Likert 量表上测量的 (0–完全没有; 1–一点点; 2–中等; 3–相当多; 4–非常多). 出于模型演示目的, 我们将每个条目都重新编码为一个虚拟变量: 0–"完全没有" 或 "一点点"; 1–"中等" 到 "非常多", 并在以下 Mplus 程序中分析.

Mplus 程序 2.11

```
TITLE: CFA with binary indicators
DATA:  FILE = BSI_18.dat;
VARIABLE:
  NAMES = X1-X18 Gender Ethnic Age Edu Crack ID;
  MISSING = ALL (-9);
  USEVARIABLES = U1 U4 U7 U10 U13 U16
                 U5 U2 U8 U11 U14 U17
                 U3 U6 U9 U12 U15 U18;
  CATEGORICAL =  U1 U4 U7 U10 U13 U16
                 U5 U2 U8 U11 U14 U17
                 U3 U6 U9 U12 U15 U18;
DEFINE: U1=0; IF X1>1 THEN U1=1; U4=0;  IF X4>1 THEN U4=1;
        U7=0; IF X7>1 THEN U7=1; U10=0; IF X10>1 THEN U10=1;
        U13=0; IF X13>1 THEN U13=1; U16=0; IF X16>1 THEN U16=1;
        U5=0; IF X5>1 THEN U5=1; U2=0;  IF X2>1 THEN U2=1;
        U8=0; IF X8>1 THEN U8=1; U11=0; IF X11>1 THEN U11=1;
        U14=0;IF X14>1 THEN U14=1; U17=0; IF X17>1 THEN U17=1;
        U3=0; IF X3>1 THEN U3=1; U6=0;  IF X6>1 THEN U6=1;
        U9=0; IF X9>1 THEN U9=1; U12=0; IF X12>1 THEN U12=1;
        U15=0;IF X15>1 THEN U15=1; U18=0; IF X18>1 THEN U18=1;
!ANALYSIS: ESTIMATOR = WLSMV; !Default;
!Parameterization = Delta; !Default;
MODEL:
```

```
SOM BY U1 U4 U7 U10 U13 U16;!Somatization;
DEP BY U5 U2 U8 U11 U14 U17;!Depression;
ANX BY U3 U6 U9 U12 U15 U18;!Anxiety;
OUTPUT: STD;
SAVEDATA: DIFFTEST = TEST.DAT;!Save info Chi-square difference test;
```

其中, U 变量是从原始观察标识变量 X_1 — X_{18} 创建的新二分类标识/条目, 并在 VARIABLE 指令的 CATEGORICAL 语句中设定为分类变量. 分类数据分析的默认估计法是 WLSMV. 对使用 WLS 估计法对分类变量进行建模, Mplus 提供了两种类型的参数化方法: Delta 参数化 (Delta parameterization) 和 Theta 参数化 (Theta parameterization)[①] (Muthén & Asparouhov, 2002; Muthén & Muthén, 1998 — 2017). 在 Delta 参数化中, 模型估计潜连续应答变量 (Y^*) 的标度因子 (scale factor), 但不估计潜连续应答变量的误差方差. 相反, 在 Theta 参数化中, 模型估计 Y^* 的误差方差, 而不估计标度因子. Delta 参数化是 Mplus 的默认参数化方法. 在模型估计方面它比 Theta 参数化有一些优势. 建议在模型估计中使用 Delta 参数化, 除非 Mplus 输出提示需要用 Theta 参数化. 然而, 当在多组建模 (multi-group modeling) 或纵向数据分析中涉及误差方差的假设检验时, 应该用 Theta 参数化. 另外, 对于分类变量作为中介变量 (mediating variable) 的模型, 即分类变量既受一些变量的影响, 同时又影响另一些变量时, 须用 Theta 参数化进行模型估计 (Muthén & Muthén, 1998 — 2017).

当稳健估计法 (robust estimator), 如 WLSMV、MLMV 或 ULSMV, 用于模型估计时, 模型卡方差异不能直接用于模型比较 (Muthén & Muthén, 1998 — 2017), 也不能用前面讨论的标度校正卡方检验, 而是要分两步运行模型进行检验. 在以上 Mplus 程序中, SAVEDATA 指令的 DIFFTEST 选项用于设定一个文件名 (例如, TEST.DAT), 模型 H_1 估计的有关信息将被保存在其中. 这些信息将用于下一个估计模型 H_0 的 Mplus 程序中.

表 2.9 部分 Mplus 输出: 带二分类标识的 CFA 模型

```
THE MODEL ESTIMATION TERMINATED NORMALLY
...
```

[①] 在 Delta 参数化中, 标度因子 (scale factor) Δ 是一个自由参数, 定义为潜应答变量 y^* 标准差的倒数, 即 $\Delta = 1/\sqrt{\sigma^2}$; 误差方差 θ 作为余数得到: $\theta = \Delta^{-2} - \lambda^2\psi$, 其中 λ 为因子载荷, ψ 为潜变量方差. 在 Theta 参数化中, 误差方差是一个自由参数, 标度因子作为余数得到: $\Delta^{-2} = \lambda^2\psi + \theta$ (Muthén & Asparouhov, 2002).

续表

RMSEA (Root Mean Square Error Of Approximation)

Estimate	0.030
90 Percent C.I.	0.008 0.045
Probability RMSEA <= .05	0.988

CFI/TLI

CFI	0.990
TLI	0.988

...

SRMR (Standardized Root Mean Square Residual)

Value	0.070

...

STANDARDIZED MODEL RESULTS

STD Standardization

		Estimate	S.E.	Est./S.E.	Two-Tailed P-Value
SOM	BY				
	U1	0.854	0.056	15.167	0.000
	U4	0.669	0.067	10.003	0.000
	U7	0.826	0.050	16.404	0.000
	U10	0.782	0.058	13.376	0.000
	U13	0.598	0.070	8.524	0.000
	U16	0.834	0.048	17.537	0.000
DEP	BY				
	U5	0.889	0.032	27.847	0.000
	U2	0.879	0.036	24.212	0.000
	U8	0.946	0.023	40.422	0.000
	U11	0.806	0.047	17.040	0.000
	U14	0.712	0.059	12.051	0.000
	U17	0.711	0.131	5.436	0.000
ANX	BY				
	U3	0.712	0.054	13.169	0.000
	U6	0.800	0.046	17.236	0.000
	U9	0.785	0.053	14.913	0.000
	U12	0.808	0.055	14.780	0.000
	U15	0.769	0.048	15.961	0.000
	U18	0.812	0.055	14.803	0.000
DEP	WITH				

续表

SOM	0.758	0.051	14.888	0.000		
ANX	WITH					
SOM	0.821	0.049	16.734	0.000		
DEP	0.821	0.045	18.135	0.000		
...						

R-SQUARE

Observed Variable	Estimate	S.E.	Est./S.E.	Two-Tailed P-Value	Residual Variance
U1	0.729	0.096	7.584	0.000	0.271
U4	0.447	0.089	5.002	0.000	0.553
...					
U15	0.591	0.074	7.980	0.000	0.409
U18	0.660	0.089	7.401	0.000	0.340

模型结果表明, 模型拟合数据非常好: CFI = 0.990; TLI = 0.988; RMSEA = 0.030, 90% 置信区间 = (0.008, 0.045), 精确拟合检验 $P = 0.988$, SRMR = 0.070 (见表 2.9).

对于二分类标识, 观察到的应答变量与其潜变量/因子之间的关系是非线性的. 利用加权最小二乘估计法 (例如 WLSMV), Mplus 使用 PROBIT 函数将观察到的二分类标识与其潜变量/因子联系起来. 模型分析未观察到的潜连续应答变量 Y^* 的四分相关矩阵, 而不是观察到的标识方差–协方差矩阵. 由于每个二分类标识只有两个类别 (即 0 与 1), 因此每个标识只有一个阈值 (τ) 估计.

负值阈值 ($-\tau$) 相当于将条目对其因子进行回归的截距 (见附录 2.D). 这里, 每个条目的因子载荷 (λ) 是条目对其因子进行回归的 PROBIT 斜率系数. 在模型中, 估计的潜连续应答变量 Y^* 的 R-SQUARE (R^2) 等于标准化因子载荷的平方. 例如, U_1 的 $R^2 = 0.854^2 = 0.729$ (见表 2.9). 下面, 我们进行使用 WLSMV 估计并比较模型的第二步.

Mplus 程序 2.12

```
TITLE: Model Comparison when using estimator WLSMV
DATA:  FILE = BSI_18.dat;
VARIABLE:
  NAMES = X1-X18 Gender Ethnic Age Edu Crack ID;
  MISSING = ALL (-9);
```

```
USEVARIABLES = U1 U4 U7 U10 U13 U16
               U5 U2 U8 U11 U14 U17
               U3 U6 U9 U12 U15 U18;
 CATEGORICAL =  U1 U4 U7 U10 U13 U16
                U5 U2 U8 U11 U14 U17
                U3 U6 U9 U12 U15 U18;
DEFINE: U1=0;  IF X1>1 THEN U1=1; U4=0;  IF X4>1 THEN U4=1;
        U7=0;  IF X7>1 THEN U7=1; U10=0; IF X10>1 THEN U10=1;
        U13=0; IF X13>1 THEN U13=1; U16=0; IF X16>1 THEN U16=1;
        U5=0;  IF X5>1 THEN U5=1; U2=0;  IF X2>1 THEN U2=1;
        U8=0;  IF X8>1 THEN U8=1; U11=0; IF X11>1 THEN U11=1;
        U14=0; IF X14>1 THEN U14=1; U17=0; IF X17>1 THEN U17=1;
        U3=0;  IF X3>1 THEN U3=1; U6=0;  IF X6>1 THEN U6=1;
        U9=0;  IF X9>1 THEN U9=1; U12=0; IF X12>1 THEN U12=1;
        U15=0; IF X15>1 THEN U15=1; U18=0; IF X18>1 THEN U18=1;
ANALYSIS: ESTIMATOR = WLSMV;!default;
          DIFFTEST = TEST.DAT; !Retrieve information saved in Program 2.9;
MODEL:
SOM BY U1 U4 U7 U10 U13 U16;!Somatization;
DEP BY U5 U2 U8 U11 U14 U17;!Depression;
ANX BY U3 U6 U9 U12 U15 U18;!Anxiety;
SOM DEP ANX (V1);
```

以上程序中, 我们对三个潜变量/因子的方差施加等同限制 (equality restriction), 然后, 用两步法检验此受限模型 (H_0) 与非受限模型 (H_1) 的模型卡方差异. MODEL 指令的 SOM DEP ANX (V1) 语句中, 我们用同一标签 "V1" 来代表因子 SOM、DEP 和 ANX 的方差, 因此三个因子的方差被设置为彼此相等. ANALYSIS 指令中的 DIFFTEST 选项读取 Mplus 程序 2.11 创建的文件 TEST.DAT, 以计算模型 H_1 和 H_0 之间的模型卡方差异. 用于模型比较的卡方检验具有统计学意义 ($P = 0.0148$) (见表 2.10), 因此我们拒绝等因子方差的模型假设.

表 2.10　部分 Mplus 输出: 使用 DIFFTEST 选项的模型检验

Chi-Square Test for Difference Testing

Value	8.425
Degrees of Freedom	2
P-Value	0.0148

本节中, 我们演示了如何使用默认的 WLSMV 估计法运行带二分类标识的 CFA 模型. ML 估计法 (例如, ML 或 MLR) 也可用于估计带分类标识 (包括二分类标识) 的模型. 在 Mplus 中使用 ML 估计法时, 默认链接函数 (link function) 是 LOGIT. 当潜变量同时具有连续和分类标识时, ML 估计法的优势在于使用全信息进行模型估计, 能够处理非正态数据, 并允许 MAR 缺失值假设. 但是, ML 估计法只能够提供 AIC、BIC、ABIC 模型拟合指数, 不能提供 WLS 估计法可以提供的 RMSEA、CFI、TLI、SRMR 等.

2.5.2 带有序分类标识变量的 CFA 模型 (CFA model with ordinal indicator variables)

使用 Likert 量表测量的变量常常被当作连续变量使用, 尽管它实际上是有序分类测量. 在我们的 CFA 示例模型中, BSI-18 条目是在五点 Likert 量表上测量的. 在本章前面的示例模型中, 这些测量被处理为连续正态变量、连续非正态和连续删失变量. 在下面的 Mplus 程序中, 我们运行相同的 CFA 模型, 但将 BSI-18 条目视为有序分类变量.

Mplus 程序 2.13

```
TITLE: CFA with categorical indicators
DATA:   FILE = BSI_18.dat;
VARIABLE:
  NAMES = X1-X18 Gender Ethnic Age Edu Crack ID;
  MISSING = ALL (-9);
  USEVARIABLES = X1-X18;
  CATEGORICAL = X1-X18;
ANALYSIS: ESTIMATOR = WLSMV; !default
MODEL:
SOM BY X1 X4 X7 X10 X13 X16; !Somatization;
DEP BY X5 X2 X8 X11 X14 X17; !Depression;
ANX BY X3 X6 X9 X12 X15 X18; !Anxiety;
OUTPUT: TECH1 STDY;
```

其中, 标识 X_1 — X_{18} 都在 VARIABLE 指令的 CATEGORICAL 语句中被设定为分类变量. Mplus 会自动识别每个分类变量的类别数. 由于每个标识有五个类别, 因此将为每个标识估计四个阈值, 但只有一个因子载荷. 对分类变量建模的默认估计量是 WLSMV, PROBIT 链接函数用于将观察到的分类标识与其潜变量/因子联系起来. 模型拟合数据很好: CFI = 0.973; TLI = 0.968;

RMSEA $= 0.062$, 90% 置信区间 $= (0.051, 0.073)$, 精确拟合检验 $P = 0.042$; SRMR $= 0.045$.

2.6 贝叶斯 CFA 模型 (Bayesian CFA model, BCFA)

在第一章的第 1.4 节中, 我们简要介绍了贝叶斯估计法及其相对于模型估计的传统频率论方法 (frequentist method) (例如, 最大似然) 的优势. 在本节中, 我们将使用示例数据演示贝叶斯 CFA (BCFA) 模型的应用. 如第 2.1 节所述, 在传统的 CFA 模型中, 每个标识/条目仅加载一个理论上的假设因子, 条目测量误差不相互关联, 即局部独立性 (local independence) 假设. 相应地, 交叉因子载荷和条目误差协方差在 CFA 中被固定为 0. 理想情况下, 每个条目是其旨在测量的理论潜变量/因子的标识, 并且局部独立性假设成立. 然而, 在实际研究中, 理论潜变量永远不可能有完美的观察标识/条目; 观察标识/条目通常也或多或少地与其他理论潜变量呈现某种程度的结构相关联, 因此, 模型中出现交叉因子载荷 (cross-factor loading) 是可能的 (Marsh, et al., 2013; Marsh, Morin, Parker & Kaur, 2014; Sass & Schmitt, 2010; Schmitt & Sass, 2011).

研究表明, 当 CFA 模型中存在较小的交叉因子载荷但被忽略 (即固定为 0) 时, 会导致因子相关性估计向上偏移 (Stromeyer, Miller, Sriramachandramurthy & DeMartino, 2015; Marsh, Morin, Parker & Kaur, 2014; Asparouhov, Muthén & Morin, 2015). 但是, 我们不能释放 CFA 中的所有交叉因子载荷, 因为这会由于 m^2 限制 (m 是因子数) 而导致模型识别问题 (Muthén & Asparouhov, 2012a). CFA 模型实践中的另一个问题是误差相关性. 很多时候, CFA 模型拟合数据不好, 除非根据计算机程序提供的模型修正指数将一些误差协方差设置为自由参数. 但是, 人们无法预见应该释放哪些误差协方差, 特别是当建模失败可能是由于许多小误差协方差造成时, 而释放所有误差协方差将耗尽自由度, 导致模型识别问题. 将所有交叉因子载荷和误差协方差都固定为 0 的 CFA 模型可能是错误设定的模型. 允许交叉因子载荷和误差协方差可以处理一些没有纳入理论模型又对标识/条目有影响的因素. 但如何处理由此带来的模型识别问题呢? 贝叶斯结构方程模型 (Bayesian structural equation model, BSEM) 可以解决这个问题 (Muthén & Asparouhov, 2012a; Asparouhov, Muthén & Morin, 2015). 在贝叶斯 CFA (Bayesian CFA, BCFA) 模型中, 交叉因子载荷和误差协方差既不是完全固定为 0 也不是完全自由参数, 而是近似固定为 0. 通过这样做, 模型将更好地拟合数据.

对于 BCFA 模型, 所有条目都须标准化, 且因子方差固定为 1. 因此, 观察变量、潜变量和先验 (prior) 具有一致的标度. 当使用 PROBIT 链接时, Mplus 中用于因子载荷的默认先验是 $N(0, \infty)$ 或 $N(0, 5)$. 交叉因子载荷的常用先验是小方差正态先验 (small-variance normal prior), 例如 $\lambda \sim N(0, 0.01)$ (Asparouhov & Muthén, 2010c), 假设交叉因子载荷接近但不完全为 0. 先验分布方差的选用基于对交叉因子载荷的理论假设或先验信息. 0.01 的小方差意味着大约 95% 的先验值在 -0.2 到 0.2 的范围内. 也可以探索具有不同方差的先验 (如, $\lambda \sim N(0, 0.05)$).

用于误差方差矩阵 θ 的先验比用于交叉因子载荷的先验复杂. θ 的矩阵元素的先验分布通常假设为 Inverse-Wishart 分布 $IW(S, d)$, 其中 S 是协方差矩阵, d 是 Inverse-Wishart 分布的自由度. 对在协方差矩阵中设定 Inverse-Wishart 超参数 (hyperparameter) 感兴趣的读者请参阅 Asparouhov & Muthén (2010b). 最近, Asparouhov, Muthén & Morin (2015) 提出了一种更简单的方法, 将 θ 矩阵的先验设定为服从以下 Inverse-Wishart 分布:

$$IW(dD, d), \tag{2.10}$$

其中, d 是 Inverse-Wishart 分布的自由度, D 等于 CFA 模型的误差方差/协方差矩阵 θ. 在实践中, 我们首先估计 CFA, 然后将公式 (2.10) 中的 D 替换为 CFA 模型估计的 θ 来生成误差矩阵 θ 的 IW 先验 (IW prior). 如果 CFA 模型没有误差协方差, 则矩阵 θ 的非对角线元素都为 0, 因此误差协方差的先验设置为 $IW(0, d)$. 根据公式 (2.10) 设置 CFA 矩阵 θ 误差方差的先验也是很直接的. 一旦设置了先验, 就可以使用马尔可夫链蒙特卡罗 (Markov Chain Monte Carlo, MCMC) 来估计模型. 由于这种方法使用频率论方法 (例如 ML) 来生成数据相关先验 (data-dependent prior, DDP), 因此被认为是经验贝叶斯方法 (empirical Bayesian approach) (Darnieder, 2011; Efron, 2010).

BCFA 的典型建模程序是估计具有不同自由度 (即 d 值) 的多个模型, 然后使用后验预测 P 值 (posterior predictive P-value, PPP) 进行模型拟合评估. d 的值与样本量的大小相关. 这是因为当样本量增加到无限大时, 贝叶斯分析中的先验影响将消失. 对于给定的样本量, d 越大意味着先验方差越小, 因此估计的误差方差会更接近于 CFA 估计, 即接近于零. 根据 Asparouhov, Muthén & Morin (2015) 的说法, 如果样本量 N 约为 500, 建模时 BSEM 的设置从 $d = 100$ 开始, 如果 N 约为 5000, 则从 $d = 1000$ 开始. 如果模型估计快速收敛, 且 PPP > 0.05, 则模型是合适的; 如果收敛缓慢或没有收敛, 则使用较大的 d 值再次运行模型. 如果模型估计收敛很快, 但 PPP < 0.05, 则使用较小的 d 值再次运行模型. 这也称为贝叶斯结构方程建模的敏感性分

析 (sensitivity analysis) (Asparouhov, Muthén & Morin, 2015). 如果具有不同 d 值的模型都快速收敛并且都具有 PPP > 0.05, 则可以使用离差信息标准 (deviance information criterion, DIC) 进行模型比较, 以确定更合适的 d 值.

　　在本节中, 我们将演示如何在图 2.2 所示的 CFA 模型的基础上运行 BCFA 模型. 首先, 我们运行 CFA 模型, 其中所有交叉因子载荷和条目误差协方差都固定为 0. 在 BCFA 中, 不是将这些参数精确地固定为 0, 而是通过为贝叶斯估计设定小先验 (small prior) 来将它们近似固定为 0. 如前所述, BCFA 中交叉因子载荷的先验通常设定为 $\lambda \sim N(0, 0.01)$. 误差矩阵 θ 的先验是用 CFA 模型估计的误差矩阵 θ 的元素从公式 (2.10) 得出的.

Mplus 程序 2.14

```
TITLE: Estimate residual data-dependent priors
DATA:  FILE = BSI_18.dat;
VARIABLE:
  NAMES = X1-X18 Gender Ethnic Age Edu Crack ID;
  MISSING = ALL (-9);
  USEVARIABLES = Y1-Y18;
DEFINE:
  Y1=X1; Y2=X4; Y3=X7; Y4=X10; Y5=X13; Y6=X16;
  Y7=X5; Y8=X2; Y9=X8; Y10=X11; Y11=X14; Y12=X17;
  Y13=X3; Y14=X6; Y15=X9; Y16=X12; Y17=X15; Y18=X18;
STANDARDIZE Y1-Y18;
ANALYSIS: ESTIMATOR = MLR;
MODEL:
SOM BY Y1* Y2-Y6;
DEP BY Y7* Y8-Y12;
ANX BY Y13* Y14-Y18;
SOM@1; DEP@1; ANX@1;
```

其中, DEFINE 指令中的 STANDARDIZE 语句将所有条目标准化, MODEL 指令中的 SOM@1、DEP@1 和 ANX@1 语句将因子方差固定为 1. 为了更容易在 BCFA 程序中标记误差参数, 我们在上述程序中创建了新标识变量 Y_1 — Y_{18}, 并按因子顺序编号. 我们将以上程序估计的误差矩阵 θ 中的误差方差代入公式 (2.10), 计算误差矩阵方差/协方差的数据相关先验 (DDP). 然后, 我们在下面的 Mplus 程序中从 Inverse-Wishart 分布的自由度 $d = 100$ 开始, 估计带不同自由度的 BCFA 模型.

Mplus 程序 2.15

```
TITLE: Bayesian CFA
DATA:  FILE = BSI_18.dat;
VARIABLE:
  NAMES = X1-X18 Gender Ethnic Age Edu Crack ID;
  MISSING = ALL (-9);
  USEVARIABLES = Y1-Y18;
DEFINE:
  Y1=X1; Y2=X4; Y3=X7; Y4=X10; Y5=X13; Y6=X16;
  Y7=X5; Y8=X2; Y9=X8; Y10=X11; Y11=X14; Y12=X17;
  Y13=X3; Y14=X6; Y15=X9; Y16=X12; Y17=X15; Y18=X18;
  STANDARDIZE Y1-Y18;
ANALYSIS:
ESTIMATOR=BAYES;
PROCESSORS=2;
!CHAINS=2; !default number of chains;
!POINT=MEDIAN; !default point estimate;
BITERATIONS=(10000);!refers to the minimum number of total iterations;
!FBITERATIONS=100000; !requests a fixed number of Bayes iterations;
!KOLMOGOROV=1000; !default number of draws from chains for KS test;
!THIN=10; !keep every 10th sample/draw from each chain;
MODEL:
SOM BY Y1* Y2-Y6
    Y7-Y18(Sxload1-Sxload12);!minor loadings;
DEP BY Y7* Y8-Y12
    Y1-Y6 Y13-Y18(Dxload1-Dxload12);!minor loadings;
ANX BY Y13* Y14-Y18
    Y1-Y12(Axload1-Axload12);!minor loadings;
SOM@1; DEP@1; ANX@1;
!residual variances;
Y1-Y18(RVar1-RVar18);
!residual covariances;
Y1-Y18 with Y1-Y18(RCVar1-RCVar153);
MODEL PRIORS:
!Prior for cross-loading;
Sxload1-Sxload12~N(0,0.01);
Dxload1-Dxload12~N(0,0.01);
Axload1-Axload12~N(0,0.01);
!Prior for residual variance;
```

```
RVar1~IW(50.2,100);
RVar2~IW(64.6,100);
RVar3~IW(46.8,100);
RVar4~IW(50.5,100);
RVar5~IW(66.8,100);
RVar6~IW(43,100);
RVar7~IW(31.7,100);
RVar8~IW(42.5,100);
RVar9~IW(22.4,100);
RVar10~IW(45.7,100);
RVar11~IW(67.5,100);
RVar12~IW(85.6,100);
RVar13~IW(50.9,100);
RVar14~IW(47.8,100);
RVar15~IW(53.6,100);
RVar16~IW(51.1,100);
RVar17~IW(53.8,100);
RVar18~IW(57.9,100);
!Priors for residual covariance;
RCVar1-RCVar153~IW(0,100);
OUTPUT: TECH8;
```

其中, 模型估计法是贝叶斯估计. 默认情况下, Mplus 使用两个独立的马尔可夫链进行贝叶斯估计. 语句 BITERATIONS = (10000) 设定最少 10000 次迭代, 包括蒙特卡罗采样丢弃 (discard for the Monte Carlo sampling). 虽然 BITERATIONS 的默认最大迭代次数为 50000, 但 FBITERATIONS 可以要求一个更大的迭代次数. 总迭代数的后半部分是用于后验分布 (posterior distribution) 的迭代次数, 它取决于模型估计收敛的时间. ANALYSIS 指令中的默认选项 POINT = MEDIAN 是指参数的点估计为中位数. 选项 POINT = MEAN 或 POINT = MODE 可以将点估计设定为均值或众数. OUTPUT 指令中的选项 TECH8 提供潜在标度缩减 (potential scale reduction, PSR) 以检验 MCMC 的收敛性. 收敛标准是 PSR < 1.05 (Asparouhov & Muthén, 2010c).

　　BCFA 模型中有 36 个交叉载荷, 分别被标记为 "Sxload1–Sxload12"、"Dxload1–Dxload12" 和 "Axload1–Axload12". 在 MODEL PRIORS 指令中为每个交叉因子载荷设定了 $N(0, 0.01)$ 的信息先验 (informative prior); 误差

方差有 18 个, 分别标记为 "RVar1–RVar18"; 误差协方差有 $[18 \times (18 - 1)]/2 =$ 153 个, 分别标记为 "RCVar1–RCVar153". 误差方差和协方差的信息先验在 $IW(dD, d)$ 分布中设定. 在以上程序中, d 设置为 100, D 的值是误差方差/协方差的 ML 估计值. 比如 Mplus 程序 2.14 估计的条目 X_1 的误差方差为 0.502, 那么 IW 先验中设定的 dD 对应的值为 $0.502 \times 100 = 50.2$; 因此, 在上述 Mplus 程序的 MODEL PRIORS 指令中, "RVar1~IW(50.2,100)" 被设定为该条目误差方差的信息先验. 其他误差方差的信息先验用相同的方式设定. 误差协方差的 IW 先验更容易, 因为 CFA 估计的误差协方差都为 0, 因此, 所有 153 个 IW 先验在 MODEL PRIORS 指令中均设定为 $IW(0, 100)$.

　　BCFA 的部分模型结果如表 2.11 所示. 在评估模型拟合之前, 我们通过潜在标度缩减检查模型估计的收敛性. 在我们的示例中, 经过 10000 次迭代后, 模型估计中的最高 PSR $= 1.002 < 1.05$ (参见表 2.11 底部)[1], 表明模型估计适当收敛 (Gelman, Carlin, Stern & Rubin, 2004).

表 2.11　　部分 Mplus 输出: 贝叶斯 CFA 模型 (BCFA)

```
MODEL FIT INFORMATION

Number of Free Parameters                        246

Bayesian Posterior Predictive Checking using Chi-Square

        95% Confidence Interval for the Difference Between
        the Observed and the Replicated Chi-Square Values

                        -67.113          39.899

        Posterior Predictive P-Value          0.702

        Prior Posterior Predictive P-Value    0.937

Information Criteria

        Deviance (DIC)                    10722.565
        Estimated Number of Parameters (pD)   134.791
        Bayesian (BIC)                    11808.073
```

---

[1] 迭代次数越少, 模型估计更快, 但 PSR 可能会过早地表明收敛, 因为 PSR 可以在迭代中反弹. 为了确保收敛, 我们使用 FBITERATIONS = 50000 设定 50000 次迭代重新运行模型.

续表

RMSEA (Root Mean Square Error Of Approximation)

Estimate	0.000	
90 Percent C.I.	0.000	0.040
Probability RMSEA <= .05	0.987	

CFI/TLI

CFI	1.000	
90 Percent C.I.	0.989	1.000
TLI	1.000	
90 Percent C.I.	0.970	1.000

...

MODEL RESULTS

	Posterior Estimate	One-Tailed S.D.	P-Value	95% C.I. Lower 2.5%	Upper 2.5%	Signif.
SOM BY						
Y1	0.708	0.111	0.000	0.491	0.929	*
Y2	0.619	0.120	0.000	0.377	0.851	*
Y3	0.707	0.113	0.000	0.487	0.933	*
Y4	0.737	0.112	0.000	0.520	0.957	*
Y5	0.561	0.121	0.000	0.326	0.807	*
Y6	0.735	0.111	0.000	0.519	0.956	*
Y7	-0.035	0.079	0.323	-0.195	0.116	
Y8	0.072	0.079	0.187	-0.086	0.224	
Y9	-0.070	0.079	0.188	-0.227	0.082	
Y10	0.054	0.080	0.251	-0.105	0.208	
Y11	0.047	0.081	0.284	-0.117	0.203	
Y12	0.014	0.082	0.431	-0.148	0.172	
Y13	0.024	0.087	0.392	-0.150	0.189	
Y14	0.020	0.086	0.406	-0.149	0.187	
Y15	-0.013	0.086	0.440	-0.182	0.157	
Y16	0.017	0.086	0.420	-0.156	0.180	
Y17	0.003	0.087	0.484	-0.167	0.173	
Y18	-0.007	0.088	0.467	-0.182	0.160	
DEP BY						
Y7	0.888	0.099	0.000	0.694	1.081	*
Y8	0.679	0.100	0.000	0.494	0.884	*
Y9	0.987	0.094	0.000	0.805	1.174	*
Y10	0.682	0.102	0.000	0.490	0.887	*
Y11	0.494	0.111	0.000	0.281	0.721	*

续表

Y12	0.371	0.116	0.001	0.144	0.600	*
Y1	0.000	0.079	0.499	-0.154	0.154	
Y2	0.012	0.079	0.440	-0.144	0.164	
Y3	0.011	0.080	0.442	-0.152	0.165	
Y4	-0.047	0.078	0.276	-0.203	0.104	
Y5	0.010	0.081	0.448	-0.151	0.165	
Y6	0.048	0.079	0.276	-0.112	0.200	
Y13	0.010	0.084	0.456	-0.157	0.172	
Y14	0.011	0.085	0.448	-0.158	0.173	
Y15	0.019	0.082	0.408	-0.145	0.179	
Y16	-0.038	0.082	0.319	-0.199	0.118	
Y17	-0.005	0.083	0.478	-0.172	0.153	
Y18	0.083	0.086	0.165	-0.091	0.246	
ANX BY						
Y13	0.685	0.123	0.000	0.449	0.931	*
Y14	0.713	0.122	0.000	0.471	0.952	*
Y15	0.687	0.123	0.000	0.445	0.926	*
Y16	0.724	0.121	0.000	0.491	0.962	*
Y17	0.696	0.123	0.000	0.458	0.942	*
Y18	0.597	0.128	0.000	0.356	0.853	*
Y1	0.007	0.089	0.468	-0.169	0.180	
Y2	-0.025	0.089	0.388	-0.201	0.147	
Y3	0.032	0.091	0.365	-0.151	0.202	
Y4	0.011	0.089	0.451	-0.168	0.181	
Y5	0.025	0.090	0.392	-0.158	0.198	
Y6	-0.005	0.088	0.478	-0.180	0.166	
Y7	-0.020	0.085	0.404	-0.185	0.148	
Y8	0.053	0.086	0.271	-0.117	0.217	
Y9	-0.046	0.084	0.295	-0.213	0.118	
Y10	0.032	0.085	0.359	-0.136	0.196	
Y11	0.060	0.087	0.241	-0.111	0.228	
Y12	0.006	0.087	0.474	-0.164	0.177	

...

```
TECHNICAL 8 OUTPUT FOR BAYES ESTIMATION


    CHAIN    BSEED
    1        0
    2        285380


    Iterations for computing PPPP


                  POTENTIAL      PARAMETER WITH
    ITERATION   SCALE REDUCTION   HIGHEST PSR
    100           1.445              109
```

续表

200	1.067	198
...		
9900	1.002	9
10000	1.002	9

Iterations for model estimation

ITERATION	POTENTIAL SCALE REDUCTION	PARAMETER WITH HIGHEST PSR
100	1.378	246
200	1.212	6
...		
9900	1.004	245
10000	1.005	245

　　确认模型估计已适当收敛后, 我们使用后验预测检查 (posterior predictive checking, PPC) 评估模型拟合 (Gelman, Meng & Stern, 1996). 观察到的和模型生成的卡方值之间差异的 95% 置信区间 $(-67.113, 39.899)$ 覆盖零, PPP $= 0.702$. 我们因此确认该模型拟合数据较好. Mplus 也提供先验的后验预测 P 值 (prior posterior predictive P-value, PPPP) (Hoijtink & van de Schoot, 2018; Asparouhov & Muthén, 2017). PPPP 是针对特定次要参数 (minor parameter) 的检验, 例如交叉因子载荷和误差方差/协方差. 在当前版本的 Mplus 中, PPPP 仅可用于检验截距、斜率和因子载荷, 而不能检验误差方差/协方差. 我们的示例模型中 PPPP 检验交叉因子载荷. PPPP $= 0.937$ (见表 2.11) 表明不能拒绝 $N(0, 0.01)$ 的假设 (即我们为交叉因子载荷设定的先验分布); 换句话说, 模型中交叉因子载荷的估计值不在 $N(0, 0.01)$ 分布之外. 由于模型对数据拟合良好, 我们可以说设置 Inverse-Wishart 分布的自由度 $d = 100$ 是合适的. 对于敏感性分析 (sensitivity analysis), 我们可以继续使用不同的 d 值 (例如, $d = 50, d = 150, d = 200, \cdots$) 进行模型估计, 选择具有最小离差信息标准 (deviance information criterion, DIC) 的模型.

　　模型结果表明, 所有主要因子载荷 (即每个条目在其理论因子上的载荷) 在统计上都是显著的, 并且大于常规的切断值 0.30. 交叉因子载荷或次要因子载荷均不具有统计显著性. 虽然所有的误差相关都很小, 但有几个误差相关 $(r_{X_1, X_{14}}, r_{X_2, X_6}, r_{X_5, X_{10}}, r_{X_5, X_{13}}, r_{X_5, X_{18}}, r_{X_6, X_9}, r_{X_7, X_8}, r_{X_7, X_{10}}, r_{X_7, X_{11}}, r_{X_8, X_{15}}, r_{X_9, X_{10}}, r_{X_9, X_{11}}, r_{X_9, X_{12}}, r_{X_{11}, X_{17}}, r_{X_{14}, X_{16}}, r_{X_{15}, X_{17}})$ 统计显著 (误差相关未在表 2.11 中报告).

　　本节中, 我们演示了在 Mplus 中运行 BCFA. 通过向次要参数 (例如交叉因子载荷、误差协方差) 添加小方差信息先验, 我们便无须假设并硬行将 CFA 模型的交叉因子载荷和误差协方差全部固定为 0. 在 CFA 的应用中, 模型拟合不佳通常与潜在交叉因子加载, 尤其是误差协方差有关. 遇到这种情况时, BCFA 这个更接近现实情况的测量模型可以更好地拟合数据.

2.7　潜变量合理值 (Plausible values of latent variables)

　　SEM 应用中经常遇到的一个挑战是, 模型中涉及的变量太多. 如前所述, SEM 由两部分组成: 测量模型和结构模型. 很多时候, 测量模型中有许多观察标识/条目, 特别是当测量模型中包含多个潜变量/因子时. 为了使模型简洁, 研究人员常常将 SEM 简化为路径分析模型, 其中潜变量/因子被替换成量表总分或从 CFA 模型估计的因子分值 (factor score). 一种新方法是使用潜变量合理值 (plausible value of latent variable), 而不是使用量表总分和因子分值 (Mislevy, 1991, 1993; Mislevy, Beaton, Kaplan & Sheehan, 1992; von Davier, Gonzalez & Mislevy, 2009; Asparouhov & Muthén, 2010c). 潜变量合理值可以视为从多重插补 (multiple imputation, MI) 生成的因子分值. Mplus 基于马尔可夫链蒙特卡罗 (MCMC) 贝叶斯估计估算每个潜变量的合理值 (Asparouhov & Muthén, 2010c, 2010d). MCMC 为每个案例生成因子分值的后验分布, 后验分布中的随机抽样称为合理值. 重复抽取形成的多组合理值略有不同, 但都代表了后验分布. 模拟的合理值可以存储并当作 "观察" 变量使用. 用潜变量合理值在 SEM 中作进一步分析比用量表总分或传统因子分值更具优势. 用量表总分建模不太合适, 因为量表总分有测量误差. 用 CFA 模型估计的因子分值进行二次建模时, 如果因子分值是因变量, 则会导致斜率估计偏差. 使用潜变量合理值可以减轻这种偏差. 此外, 使用潜变量合理值可以更准确地估计因子方差和因子相关性 (Asparouhov & Muthén, 2010d). 以下程序估计 BSI-18 潜变量合理值.

Mplus 程序 2.16

```
TITLE: Imputing plausible values
DATA:  FILE = BSI_18.dat;
VARIABLE:
  NAMES = X1-X18 Gender Ethnic Age Edu Crack ID;
  MISSING = ALL (-9);
  USEVARIABLES = Y1-Y18;
  IDVARIABLE = ID;
```

```
  AUXILIARY = Gender Ethnic Age Edu Crack;
DEFINE:
  Y1=X1; Y2=X4; Y3=X7; Y4=X10; Y5=X13; Y6=X16;
  Y7=X5; Y8=X2; Y9=X8; Y10=X11; Y11=X14; Y12=X17;
  Y13=X3; Y14=X6; Y15=X9; Y16=X12; Y17=X15; Y18=X18;
  STANDARDIZE Y1-Y18;
ANALYSIS:
  ESTIMATOR=BAYES;
  PROCESSORS=2;
  !CHAINS=2; !default number of chains;
  !POINT=MEDIAN; !default point estimate;
  BITERATIONS=(10000);!refers to the minimum number of total iterations;
  !FBITERATIONS=50000; !requests a fixed number of Bayes iterations;
  !KOLMOGOROV=1000; !default number of draws from chains for KS test;
  !THIN=100; !keep every 100th sample/draw from each chain by defaul;
MODEL:
SOM BY Y1* Y2-Y6
    Y7-Y18(Sxload1-Sxload12);!minor loadings;
DEP BY Y7* Y8-Y12
    Y1-Y6 Y13-Y18(Dxload1-Dxload12);!minor loadings;
ANX BY Y13* Y14-Y18
    Y1-Y12(Axload1-Axload12);!minor loadings;
SOM@1; DEP@1; ANX@1;
Y1-Y18(RVar1-RVar18); !residual variances;
Y1-Y18 with Y1-Y18(RCVar1-RCVar153); !residual covariances;
MODEL PRIORS:
Sxload1-Sxload12~N(0,0.01); !Prior for cross-loading;
Dxload1-Dxload12~N(0,0.01);
Axload1-Axload12~N(0,0.01);
!Prior for residual variance;
RVar1~IW(50.2,100);
RVar2~IW(64.6,100);
RVar3~IW(46.8,100);
RVar4~IW(50.5,100);
RVar5~IW(66.8,100);
RVar6~IW(43,100);
RVar7~IW(31.7,100);
RVar8~IW(42.5,100);
RVar9~IW(22.4,100);
```

```
RVar10~IW(45.7,100);
RVar11~IW(67.5,100);
RVar12~IW(85.6,100);
RVar13~IW(50.9,100);
RVar14~IW(47.8,100);
RVar15~IW(53.6,100);
RVar16~IW(51.1,100);
RVar17~IW(53.8,100);
RVar18~IW(57.9,100);
!Priors for residual covariance;
RCVar1-RCVar153~IW(0,100);
DATA IMPUTATION:
  NDATASETS=5;
  SAVE=PVSimp*.dat;
SAVEDATA:
  SAVE FSCORES(5);
  FILE=Pvalue.dat;
```

通过加入 DATA IMPUTATION 和 SAVEDATA 指令, 上述程序模拟多组潜变
量合理值, 并以 ASCII 格式保存在不同的数据文件中. DATA IMPUTATION
指令用于在数据包含缺失值时生成多重插补数据集 (Asparouhov & Muthén,
2010d). 这里, 潜变量被当作所有观察值都是 "缺失值" 的 "观察" 变量, 而
DATA IMPUTATION 指令用于模拟潜变量的值, 这些模拟的潜变量值称为
潜变量合理值. DATA IMPUTATION 指令中的子指令 NDATASETS = 5
告诉 Mplus 模拟 5 组合理值, 并通过子命令 SAVE 分别存储在 5 个数据文
件中. 在我们的示例中, 这 5 个文件的名称前缀为 "PVSimp". 子指令 SAVE
= PVSimp*.dat 中的星号 (∗) 将被替换为模拟数据集的编号 (如, 1 ∼ 5).
此外, Mplus 将生成一个名为 PVSimplist.dat 的文件, 其中包含多个模拟数
据集的名称. 这个文件在运用估计的潜变量合理值作进一步分析时会用到.
SAVEDATA 指令中的 FSCORES 选项告诉 Mplus 保存因子分值 (这里是潜
变量合理值). SAVEDATA 指令中的子指令 FILE 用于生成潜变量合理值数据
集的汇总统计信息, 包括它们的均值、中位数和标准差, 以及因子得分的 2.5 和
97.5 百分位数. 如果要对此类统计数据进行精确估计, 应要有较大的合理值数
据集数量 (例如, 100 ∼ 500). 默认情况下, 潜变量合理值将与观察到的标识变
量一起保存. 通过在 VARIALBE 指令中设定 IDVARIABLE 和 AUXILIARY
子指令, 案例 ID 变量和列出的变量将保存在潜变量合理值数据集中. 应用潜
变量合理值进一步建模就像使用 Rubin (1987) 的方法分析多重插补 (MI) 数

据一样. 我们将在下一章演示如何用以上程序产生的潜变量合理值数据集来估计 SEM.

2.8　CFA 模型的扩展 (Extension of CFA model)

在本章的前几节中, 我们讨论并演示了各种验证性因子分析 (CFA) 模型来研究 BSI-18 条目的维度结构. 所有这些模型都有多个相互关联的特定因子 (例如躯体化、抑郁和焦虑), 因此称为相关因子模型 (correlated factor model). 但是, 模型中不包括一般因子. 在本节中, 我们将介绍用于分析多维结构的 CFA 模型的两种变体. 它们是相关因子模型的扩展, 每个模型都包括除特定因子之外的一个一般因子. 第一个模型是具有分层维度结构 (hierarchical dimensional structure) 的高阶 CFA 模型 (higher-order CFA model). 其中, 有一个更高层次的一般因子 (例如, 心理疾患总体严重程度), 同时包括几个较低层次的因子 (例如我们的示例中的躯体化、抑郁和焦虑). 第二个模型是双因子模型 (bifactor model), 它假设一个一般因子 (general factor) 和几个正交分组因子 (orthogonal grouping factor).

2.8.1　高阶 CFA 模型 (Higher-order CFA model)

在多因子的 CFA 模型中, 如果 (1) 一阶因子 (first-order factor) 相互关联, (2) 可以假设二阶因子 (second-order factor) 来解释一阶因子间的协方差, 那么我们可以在模型中引入高阶因子. 例如, 我们示例中的 BSI-18 量表的三个因子 (SOM、DEP、ANX) 彼此高度相关, 而且, 从理论上讲, 可能存在一个反映躯体化、抑郁和焦虑等问题的更广义的概念测量, 如心理疾患总体严重程度. 因此, 我们可以假设一个二阶因子来解释三个一阶因子之间的协方差. 如果存在多个二阶因子, 且二阶因子之间存在协方差结构, 则可以考虑三阶因子 (third-order factor). 这种模型称为高阶或分层 CFA 模型 (higher-order or hierarchical CFA model), 由 Jöreskog (1971a) 首次提出. 虽然高阶因子分析中的层次原则上是无限的, 但在实际研究中常见的只是二阶 CFA 模型, 如图 2.4 所示.

下面, 我们演示图 2.4 所示的二阶 CFA 模型. 该模型由两个因子结构组成: (1) 观察变量 $Y_1 - Y_{18}$ (例如 BSI-18 条目) 是三个一阶因子 (即 SOM、DEP 和 ANX) 的标识; (2) 三个一阶因子可以认为是二阶因子 (即心理疾患总体严重指数, global severity index, GSI) 的标识. 一阶因子之间的协方差不能被二阶因子完美解释, 因此每个一阶因子都有一个误差项 (即 ζ_1、ζ_2 和 ζ_3), 就像在

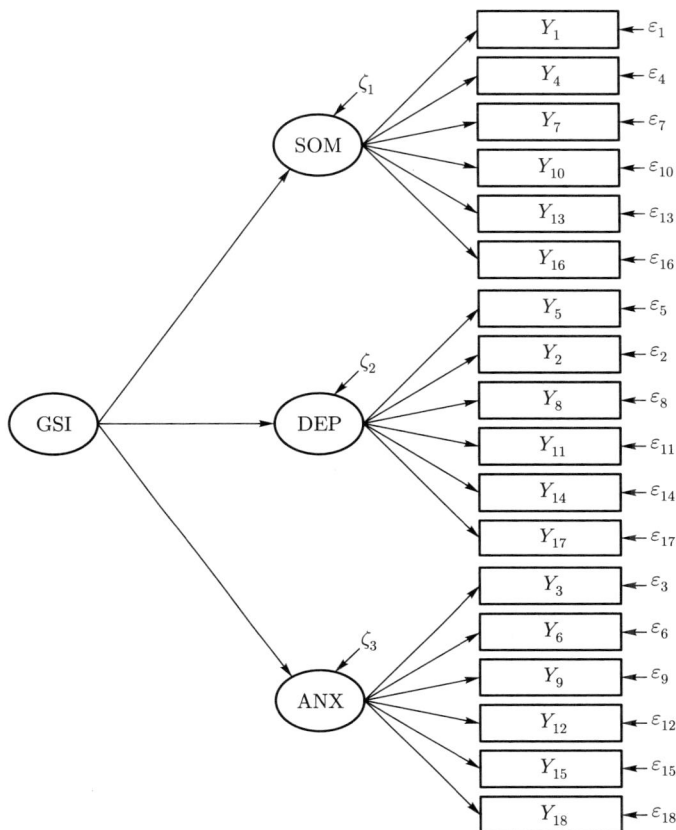

图 2.4 BSI-18 的二阶 CFA 模型

一阶 CFA 模型中一样, 误差项不应相互关联.

一阶 CFA 模型的模型识别规则适用于高阶因子结构. 在这个二阶 CFA 模型的例子中, 一阶因子结构是超识别的 (over-identified), 因为每个因子有 6 个标识, 而二阶因子结构只是恰识别的 (just-identified), 因为二阶因子 GSI 只有 3 个标识 (即, 一阶因子 SOM、DEP 和 ANX). 以下 Mplus 程序运行该二阶 CFA 模型.

Mplus 程序 2.17

```
TITLE: Second-Order CFA[①]
DATA:  FILE = BSI_18.dat;
```

———————————
[①] 在高阶 CFA 模型中, 一阶因子成了内生潜变量 (endogenous latent variable), 其相应因子标识用 Y 代表.

```
VARIABLE:
  NAMES = Y1-Y18 Gender Ethnic Age Edu Crack ID;
  MISSING = ALL (-9);
  USEVARIABLES = Y1-Y18;
ANALYSIS: ESTIMATOR = MLR;
MODEL:
SOM BY Y1 Y4 Y7 Y10 Y13 Y16; !Somatization;
DEP BY Y5 Y2 Y8 Y11 Y14 Y17; !Depression;
ANX BY Y3 Y6 Y9 Y12 Y15 Y18; !Anxiety;
GSI BY SOM DEP ANX; !Global severity index;
OUTPUT: TECH1 STDY MOD;
```

其中, 一阶因子 (SOM、DEP 和 ANX) 被设定为二阶因子 GSI 的标识. 与一阶因子一样, 二阶因子 GSI 是一个潜变量, 必须 (1) 将一个一阶因子的因子载荷固定为 1 (例如, 本例中默认为 SOM 的载荷); 或 (2) 将二阶因子的方差固定为 1.

　　为了检验二阶模型的拟合优度, 我们可以用二阶和一阶 CFA 模型之间的模型卡方差异来进行 LR 检验, 因为模型是嵌套的 (nested). 然而, 为了能够检验模型拟合的改进, 需要 4 个或更多的一阶因子来建立一个超识别的二阶因子结构. 我们的示范模型只有 3 个一阶因子, 其二阶因子结构是恰识别的, 因而我们无法检验二阶因子结构是否有助于改进模型拟合. 读者会发现该模型拟合统计量/指数与一阶 CFA 的相同.

　　模型结果表明, 一阶因子高度加载到二阶因子上, 因子载荷范围为 0.81 到 0.97. 二阶因子解释的一阶因子的方差比例分别为 0.72、0.66 和 0.94, 表明高阶因子很好地解释了一阶因子之间的协方差 (见表 2.12).

表 2.12　部分 Mplus 输出: 二阶 CFA 模型

STDY Standardization

		Estimate	S.E.	Est./S.E.	Two-Tailed P-Value
SOM	BY				
	Y1	0.706	0.044	15.964	0.000
	Y4	0.595	0.055	10.812	0.000
	Y7	0.729	0.043	17.111	0.000
	Y10	0.704	0.046	15.287	0.000
	Y13	0.576	0.056	10.289	0.000
	Y16	0.755	0.040	18.669	0.000

续表

DEP	BY				
	Y5	0.827	0.036	22.889	0.000
	Y2	0.759	0.040	18.744	0.000
	Y8	0.881	0.029	30.697	0.000
	Y11	0.737	0.044	16.867	0.000
	Y14	0.569	0.067	8.478	0.000
	Y17	0.380	0.084	4.547	0.000
ANX	BY				
	Y3	0.701	0.046	15.320	0.000
	Y6	0.722	0.041	17.626	0.000
	Y9	0.681	0.050	13.680	0.000
	Y12	0.699	0.043	16.088	0.000
	Y15	0.680	0.042	16.169	0.000
	Y18	0.648	0.053	12.209	0.000
GSI	BY				
	SOM	0.846	0.041	20.603	0.000
	DEP	0.810	0.047	17.320	0.000
	ANX	0.969	0.038	25.601	0.000

...

R-SQUARE

...

Latent Variable	Estimate	S.E.	Est./S.E.	Two-Tailed P-Value
SOM	0.715	0.069	10.301	0.000
DEP	0.657	0.076	8.660	0.000
ANX	0.939	0.073	12.800	0.000

　　二阶 CFA 模型中一阶和二阶因子与观察标识的关系可以使用 Schmid & Leiman 转换 (Schimd & Leiman transformation) (Schmid & Leiman, 1957) 进一步评估. Brown (2015) 详细描述了这种方法在高阶 CFA 模型中的应用. Schimd & Leiman 转换的基本思想是将条目方差分解为两个分量: 由二阶因子解释的方差和由一阶因子解释的方差.

　　表 2.13 显示了二阶 CFA 模型估计的 Schmid-Leiman 转换. A 列和 B 列分别是每个观察到的 BSI-18 条目的标准化一阶和二阶因子载荷. C 列是 A 列的平方值, 表示由因子解释的条目的方差. 例如, 条目 Y_{16} 中大约 57% 的方差, 而条目 Y_{18} 中只有 42% 的方差是由模型中的一阶和二阶因子解释的. 表中的第 D 列是标准化的一阶和二阶因子载荷的乘积, 而这个乘积的平方值就是由二阶因子解释的条目方差. 知道总解释方差和二阶因子解释的方差, 就可以很

表 2.13　二阶 CFA 模型估计的 Schmid-Leiman 转换

条目	A 一阶因子载荷	B 二阶因子载荷	C 因子解释的条目方差 (A^2)	D 二阶因子解释的条目方差 $(A \times B)^2$	E 非解释的一阶因子方差平方根 $\sqrt{(1-B^2)}$	F 残差化一阶因子载荷 $(A \times E)$	G 一阶因子解释的条目方差 (F^2)	H 未被因子解释的条目方差 $(1-(D+G)$ 或 $1-C)$
SOM								
Y1	0.706	0.846	0.498	0.357	0.533	0.376	0.141	0.502
Y4	0.595	0.846	0.354	0.253	0.533	0.317	0.101	0.646
Y7	0.729	0.846	0.531	0.380	0.533	0.389	0.151	0.469
Y10	0.704	0.846	0.496	0.355	0.533	0.375	0.141	0.504
Y13	0.576	0.846	0.332	0.237	0.533	0.307	0.094	0.668
Y16	0.755	0.846	0.570	0.408	0.533	0.403	0.162	0.430
DEP								
Y5	0.827	0.810	0.684	0.449	0.586	0.485	0.235	0.316
Y2	0.759	0.810	0.576	0.378	0.586	0.445	0.198	0.424
Y8	0.881	0.810	0.776	0.509	0.586	0.517	0.267	0.224
Y11	0.737	0.810	0.543	0.356	0.586	0.432	0.187	0.457
Y14	0.569	0.810	0.324	0.212	0.586	0.334	0.111	0.676
Y17	0.380	0.810	0.144	0.095	0.586	0.223	0.050	0.856
ANX								
Y3	0.701	0.969	0.491	0.461	0.247	0.173	0.030	0.509
Y6	0.722	0.969	0.521	0.489	0.247	0.178	0.032	0.479
Y9	0.681	0.969	0.464	0.435	0.247	0.168	0.028	0.536
Y12	0.699	0.969	0.489	0.459	0.247	0.173	0.030	0.511
Y15	0.680	0.969	0.462	0.434	0.247	0.168	0.028	0.538
Y18	0.648	0.969	0.420	0.394	0.247	0.160	0.026	0.580

注: 表中数据基于模型标准化参数估计 (末尾数字存在舍入误差).

容易地计算出一阶因子解释的方差. 例如, 条目 Y_1 的总解释方差和二阶因子解释方差分别为 49.8% (C 列) 和 35.7% (D 列), 因此, 其一阶因子 SOM 解释的方差为 $49.8\% - 35.7\% = 14.1\%$.

　　由一阶因子解释的条目方差也可以使用残差化一阶因子载荷 (residualized first-order factor loading) 推导. 残差化一阶因子载荷等于标准化一阶因子载荷 (A 列) 乘以未被解释的一阶因子方差的平方根 (即 1.0 减去二阶因子载荷的平方后开方) (E 列). 残差化一阶因子载荷的平方即由一阶因子解释的条目方差 (G 列). 例如, Y_1 的残差一阶因子载荷计算为: $0.706 \times \sqrt{1 - 0.846^2} = 0.376$ (见 F 列), 其平方值为一阶因子 SOM 解释的该条目的方差 (14.1%, 见 G 列). 未解释的条目方差 (H 列) 可以通过 (1-C 列) 计算, $1 - C = 1 - 0.498 = 0.502$ (见 H 列).

2.8.2　双因子 CFA 模型 (Bifactor CFA model)

　　验证因子结构的另一种模型是双因子模型 (Holzinger & Swineford, 1937; Reise, Widaman & Pugh, 1993; Chen, West & Sousa, 2006; Patrick, Hicks, Nichol, & Krueger, 2007). 在双因子模型中, 有一个通用因子 (general factor) 和一个组因子 (group factor) 或特定域因子 (domain-specific factor) 共同竞争解释标识的方差, 因子间不存在层次.

　　通用因子反映一个单一的通用维度 (general dimension), 所有条目都直接加载到该维度上; 而组因子解释它自己的一组特定域的条目协方差, 这些协方差是没有被通用因子解释的条目协方差. 双因子模型中, 在控制一般因子后组因子是互不相关的. 因此, 双因子 CFA 模型中组因子之间的协方差都固定为 0 (见图 2.5). 以下 Mplus 程序使用数据 BSI_18.dat 运行双因子模型.

Mplus 程序 2.18

```
TITLE: Bifactor CFA
DATA:  FILE = BSI_18.dat;
VARIABLE:
  NAMES = X1-X18 Gender Ethnic Age Edu Crack ID;
  MISSING = ALL (-9);
  USEVARIABLES = X1-X18;
ANALYSIS: ESTIMATOR = MLR;
MODEL:
!General factor: Global severitX index
 GSI BY X1-X18*(lam1-lam18);
```

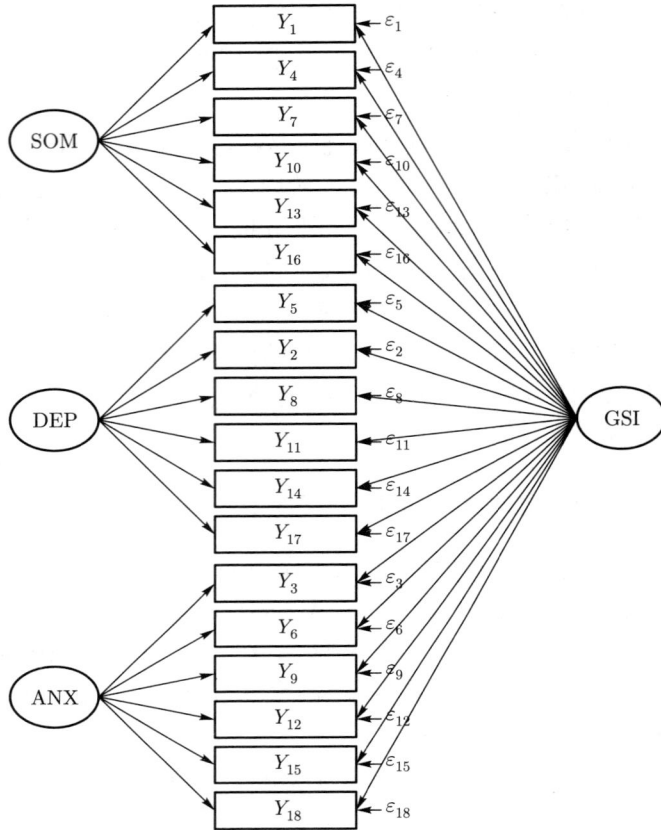

图 2.5 BSI-18 的双因子 CFA 模型

```
!Group factors: Somatization, Depression, and Anxiety
 SOM BY X1* X4 X7 X10 X13 X16 (lamS1-lamS6);
 DEP BY X5* X2 X8 X11 X14 X17 (lamD1-lamD6);
 ANX BY X3* X6 X9 X12 X15 X18 (lamA1-lamA6);
 GSI WITH SOM-ANX@0;
 SOM-ANX WITH SOM-ANX@0;
 SOM@1; ANX@1; DEP@1; GSI@1;
 X1(v1); X4(v2); X7(v3); X10(v4); X13(v5); X16(v6);
 X5(v7); X2(v8); X8(v9); X11(v10); X14(v11); X17(v12);
 X3(v13); X6(v14); X9(v15); X12(v16); X15(v17); X18(v18);
MODEL CONSTRAINT:
!Omega Hierarchical;
NEW(GSUM SSUM DSUM ASUM RSUM G_OMEGA S_OMEGA D_OMEGA A_OMEGA ECV);
```

```
GSUM=(lam1+lam2+lam3+lam4+lam5+lam6+lam7+lam8+lam9+lam10
    +lam11+lam12+lam13+lam14+lam15+lam16+lam17+lam18)^2;
SSUM=(lamS1+lamS2+lamS3+lamS4+lamS5+lamS6)^2;
DSUM=(lamD1+lamD2+lamD3+lamD4+lamD5+lamD6)^2;
ASUM=(lamA1+lamA2+lamA3+lamA4+lamA5+lamA6)^2;
RSUM=(v1+v2+v3+v4+v5+v6+v7+v8+v9+v10+v11+v12+v13+v14+v15+v16+v17+v18);
G_OMEGA=GSUM/(GSUM+SSUM+DSUM+ASUM+RSUM);
S_OMEGA=SSUM/(GSUM+SSUM+DSUM+ASUM+RSUM);
D_OMEGA=DSUM/(GSUM+SSUM+DSUM+ASUM+RSUM);
A_OMEGA=ASUM/(GSUM+SSUM+DSUM+ASUM+RSUM);
ECV=GSUM/(GSUM+SSUM+DSUM+ASUM);
```

其中, 每个条目同时加载在一般因子 (例如, 心理疾患总体严重程度) 和一个特定域的组因子 (如躯体化、抑郁和焦虑) 上. 组因子之间的协方差固定为 0, 并且所有组因子不与一般因子相关. MODEL CONSTRAINT 指令中使用的所有因子载荷和残差方差都在程序中进行了标记, 用于计算量表的 Omega 分层系数 (Omega hierarchical coefficient, ωh)、Omega 分层子量表系数 (Omega hierarchical subscale coefficient, ωs) 和可解释的共同方差指数 (explained common variance index, ECV).

Omega 分层系数 ωh 表示由双因子模型中的单个一般因子解释的条目方差的比例 (Zinbarg, Revelle, Yovel & Li, 2005; Reise, Moore & Haviland, 2010). 基于 Reise (2012), 我们示例的双因子模型的 ωh 可以计算为:

$$\omega h = \frac{(\sum \lambda_G)^2}{(\sum \lambda_G)^2 + (\sum \lambda_s)^2 + (\sum \lambda_D)^2 + (\sum \lambda_A)^2 + \sum \theta^2}, \tag{2.11}$$

其中, 分子中的 λ_G 是一般因子的非标准化因子载荷; 分母中的 λ_S, λ_D 和 λ_A 分别是三个特定域因子 (即躯体化、抑郁和焦虑) 的非标准化因子载荷, θ 是条目误差项. Omega 分层 ωh 是比 Cronbach α 更好的量表信度测量, 因为它将组因子整合到真实的分值变异中以进行信度估计, 并且它不像 Cronbach α 那样假设所有条目的因子载荷等价.

Omega 分层子量表系数也可以用来估计在控制一般因子后子量表的信度 (Reise, 2012). 例如, 在我们的示例中, 可以使用以下公式计算 SOM 子量表的 Omega 分层子量表系数:

$$\omega s = \frac{(\sum \lambda_S)^2}{(\sum \lambda_G)^2 + (\sum \lambda_s)^2 + (\sum \lambda_D)^2 + (\sum \lambda_A)^2 + \sum \theta^2}. \tag{2.12}$$

双因子模型提供有关条目多维程度的有用信息. 可解释的共同方差指数被认为是单维性的检验指标 (index of unidimensionality). 可以使用双因子模

型的一般和组因子的因子载荷来计算 ECV (Bentler, 2009; Reise, Moore & Haviland, 2010).

$$\text{ECV} = \frac{(\sum \lambda_G)^2}{(\sum \lambda_G)^2 + (\sum \lambda_s)^2 + (\sum \lambda_D)^2 + (\sum \lambda_A)^2}, \tag{2.13}$$

其中, 分母是一般因子和所有组因子的非标准化因子载荷的平方和. ECV 估计了双因子模型中可归因于单个一般因子的共同方差的比例, 因此, 它被认为是单维性的指标. 高 ECV 表明与组因子相比, 数据具有很强的一般因子.

　　双因子模型拟合数据很好: RMSEA＝0.049, 90% 置信区间＝$(0.036, 0.062)$, 精确拟合检验 $P = 0.528$, CFI $= 0.955$, TLI $= 0.941$, SRMR $= 0.040$. 该模型的信息标准统计量 (AIC $= 12013.621$, BIC $= 12266.588$, 调整后的 BIC $= 12038.346$) 与二阶模型非常接近, 表明两个模型对数据的拟合程度相当. 由于二阶模型嵌套于相应的双因子模型 (Yung, Thissen & McLeod, 1999; Chen, West & Sousa, 2006), LR 检验可以用于这两个模型的比较. 注意, 由于稳健估计法 MLR 用于模型估计, 公式 (2.6)—(2.8) 应用于 LR 检验.

　　双因子模型的部分结果如表 2.14 所示. 一般因子上的载荷大于组因子上的载荷. 18 个这样的因子载荷中有 17 个大于 0.50, 只有一个条目 (即 X_8) 在特定域因子上的载荷大于一般因子上的载荷. 前两个组因子 (即躯体化和抑郁) 中有六分之二的因子载荷没有统计学意义, 而第三个组因子 (即焦虑) 的所有载荷都没有统计学意义.

表 2.14　　部分 Mplus 输出: 双因子模型

```
MODEL FIT INFORMATION
...
Information Criteria

        Akaike (AIC)              12013.621
        Bayesian (BIC)            12266.588
        Sample-Size Adjusted BIC  12038.346
          (n* = (n + 2) / 24)
...

RMSEA (Root Mean Square Error Of Approximation)

        Estimate                  0.049
        90 Percent C.I.           0.036   0.062
        Probability RMSEA <= .05  0.528


CFI/TLI
```

CFI		0.955		
TLI		0.941		

...

SRMR (Standardized Root Mean Square Residual)

Value		0.040		

...

MODEL RESULTS

		Estimate	S.E.	Est./S.E.	Two-Tailed P-Value
GSI	BY				
X1		0.583	0.078	7.498	0.000
X2		0.882	0.079	11.144	0.000
X3		0.863	0.074	11.641	0.000
X4		0.511	0.072	7.116	0.000
X5		0.819	0.076	10.845	0.000
X6		0.936	0.070	13.410	0.000
X7		0.803	0.085	9.481	0.000
X8		0.810	0.072	11.322	0.000
X9		0.692	0.100	6.897	0.000
X10		0.600	0.079	7.548	0.000
X11		0.806	0.083	9.726	0.000
X12		0.728	0.088	8.254	0.000
X13		0.616	0.079	7.823	0.000
X14		0.683	0.087	7.828	0.000
X15		0.888	0.074	12.037	0.000
X16		0.854	0.090	9.451	0.000
X17		0.200	0.069	2.900	0.004
X18		0.725	0.086	8.453	0.000
SOM	BY				
X1		0.308	0.161	1.910	0.056
X4		0.532	0.179	2.972	0.003
X7		0.411	0.159	2.581	0.010
X10		0.545	0.173	3.147	0.002
X13		0.311	0.157	1.975	0.048
X16		0.383	0.206	1.856	0.063
DEP	BY				
X5		0.734	0.079	9.330	0.000
X2		0.394	0.097	4.051	0.000
X8		0.850	0.074	11.525	0.000
X11		0.333	0.113	2.941	0.003

续表

X14	0.177	0.123	1.432	0.152
X17	0.077	0.048	1.607	0.108
ANX BY				
X3	0.004	0.140	0.031	0.976
X6	-0.094	0.173	-0.545	0.586
X9	0.829	0.650	1.275	0.202
X12	0.326	0.237	1.372	0.170
X15	-0.009	0.116	-0.076	0.939
X18	0.156	0.135	1.159	0.247
GSI WITH				
SOM	0.000	0.000	999.000	999.000
DEP	0.000	0.000	999.000	999.000
ANX	0.000	0.000	999.000	999.000
SOM WITH				
DEP	0.000	0.000	999.000	999.000
ANX	0.000	0.000	999.000	999.000
DEP WITH				
ANX	0.000	0.000	999.000	999.000
...				
Variances				
GSI	1.000	0.000	999.000	999.000
SOM	1.000	0.000	999.000	999.000
DEP	1.000	0.000	999.000	999.000
ANX	1.000	0.000	999.000	999.000
...				
New/Additional Parameters				
GSUM	168.945	19.097	8.846	0.000
SSUM	6.192	2.041	3.034	0.002
DSUM	6.577	1.867	3.523	0.000
ASUM	1.469	1.597	0.920	0.358
RSUM	11.558	0.997	11.597	0.000
G_OMEGA	0.868	0.019	45.246	0.000
S_OMEGA	0.032	0.011	2.881	0.004
D_OMEGA	0.034	0.010	3.320	0.001
A_OMEGA	0.008	0.008	0.915	0.360
ECV	0.922	0.017	55.101	0.000

表 2.14 底部显示估计的 Omega 分层系数 (G_OMEGA), 躯体化、抑郁和焦虑的 Omega 分层子量表系数 S_OMEGA、D_OMEGA 和 A_OMEGA, 以及可解释的共同方差指数 (ECV). Omega 分层系数 (G_OMEGA = 0.868)

高于推荐的 0.80 水平 (Reise, Moore & Haviland, 2010). 躯体化、抑郁和焦虑分量表的 Omega 分层子量表系数很小: S_OMEGA = 0.032, D_OMEGA = 0.034, A_OMEGA = 0.008. 结果表明, 可解释的共同方差指数 ECV = 0.922, 说明 92.2% 的共同方差是由一般因子解释的, 而由组因子解释的方差比例很小. 尽管 BSI-18 的因子结构在内容上是多维的 (躯体化、抑郁和焦虑), 但这些发现表明 BSI-18 中有一个强大的单一共同因子 (例如, 心理疾患总体严重程度). 也就是说, BSI-18 量表在所研究人群中可能存在单维性.

双因子模型是传统二阶 CFA 模型的合理且有用的替代模型. 它能够验证条目的单维性和多维性, 是用于维度概念化的较好的基础模型 (Reise, Moore & Haviland, 2010). 相对 CFA 模型, 双因子模型限制较少, 通常模型拟合会更好.

附录 2.A　BSI-18 量表 (BSI-18 instrument)

面试者阅读问卷, 受访者回答每个问题, 描述过去一周 (包括采访日) 内以下问题给受访者带来的不适程度.

1　衰弱或眩晕 (Faintness or dizziness)
2　对事情不感兴趣 (Feeling no interest in things)
3　独自一人时神经紧张 (Feeling nervous when you are left alone)
4　心脏或胸部疼痛 (Pains in heart or chest)
5　即使和人在一起也感到孤独 (Feeling lonely even when you are with people)
6　感觉紧张或亢奋 (Feeling tense or keyed up)
7　恶心或胃部不适 (Nausea or upset stomach)
8　沮丧 (Feeling blue)
9　突然无缘无故的害怕 (Suddenly scared for no reason)
10　呼吸困难 (Trouble getting your breath)
11　感觉没有价值 (Feeling worthlessness)
12　阵阵恐慌 (Spells of terror or panic)
13　身体某些部位麻木或刺痛 (Numbness or tingling in parts of your body)
14　感觉前途无望 (Feeling hopeless about the future)
15　感觉坐立不安 (Feeling so restless you couldn't sit still)

16　感觉身体某些部位虚弱 (Feeling weak in parts of your body)

17　有死的念头 (Thoughts of death or dying)

18　感觉惧怕 (Feeling fearful)

应答采用五点 Likert 量表测量: 0–完全没有; 1–一点点; 2–中等; 3–相当多; 4–非常多.

附录 2.B　条目信度 (Item reliability)

信度指测量的一致性或可重复性. 它被定义为观察变量的方差在多大程度上被该变量旨在测量的真实分值所解释. 换句话说, 信度被定义为真实分值方差与观察测量的总方差之比. 让我们定义 $Y = \lambda\eta + \varepsilon$, 其中, η 和 ε 是要测量的真实分值和测量误差. 变量 Y 的信度定义为真实分值解释的方差与 Y 的观察方差的比值:

$$\rho_Y = \frac{\lambda^2 \mathrm{Var}(\eta)}{\mathrm{Var}(Y)} = \frac{\lambda^2 \mathrm{Var}(\eta)}{\lambda^2 \mathrm{Var}(\eta) + \mathrm{Var}(\varepsilon)}, \tag{2.B.1}$$

其中, $\mathrm{Var}(\eta)$ 和 $\mathrm{Var}(\varepsilon)$ 分别是真实分值的方差和测量误差的方差, λ 是 Y 在 η 上的非标准化因子载荷. 注意, 公式 (2.B.1) 中定义的信度 ρ_Y 实际上是观察变量 Y 与其真实分值之间相关性的平方 $r_{Y\eta}^2$:

$$
\begin{aligned}
r_{Y\eta}^2 &= \frac{(\mathrm{Cov}(Y, \eta))^2}{\mathrm{Var}(Y)\mathrm{Var}(\eta)} = \frac{(\mathrm{Cov}(\lambda\eta + \varepsilon, \eta))^2}{\mathrm{Var}(Y)\mathrm{Var}(\eta)} \\
&= \frac{\lambda^2 (\mathrm{Var}(\eta))^2}{\mathrm{Var}(Y)\mathrm{Var}(\eta)} = \frac{\lambda^2 \mathrm{Var}(\eta)}{\mathrm{Var}(Y)} = \rho_Y.
\end{aligned}
\tag{2.B.2}
$$

标准化以后, $r_{Y\eta}^2 = \lambda^2 = \rho_Y$. 这也证实了在 CFA 模型中估计的条目标准化因子载荷的平方 (λ^2) 即是条目的信度估计.

在检验理论中, 观察变量主要分为三种类型: 平行测量 (parallel measure), τ 等价测量 (tau-equivalent measure) 和同类测量 (congeneric measure). 例如, 让我们将在时间点 T_1 和 T_2 处测量的变量 Y 分别定义为 Y_1 和 Y_2:

$$
\begin{aligned}
Y_1 &= \lambda_1\eta + \varepsilon_1, \\
Y_2 &= \lambda_2\eta + \varepsilon_2,
\end{aligned}
\tag{2.B.3}
$$

其中, 假设测量误差 ε_1 和 ε_2 不相关. 如果 $\lambda_1 = \lambda_2 = \lambda$ 且 $\mathrm{Var}(\varepsilon_1) = \mathrm{Var}(\varepsilon_2)$, 那么 Y_1 和 Y_2 是平行测量; 如果 $\lambda_1 = \lambda_2 = \lambda$ 且 $\mathrm{Var}(\varepsilon_1) \neq \mathrm{Var}(\varepsilon_2)$, 那么 Y_1 和 Y_2 是 τ 等价测量; 如果 $\lambda_1 \neq \lambda_2$ 且 $\mathrm{Var}(\varepsilon_1) \neq \mathrm{Var}(\varepsilon_2)$, 那么 Y_1 和 Y_2 是

同类测量, 即最一般的测量. 如果是平行测量, Y_1 和 Y_2 之间的相关性可以描述为:

$$r_{Y_1Y_2} = \frac{\text{Cov}(Y_1, Y_2)}{(\text{Var}(Y_1)\text{Var}(Y_2))^{1/2}} = \frac{\text{Cov}(\lambda_1\eta + \varepsilon_1, \lambda_2\eta + \varepsilon_2)}{\text{Var}(Y)}$$
$$= \frac{\lambda^2\text{Var}(\eta)}{\text{Var}(Y)} = \rho_Y, \tag{2.B.4}$$

其中, ρ_Y 是条目信度. 等式 (2.B.4) 意味着可以使用变量 Y 的重复测量来估计条目信度, 假设 (1) Y 的重复测量是平行测量或 τ 等价测量; (2) 参与者在时间点 T_2 的应答不依赖于之前的应答; (3) 真实分值在测量和重测时间间隔内无变化. 那么, Y 的信度是 Y 重复测量之间的相关系数. 虽然平行测量或 τ 等价测量的假设在实际研究中可能无法实现, 但重测信度在社会科学研究中被广泛用作对条目信度的近似估计. 注意, 在应用这种方法时, 适当地选择重复测量的时间间隔应该足够短, 以防止被测变量的真值随时间发生变化; 同时, 时间间隔又要足够长, 以避免第一次测量中应答的记忆效应. 社会科学实践中, 通常重复测量的时间间隔为 48 小时.

附录 2.C Cronbach α 系数 (Cronbach's alpha coefficient)

Cronbach α 系数 (Cronbach, 1951) 是社会科学研究中非常流行的量表信度测量. 一组标识变量 $Y_1, Y_2, \cdots, Y_p$ 测量相同的潜变量 η, 标识总分 $\sum_{j=1}^{p} Y_j$ 通常用作潜变量的综合度量. Crobach α 是 $\sum_{j=1}^{p} Y_j$ 和 η 之间的相关系数平方, 可以估计为 (Bollen, 1989, p.216):

$$\alpha = \frac{p}{p-1}\left(1 - \frac{\sum_{j=1}^{p}\text{Var}(Y_j)}{\text{Var}\left(\sum_{j=1}^{p} Y_j\right)}\right), \tag{2.C.1}$$

其中, p 是标识的数量. 这种信度估计不是针对单个标识, 而是针对综合度量 (即一组标识的未加权总和), 假设这些测量是平行测量或 τ 等价测量. 当测量是同类测量时, Crobach α 会低估测量的信度.

附录 2.D 用 PROBIT 回归系数计算概率 (Calculating probabilities using PROBIT regression coefficients)

让我们定义 U 为一个二分类观察标识, Y^* 是未观察的潜连续应答变量; η 为潜变量/因子; λ 是因子载荷, ε 是测量误差, 那么

$$Y^* = \lambda\eta + \varepsilon, \tag{2.D.1}$$

$$U = \begin{cases} 0, & \text{若 } Y^* \leqslant \tau; \\ 1, & \text{否则}, \end{cases} \tag{2.D.2}$$

其中, τ 是阈值, $U = 1$ 的概率为:

$$P(U = 1|\eta) = P(Y^* > \tau) = P(\lambda\eta + \varepsilon > \tau)$$
$$= P(\varepsilon < -\tau + \lambda\eta) = F(-\tau + \lambda\eta). \tag{2.D.3}$$

PROBIT 函数或 LOGIT 函数都是可以将观察变量 Y 与潜变量 η 相连的适当链接函数 (link function). 在 Mplus 中使用 ML 估计法时, 链接函数为 LOGIT, 使用 WLS 估计法时, 链接函数为 PROBIT. 对分类结局建模的默认估计法是 WLSMV, 因此默认链接函数是 PROBIT. Mplus 估计阈值参数 τ 而非截距参数 α, 截距则用阈值表示为 $-\tau$. 使用公式 (2.D.3), 未标准化的 PROBIT 回归系数估计可用于计算 $U = 1$ 的概率. $F(-\tau + \lambda\eta)$ 作为累积正态分布函数 (CDF), $P(U = 1|\eta)$ 可在 Z 分布表中找到或使用统计软件包 (如 SAS) 计算.

对于具有两个以上分类的有序分类结局 (ordered categorical outcome) 测量, 可以使用 PROBIT 系数计算属于 0 到 M 分类的概率 (Muthén & Muthén, 1998 — 2017):

$$P(U = 0|\eta) = F(\tau_1 - \lambda\eta), \tag{2.D.4}$$

$$P(U = 1|\eta) = F(\tau_2 - \lambda\eta) - F(\tau_1 - \lambda\eta), \cdots, \tag{2.D.5}$$

$$P(U = M|\eta) = F(-\tau_{M-1} + \lambda\eta). \tag{2.D.6}$$

第三章 结构方程模型 (Structural Equation Model, SEM)

3.1 简介 (Introduction)

在第二章中, 我们讨论并演示了验证性因子分析 (CFA) 模型. 一旦 CFA 模型验证了理论构念 (theoretical construct) 的因子结构 (factorial structure), 该 CFA 模型便可作为一个测量模型 (measurement model) 用于 SEM 中分析涉及潜变量/因子的各种相关关系. 当我们将协变量纳入这个 CFA 模型研究潜变量和观察到的协变量之间的关系时, 模型称为 MIMIC 模型. 当潜变量/因子之间的相关性 (由模型图中两个方向的箭头线表示) 被因果效应 (由模型图中一个方向的箭头线表示) 替换时, 模型便成为结构方程模型, 其中一个潜变量/因子可以影响其他潜变量/因子或受其他潜变量/因子的影响. 此外, 观察到的外生变量 (exogenous variable) 或协变量可以纳入模型来预测潜变量/因子, 后者也可以用于影响观察到的内生因变量 (endogenous dependent variable). 调节效应 (moderating effect) 和中介效应 (mediation effect) 可以在 SEM 中很容易地检验. 在本章中, 我们将讨论和演示 MIMIC 模型, 一般 SEM, 带单标识的 SEM, 涉及潜变量交互效应的 SEM 以及调节中介效应 (moderated mediation effect) 的 SEM, 用潜变量合理值 (plausible value of latent variable) 建模, 以及贝叶斯 SEM 等. 我们首先讨论 MIMIC 模型.

3.2　MIMIC 模型 (Multiple indicators and multiple causes model)

　　MIMIC 模型是 SEM 的一个特例, 其中多个观察标识用于测量潜变量/因子, 协变量用于预测潜变量/因子. 潜变量/因子之间可以相关, 但没有因果效应. 实际上, MIMIC 模型就是带协变量的 CFA 模型. 第二章中我们讲过, 在传统 SEM 中, 为简便模型表达, 变量使用均值离差测量, 模型分析协方差结构 (covariance structure, COVS). 当分析 COVS 时, MIMIC 模型描述为:

$$\eta = \Gamma X + \zeta,$$
$$Y = \lambda_Y \eta + \varepsilon,$$
$$X \equiv \xi, \tag{3.1}$$

其中使用多个内生标识 (endogenous indicator) Y 测量内生潜变量 (endogenous latent variable) η; η 之间没有因果效应, 但存在相关性, 并且 η 受外生标识 X 的影响, 这些标识被假定为外生潜变量 ξ 的完美测量 (例如, 受访者自我报告的性别通常被视为测量他/她的性别认同而没有测量误差). 符号 "$\equiv$" 通过将因子载荷固定为 1 (即 $\Lambda_X = 1$), 且测量误差为 0 (即 $\Theta_\delta = 0$) 来设定 X 与 ξ 恒等.

　　当分析均值和协方差结构 (mean and covariance structure, MACS) 时, MIMIC 模型描述为:

$$\eta = \Gamma X + \zeta,$$
$$Y = \upsilon_Y + \lambda_Y \eta + \varepsilon,$$
$$X \equiv \xi, \tag{3.2}$$

其中 υ_Y 是内生标识 Y 的均值/截距向量. 注意, 方程中没有因子截距, 因为为了模型识别, 单组模型 (single-group model) 中的因子均值/截距必须固定为 0. 组间因子均值差异可以在多组建模 (multi-group modeling) 中检验 (见第五章).

　　我们用第二章中的 BSI-18 数据集来示范 MIMIC 模型. 图 3.1 中设定的 MIMIC 模型由两部分组成: (1) 测量模型 (measurement model), 其中 18 个观察标识/条目测量 3 个潜变量/因子 (即 SOM–躯体化 η_1, DEP–抑郁 η_2 和 ANX–焦虑 η_3); (2) 结构方程 (structural equation), 其中观察变量 X, 如性别 (1–男性; 0–女性)、种族 (1–白人; 0–非白人)、年龄和教育 (1–未受过正规教育; 2–低于高中教育; 3–高中未毕业; 4–高中毕业; 5–大学未毕业; 6–大学毕业), 预测 3 个潜变量/因子.

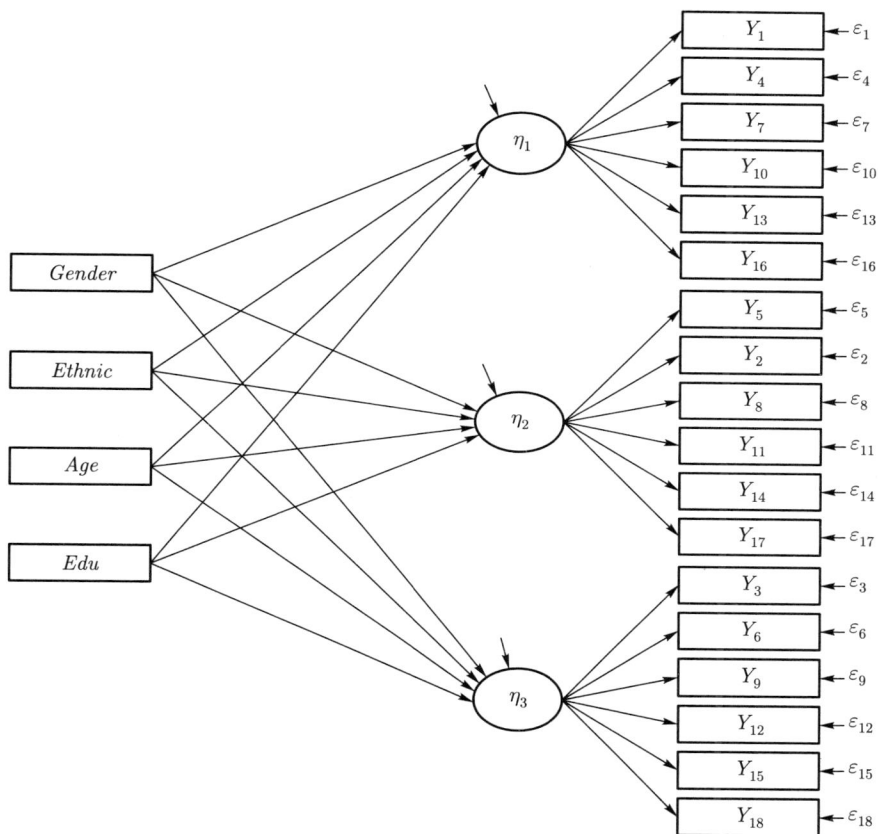

图 3.1　MIMIC 模型

MIMIC 模型的测量模型可以表述为:

$$
\begin{bmatrix} Y_1 \\ Y_4 \\ \vdots \\ Y_{16} \\ Y_5 \\ Y_2 \\ \vdots \\ Y_{17} \\ Y_3 \\ Y_6 \\ \vdots \\ Y_{18} \end{bmatrix} = \begin{bmatrix} \upsilon_1 \\ \upsilon_4 \\ \vdots \\ \upsilon_{16} \\ \upsilon_5 \\ \upsilon_2 \\ \vdots \\ \upsilon_{17} \\ \upsilon_3 \\ \upsilon_6 \\ \vdots \\ \upsilon_{18} \end{bmatrix} + \begin{bmatrix} 1 & 0 & 0 \\ \lambda_{Y41} & 0 & 0 \\ \vdots & \vdots & \vdots \\ \lambda_{Y161} & 0 & 0 \\ 0 & 1 & 0 \\ 0 & \lambda_{Y22} & 0 \\ 0 & \vdots & \vdots \\ 0 & \lambda_{Y172} & 0 \\ 0 & 0 & 1 \\ 0 & 0 & \lambda_{Y63} \\ 0 & 0 & \vdots \\ 0 & 0 & \lambda_{Y183} \end{bmatrix} \begin{bmatrix} \eta_1 \\ \eta_2 \\ \eta_3 \end{bmatrix} + \begin{bmatrix} \varepsilon_1 \\ \varepsilon_4 \\ \vdots \\ \varepsilon_{16} \\ \varepsilon_5 \\ \varepsilon_2 \\ \vdots \\ \varepsilon_{17} \\ \varepsilon_3 \\ \varepsilon_6 \\ \vdots \\ \varepsilon_{18} \end{bmatrix}, \qquad (3.3)
$$

这相当于

$$
Y_1 = \upsilon_1 + \eta_1 + \varepsilon_1, Y_4 = \upsilon_4 + \lambda_{Y41}\eta_1 + \varepsilon_4, \cdots, Y_{16} = \upsilon_{16} + \lambda_{Y161}\eta_1 + \varepsilon_{16},
$$
$$
Y_5 = \upsilon_5 + \eta_2 + \varepsilon_5, Y_2 = \upsilon_2 + \lambda_{Y22}\eta_2 + \varepsilon_2, \cdots, Y_{17} = \upsilon_{17} + \lambda_{Y172}\eta_2 + \varepsilon_{17},
$$
$$
Y_3 = \upsilon_3 + \eta_3 + \varepsilon_3, Y_6 = \upsilon_6 + \lambda_{Y63}\eta_3 + \varepsilon_6, \cdots, Y_{18} = \upsilon_{18} + \lambda_{Y183}\eta_3 + \varepsilon_{18}.
$$
$$
(3.4)
$$

MIMIC 模型的测量模型已经在第二章的 CFA 模型中检验过了. MIMIC 模型的另一个组成部分是验证预测变量和潜变量之间因果关系的结构方程.

MIMIC 模型的结构方程部分表述如下[①]:

$$
\begin{bmatrix} \eta_1 \\ \eta_2 \\ \eta_3 \end{bmatrix} = \begin{bmatrix} \gamma_{11} & \gamma_{12} & \gamma_{13} & \gamma_{14} \\ \gamma_{21} & \gamma_{22} & \gamma_{23} & \gamma_{24} \\ \gamma_{31} & \gamma_{32} & \gamma_{33} & \gamma_{34} \end{bmatrix} \begin{bmatrix} Gender \\ Ethnic \\ Age \\ Edu \end{bmatrix} + \begin{bmatrix} \zeta_1 \\ \zeta_2 \\ \zeta_3 \end{bmatrix}, \qquad (3.5)
$$

这相当于

$$
\eta_1 = \gamma_{11}Gender + \gamma_{12}Ethnic + \gamma_{13}Age + \gamma_{14}Edu + \zeta_1,
$$
$$
\eta_2 = \gamma_{21}Gender + \gamma_{22}Ethnic + \gamma_{23}Age + \gamma_{24}Edu + \zeta_2,
$$
$$
\eta_3 = \gamma_{31}Gender + \gamma_{32}Ethnic + \gamma_{33}Age + \gamma_{34}Edu + \zeta_3. \qquad (3.6)
$$

[①] 由于 SEM 过去被称为 LISREL 模式 (Jöreskog & Van Thillo, 1972),因此在方程中用流行的 LISREL 符号来代表潜变量对外生协变量的回归斜率系数 (γ). 这些回归系数 (γ) 在 Mplus TECH1 输出的 BETA 矩阵中报告.

上述 3 个多元回归方程看起来像计量经济学中的联立方程模型 (simultaneous equations model), 其中多个因变量是一组解释变量或预测变量的函数, 并且方程的残差项 (即 $\zeta_1, \zeta_2, \zeta_3$) 彼此相关. 与传统的联立方程模型不同, MIMIC 模型中的因变量是未观察到的潜变量. 这种方法明显优于假设变量没有测量误差的传统联立方程模型或多元方差分析 (MANOVA).

下面的 Mplus 程序运行 MIMIC 模型.

Mplus 程序 3.1

```
TITLE: MIMIC Model
DATA:  FILE = BSI_18.dat;
VARIABLE:
  NAMES = Y1-Y18 Gender Ethnic Age Edu Crack ID;
  MISSING = ALL (-9);
  USEVARIABLES = Y1-Y18 Gender Ethnic Age Edu;
ANALYSIS: ESTIMATOR = MLR;
MODEL:
SOM BY Y1 Y4 Y7 Y10 Y13 Y16; !Somatization;
DEP BY Y5 Y2 Y8 Y11 Y14 Y17; !Depression;
ANX BY Y3 Y6 Y9 Y12 Y15 Y18; !Anxiety;
SOM ON Gender Ethnic Age Edu;
DEP ON Gender Ethnic Age Edu;
ANX ON Gender Ethnic Age Edu;
OUTPUT: SAMPSTAT STDYX TECH4;
```

其中, 数据是从数据集 BSI_18.dat 中读取的. 观察变量 Y_1 — Y_{18} 分别是三个潜变量 (η_1-SOM; η_2-DEP; η_3-ANX) 的标识变量, 四个协变量 (*Gender*、*Ethnic*、*Age* 和 *Edu*) 用于预测潜变量. 考虑到变量中可能存在多元非正态性 (multivariate non-normality), 程序使用稳健估计 MLR 进行模型估计.

部分模型结果如表 3.1 所示. 该模型拟合数据良好: RMSEA $= 0.055, 90\%$ 置信区间为 $(0.045, 0.064)$, 精确拟合检验 $P = 0.207$, CFI $= 0.918$, TLI $= 0.904$, SRMR $= 0.048$. MIMIC 模型估计的因子载荷与 CFA 模型结果一致. 性别 $(-0.377, P = 0.014)$ 对抑郁症 (DEP) 具有显著的负效应, 而种族 $(0.674, P = 0.001)$ 和年龄 $(0.020, P = 0.030)$ 对 DEP 都有显著的正效应. 教育 $(-0.060, P = 0.527)$ 对 DEP 有负效应, 但没有统计学意义. 焦虑 (ANX) 和躯体化 (SOM) 的结果相似, 但年龄 $(0.004, P = 0.502)$ 对 SOM 的影响没有统计学意义.

表 3.1   部分 Mplus 输出: MIMIC 模型

```
MODEL FIT INFORMATION
...
RMSEA (Root Mean Square Error Of Approximation)

            Estimate                    0.055
            90 Percent C.I.             0.045  0.064
            Probability RMSEA <= .05    0.207


CFI/TLI

            CFI                         0.918
            TLI                         0.904
...
SRMR (Standardized Root Mean Square Residual)

            Value                       0.048



MODEL RESULTS
...
 SOM      ON
    GENDER         -0.333      0.108     -3.098      0.002
    ETHNIC          0.453      0.136      3.341      0.001
    AGE             0.004      0.006      0.671      0.502
    EDU            -0.042      0.064     -0.667      0.505


 DEP      ON
    GENDER         -0.377      0.153     -2.459      0.014
    ETHNIC          0.674      0.197      3.413      0.001
    AGE             0.020      0.009      2.175      0.030
    EDU            -0.060      0.094     -0.632      0.527


 ANX      ON
    GENDER         -0.517      0.132     -3.929      0.000
    ETHNIC          0.502      0.175      2.866      0.004

    AGE             0.015      0.007      2.063      0.039
    EDU            -0.125      0.086     -1.452      0.146


 DEP      WITH
    SOM             0.453      0.070      6.499      0.000


 ANX      WITH
    SOM             0.430      0.077      5.576      0.000
```

续表

```
      DEP              0.659     0.083     7.925     0.000
...
R-SQUARE
...

      Latent                                      Two-Tailed
      Variable        Estimate    S.E.  Est./S.E.  P-Value

      SOM              0.091     0.036     2.527     0.012
      DEP              0.074     0.035     2.087     0.037
      ANX              0.120     0.046     2.602     0.009
...
TECHNICAL 4 OUTPUT


    ESTIMATES DERIVED FROM THE MODEL

        ESTIMATED MEANS FOR THE LATENT VARIABLES
            SOM          DEP          ANX        GENDER      ETHNIC

            --------     --------     --------     --------    --------
    1       0.138        0.718        0.108        0.669       0.871

        ESTIMATED MEANS FOR THE LATENT VARIABLES
            AGE          EDU

            --------     --------
    1       30.411       3.617


        ESTIMATED COVARIANCE MATRIX FOR THE LATENT VARIABLES
            SOM          DEP          ANX        GENDER      ETHNIC


            --------     --------     --------     --------    --------
SOM         0.466
DEP         0.507        1.177
ANX         0.487        0.742        0.758
GENDER     -0.068       -0.081       -0.111        0.221
ETHNIC      0.043        0.053        0.035        0.014       0.112
AGE        -0.032        1.088        0.794       -0.412      -0.911
EDU        -0.010        0.015       -0.030       -0.022      -0.001


        ESTIMATED COVARIANCE MATRIX FOR THE LATENT VARIABLES
            AGE          EDU

            --------     --------
AGE         85.000
```

续表

EDU	2.186	0.591

ESTIMATED CORRELATION MATRIX FOR THE LATENT VARIABLES

	SOM	DEP	ANX	GENDER	ETHNIC
	--------	--------	--------	--------	--------
SOM	1.000				
DEP	0.685	1.000			
ANX	0.820	0.785	1.000		
GENDER	-0.213	-0.159	-0.271	1.000	
ETHNIC	0.187	0.145	0.121	0.087	1.000
AGE	-0.005	0.109	0.099	-0.095	-0.295
EDU	-0.018	0.018	-0.044	-0.060	-0.004

ESTIMATED CORRELATION MATRIX FOR THE LATENT VARIABLES

	AGE	EDU
	--------	--------
AGE	1.000	
EDU	0.308	1.000

　　Mplus 标准化解为观察结局变量和内生潜变量提供 R^2. 潜变量 SOM、DEP 和 ANX 的 R^2 分别为 0.09, 0.07 和 0.12. 这些参数是模型参数矩阵 Ψ 的元素 (参见第 1 章表 1.2). OUTPUT 指令中的选项 TECH4 为潜变量提供方差/协方差矩阵估计, 以及潜变量之间的相关性.

　　需要注意对 Mplus 输出中报告的一些参数估计值的解释. 首先, 协变量 (X 变量) 被视为完美测量 (例如, 性别是对受访者性别认同的测量, 没有测量误差), 它被视为外生潜变量 ξ. 因此, 它们的方差、协方差和相关性在 TECHNICAL 4 OUTPUT 中报告. 其次, 当包含协变量时, Mplus 输出的模型结果部分中报告的内生因子 (endogenous factor) 之间的协方差实际上是估计的误差协方差 (residual covariance). 比如 MODEL RESULTS 部分的 DEP 和 SOM 之间的协方差 ($0.453, P < 0.001$), 其实就是残差 ζ_1 和 ζ_2 的协方差; TECHNICAL 4 OUTPUT 报告因子 DEP 和 SOM 之间的估计协方差 (0.507) 和相关性 (0.685). 最后, 当在 Mplus 的单组模型中分析均值和协方差结构 (MACS) 时, 因子均值/截距默认固定为 0. 但是, 对于示例 MIMIC 模型 (表 3.1), 在 TECHNICAL 4 OUTPUT 中报告了估计的非零因子 "平均值". 这是因为模型中涉及协变量, 并且这些因子考虑了有关协变量的信息. 一旦我们从模型中删除协变量, TECHNICAL 4 OUTPUT 报告的因子均值/截距将变为零.

协变量之间的交互效应 (interaction effect between covariates): 在多元回归模型中, 常常涉及自变量间的交互效应. 例如, 在多元线性回归 $Y = a + b_1X_1 + b_2X_2 + e$ 中, 如果自变量 X_1 和 X_2 对因变量有交互效应, 可以通过将两个变量相乘 (例如 X_1X_2) 来创建一个交互项 (interaction term), 于是有 $Y = a + b_1X_1 + b_2X_2 + b_3X_1X_2 + e$, 其中, 交互效应 b_3 表示 X_1 对因变量的效应取决于 X_2 的值; 或者说, X_2 对因变量的效应取决于 X_1 的值. 在 MIMIC 模型和 SEM 中我们不但可以处理观察变量间的交互效应, 还可以处理涉及潜变量的交互效应. 我们将在随后的章节中讨论相关议题.

关于交互效应, 有两点很重要 (Hox, 2002): 首先, 如果交互效应在统计上显著, 则相应的主效应 (main effect) 无论是否具有统计显著性, 都必须保留在模型中, 并且纳入相应变量的效应考量中. 其次, 交互效应中涉及变量的测量值的零值必须要有意义. 否则, 对应变量的主效应没有意义 (Hox, 1994). 比如, 存在 X_1 和 X_2 交互效应时, 变量 X_1 的主效应是对应于变量 $X_2 = 0$ 时的效应, X_1 的总效应随 X_2 的取值不同而变化. 如果 X_2 无有意义的零值, 可将 X_2 重新编码为其均值离差 (deviation from the mean), 即 $(X_2 - \overline{X}_2)$, 这样新变量的零值便代表观察变量的均值了. 于是 X_1 的主效应便可解释为当 X_2 等于均值时 X_1 的效应. 此外, 为了尽量减少多重共线性 (multicollinearity) 的可能干扰, 可标准化交互效应中涉及的变量 (均值为 0, 标准差为 1.0) (Marsh, Tracey & Craven, 2006). 下面的 Mplus 程序 3.2 运行一个带交互效应的 MIMIC 模型.

Mplus 程序 3.2[①]

```
TITLE: MIMIC model with an interaction between covariates
DATA:  FILE = BSI_18.dat;
VARIABLE:
  NAMES = Y1-Y18 Gender Ethnic Age Edu Crack ID;
  MISSING = ALL (-9);
  USEVARIABLES = Y1-Y18 Gender Ethnic Age Edu Inter;
DEFINE:
  CENTER Age (GRANDMEAN);
  Inter = Ethnic*Age;
ANALYSIS: ESTIMATOR = MLR;
MODEL:
SOM BY Y1 Y4 Y7 Y10 Y13 Y16; !Somatization;
DEP BY Y5 Y2 Y8 Y11 Y14 Y17; !Depression;
ANX BY Y3 Y6 Y9 Y12 Y15 Y18; !Anxiety;
```

---

① 从 Mplus 7 开始, CENTER 功能已从 VARIABLE 命令移至 DEFINE 命令.

```
SOM ON Gender Ethnic Age Edu Inter;
DEP ON Gender Ethnic Age Edu Inter;
ANX ON Gender Ethnic Age Edu Inter;
OUTPUT: SAMPSTAT STDYX TECH4;
```

由于变量 *Age* 在当前样本中无有意义的零值, DEFINE 指令中 CENTER 语句的 GRANDMEAN 选项将 *Age* 重新编码为均值离差. 然后, 产生了一个 *Age* 和 *Ethnic* 之间的交互效应变量 *Inter*. 注意, 在 USEVARIABLES 语句中, 从 DEFINE 指令创建的所有新变量 (例如, 本例中的 *Inter*) 必须放在 VARIABLE 指令的 NAMES 语句中列出的变量之后, 否则, Mplus 将显示错误信息.

表 3.2   部分 Mplus 输出: 带协变量交互效应的 MIMIC 模型

```
MODEL FIT INFORMATION
...
RMSEA (Root Mean Square Error Of Approximation)

        Estimate                      0.054
        90 Percent C.I.               0.044   0.063
        Probability RMSEA <= .05      0.236

CFI/TLI

        CFI                           0.917
        TLI                           0.903
...
SRMR (Standardized Root Mean Square Residual)

        Value                         0.050


MODEL RESULTS
...
SOM      ON
    GENDER        -0.323      0.109     -2.973      0.003
    ETHNIC         0.361      0.158      2.284      0.022
    AGE           -0.009      0.011     -0.851      0.395
    EDU           -0.046      0.064     -0.725      0.469
    INTER          0.015      0.013      1.235      0.217

DEP      ON
    GENDER        -0.347      0.155     -2.238      0.025
```

续表

ETHNIC	0.419	0.198	2.112	0.035
AGE	-0.017	0.015	-1.098	0.272
EDU	-0.070	0.094	-0.745	0.456
INTER	0.043	0.018	2.349	0.019
ANX　　　ON				
GENDER	-0.501	0.131	-3.812	0.000
ETHNIC	0.366	0.171	2.136	0.033
AGE	-0.004	0.011	-0.369	0.712
EDU	-0.131	0.086	-1.517	0.129
INTER	0.023	0.014	1.671	0.095
DEP　　WITH				
SOM	0.446	0.069	6.492	0.000
ANX　　WITH				
SOM	0.426	0.076	5.594	0.000
DEP	0.649	0.082	7.941	0.000

表 3.2 显示该模型拟合数据良好. *Age* 和 *Ethnic* 对抑郁症 (DEP) 的交互效应统计显著 (0.043, $P = 0.019$); 因此, 无论其主效应是否具有统计显著性, 协变量 *Age* 对 DEP 效应的解释必须同时考虑其主效应和交互效应. 这同样适用于协变量 *Ethnic* 的效应解释.

条目功能差异 (differential item functioning, DIF): 在 MIMIC 模型中, 我们不仅可以研究协变量对因子的影响, 还可以研究协变量是否直接影响观察标识. 如果协变量对某一观察标识有显著直接效应, 则表明该标识的值在潜变量/因子不变情况下可以随协变量的值而变化.

图 3.2 显示一个 MIMIC 模型, 其中一个协变量 (*Hsch*: 1 – 高中或以上教育程度; 0 – 高中以下教育程度) 不但影响所有 3 个因子 (即 SOM(η_1), DEP(η_2) 和 ANX(η_3)), 还直接影响一个内生标识 Y_{11}. 如果因子 (例如, DEP) 在协变量 *Hsch* 上回归有显著斜率系数, 则表明教育程度不同的人之间该因子的平均值存在显著差异. Y_{11} 在 *Hsch* 上回归可以表示为 $Y_{11} = v_{11} + bHsch + \lambda_{Y112}\eta_2 + \varepsilon_{11}$, 其中 ($v_{11} + bHsch$) 可以被认为是一个新截距. 如果斜率系数 b 在统计上显著, 则表明观察变量 *Hsch* 增大或减小观察标识 Y_{11} 的截距. 这被称为条目功能差异 (DIF). 换句话说, 在因子均值不变 (例如, 具有相同的抑郁水平) 情况下, 条目 Y_{11} 的截距值在有和没有高中教育程度的受访者之间存在差异, 或者说, 不同教育程度的受访者对该条目的反应存在系统差异. 这种扩展的

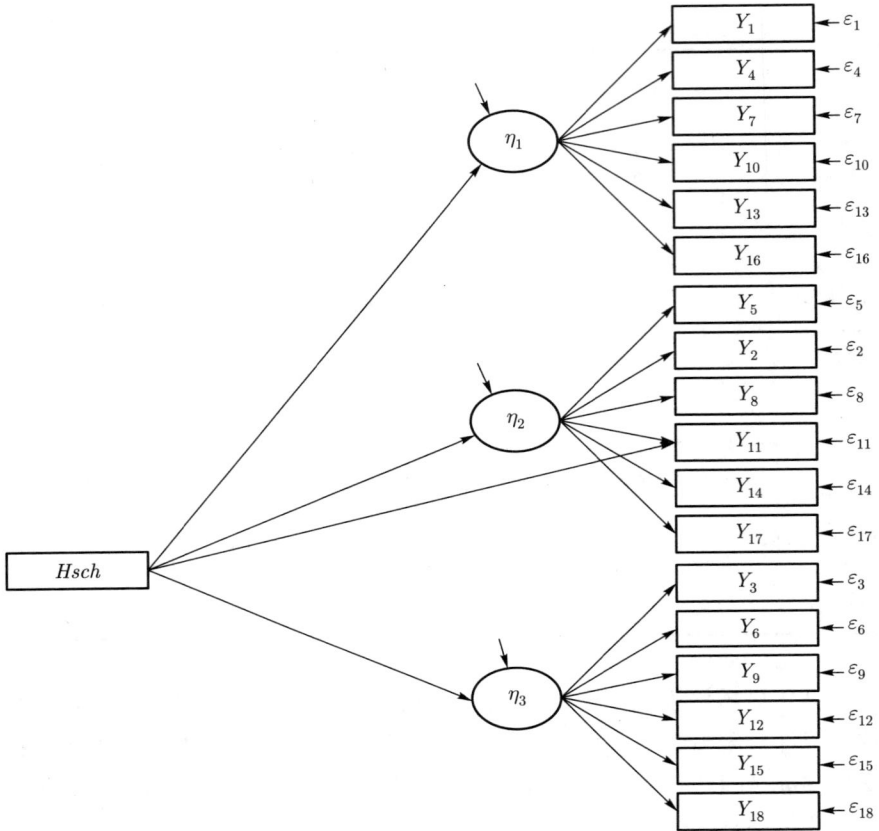

图 3.2 MIMIC 模型中的条目功能差异 (DIF)

MIMIC 模型已用于研究 DIF 测量抑郁症 (Gallo, Anthony & Muthén, 1994; Grayson, et al., 2000) 和功能障碍 (Fleishman, Spector & Altman, 2002). 下面的 Mplus 程序运行图 3.2 中设定的扩展 MIMIC 模型.

Mplus 程序 3.3

```
TITLE: Extended MIMIC Model 1
DATA:  FILE = BSI_18.dat;
VARIABLE:
  NAMES = Y1-Y18 Gender Ethnic Age Edu Crack ID;
  MISSING = ALL (-9);
  USEVARIABLES = Y1-Y18 Hsch;
DEFINE: Hsch=0; if Edu>4 then Hsch=1;
```

```
ANALYSIS: ESTIMATOR = MLR;
MODEL:
SOM BY Y1 Y4 Y7 Y10 Y13 Y16; !Somatization;
DEP BY Y5 Y2 Y8 Y11 Y14 Y17; !Depression;
ANX BY Y3 Y6 Y9 Y12 Y15 Y18; !Anxiety;
SOM ON Hsch;
DEP ON Hsch;
ANX ON Hsch;
Y11 ON Hsch;
OUTPUT: SAMPSTAT STDYX;
```

其中我们在 DEFINE 指令中生成一个虚拟变量 (dummy variable) $Hsch$ (1 – 高中或以上教育程度; 0 – 高中以下教育程度). 在 Mplus 程序中, 不仅因子 SOM、DEP 和 ANX, 而且观察标识 Y_{11}, 都对协变量 $Hsch$ 回归.

表 3.3 部分 Mplus 输出: 扩展的 MIMIC 模型 1

```
TESTS OF MODEL FIT
...
Chi-Square Test of Model Fit

        Value                         252.297*
        Degrees of Freedom               146
        P-Value                       0.0000
        Scaling Correction Factor     1.2357
          for MLR
...
RMSEA (Root Mean Square Error Of Approximation)

        Estimate                      0.054
        90 Percent C.I.               0.043  0.065
        Probability RMSEA <= .05      0.262

CFI/TLI

        CFI                           0.933
        TLI                           0.922
...
SRMR (Standardized Root Mean Square Residual)

        Value                         0.048


MODEL RESULTS
```

续表

...

SOM	ON				
	HSCH	-0.016	0.185	-0.089	0.929
DEP	ON				
	HSCH	0.237	0.259	0.915	0.360
ANX	ON				
	HSCH	0.084	0.245	0.343	0.731
Y11	ON				
	HSCH	-0.636	0.183	-3.467	0.001
DEP	WITH				
	SOM	0.506	0.075	6.787	0.000
ANX	WITH				
	SOM	0.482	0.086	5.594	0.000
	DEP	0.733	0.094	7.831	0.000

...

TECHNICAL 1 OUTPUT

PARAMETER SPECIFICATION

...

LAMBDA

	SOM	DEP	ANX	Y11	HSCH
Y1	0	0	0	0	0
Y2	0	18	0	0	0
Y3	0	0	0	0	0
Y4	19	0	0	0	0
Y5	0	0	0	0	0
Y6	0	0	20	0	0
Y7	21	0	0	0	0
Y8	0	22	0	0	0
Y9	0	0	23	0	0
Y10	24	0	0	0	0
Y11	0	0	0	0	0
Y12	0	0	25	0	0
Y13	26	0	0	0	0
Y14	0	27	0	0	0
Y15	0	0	28	0	0
Y16	29	0	0	0	0
Y17	0	30	0	0	0

续表

Y18	0	0	31	0	0
HSCH	0	0	0	0	0
...					

BETA

	SOM	DEP	ANX	Y11	HSCH
	--------	--------	--------	--------	--------
SOM	0	0	0	0	50
DEP	0	0	0	0	51
ANX	0	0	0	0	52
Y11	0	53	0	0	54
HSCH	0	0	0	0	0
...					

PSI

	SOM	DEP	ANX	Y11	HSCH
	--------	--------	--------	--------	--------
SOM	55				
DEP	56	57			
ANX	58	59	60		
Y11	0	0	0	61	
HSCH	0	0	0	0	0

表 3.3 显示协变量 $Hsch$ 对 3 个心理健康因子 (SOM、DEP 和 ANX) 中的任何一个都没有显著效应. 这表明两个教育程度组之间的因子均值无显著不同. 然而, $Hsch$ 对抑郁因子 (DEP) 的观察标识 Y_{11} 有显著负效应 ($-0.636, P = 0.001$). 这意味着在控制抑郁因子的情况下, 有高中或以上教育程度的受访者对条目 Y_{11} 的应答分值低于没有高中教育程度的受访者. 换句话说, 与受教育程度较低的人相比, 在抑郁症的因子水平相同情况下, 受过较高教育的受访者报告的 Y_{11} 分值较低.

传统上, 观察外生变量 (例如, 本例中的 $Hsch$) 不允许在 SEM 中预测内生标识 (例如, 本例中的 Y_{11}). 用 Mplus 运行扩展的 MIMIC 模型, 将相应标识的因子载荷包含到 BETA 矩阵中 (Muthén, 1989). 从表 3.3 中的 TECHNICAL 1 OUTPUT 部分可以看出, 标识 Y_{11} 的因子载荷没有在 LAMBDA 参数矩阵中报告, 而是在 BETA 矩阵 (参数 53) 中报告; 因此, 标识 Y_{11} (参数 61) 的方差在 PSI 参数矩阵中报告.

图 3.2 中设定的模型可以进一步扩展, 以检验模型中每个因子的所有标识的条目功能差异 (DIF), 如下面的 Mplus 程序所示.

Mplus 程序 3.4

```
TITLE: Extended MIMIC 2
DATA:  FILE = BSI_18.dat;
VARIABLE:
      NAMES = Y1-Y18 Gender Ethnic Age Edu Crack ID;
      MISSING = ALL (-9);
      USEVARIABLES = Y1-Y18 Gender Ethnic Age Hsch;
DEFINE: Hsch=0; if Edu>4 then Hsch=1;
ANALYSIS: ESTIMATOR = MLR;
MODEL:
SOM BY Y1 Y4 Y7 Y10 Y13 Y16; !Somatization;
DEP BY Y5 Y2 Y8 Y11 Y14 Y17; !Depression;
ANX BY Y3 Y6 Y9 Y12 Y15 Y18; !Anxiety;
SOM ON Gender Ethnic Age Hsch;
DEP ON Gender Ethnic Age Hsch;
ANX ON Gender Ethnic Age Hsch;
Y4 Y7 Y10 Y13 Y16 ON Gender Hsch;
Y2 Y8 Y11 Y14 Y17 ON Gender Hsch;
Y6 Y9 Y12 Y15 Y18 ON Gender Hsch;
OUTPUT: TECH1 STDYX;
```

其中所有观察标识变量都以与先前模型相同的方式加载到因子上; 对每个潜变量, 除了一个标识外, 其余所有标识都对协变量 *Gender* 和 *Hsch* 回归. 在模型估计中, 所有因子载荷都在 BETA 矩阵中报告, 而不是在 LAMBDA 矩阵中. 协变量的斜率系数也包含在 BETA 矩阵中; 测量误差的方差/协方差包含在 PSI 矩阵中, 而不是 THETA 矩阵中 (Kaplan, 2000; Muthén, 1989) (见表 3.4 中 TECHNICAL 1 OUTPUT 部分). 这些参数估计的解释与之前的 CFA 和 MIMIC 模型中的解释相同.

表 3.4　部分 Mplus 输出: 扩展的 MIMIC 模型 2

MODEL RESULTS

		Estimate	S.E.	Est./S.E.	Two-Tailed P-Value
...					
SOM	ON				
	GENDER	-0.427	0.133	-3.211	0.001
	ETHNIC	0.451	0.135	3.333	0.001

AGE		0.004	0.006	0.751	0.452
HSCH		-0.180	0.216	-0.831	0.406
DEP	**ON**				
GENDER		-0.242	0.175	-1.385	0.166
ETHNIC		0.683	0.200	3.406	0.001
AGE		0.020	0.009	2.172	0.030
HSCH		0.204	0.283	0.723	0.470
ANX	**ON**				
GENDER		-0.612	0.160	-3.833	0.000
ETHNIC		0.478	0.174	2.741	0.006
AGE		0.013	0.007	1.747	0.081
HSCH		-0.097	0.297	-0.327	0.744
Y4	**ON**				
GENDER		0.360	0.171	2.106	0.035
HSCH		-0.176	0.155	-1.141	0.254
Y7	**ON**				
GENDER		-0.077	0.185	-0.418	0.676
HSCH		-0.087	0.293	-0.296	0.767
Y10	**ON**				
GENDER		0.248	0.163	1.520	0.128
HSCH		0.174	0.183	0.953	0.340
Y13	**ON**				
GENDER		0.272	0.181	1.500	0.134
HSCH		0.284	0.269	1.058	0.290
Y16	**ON**				
GENDER		0.073	0.183	0.400	0.689
HSCH		0.219	0.308	0.711	0.477
Y2	**ON**				
GENDER		-0.103	0.153	-0.677	0.499
HSCH		-0.422	0.239	-1.770	0.077
Y8	**ON**				
GENDER		-0.180	0.121	-1.483	0.138
HSCH		-0.256	0.143	-1.793	0.073
Y11	**ON**				

	GENDER	-0.259	0.154	-1.690	0.091
	HSCH	-0.838	0.241	-3.479	0.001
Y14	ON				
	GENDER	-0.140	0.164	-0.854	0.393
	HSCH	-0.358	0.291	-1.228	0.219
Y17	ON				
	GENDER	0.024	0.083	0.285	0.775
	HSCH	0.088	0.190	0.463	0.643
Y6	ON				
	GENDER	0.083	0.166	0.501	0.616
	HSCH	-0.098	0.292	-0.337	0.736
Y9	ON				
	GENDER	0.278	0.171	1.627	0.104
	HSCH	0.166	0.245	0.675	0.499
Y12	ON				
	GENDER	0.144	0.171	0.842	0.400
	HSCH	0.111	0.273	0.407	0.684
Y15	ON				
	GENDER	0.270	0.183	1.479	0.139
	HSCH	-0.107	0.305	-0.350	0.726
Y18	ON				
	GENDER	-0.141	0.172	-0.822	0.411
	HSCH	-0.290	0.220	-1.317	0.188

...

TECHNICAL 1 OUTPUT

    PARAMETER SPECIFICATION

...

        BETA

	SOM	DEP	ANX	Y2	Y4
SOM	0	0	0	0	0
DEP	0	0	0	0	0
ANX	0	0	0	0	0
Y2	0	34	0	0	0
Y4	37	0	0	0	0
Y6	0	0	40	0	0

Y7	43	0	0	0	0
Y8	0	46	0	0	0
Y9	0	0	49	0	0
Y10	52	0	0	0	0
Y11	0	55	0	0	0
Y12	0	0	58	0	0
Y13	61	0	0	0	0
Y14	0	64	0	0	0
Y15	0	0	67	0	0
Y16	70	0	0	0	0
Y17	0	73	0	0	0
Y18	0	0	76	0	0
GENDER	0	0	0	0	0
ETHNIC	0	0	0	0	0
AGE	0	0	0	0	0
HSCH	0	0	0	0	0

BETA

	Y6	Y7	Y8	Y9	Y10
	--------	--------	--------	--------	--------
SOM	0	0	0	0	0
DEP	0	0	0	0	0
ANX	0	0	0	0	0
Y2	0	0	0	0	0
Y4	0	0	0	0	0
Y6	0	0	0	0	0
Y7	0	0	0	0	0
Y8	0	0	0	0	0
Y9	0	0	0	0	0
Y10	0	0	0	0	0
Y11	0	0	0	0	0
Y12	0	0	0	0	0
Y13	0	0	0	0	0
Y14	0	0	0	0	0
Y15	0	0	0	0	0
Y16	0	0	0	0	0
Y17	0	0	0	0	0
Y18	0	0	0	0	0
GENDER	0	0	0	0	0
ETHNIC	0	0	0	0	0
AGE	0	0	0	0	0
HSCH	0	0	0	0	0

...

续表

BETA	Y16	Y17	Y18	GENDER	ETHNIC
SOM	0	0	0	22	23
DEP	0	0	0	26	27
ANX	0	0	0	30	31
Y2	0	0	0	35	0
Y4	0	0	0	38	0
Y6	0	0	0	41	0
Y7	0	0	0	44	0
Y8	0	0	0	47	0
Y9	0	0	0	50	0
Y10	0	0	0	53	0
Y11	0	0	0	56	0
Y12	0	0	0	59	0
Y13	0	0	0	62	0
Y14	0	0	0	65	0
Y15	0	0	0	68	0
Y16	0	0	0	71	0
Y17	0	0	0	74	0
Y18	0	0	0	77	0
GENDER	0	0	0	0	0
ETHNIC	0	0	0	0	0
AGE	0	0	0	0	0
HSCH	0	0	0	0	0

BETA	AGE	HSCH
SOM	24	25
DEP	28	29
ANX	32	33
Y2	0	36
Y4	0	39
Y6	0	42
Y7	0	45
Y8	0	48
Y9	0	51
Y10	0	54
Y11	0	57
Y12	0	60
Y13	0	63
Y14	0	66
Y15	0	69

续表

Y16	0	72
Y17	0	75
Y18	0	78
GENDER	0	0
ETHNIC	0	0
AGE	0	0

在所有观察标识中, 只有 Y_4 受 *Gender* 影响 $(0.360, P = 0.035)$, Y_{11} 受 *Hsch* 影响 $(-0.838, P = 0.001)$. 这表明除了这两个条目外, 大多数 BSI-18 条目没有条目功能差异 (DIF). *Gender* 对 Y_4 (胸痛) 的显著效应表明, 在相同的躯体化水平情况下, 男性非法药物使用者比女性更有可能报告胸痛. 换句话说, 在控制潜在因子 SOM 的情况下, 对条目 Y_4 的应答存在显著的性别差异. 在相同抑郁水平情况下, *Hsch* 对 Y_{11} 的显著负效应表明, 与受教育程度较低 (即, 低于高中教育) 的受访者相比, 受过较高教育的受访者报告的 Y_{11} 分值较低.

基于协变量对 MIMIC 模型中潜变量和观察标识的影响, 可以 (1) 通过检查协变量对因子的影响来检验因子均值在组间是否存在差异; (2) 通过检查协变量对观察条目的影响, 检验对相同条目的应答在组间是否存在差异, 或者是否存在条目功能差异 (DIF). 例如, 协变量 *Hsch* 对扩展的 MIMIC 模型中 3 个因子 (SOM、DEP 和 ANX) 均无显著效应, 这表明两个不同教育程度的组之间因子均值的不变性. 然而, *Hsch* 对条目 Y_{11} 的显著效应表明对条目的应答的非不变性或条目显示这两个不同教育程度的组之间存在 DIF. 扩展的 MIMIC 模型可以检验因子均值和条目截距的非不变性. 然而, 与我们将在第五章讨论的多组 CFA 不同, MIMIC 模型无法检验因子载荷、因子方差/协方差和测量误差方差/协方差的非不变性. 多组 CFA 使我们能够检验所有测量参数 (measurement parameter) 和结构参数 (structural parameter) 的非不变性. 但是, 与多组 CFA 模型相比, 扩展的 MIMIC 模型具有一些独特的优势. 例如, 它不需要像多组 CFA 模型那样的大样本量, 特别是, 当分组变量 X 是连续测量时, 多组 CFA 模型是不合适的, 而扩展的 MIMIC 模型能够检验具有值 X 和 $(X + 1)$ 的组之间的测量不变性.

3.3　结构方程模型 (Structural equation model)

潜变量之间假设的结构关系由 SEM 中的一组方程定义. 与路径分析 (path analysis) 不同, SEM 关注的是未观察到的潜变量之间的因果关系, 而非观察变量之间的因果关系. 如前所述, SEM 是一个由两部分组成的模型, 即

由测量模型 (measurement model) (CFA) 和结构方程 (structural equation) 组成. 在测量模型部分, 线性 (当观察标识是连续变量时) 或非线性 (当观察标识是分类变量时) 方程描述观察变量与其潜变量/因子之间的关系; 在结构方程部分, 内生潜变量 (η) 在外生潜变量 (ξ) 和/或其他内生潜变量上进行回归. 此外, 观察变量也可以作为模型中的因变量和/或自变量.

SEM 的测量模型部分描述为:

$$Y = \upsilon_Y + \Lambda_Y \eta + \varepsilon,$$
$$X = \upsilon_X + \Lambda_X \xi + \delta, \tag{3.7}$$

其中 υ_Y 和 υ_X 是观察标识变量 Y 和 X 对内生潜变量和外生潜变量回归的截距向量. SEM 的结构方程部分描述为:

$$\eta = B\eta + \Gamma\xi + \zeta,$$
$$\eta = (I - B)^{-1}(\Gamma\xi + \zeta). \tag{3.8}$$

因为这是一个单组模型, 由于模型识别的需要, 结构方程部分中潜变量的截距均固定为 0.

在图 3.3 显示的 SEM 中, 抑郁 (DEP) η_2 和焦虑 (ANX) η_3 是两个内生潜变量, 受一组社会人口学变量 (如 *Gender* (1－男性; 0－女性), *Ethnic* (1－白人; 0－非白人), *Age* 和 *Hsch* (1－高中及以上教育程度; 0－高中以下教育程度)) 的影响. 抑郁症和焦虑症之间的关系很复杂. 这两个概念不同但又并不相互排斥. 医学研究结果表明, 大多数患有抑郁症的患者还患有焦虑症, 且某些形式的抑郁症最初可能始于焦虑症. 在这个示例模型中, 为模型演示, 我们只假设焦虑 (ANX) η_3 影响抑郁 (DEP) η_2. 该模型可以描述如下:

$$\eta = B\eta + \Gamma X + \zeta,$$
$$Y = \upsilon_Y + \lambda_Y \eta + \varepsilon, \tag{3.9}$$
$$X \equiv \xi,$$

其中所有外生潜变量 (ξ) 都被假设为由观察外生变量 (即 X 变量) 完美地测量而没有测量误差. 结构方程可以进一步描述为:

$$\begin{bmatrix} \eta_2 \\ \eta_3 \end{bmatrix} = \begin{bmatrix} 0 & \beta_{23} \\ 0 & 0 \end{bmatrix} \begin{bmatrix} \eta_2 \\ \eta_3 \end{bmatrix} + \begin{bmatrix} \gamma_{21} & \gamma_{22} & \gamma_{23} & \gamma_{24} \\ \gamma_{31} & \gamma_{32} & \gamma_{33} & \gamma_{34} \end{bmatrix} \begin{bmatrix} Gender \\ Ethnic \\ Age \\ Hsch \end{bmatrix} + \begin{bmatrix} \zeta_2 \\ \zeta_3 \end{bmatrix}, \tag{3.10}$$

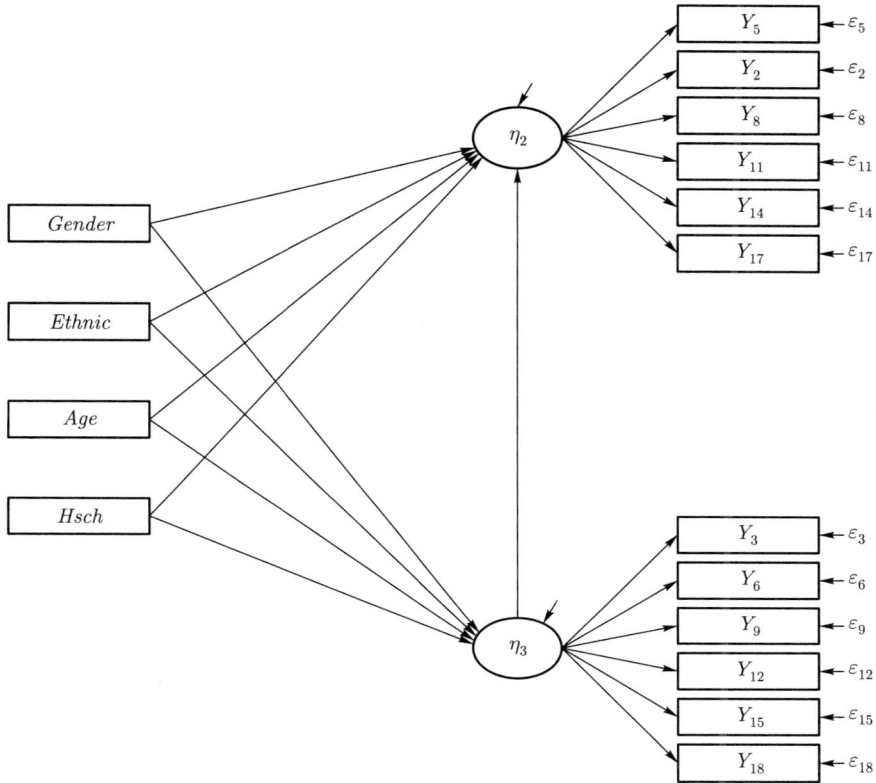

图 3.3   结构方程模型

即

$$\eta_2 = \beta_{23}\eta_3 + \gamma_{21}Gender + \gamma_{22}Ethnic + \gamma_{23}Age + \gamma_{24}Hsch + \zeta_2,$$

$$\eta_3 = \gamma_{31}Gender + \gamma_{32}Ethnic + \gamma_{33}Age + \gamma_{34}Hsch + \zeta_3. \tag{3.11}$$

该模型由以下 Mplus 程序估计.

Mplus 程序 3.5

```
TITLE: Structural Equation Model
DATA:  FILE = BSI_18.dat;
VARIABLE:
    NAMES = Y1-Y18 Gender Ethnic Age Edu Crack ID;
    MISSING = ALL (-9);
    USEVARIABLES = Y5 Y2 Y8 Y11 Y14 Y17 Y3 Y6 Y9 Y12 Y15 Y18
```

```
                      Gender Ethnic Age Hsch;
DEFINE: Hsch=0;if Edu>4 then Hsch=1;
ANALYSIS: ESTIMATOR = MLR;
MODEL:
DEP BY Y5 Y2 Y8 Y11 Y14 Y17;!Depression;
ANX BY Y3 Y6 Y9 Y12 Y15 Y18;!Anxiety;
Y5 WITH Y8;
DEP ON ANX Gender Ethnic Age Hsch;
ANX ON Gender Ethnic Age Hsch;
OUTPUT: SAMPSTAT STDYX;
```

　　部分模型结果如表 3.5 所示. 该模型拟合数据良好: RMSEA $= 0.050$, 90% 置信区间为 $(0.035, 0.064)$, 精确拟合检验无统计学意义 $(P = 0.483)$, CFI $= 0.951$, TLI $= 0.940$, SRMR $= 0.044$. 潜变量焦虑 (ANX) 对抑郁 (DEP) 有显著的正效应 $(0.910, P < 0.001)$; 社会人口学协变量 (如性别、年龄、种族和教育) 对抑郁 (DEP) 没有显著影响. 不过, 性别对焦虑有显著的负效应 $(-0.511, P < 0.001)$; 白人可能比非白人的焦虑更严重 $(0.484, P = 0.007)$. DEP 的解释变异很高 $(R^2 = 0.678)$, ANX 的 $R^2 = 0.111$ (见表 3.5 中的 R-SQUARE 部分).

表 3.5　部分 Mplus 输出: 结构方程模型

```
MODEL FIT INFORMATION
...

RMSEA (Root Mean Square Error Of Approximation)

          Estimate                     0.050
          90 Percent C.I.              0.035  0.064
          Probability RMSEA <= .05     0.483


CFI/TLI

          CFI                          0.951
          TLI                          0.940
...

SRMR (Standardized Root Mean Square Residual)
          Value                        0.044



MODEL RESULTS
```

续表

	Estimate	S.E.	Est./S.E.	Two-Tailed P-Value
...				
DEP ON				
ANX	0.910	0.109	8.387	0.000
DEP ON				
GENDER	0.100	0.104	0.959	0.338
ETHNIC	0.146	0.113	1.294	0.196
AGE	0.004	0.006	0.714	0.476
HSCH	-0.116	0.157	-0.737	0.461
ANX ON				
GENDER	-0.511	0.132	-3.867	0.000
ETHNIC	0.484	0.178	2.713	0.007
AGE	0.013	0.007	1.776	0.076
HSCH	-0.132	0.233	-0.563	0.573
...				
R-SQUARE				
...				
Latent Variable	Estimate	S.E.	Est./S.E.	Two-Tailed P-Value
DEP	0.678	0.073	9.278	0.000
ANX	0.111	0.044	2.513	0.012

检验间接效应 (testing indirect effect): 表 3.5 的模型结果表明尽管协变量 *Gender* 和 *Ethnic* 对抑郁 (DEP) 无显著的直接效应, 但它们可能通过焦虑 (ANX) 间接地影响抑郁 (DEP). 检验间接效应是路径分析和结构方程建模的重要特征之一. 以下 Mplus 程序演示检验协变量 *Gender* 和 *Ethnic* 通过 ANX 对 DEP 的间接效应.

Mplus 程序 3.6

```
TITLE: Testing Indirect Effect in SEM
DATA:  FILE = BSI_18.dat;
VARIABLE:
    NAMES = Y1-Y18 Gender Ethnic Age Edu Crack ID;
    MISSING = ALL (-9);
    USEVARIABLES = Y5 Y2 Y8 Y11 Y14 Y17 Y3 Y6 Y9 Y12 Y15 Y18
                Gender Ethnic Age Hsch;
```

```
DEFINE: Hsch=0; if Edu>4 then Hsch=1;
ANALYSIS: ESTIMATOR = MLR;
!ANALYSIS: ESTIMATOR = ML;!ML for bootstrap;
!BOOTSTRAP = 10000;
MODEL:
DEP BY Y5 Y2 Y8 Y11 Y14 Y17; !Depression;
ANX BY Y3 Y6 Y9 Y12 Y15 Y18; !Anxiety;
Y5 WITH Y8;
DEP ON ANX Gender Ethnic Age Hsch;
ANX ON Gender Ethnic Age Hsch;
MODEL INDIRECT:
DEP VIA ANX Gender;
DEP VIA ANX Ethnic;
!OUTPUT: CINTERVAL(BOOTSTRAP);
```

其中 MODEL INDIRECT 指令用于估计间接效应及其标准误. MODEL IN-DIRECT 指令的 VIA 选项定义 ANX 为中介 (mediator), 检验协变量 $Gender$ 和 $Ethnic$ 通过 ANX 对 DEP 的间接效应. 使用 MODEL INDIRECT 指令或 MODEL CONSTRAINT 指令估计间接效应时, 默认情况下, Mplus 用多元 delta 方法 (multivariate delta method), 即 Sobel 检验 (Sobel test) (Sobel, 1982), 计算间接效应的标准误.

　　注意, 间接效应通常被计算为回归系数的乘积, 其抽样分布通常不具正态性, 因此, 除非样本量足够大, 否则 Sobel 检验可能会产生不准确的结果 (MacKinnon, et al., 2002). 一个更有效的方法——自助法——可以用于检验间接效应 (Bollen & Stine, 1992; Shrout & Bolger, 2002). 在以上程序的 ANALYSIS 和 OUTPUT 指令中分别加入 BOOTSTRAP 和 CINTERVAL (BOOTSTRAP) 选项. Mplus 便将提供自助法估计结果. 如果在 OUTPUT 指令中用 CINTERVAL (BCBOOTSTRAP) 语句代替 CINTERVAL (BOOT-STRAP) 语句, 则可以获得偏差校正置信区间 (bias-corrected confidence in-terval). 注意, BOOTSTRAP 不适用于稳健估计法, 如 MLM, MLMV, MLF 和 MLR. 因此, 在运用自助法时, 以上程序中 ANALYSIS 指令中的 ESTIMA-TOR = MLR 选项应该替代为 ESTIMATOR = ML.

　　表 3.6 显示, $Gender$ 通过 ANX 对 DEP 产生间接负效应 $(-0.465, P < 0.001)$, 而 $Ethnic$ 对 DEP 有间接正效应 $(0.441, P = 0.007)$. 在更复杂的模型中, 外生 (观察到的或潜在的) 或内生 (观察到的或潜在的) 变量可能会间接影响其他内生 (观察到的或潜在的) 变量, 其对内生变量的具体间接效应 (specific

表 3.6 部分 Mplus 输出: 检验间接效应

TOTAL, TOTAL INDIRECT, SPECIFIC INDIRECT, AND DIRECT EFFECTS

	Estimate	S.E.	Est./S.E.	Two-Tailed P-Value
Effects from GENDER to DEP via ANX				
Sum of indirect	-0.465	0.128	-3.633	0.000
Specific indirect				
DEP				
ANX				
GENDER	-0.465	0.128	-3.633	0.000
Effects from ETHNIC to DEP via ANX				
Sum of indirect	0.441	0.163	2.709	0.007
Specific indirect				
DEP				
ANX				
ETHNIC	0.441	0.163	2.709	0.007

indirect effect)、总间接效应 (total indirect effect) 和总效应 (total effect) 均可检验.

在图 3.4 中, 模型包含了一个额外的内生变量 (即, Crack-过去 30 天内可卡因使用频数). 这个变量是一个观察到的内生变量, 并假设其没有测量误差. 药物滥用和精神问题之间的关系是复杂的, 药物滥用可能会引发或加重精神问题. 反之, 精神问题也可能导致药物滥用. 很多其他因素也可能会引起个人药物滥用和精神问题. 在我们的模型演示中, 我们仅假设使用可卡因会导致精神问题, 而后者不导致前者. 协变量 (例如, Gender, Ethnic, Age 和 Hsch) 是观察外生变量, 被假设为直接影响或通过观察内生变量 Crack (η_1) 间接影响内生潜变量焦虑 (η_3–ANX) 和抑郁 (η_2–DEP). 下面的 Mplus 程序检验 Gender 和 Ethnic 对 DEP 的直接、间接和总效应.

Mplus 程序 3.7

```
TITLE: Testing Direct, Specific Indirect, Total Indirect,
       and Total Effects
```

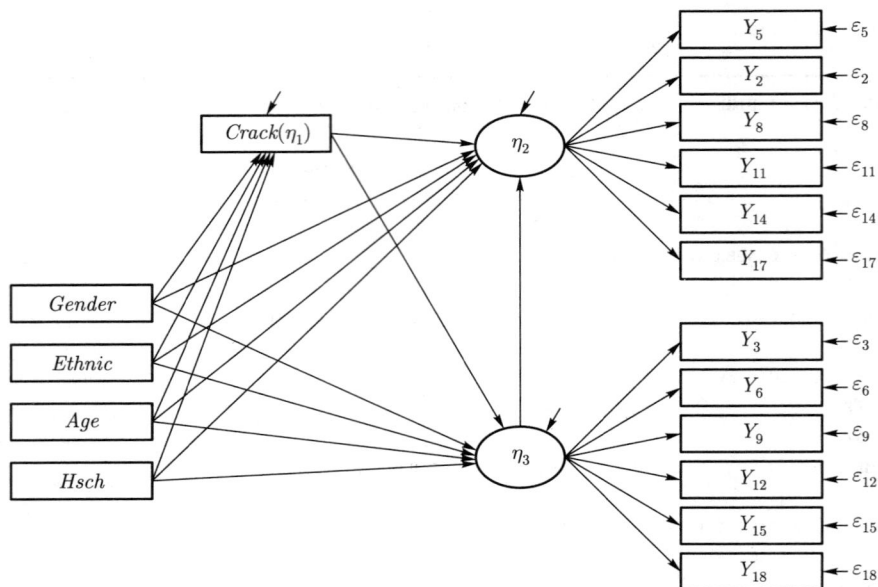

图 3.4　检验 SEM 中的间接和总效应

```
DATA:  FILE = BSI_18.dat;
VARIABLE:
      NAMES = Y1-Y18 Gender Ethnic Age Edu Crack ID;
      MISSING = ALL (-9);
      USEVARIABLES = Y5 Y2 Y8 Y11 Y14 Y17 Y3 Y6 Y9 Y12 Y15 Y18
                     Gender Ethnic Age Crack Hsch;
DEFINE: Hsch=0; if Edu>4 then Hsch=1;
ANALYSIS: ESTIMATOR = MLR;
MODEL:
DEP BY Y5 Y2 Y8 Y11 Y14 Y17; !Depression;
ANX BY Y3 Y6 Y9 Y12 Y15 Y18; !Anxiety;
Y5 WITH Y8;
DEP ANX ON Crack Gender Ethnic Age Hsch;
DEP ON ANX;
Crack ON Gender Ethnic Age Hsch;
MODEL INDIRECT:
DEP IND Gender;
DEP IND Ethnic;
OUTPUT: SAMPSTAT STDYX;
```

其中 MODEL INDIRECT 指令用于检验具体间接效应、总间接效应和总效应. 关键字 IND 左边的变量是因变量, 右边的变量是自变量. 如果在 IND 和自变量之间设定中介变量, 程序将通过中介变量产生自变量的具体间接效应和总间接效应. 在上面的程序中, 没有指定中介变量, 因此 DEP IND Gender 语句要求估计 *Gender* 对 DEP 的直接效应、所有可能的具体间接效应、总间接效应和总效应.

表 3.7 部分 Mplus 输出: 检验直接效应、具体间接效应、总间接效应和总效应

TOTAL, TOTAL INDIRECT, SPECIFIC INDIRECT, AND DIRECT EFFECTS

	Estimate	S.E.	Est./S.E.	Two-Tailed P-Value
Effects from GENDER to DEP				
Total	-0.366	0.141	-2.594	0.009
Total indirect	-0.460	0.128	-3.583	0.000
Specific indirect				
DEP				
CRACK				
GENDER	0.011	0.013	0.860	0.390
DEP				
ANX				
GENDER	-0.439	0.128	-3.444	0.001
DEP				
ANX				
CRACK				
GENDER	-0.032	0.024	-1.305	0.192
Direct				
DEP				
GENDER	0.094	0.103	0.914	0.361
Effects from ETHNIC to DEP				
Total	0.588	0.181	3.245	0.001
Total indirect	0.458	0.164	2.798	0.005

Specific indirect

DEP				
CRACK				
ETHNIC	0.012	0.015	0.788	0.431
DEP				
ANX				
ETHNIC	0.480	0.160	2.997	0.003
DEP				
ANX				
CRACK				
ETHNIC	−0.033	0.031	−1.058	0.290

Direct
DEP				
ETHNIC	0.130	0.116	1.122	0.262

STANDARDIZED TOTAL, TOTAL INDIRECT, SPECIFIC INDIRECT, AND DIRECT EFFECTS

STDYX Standardization

			Two-Tailed
Estimate	S.E.	Est./S.E.	P-Value

Effects from GENDER to DEP

Total	−0.180	0.068	−2.651	0.008
Total indirect	−0.227	0.060	−3.767	0.000

Specific indirect 1
DEP				
CRACK				
GENDER	0.005	0.006	0.864	0.387

Specific indirect 2
DEP				
ANX				
GENDER	−0.217	0.060	−3.628	0.000

Specific indirect 3
DEP

续表

ANX				
CRACK				
GENDER	-0.016	0.012	-1.301	0.193
Direct				
DEP				
GENDER	0.046	0.051	0.919	0.358
Effects from ETHNIC to DEP				
Total	0.207	0.061	3.385	0.001
Total indirect	0.161	0.056	2.892	0.004
Specific indirect 1				
DEP				
CRACK				
ETHNIC	0.004	0.005	0.789	0.430
Specific indirect 2				
DEP				
ANX				
ETHNIC	0.169	0.054	3.096	0.002
Specific indirect 3				
DEP				
ANX				
CRACK				
ETHNIC	-0.012	0.011	-1.053	0.292
Direct				
DEP				
ETHNIC	0.046	0.041	1.126	0.260

表 3.7 显示, $Gender$ 对 DEP 的直接效应在统计上不显著 (0.094, $P = 0.361$), 但其总间接效应为负且具有统计学意义 ($-0.460, P < 0.001$), 其中包括 3 个具体的间接效应: (1) 通过 $Crack$ 的具体间接效应 (0.011, $P = 0.390$); (2) 通过 ANX 的具体间接效应 ($-0.439, P = 0.001$); (3) 通过 $Crack$ 然后通过 ANX 的具体间接效应 ($-0.032, P = 0.192$). $Ethnic$ 对 DEP 的效应以同样的方式解释. 间接效应也可以通过 MODEL CONSTRAINT 指令检验. 稍后我们将演示如何运用该指令.

3.4　单标识变量中测量误差的校正 (Correcting for measurement error in single indicator variable)

　　在第一章和第二章中, 我们讨论了测量模型旨在处理观察变量中的测量误差, 并且 CFA 模型中每个因子至少需要 3 个标识. 但通常的研究中, 很多观察变量, 如社会人口学变量等, 都假设没有测量误差, 在模型中直接作为自变量或因变量. 每一个观察变量都可以看作一个单标识变量, 它实际上多多少少会有些测量误差. 当回归分析中忽略变量的测量误差时, 可能会出现有偏的参数和标准误估计 (Hayduk, 1987) (见附录 3.A). 不同的统计方法 (参数和非参数方法) 可以用来纠正变量的测量误差, 并调整与其他变量之间的关系 (Allison & Hauser, 1991; Armstrong, Whittemore & Howe, 1989; Greenland & Kleinbaum, 1983; Marshall & Graham, 1984; Rosner, Spiegelman & Willett, 1990; Thomas, Stram & Dwyer, 1993). 当每个潜变量有多个标识时, SEM 是一种有效处理变量测量误差在模型估计中问题的方法. 在模型中包含单标识变量来预测内生变量的情况下, 该变量的测量信度 (measurement reliability) 可以用来调整其测量误差的影响. 一旦知道变量的信度或信度的近似估计, 单标识变量的误差方差可以在模型中设定为固定参数以控制测量误差 (Bollen, 1989; Hayduk, 1987; Jöreskog & Sörbom, 1989; Munck, 1991; Wang, et al., 1995).

　　当一个潜变量只有一个观察标识 Y 时, 简单的测量模型是:

$$Y = \lambda_Y \eta + \varepsilon, \tag{3.12}$$

那么, 误差方差 θ_ε, 即 Y 的方差无法被变量 η 解释的部分, 可以描述为:

$$\begin{aligned}
\theta_\varepsilon &= \operatorname{Var}(Y) - \lambda_Y^2 \operatorname{Var}(\eta) \\
&= \operatorname{Var}(Y) - \operatorname{Var}(Y)\rho_Y \\
&= \operatorname{Var}(Y)(1 - \rho_Y),
\end{aligned} \tag{3.13}$$

其中 $\operatorname{Var}(Y)$ 是观察标识 Y 的方差, ρ_Y 是 Y 的信度 (见附录 2.B). 为了控制单标识变量的测量误差, 我们在模型中设定误差方差 $\theta_\varepsilon = \operatorname{Var}(Y)(1 - \rho_Y)$, 且将该标识的因子载荷 λ_Y 固定为 1. 在图 3.5 所示的模型中, $Crack$ 被视为单标识变量, 其从样本估计的方差为 $\operatorname{Var}(Crack) = 85.65$, 重测信度 $\rho_{Crack} = 0.72$. 有了这些信息, 可以使用公式 (3.13) 估计其误差方差:

$$\theta_\varepsilon = 85.65 \times (1 - 0.72) \approx 23.98. \tag{3.14}$$

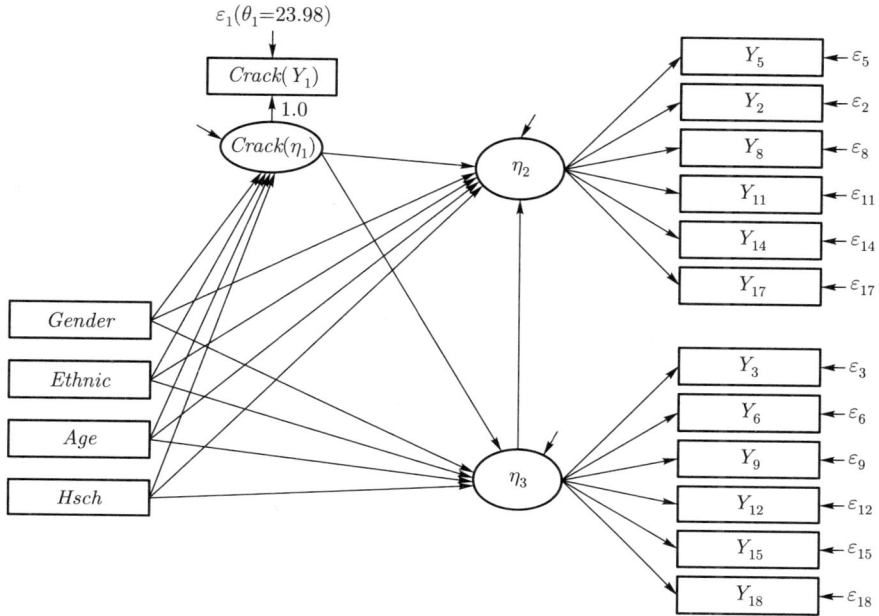

图 3.5 修正单标识中的测量误差

然后在下面的 Mplus 程序中设定误差方差 θ_ε 以校正单标识变量 *Crack* 中的测量误差.

Mplus 程序 3.8

```
TITLE: Correcting for Measurement Error in Single Indicator
DATA:  FILE = BSI_18.dat;
VARIABLE:
       NAMES = Y1-Y18 Gender Ethnic Age Edu Crack ID;
       MISSING = ALL (-9);
       USEVARIABLES = Y5 Y2 Y8 Y11 Y14 Y17 Y3 Y6 Y9 Y12 Y15 Y18
                      Gender Ethnic Age Crack Hsch;
DEFINE: Hsch=0; if Edu>4 then Hsch=1;
ANALYSIS: ESTIMATOR = MLR;
MODEL:
DEP BY Y5 Y2 Y8 Y11 Y14 Y17; !Depression;
ANX BY Y3 Y6 Y9 Y12 Y15 Y18; !Anxiety;
Y5 WITH Y8;
Crack@23.98;
Eta1 BY Crack@1;
```

```
DEP ON ANX;
DEP ANX ON Eta1 Gender Ethnic Age Hsch;
Eta1 ON Gender Ethnic Age Hsch;
OUTPUT: SAMPSTAT STDYX;
```

其中 Eta1 是 *Crack* 使用频数的 "真实" 度量 (图 3.5 中的 Crack (η_1)). 观察变量 *Crack* 的误差方差由 MODEL 指令中的语句 Crack@23.98 固定为 23.98.

在模型中忽略 *Crack* 的测量误差的情况下, 变量 *Crack* 对抑郁 (DEP) 的效应不显著 ($-0.005, P = 0.308$), 但对焦虑 (ANX) 有显著正效应 ($0.017, P = 0.007$) (见表 3.8 上部). 以上程序校正变量 *Crack* 中的测量误差后, 相应的系数 (即 *Crack* 的新变量 Eta1 对 DEP 和 ANX 的效应) 分别变为: -0.008 ($P = 0.308$) 和 0.023 ($P = 0.007$) (见表 3.8 下部). 结果表明, 观察变量 *Crack* 的测量误差会衰减该变量对抑郁和焦虑的效应. 当单一标识的信度较小时, 衰减效应会更大. 在 *Crack* 对 *Gender, Ethnic, Age* 和 *Hsch* 的回归方程中, *Crack* 的测量误差不影响自变量的回归系数, 因为因变量 *Crack* 的测量误差被吸收到方程的残差项 (residual term) 中了. 表 3.8 显示, 在校正测量误差后, *Gender, Ethnic, Age* 和 *Hsch* 对 *Crack* (Eta1) 的效应保持不变.

表 3.8   单标识测量误差校正与未校正模型结果比较

忽略测量误差

DEP ON				
ANX	0.921	0.111	8.279	0.000
DEP ON				
CRACK	-0.005	0.005	-1.019	0.308
GENDER	0.094	0.103	0.914	0.361
ETHNIC	0.130	0.116	1.122	0.262
AGE	0.005	0.006	0.768	0.443
HSCH	-0.112	0.155	-0.721	0.471
ANX ON				
CRACK	0.017	0.006	2.705	0.007
GENDER	-0.477	0.129	-3.689	0.000
ETHNIC	0.521	0.173	3.008	0.003
AGE	0.012	0.007	1.625	0.104
HSCH	-0.139	0.226	-0.616	0.538
CRACK ON				
GENDER	-2.061	1.316	-1.566	0.117

续表

ETHNIC	-2.165	1.849	-1.171	0.242
AGE	0.076	0.071	1.072	0.284
HSCH	0.483	2.398	0.202	0.840

校正测量误差

DEP ON				
ANX	0.926	0.113	8.198	0.000
ETA1	-0.008	0.007	-1.020	0.308

ANX ON				
ETA1	0.023	0.009	2.676	0.007

DEP ON				
GENDER	0.092	0.103	0.894	0.371
ETHNIC	0.123	0.118	1.042	0.297
AGE	0.005	0.006	0.788	0.431
HSCH	-0.110	0.155	-0.713	0.476

ANX ON				
GENDER	-0.463	0.130	-3.569	0.000
ETHNIC	0.536	0.173	3.096	0.002
AGE	0.011	0.007	1.550	0.121
HSCH	-0.142	0.224	-0.635	0.526

ETA1 ON				
GENDER	-2.061	1.316	-1.566	0.117
ETHNIC	-2.165	1.849	-1.171	0.242
AGE	0.076	0.071	1.072	0.284
HSCH	0.483	2.398	0.202	0.840

同样的方法也可以用来调整量表合成分值 (composite score) 中的测量误差. 合成分值是量表的合成观察度量, 它比单一标识具更好的信度. 合成分值的 Cronbach α 系数可用作量表的信度测量 (Cohen, et al., 1990).

3.5 检验涉及潜变量的交互效应 (Testing interactions involving latent variable)

在 Mplus 程序 3.2 中, 我们演示了如何通过生成一个新变量来检验 MIMIC 模型中两个观察变量之间的交互效应, 该变量是两个观察变量的乘积. 在本节中, 我们将讨论涉及潜变量的交互效应[1]. 检验涉及潜变量的交互效应一直是

---

[1] 另一种检验 SEM 中交互效应的方法是多组建模, 我们将在第五章中作主题讨论.

一个挑战. 所幸 Mplus 使这项任务变得较为容易. 下面, 我们演示如何检验涉及连续潜变量的交互效应.

在图 3.6 所示的模型中, 交互效应涉及潜变量 ANX (η_3) 和观察到的内生变量 $Crack$ (η_1). η_3 和 η_1 之间的交互效应在图中显示为实心圆圈. 运行该模型的 Mplus 程序如下:

Mplus 程序 3.9

```
TITLE: Testing Interactions involving continuous latent variables
DATA:  FILE = BSI_18.dat;
VARIABLE:
      NAMES = Y1-Y18 Gender Ethnic Age Edu Crack ID;
      MISSING = ALL (-9);
      USEVARIABLES = Y5 Y2 Y8 Y11 Y14 Y17 Y3 Y6 Y9 Y12 Y15 Y18
                     Gender Ethnic Crack Age Hsch;
DEFINE: Hsch=0; if Edu>4 then Hsch=1;
CENTER Age (GRANDMEAN); !centering Age;
ANALYSIS: ESTIMATOR = MLR;
      TYPE = RANDOM;
      ALGORITHM = INTEGRATION;
MODEL:
DEP BY Y5 Y2 Y8 Y11 Y14 Y17; !Depression;
ANX BY Y3 Y6 Y9 Y12 Y15 Y18; !Anxiety;
Y5 WITH Y8;
ANXxCrack | ANX XWITH Crack;
DEP ON ANX Crack ANXxCrack Gender Ethnic Hsch Age;
ANX ON Gender Ethnic Hsch Age;
Crack ON Gender Ethnic Hsch Age;
OUTPUT: TECH1 TECH8;
```

其中, MODEL 指令中的 XWITH 选项用于定义涉及潜变量的交互效应. 符号 "|" 与 XWITH 一起用来命名和定义交互效应变量. 在本例中, 交互效应被命名为 ANX×Crack, 并放在符号 "|" 的左侧. 用于定义交互变量的变量 ANX 和 Crack 放在符号 "|" 的右侧. 当涉及潜变量的交互效应时, ALGORITHM = INTEGRATION 和 TYPE = RANDOM 选项必须包含在 ANALYSIS 指令中. 使用数值积分算法的最大似然估计提供稳健的标准误估计. 在 OUTPUT 指令中, TECH8 选项在 Mplus 输出中提供模型估计的优化记录, 并在计算过程中显示在屏幕上.

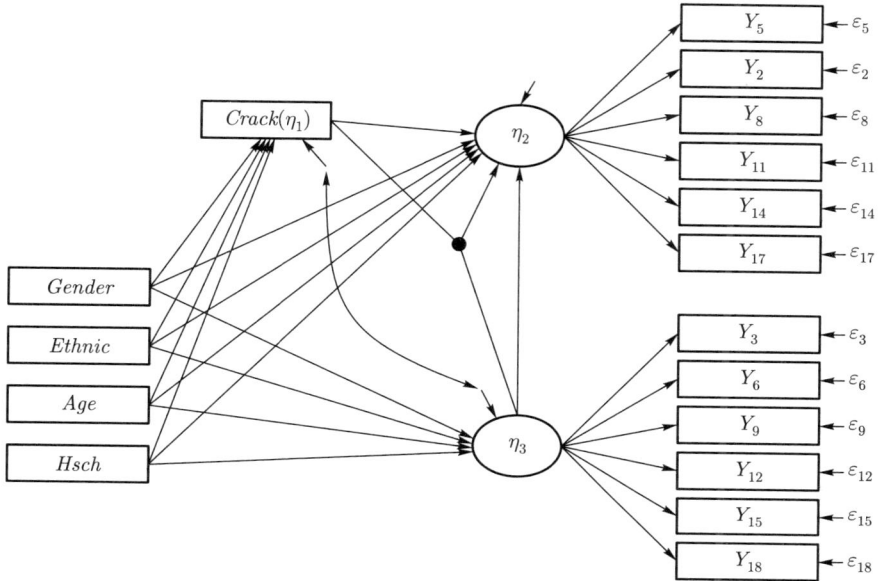

图 3.6 检验涉及潜变量的交互效应

部分模型结果如表 3.9 所示. ANX 和 Crack 之间的交互效应 $(0.001, P = 0.865)$ 没有统计学意义. 因此, ANX 对 DEP 的效应 $(0.913, P < 0.001)$ 不依赖于 Crack 的值. 在计算中进行数值积分时, 除对数似然值和信息标准 (例如 AIC、BIC 和调整后的 BIC) 外, Mplus 不提供常规模型拟合指数.

表 3.9 部分 Mplus 输出: 检验观察变量和潜变量之间的交互效应

```
MODEL FIT INFORMATION

Number of Free Parameters              54

Loglikelihood

      H0 Value                      -4851.836
      H0 Scaling Correction Factor     1.330
        for MLR

Information Criteria

      Akaike (AIC)                   9811.672
      Bayesian (BIC)                10001.397
      Sample-Size Adjusted BIC       9830.216
```

```
                    (n* = (n + 2) / 24)


MODEL RESULTS
...
DEP         ON
      ANX            0.913      0.127      7.172      0.000
      ANXXCRACK      0.001      0.006      0.170      0.865


DEP         ON
      CRACK         -0.003      0.005     -0.586      0.558
      GENDER         0.099      0.103      0.960      0.337
      ETHNIC         0.143      0.116      1.229      0.219
      HSCH          -0.114      0.156     -0.727      0.467
      AGE            0.005      0.006      0.750      0.453


ANX         ON
      GENDER        -0.513      0.132     -3.890      0.000
      ETHNIC         0.468      0.177      2.636      0.008
      HSCH          -0.131      0.233     -0.565      0.572
      AGE            0.013      0.007      1.750      0.080


CRACK       ON
      GENDER        -2.061      1.316     -1.566      0.117
      ETHNIC        -2.165      1.849     -1.171      0.242
      HSCH           0.483      2.398      0.202      0.840
      AGE            0.076      0.071      1.072      0.284
```

上面的示例模型演示了如何估计观察变量和潜变量之间的交互效应. 相同的方法可用于估计两个潜变量之间的交互效应. 在下面的 Mplus 程序中, 我们通过设定观察变量 *Crack* 的适当误差方差来生成 *Crack* 使用频数的潜变量 (Eta1), 然后估计两个潜变量之间的交互效应. 模型结果 (此处未报告) 类似于表 3.9 中所示的结果.

Mplus 程序 3.10

```
TITLE: Testing Interactions between latent variables
DATA:  FILE = BSI_18.dat;
VARIABLE:
      NAMES = Y1-Y18 Gender Ethnic Age Edu Crack ID;
      MISSING = ALL (-9);
      USEVARIABLES = Y5 Y2 Y8 Y11 Y14 Y17 Y3 Y6 Y9 Y12 Y15 Y18
                     Gender Ethnic Crack Age Hsch;
```

```
DEFINE: Hsch=0; if Edu>4 then Hsch=1;
CENTER Age (GRANDMEAN); !centering Age;
ANALYSIS: ESTIMATOR = MLR;
      TYPE = RANDOM;
      ALGORITHM = INTEGRATION;
MODEL:
DEP BY Y5 Y2 Y8 Y11 Y14 Y17; !Depression;
ANX BY Y3 Y6 Y9 Y12 Y15 Y18; !Anxiety;
Y5 WITH Y8;
Eta1 BY Crack@1;
Crack@23.98;
ANXxEta1 | ANX XWITH Eta1;
DEP ON ANX Eta1 ANXxEta1 Gender Ethnic Hsch Age;
ANX ON Gender Ethnic Hsch Age;
Eta1 ON Gender Ethnic Hsch Age;
OUTPUT: SAMPSTAT TECH1;
```

3.6 调节中介效应模型 (Moderated mediation effect model)

假设模型涉及结局变量 Y、自变量 X、中介变量 M 和协变量 Z. 当模型中包含 X 和 Z、M 和 Z 或 M 和 X 之间的交互效应时, 模型被认为是有调节中介效应的模型 (James & Brett, 1984; Baron & Kenny, 1986). 调节中介效应模型有不同的类型 (Langfred, 2004; Muller, Judd & Yzerbyt, 2005; Preacher, Rucker & Hayes, 2007; Muthén, Muthén & Asparouhov, 2016). Langfred (2004) 将此类模型归纳为两种主要形式: 类型 1 和类型 2. 在第 1 类型中, 调节作用于自变量 (X) 和中介变量 (M) 之间的关系; 在第 2 类型中, 调节作用于中介变量 (M) 和结局变量 (Y) 之间的关系. Muthén, Muthén & Asparouhov (2016) 讨论并展示了调节中介效应的三种具体案例:

案例 1 (XZ): Y 在 X 上回归, M 在 X 上回归, 两个回归系数都被 Z 调节;

案例 2 (MZ): Y 在 M 上回归, 回归系数被 Z 调节;

案例 3 (MX): Y 在 M 上回归, 回归系数被 X 调节.

本节中, 我们用 BSI-18 数据演示案例 1 (XZ). 这个调节中介效应模型有助于理解 X 对 Y 的直接和间接效应是否随协变量 Z 的值而变化. 换句话说, 我们将检查 X 对 Y 的直接效应以及通过 M 的间接效应是否被协变量 Z 调

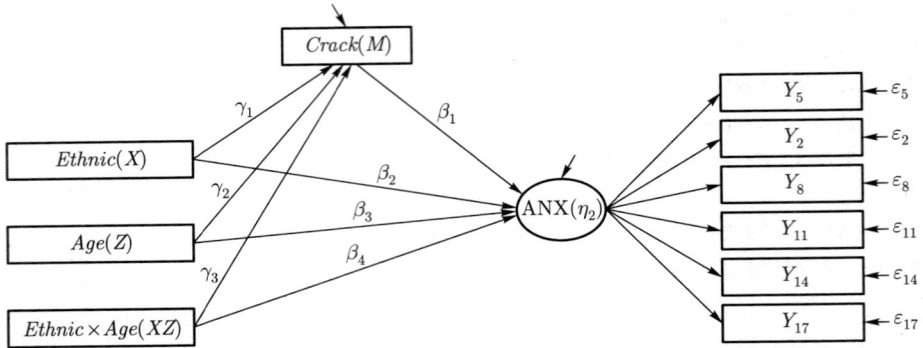

图 3.7　调节中介效应模型

节. 该模型在图 3.7 中表述, 其中结局变量 (Y) 是潜变量 ANX (η_2)[①]. 该模型
还可以表述为以下结构方程:

$$\eta_2 = \beta_0 + \beta_1 M + \beta_2 X + \beta_3 Z + \beta_4 XZ + \epsilon_1, \tag{3.15}$$

$$M = \gamma_0 + \gamma_1 X + \gamma_2 Z + \gamma_3 XZ + \epsilon_2$$

$$= \gamma_0 + (\gamma_1 + \gamma_3 Z)X + \gamma_2 Z + \epsilon_2, \tag{3.16}$$

其中 η_2 代表潜变量 ANX, M 是中介变量 (过去 30 天内可卡因使用频数), X
代表自变量 ($Ethnic$: 1 – 白人; 0 – 非白人), Z 代表调节变量 (Age), 乘积 XZ
代表 X 和 Z 之间的交互效应. 结局变量 η_2 是 M、X、Z 和 XZ 的线性函数,
而 M 是 X、Z 和 XZ 的线性函数. 将方程 (3.16) 代入方程 (3.15), 我们有

$$\eta_2 = \beta_0 + \beta_1 \gamma_0 + \beta_1 (\gamma_1 + \gamma_3 Z)X + \beta_1 \gamma_2 Z + \beta_1 \epsilon_2$$

$$+ \beta_3 Z + (\beta_2 + \beta_4 Z)X + \epsilon_1, \tag{3.17}$$

其中 $(\beta_2 + \beta_4 Z)$ 和 $\beta_1 (\gamma_1 + \gamma_3 Z)$ 分别代表 X 对 ANX (η_2) 的直接和间接效
应, 分别都涉及调节变量 Z. 就是说, 预测变量 X 对结局变量 η_2 的直接效
应 (direct effect) 及其通过中介变量 M 对结局变量 η_2 的间接效应 (indirect
effect) 均被变量 Z 调节. 以下 Mplus 程序中, 我们检验在给定调节变量 $Age(Z)$
的特定值时, 变量 $Ethnic(X)$ 对焦虑 (ANX) 的直接和间接效应.

---

① 调节中介效应模型中的结局变量 (Y) 可以是观察变量, 也可以是潜变量. 如果调节变量 (Z) 仅与 X
有交互效应, 则 M 可以是潜变量; 如果 Z 仅与 M 有交互效应, 则 X 可以是潜变量 (Muthén & Asparouhov,
2015).

Mplus 程序 3.11

```
TITLE: Case1(XZ) moderated mediation effect
DATA:  FILE = BSI_18.dat;
VARIABLE:
  NAMES = Y1-Y18 Gender Ethnic Age Edu Crack ID;
  MISSING = ALL (-9);
  USEVARIABLES = Y3 Y6 Y9 Y12 Y15 Y18 M X Z XZ;
DEFINE:
  M=Crack;
  X=Ethnic;
  Z=Age;
  CENTER Z(GRANDMEAN);
  XZ=X*Z;
ANALYSIS: ESTIMATOR = MLR;
MODEL:
ANX BY Y3 Y6 Y9 Y12 Y15 Y18; !Anxiety;
ANX ON M(B1)
  X(B2)
  Z(B3)
  XZ(B4);
M ON X(G1)
  Z(G2)
  XZ(G3);
MODEL CONSTRAINT:
NEW(DirLow DirMean DirHigh IndirLow IndirMean IndirHigh);
DirLow=B2+B4*(-10));
DirMean=B2;
DirHigh=B2+B4*(10);
IndirLow=B1*(G1+G3*(-10));
IndirMean=B1*G1;
IndirHigh=B1*(G1+G3*10);
```

为了简化模型中的变量符号, 在 DEFINE 指令中生成了新变量 M、X、Z 以及 X 和 Z 之间的交互效应 XZ. 为了使参数估计的解释更容易, 在 DEFINE 指令中使用带有 GRANDMEAN 选项的 CENTER 语句, 将变量 Z 中心化处理, 即重新编码为均值离差 (deviation from the mean)[1]. 稳健估计法

---

[1] 如果涉及交互效应的变量无有意义的零值, 则应将其作中心化处理 (重新编码为均值离差), 这样其零值便代表原变量的均值.

MLR 用于模型估计. 在 MODEL 指令中, 系数 $\beta_1 - \beta_4$ 由 B1–B4 标记, 系数 $\gamma_1 - \gamma_3$ 由 G1–G3 标记. 在 MODEL CONSTRAINT 指令中, 在给定调节变量 Z (Age) 的特定值情况下, 使用 $(\beta_2 + \beta_4 Z)$ 和 $\beta_1(\gamma_1 + \gamma_3 Z)$ 定义了 6 个新参数 (基于不同的 Z 值, 定义 X 对 ANX 的 3 个直接效应和 3 个间接效应). 样本中 Age 的平均值和标准差 (SD) 分别为 30.41 和 9.22. 我们使用 MODEL CONSTRAINT 指令在中心化变量 Z 的 3 个特定值下检验 X 对 ANX 的直接和间接效应: 中心化变量 Z 值 -10、0、10 对应的原始 Age 值分别为 20.41、30.41、40.41. -10 代表比平均年龄约低 1 个标准差, 0 代表平均年龄, 10 代表比平均年龄约高 1 个标准差.

　　该模型拟合数据良好: RMSEA $= 0.006$, 90% 置信区间为 $(0.042, 0.090)$, 精确拟合检验 $P = 0.122$, CFI $= 0.933$, TLI $= 0.903$, SRMR $= 0.041$. 部分模型结果如表 3.10 所示. M 对 ANX 的主效应 $(0.019, P = 0.003)$ 以及交互效应变量 XZ 对 ANX 的效应 $(0.029, P = 0.049)$ 均为正, 且具有统计学意义. 直接和间接效应估计值在表 3.10 的 New/Additional Parameters 部分报告. 直接效应 DIRHIGH 具有统计学意义 $(0.585, P = 0.006$. 没有任何间接效应具有统计学意义. MODEL CONSTRAINT 指令用多元 Delta 方法 (Sobel, 1982) 估计间接效应的标准误.

表 3.10　部分 Mplus 输出: 检验对应调节变量特定值的直接和间接效应

MODEL RESULTS

...

		Estimate	S.E.	Est./S.E.	Two-Tailed P-Value
ANX	ON				
	M	0.019	0.007	2.944	0.003
	X	0.295	0.176	1.673	0.094
	Z	-0.013	0.012	-1.153	0.249
	XZ	0.029	0.015	1.967	0.049
M	ON				
	X	-1.981	2.052	-0.966	0.334
	Z	0.134	0.170	0.792	0.428
	XZ	-0.053	0.183	-0.289	0.773
...					
New/Additional Parameters					
DIRLOW		0.004	0.246	0.016	0.987
DIRMEAN		0.295	0.176	1.673	0.094
DIRHIGH		0.585	0.213	2.752	0.006
INDIRLOW		-0.028	0.064	-0.439	0.661

INDIRMEA	-0.038	0.042	-0.902	0.367
INDIRHIG	-0.048	0.045	-1.074	0.283

为了查看 X 的直接和间接效应如何随调节变量 Z 的值而变化, 以下 Mplus 程序生成在调节变量 Z 值范围内的直接和间接效应以及 95% 置信区间的分布图.

Mplus 程序 3.12

```
TITLE: Case1(XZ) moderated mediation effect: Creating a plot of
       symmetric confidence intervals of direct and indirect effects
DATA:  FILE = BSI_18.dat;
VARIABLE:
  NAMES = Y1-Y18 Gender Ethnic Age Edu Crack ID;
  MISSING = ALL (-9);
  USEVARIABLES=Y3 Y6 Y9 Y12 Y15 Y18 M X Z XZ;
DEFINE:
  M=Crack;
  X=Ethnic;
  Z=Age;
  CENTER Z(GRANDMEAN);
  XZ=X*Z;
ANALYSIS: ESTIMATOR = MLR;
MODEL:
ANX BY Y3 Y6 Y9 Y12 Y15 Y18; !Anxiety;
ANX ON M(B1)
  X(B2)
  Z(B3)
  XZ(B4);
M ON X(G1)
  Z(G2)
  XZ(G3);
MODEL CONSTRAINT:
PLOT(dir ind);
LOOP(Z, -10, 10, 1);
dir=B2+B4*Z;
ind=B1*(G1+G3*Z);
PLOT: TYPE=PLOT3;
```

其中, MODEL CONSTRAINT 指令中的 LOOP 选项与 PLOT 选项结合使用生成的图中, 调节变量 Z (Age) 为 x 轴, 效应为 y 轴. X 对 ANX 的直接和间接效应在 LOOP 选项中被命名为 "dir" 和 "ind". 路径系数标签 (例如, B1、B2、B4、G1 和 G3) 用来计算对应于调节变量 Z 具体值的 "dir" 和 "ind". 因为变量 Age 的 SD 为 9.22, 所以我们在 LOOP 语句[①] 中将变量 Z 的上下限分别设置为 −10 和 10, 增量单位为 1. 以上程序生成直接和间接效应图. X 对 ANX 的间接效应图 (此处未报告) 显示, 对于调节变量 Z 的任何值, 效应的 95% 置信区间均覆盖 0 值, 表明间接效应在统计上不显著. X 对 ANX 的直接效应随 Z 值变化, 年龄越大, 效应越大. 如图 3.8 所示, 当中心化 Z 的值比它的平均值 (即中心化 Z 的 0 值或 Z 的原始值 30.41) 高出约 1.50 个单位 (年) 时, 效应的 95% 置信区间便不覆盖 0. 换句话说, 白人 ($X = 1$) 和非白人 ($X = 0$) 之间焦虑分值的种族差异随着年龄的增长而增加, 但这种差异仅在 31.91 岁或以上的人群中具有统计学意义. 效应图可以通过在 Mplus 输出窗口中单击 Plot->Review Plots->Moderation Plots->DIR 来查看.

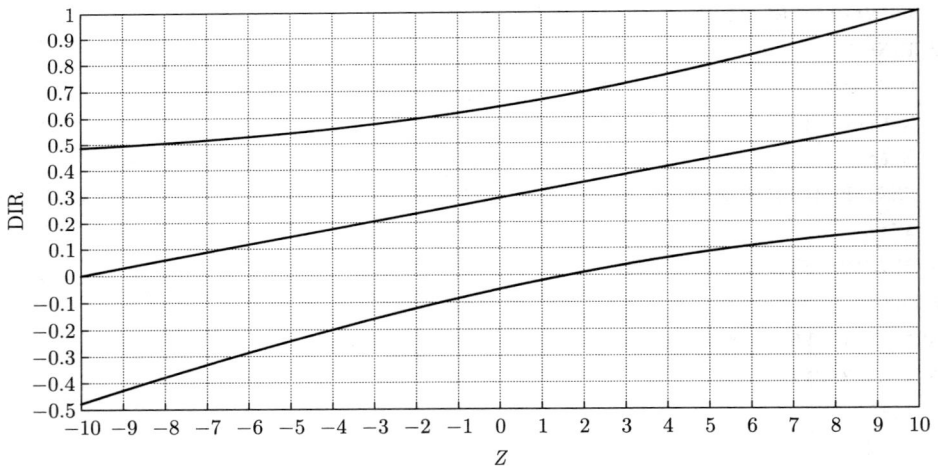

图 3.8　变量 X 对 ANX 的直接效应图及 MLR 对称置信区间

自助法置信区间 (bootstrap confidence interval): 提醒一下, 图 3.8 中显示的置信区间是基于 ML 估计标准误的对称置信区间 (symmetric confidence interval). 当参数估计的抽样分布呈非正态时, ML 对称置信区间可能会导致统计推断偏差. Mplus 可以使用自助法来检验直接和间接效应. 每个参数估计

[①] 以下 LOOP 语句产生相同的结果: "LOOP(MODERATE, −10, 10, 1)" 或 "LOOP(MOD, −10, 10, 1)", 其中调节变量由 MODERATE 或其缩写 MOD 标记.

的自助法置信区间是从多个自助重采样估计的参数分布生成的. 自助法置信区间对参数估计的抽样分布状况不进行任何假设, 且置信区间不一定是对称的. 这很重要, 尤其是在样本量较小的情况下. 以下 Mplus 程序演示用自助法估计调节中介效应模型.

Mplus 程序 3.13

```
TITLE: Case1(XZ) moderated mediation effect: Creating a plot with
       bootstrap non-symmetric confidence intervals
DATA:  FILE = BSI_18.dat;
VARIABLE:
  NAMES = Y1-Y18 Gender Ethnic Age Edu Crack ID;
  MISSING = ALL (-9);
  USEVARIABLES = Y3 Y6 Y9 Y12 Y15 Y18 M X Z XZ;
DEFINE:
  M=Crack;
  X=Ethnic;
  Z=Age;
  CENTER Z(GRANDMEAN);
  XZ=X*Z;
ANALYSIS: ESTIMATOR = ML;
BOOTSTRAP = 10000;
MODEL:
ANX BY Y3 Y6 Y9 Y12 Y15 Y18; !Depression;
ANX ON M(B1)
  X(B2)
  Z(B3)
  XZ(B4);
M ON X(G1)
  Z(G2)
  XZ(G3);
MODEL CONSTRAINT:
PLOT(dir ind);
LOOP(Z, -10, 10, 1);
dir=B2+B4*Z;
ind=B1*(G1+G3*Z);
PLOT: TYPE=PLOT3;
OUTPUT: CINTERVAL(BCBOOTSTRAP);
```

以上程序基于 10000 个自助重采样估计模型. 由于 BOOTSTRAP 不适用于

MLM、MLMV、MLF 和 MLR 估计法, 因此程序中使用 ML 估计模型. 虽然参数估计值与 Mplus 程序 3.12 中的估计值相同, 但参数的 95% 置信区间略有不同. X 对 ANX 的直接效应的分布如图 3.9 所示, 其中置信区间是对应调节变量 Z 取值范围为 -10 到 10 的自助法估计的非对称置信区间. 当调节变量 Z (年龄) 的值比平均年龄 (在中心化测量中为 0 或在原始年龄测量中为 30.41) 高约 2.3 个单位 (年) 时, 自助法非对称置信区间不再覆盖 0; 表明焦虑分值的种族差异仅在年龄 $(30.41 + 2.3) = 32.71$ 岁或以上的人群中具有统计学意义, 且年龄越大, 效应越大. 年龄切断值略大于图 3.8 中 MLR 对称置信区间显示的对应数字 $(30.41 + 1.50) = 31.91$. 我们认为自助法估计的非对称置信区间更精确.

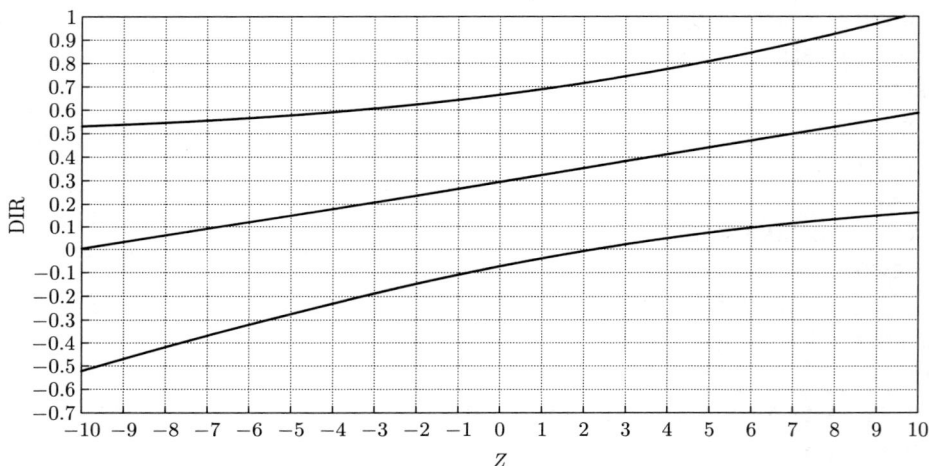

图 3.9　X 对 ANX 的直接效应的自助法估计的非对称置信区间

当带有 MOD 选项的 MODEL INDIRECT 指令用于估计调节中介效应时, Mplus 提供基于反事实的因果效应, 并使用两种方法分解总效应:

$$总效应 = 纯自然直接效应 + 总自然间接效应, \tag{3.18}$$

$$总效应 = 总自然直接效应 + 纯自然间接效应. \tag{3.19}$$

以上表达式简写为:

$$TE = PNDE + TNIE, \tag{3.20}$$

$$TE = TNDE + PNIE, \tag{3.21}$$

其中 TE 代表总效应 (total effect), PNDE 代表纯自然直接效应 (pure natural

direct effect), TNIE 代表总自然间接效应 (total natural indirect effect), TNDE 代表总自然直接效应 (total natural direct effect), PNIE 代表纯自然间接效应 (pure natural indirect effect). 公式 (3.18) 或 (3.20) 中定义的总效应分解是文献中通常考虑的 (Muthén & Asparouhov, 2015; Muthén, Muthén & Asparouhov, 2016).

在公式 (3.17) — (3.21) 中, 总效应分解用 "反事实" 文献的术语表示. 基于反事实的中介分析是中介分析的一个新发展, 它给出了直接和间接效应的更广泛定义, 并允许中介分析中可以包含暴露 – 中介交互效应 (exposure-mediator interaction) (Pearl, 2001; Vanderweele & Vansteelandt, 2009; Imai, Keele & Tingley, 2010). 在 SEM 中运用这种分析方法, 可以在存在潜变量的情况下估计基于反事实的因果效应 (Muthén & Asparouhov, 2015; Muthén, Muthén & Asparouhov, 2016; Muthén & Muthén, 1998 — 2017). 基于反事实的效应分析是一个具有挑战性的话题. 不过, 在结局和中介变量都是连续测量, 并且没有暴露 – 中介交互效应 (例如, 交互效应 XM) 的情况下, 基于反事实的直接和间接效应与传统中介分析中的效应一致. 这里假设不存在如下的干扰条件, 如暴露 – 结局干扰、中介 – 结局干扰和暴露 – 中介干扰 (Muthén & Asparouhov, 2015; Muthén, Muthén & Asparouhov, 2016).

在下面的程序中, 我们用带有 MOD 选项的 MODEL INDIRECT 指令来估计案例 1 (XZ) 调节中介模型.

Mplus 程序 3.14

```
TITLE: Case1(XZ) moderated mediation effect: Using MODEL INDIRECT
       command with MOD option
DATA: FILE = BSI_18.dat;
VARIABLE:
  NAMES = Y1-Y18 Gender Ethnic Age Edu Crack ID;
  MISSING = ALL (-9);
  USEVARIABLES = Y3 Y6 Y9 Y12 Y15 Y18 M X Z XZ;
DEFINE:
  M=Crack;
  X=Ethnic;
  Z=Age;
  CENTER Z(GRANDMEAN);
  XZ=X*Z;
ANALYSIS: ESTIMATOR = ML;
BOOTSTRAP = 10000;
```

```
MODEL:
ANX BY Y3 Y6 Y9 Y12 Y15 Y18; !Anxiety;
ANX ON M X Z XZ;
M ON X Z XZ;
MODEL INDIRECT:
ANX MOD M Z(-10, 10, 1) XZ X;
PLOT: TYPE=PLOT3;
OUTPUT: CINTERVAL(BOOTSTRAP);
```

其中结局变量 ANX 在 MODEL INDIRECT 指令中的 MOD 选项的左侧, 其他变量按以下顺序在右侧: 中介变量 M、调节变量 Z、交互效应 XZ 和暴露变量 (exposure variable) X. Mplus 要求变量必须按这样的顺序排列. 调节变量 Z 后面括号中的数字是 Z 取值的下限、上限及效果图中 x 轴上的增量单位. 这样, 对应于调节变量 Z 的特定值, 模型估计暴露变量 X 对结局变量 ANX 的直接和间接效应. 在我们的示例中, 我们将下限和上限分别设置为 -10 和 10, 增量为 1, 即约低于和高于中心化变量 Z 的平均值约 1 个标准差 (即 9.22). 其实, 在暴露变量 X 之后的括号中应设定两个值, 如 $X(X_1, X_0)$, 其中 X_0 是 X_1 与之比较的参考值 (Muthén, Muthén & Asparouhov, 2016). 在示例中, X 是一个二分变量 (1–白人; 0–非白人), 因此 $X(1,0)$ 的默认设定便简化为 X. 10000 个自助法重复采样用于模型估计, 对应于调节变量 Z 值, 生成 X 效应的自助法估计及非对称置信区间图.

对应于调节变量 $Z = -10$、0 和 10 的 3 个特定值 (即, 比平均年龄低 1 个 SD、平均年龄和比平均年龄高 1 个 SD), 在表 3.11 中我们报告了 X 对 ANX 的自助估计直接和间接效应及其自助法估计的非对称 95% 置信区间; 其中使用了两种不同的方法分解总效应. 两种总效应分解方法产生的自助法直接和间接效应是相同的, 它们与 Mplus 程序 3.11 中传统方法产生的相应效应也相同. 此外, Mplus 程序 3.14 生成的纯自然直接效应图和总自然间接效应图 (此处未报告) 与 Mplus 程序 3.13 生成的图相同.

表 3.11　部分 Mplus 输出: 对应调节变量 Z 特定值的直接和间接效应及其非对称置信区间的自助法估计

CONFIDENCE INTERVALS OF TOTAL, INDIRECT, AND DIRECT EFFECTS BASED ON COUNTERFACTUALS (CAUSALLY-DEFINED EFFECTS)

	Lower .5%	Lower 2.5%	Lower 5%	Estimate	Upper 5%	Upper 2.5%	Upper .5%

Effects from X to ANX for Z = -10.000 (由方程 (3.18) 和 (3.20) 给出的总效应分解)

续表

Tot natural IE	-0.244	-0.180	-0.150	-0.028	0.076	0.098	0.146
Pure natural DE	-0.888	-0.599	-0.472	0.004	0.395	0.469	0.621
Total effect	-0.943	-0.645	-0.519	-0.024	0.392	0.476	0.631

Other effects（由方程(3.19) 和 (3.21) 给出的总效应分解）

Pure natural IE	-0.244	-0.180	-0.150	-0.028	0.076	0.098	0.146
Tot natural DE	-0.888	-0.599	-0.472	0.004	0.395	0.469	0.621
Total effect	-0.943	-0.645	-0.519	-0.024	0.392	0.476	0.631

...

Effects from X to ANX for Z = 0.000（由方程 (3.18) 和 (3.20) 给出的总效应分解）

Tot natural IE	-0.187	-0.140	-0.119	-0.038	0.022	0.035	0.063
Pure natural DE	-0.284	-0.103	-0.028	0.295	0.579	0.636	0.743
Total effect	-0.353	-0.164	-0.080	0.257	0.560	0.621	0.727

Other effects（由方程 (3.19) 和 (3.21) 给出的总效应分解）

Pure natural IE	-0.187	-0.140	-0.119	-0.038	0.022	0.035	0.063
Tot natural DE	-0.284	-0.103	-0.028	0.295	0.579	0.636	0.743
Total effect	-0.353	-0.164	-0.080	0.257	0.560	0.621	0.727

...

Effects from X to ANX for Z = 10.000（由方程 (3.18) 和 (3.20) 给出的总效应分解）

Tot natural IE	-0.211	-0.163	-0.137	-0.048	0.015	0.028	0.058
Pure natural DE	0.026	0.145	0.216	0.585	0.937	1.010	1.126
Total effect	-0.083	0.075	0.145	0.537	0.901	0.969	1.094

Other effects（由方程(3.19) 和 (3.21) 给出的总效应分解）

Pure natural IE	-0.211	-0.163	-0.137	-0.048	0.015	0.028	0.058
Tot natural DE	0.026	0.145	0.216	0.585	0.937	1.010	1.126
Total effect	-0.083	0.075	0.145	0.537	0.901	0.969	1.094

3.7 使用潜变量合理值的 SEM (SEM using plausible values of latent variable)

在第二章的 2.7 节中, 我们演示了如何模拟和存储潜变量的多组合理值 (plausible value, PV). 在本节中, 我们将讨论并演示如何在 SEM 中使用潜变量合理值. 与通常使用的测量总分 (total score) 或因子分值 (factor score) 相比, 使用潜变量的合理值分析它们与其他变量之间的关系可提供更准确的参数估计 (Asparouhov & Muthén, 2010d).

用潜变量合理值建模有不同方式 (von Davier, Gonzalez & Mislevy, 2009). (1) "PV-1" 法: 仅使用一组合理值. (2) "PV-W" 法 ("W" 代表错误): 使用

多组合理值中的每一组分别进行参数估计, 然后报告参数估计和标准误的简单平均值. (3) "PV-R" 法 ("R" 代表正确): 将多组合理值数据集视为多重插补 (multiple imputation, MI) 数据集 (Mislevy, 1991; Asparouhov & Muthen, 2010d), 并使用 Rubin 方法 (Rubin, 1987) 进行分析. 前两种快捷分析方法是对合理值的不当应用. 尽管合理值是 MCMA 估计的因子分值后验分布的随机抽取, 但 "PV-1" 和 "PV-W" 方法会产生有偏统计推断, 因此不宜使用. 应使用 "PV-R" 方法应用潜变量合理值作进一步统计分析.

为了运用 "PV-R" 方法, 使用 Rubin 方法分析 m 个合理值数据集 (plausible value data set). 也就是说, 使用 m 个合理值数据集中的每一个运行相同的模型; 然后将 m 组结果组合起来进行推论. 多重插补 (MI) 参数估计是从 $m \geqslant 5$ 组合理值数据估计的 b_i 的平均值 $\bar{b}$, 其标准误为:

$$\sqrt{\frac{1}{m} \sum_i V(b_i) + \left(1 + \frac{1}{m}\right)\left(\frac{1}{m-1} \sum_i \left(b_i - \bar{b}\right)^2\right)}, \qquad (3.22)$$

其中平方根中的第一项是从每个合理值集估计的参数 b_i 的方差的平均值; 第二项是 m 个基于合理值的参数估计值 b_i 的组间方差乘以校正因子 $(1 + 1/m)$.

在第二章的第 2.7 节中, 我们估算并存储了名为 PVSimp1.dat—PVSimp5.dat 的 5 个合理值数据集, 这些数据集的文件名列在文件 PVSimplist.dat 中, 通过该文件读取合理值数据集. 为简单起见, 我们在以下 Mplus 程序运行的 SEM 中使用两个潜变量/因子 (DEP 和 ANX) 的合理值.

Mplus 程序 3.15

```
TITLE: SEM Using Plausible Values
DATA:
  FILE = PVSimplist.dat;
  TYPE = IMPUTATION;
VARIABLE:
  NAMES = Y1-Y18 Gender Ethnic Age Edu Crack SOM DEP ANX ID;
  USEVARIABLES = DEP ANX Gender Ethnic Age Hsch;
DEFINE: Hsch=0; if Edu>4 then Hsch=1;
ANALYSIS: ESTIMATOR = MLR;
MODEL:
  DEP ON ANX Gender Ethnic Age Hsch;
  ANX ON Gender Ethnic Age Hsch;
OUTPUT: STDYX;
```

其中 FILE 指令读取 Mplus 程序 2.16 生成的文件 PVSimplist.dat. 该文件不是数据文件, 而只是该程序生成的 5 个合理值数据集 (即 PVSimp1.dat、PVSimp2.dat、PVSimp3.dat、PVSimp4.dat 和 PVSimp5.dat) 的文件名单. Mplus 将 5 个数据集视为 5 个多重插补 (MI) 数据集, 因此必须在 DATA 指令中设定 TYPE = IMPUTATION 语句. 潜变量 DEP 和 ANX 的合理值用于在程序中建模. 用它们的合理值替换两个潜变量实际上是用两个 "观察" 变量替换了 SEM 中测量模型的潜变量; 因此, 该模型被简化为路径分析模型 (path analysis model). 该模型使用 5 个合理值数据集中的每一个分别进行模型估计, 然后将 5 组参数估计值进行平均, 并使用 Rubin 方法计算标准误.

在分析多重插补 (MI) 数据集时, 会多次估计所有模型拟合统计量/指数和模型参数, 然后取平均值. 部分模型结果如表 3.12 所示. 由于我们的模型是一个自由度为 0 的饱和模型, 不存在模型拟合统计/指数. 参数估计与 Mplus 程序 3.5 中的参数估计相似: ANX 对 DEP 有显著正效应 $(0.826, P < 0.001)$, Gender 对 ANX 有显著负效应 $(-0.477, P < 0.001)$, Ethnic 对 ANX 有显著正效应 $(0.592, P = 0.001)$.

表 3.12 部分 Mplus 输出: 使用潜变量合理值的 SEM

...

MODEL RESULTS

	Estimate	S.E.	Est./S.E.	Two-Tailed P-Value	Rate of Missing
DEP ON					
ANX	0.826	0.097	8.484	0.000	0.870
GENDER	0.033	0.085	0.388	0.698	0.212
ETHNIC	0.086	0.123	0.704	0.481	0.467
AGE	0.004	0.005	0.708	0.479	0.360
HSCH	0.016	0.142	0.114	0.909	0.384
ANX ON					
GENDER	-0.477	0.136	-3.496	0.000	0.098
ETHNIC	0.592	0.185	3.198	0.001	0.126
AGE	0.015	0.008	1.804	0.071	0.217
HSCH	-0.210	0.253	-0.831	0.406	0.206
Intercepts					
DEP	-0.188	0.236	-0.796	0.426	0.441
ANX	-0.619	0.374	-1.657	0.098	0.319

续表

Residual Variances					
DEP	0.314	0.138	2.266	0.023	0.959
ANX	0.850	0.125	6.783	0.000	0.668

　　注意, 在表 3.12 所示的模型结果中, 生成了一个名为 "Rate of Missing" 的新列 (参见表 3.12 中的最后一列). 它不是说数据中缺失值的比例, 而是指缺失信息分率 (fraction of missing information, FMI) (Schafer, 1997). FMI 是多重插补 (MI) 理论中一个非常重要的概念. 它是针对模型参数而不是变量, 并且因模型和插补数 (m) 而异. 当 m 接近无穷大时, FMI 只是参数估计值的插补间方差在总方差 (即插补间方差加上插补内方差) 中的比例 (见附录 3.B), 表示因数据丢失而丢失的信息占总信息的比例. 这可能就是为什么 FMI 被称为 "缺失信息分率" (Rubin, 1987). FMI 测量缺失数据对参数估计质量的影响. 它是确定基于多重插补数据的参数估计的相对效率 (relative efficiency, RE) 的关键因素 (Rubin, 1987). 对于有限数的插补数量, Rubin (1987) 使用 FMI 来定义 MI 的 RE:

$$RE = (1 + \gamma/m)^{-1}, \tag{3.23}$$

其中 γ 是 FMI, m 是插补数. 推荐的必要 RE 量为 90% 到 95% (Robin, 1987). 这个公式得出的结论是, 只需 $3 \sim 5$ 次插补就足以获得很好的效果. 例如, 对于低 FMI (例如, $\gamma = 0.20$), 3 次插补 $(m = 3)$ 将导致 RE = 0.94. 即使很高的 FMI (如 $\gamma = 0.50$), 5 次插补 $(m = 5)$ 仍然会产生 91% 的效率 (RE = 0.91). 虽然 Rubin (1987) 认为 5 次或更少的插补就足够了, 但 Schafer (1997) 建议使用 $5 \sim 10$ 次插补, 但认为没有必要使用超过 10 次插补, 除非 FMI 异常高. 事实上, 10 次插补是不够的. 由于 MI 参数估计的 SE 是基于数据集内和数据集间的方差计算的 (见公式 (3.22)), 当插补 (数据集) 的数量较小时, 参数的数据集间方差估计不稳定, 因而参数的 SE 估计及 P 值不稳定. 因此, 人们认为插补的数量不应该太少, 尤其是在 FMI 很高的情况下. 由于它们的蒙特卡罗模拟表明统计功效随着 m 减小而降低, Graham, Olchowski & Gilreath (2007) 建议对 $0.10 \sim 0.30$ 的 FMI 进行 20 次插补, 对 0.50 的 FMI 进行 40 次插补. 此外, Bodner (2008) 和 Royston & White (2011) 都推荐了一个简化的经验法则: 插补数量应该与缺失值案例百分比相似. 例如, 如果样本中 30% 的案例在模型包含的任何变量中存在缺失值, 则需要 30 个插补数据集. 当然, 对于大量的插补数据集, 模型估计变得非常耗时.

3.8 贝叶斯路径分析模型 (Bayesian path analysis model)

当 SEM 的测量模型涉及多个潜变量, 每个潜变量又都有多个条目时, CFA 模型将有太多自由参数需要估计. 特别是使用贝叶斯方法估计 CFA 模型, 则自由参数量更大. 如果再加入协变量, 模型就更为复杂. 上一节中我们介绍了一个简化模型的方法, 即通过使用潜变量合理值替换模型中的潜变量, 变 SEM 为路径分析模型. Mplus 程序 3.15 使用稳健最大似然估计法 (MLR) 运行此类路径分析模型. 该程序运用 Rubin (1987) 方法同时分析五组潜变量合理值数据集. 本节中, 我们将介绍和演示如何用贝叶斯方法估计带潜变量合理值的模型. 不过, 当前版本的 Mplus 无法使用贝叶斯估计法同时分析多个插补数据集 (这里是潜变量合理值数据集). 在本节中, 我们将只使用 Mplus 程序 2.16 存储的第一个潜变量合理值数据文件 (PVSimp1.dat). 该模型与图 3.3 中所示的模型相同, 只是将潜变量 DEP 和 ANX 替换为这两个潜变量的合理值. 我们将重点评估 *Gender* 通过 ANX 对 DEP 的间接效应. 运用贝叶斯法估计间接效应中涉及的斜率系数 (即 DEP 对 ANX 的回归斜率, 以及 ANX 对 *Gender* 的回归斜率) 所需的信息先验可以从文献综述、荟萃分析等前期研究中的发现, 或对相应参数的最佳理论猜测中获得. 具有合理和有限范围的信息先验非常重要, 它们可以极大影响模型估计结果. 出于演示目的, 我们用 MLR 估计法从路径分析模型中估计斜率及其标准误, 并将参数估计视为贝叶斯路径分析模型中两个斜率的信息先验.

Mplus 程序 3.16

```
TITLE: Bayesian estimation of path analysis
DATA: FILE=PVSimp1.dat;
VARIABLE:
  NAMES=Y1-Y18 Gender White Age Edu Crack SOM DEP ANX ID;
  MISSING= *;
  USEVARIABLES=DEP ANX Gender White Age Hsch;
DEFINE: Hsch=0; if Edu>4 then Hsch=1;
ANALYSIS: ESTIMATOR = BAYES;
PROCESS=4;
BITERATIONS=(10000);
!POINT=median; !Default;
!CHAIN=2; !Default;
MODEL:
 DEP ON ANX(a)
  Gender White Age Hsch;
```

```
ANX ON Gender(b)
  White Age Hsch;
MODEL PRIORS:
a ~ N (0.786, 0.007);
!Setprior variance 4 times larger than the ML estimated slope
!variance;
b ~ N (-0.504, 0.083);
MODEL CONSTRAINT:
NEW(indirect);
indirect = a*b;
OUTPUT: TECH8 STDYX;
PLOT: TYPE = PLOT2;
```

其中在 BITERATIONS 指令中为贝叶斯估计设定了最少 10000 次迭代. 默认情况下, 参数的 Mplus 贝叶斯点估计值为中位数. 可以使用 POINT 选项更改默认值 (例如 POINT = MEAN 或 POINT = MODE). 考虑到间接效应估计的后验分布可能是非正态的, 我们采用 POINT = MEDIA 默认点估计. ANX 对 DEP 的回归斜率系数标记为 a, Gender 对 ANX 的回归斜率系数标记为 b. ML 估计的斜率 a 为 0.768 (SE 0.042), 斜率 b 为 -0.504 (SE 0.144). 出于演示目的, ML 估计值被视为 "先验发现", 并在贝叶斯估计中用作正态先验 (normal prior) 的均值. 斜率 a 的正态先验的方差设置为 $4 \times 0.042^2 \approx 0.007$, 斜率 b 的正态先验的方差设置为 $4 \times 0.144^2 \approx 0.083$. 将先验方差 (prior variance) 设置为比 ML 方差估计大四倍, 以考虑先验和当前研究之间可能存在的差异 (Yuan & MacKinnon, 2009). MODEL CONSTRAINT 指令用于估计间接效应. 当 ML 估计法用于模型估计时, 默认情况下使用假定间接效应的正态分布的 Delta 方法计算间接效应. 使用贝叶斯估计, MODEL CONSTRAINT 指令提供间接效应的非对称贝叶斯可信区间 (Bayesian credibility interval). OUTPUT 指令中的 TECH8 选项提供 Kolmogorov-Smirnov (KS) 检验和潜在标度缩减 (potential scale reduction, PSR) 以检查运行的多个 MCMC 链的收敛性. PLOT 指令中的 PLOT2 选项提供多种图形来查看 MCMC 迭代史.

　　TECH8 输出显示模型估计很快达到收敛标准 (convergence criterion) (PSR 接近于 1), 最高 PSR 在 3200 次迭代后低至 1.000, 并且未在更多迭代中反弹. 该模型拟合数据很好: 观察数据与模型生成数据卡方值之间差异的 95% 置信区间 $(-14.016, 14.505)$ 以零为中心, 后验预测 P 值 (posterior predictive P-value) PPP $= 0.539$ (见表 3.13). 除了评估 PSR 和 PPP 之外, 贝叶斯估计的收敛性也常通过参数的 3 个图形来直观地检查: 贝叶斯后验参数

轨迹图 (Bayesian posterior parameter trace plot)、贝叶斯自相关图 (Bayesian autocorrelation plot)、贝叶斯后验参数分布 (Bayesian posterior parameter distribution). Mplus 为所有参数生成了这样的图形概括, 这里, 我们只关注评估 *Gender* 对 DEP 的间接效应. 图 3.10a[*] 显示 *Gender* 对 DEP 的间接效应的两条链的轨迹图. 它根据迭代次数绘制模拟参数值, 将两条 MCMC 链中的临近值分别用红色和蓝色线连接起来. 在轨迹图中, 10000 次迭代的前半部分被视为 "老化" (burn-in) 期, 由第 5000 次迭代处的垂直线表示; 只有后半部分迭代用于生成参数估计所需的目标后验分布 (target posterior distribution). 在轨迹图中, 两条链中的每一条都很快达到了平衡. 检查收敛的另一种方法是检查参数估计之间的自相关, 这些自相关是滞后 k 相关性, 指的是相隔 k 次迭代的参数估计之间的相关性. 一个小的自相关 (例如, 0.1 或更低) 是理想的, 这表明平稳分布中的参数值可以被认为是从后验分布中近似独立随机抽取的, 而不依赖于链中的初始值. 相反, 高自相关表明链混合缓慢, 后验分布收敛不好. 如果较小滞后的自相关性很高, 但随着滞后的增加而降低, 我们可以使用 ANALYSIS 指令中的 THIN = k 选项来细化链, 并且只保留第 k 次迭代计算自相关.

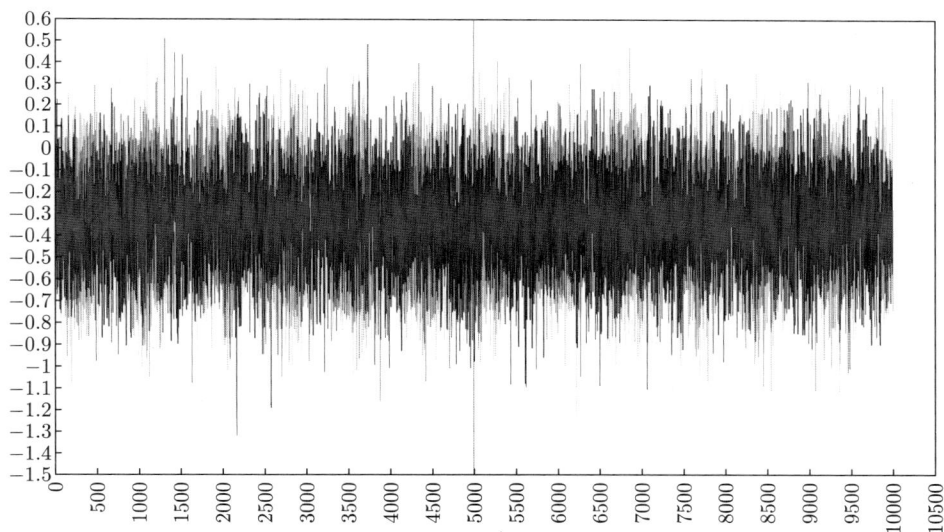

图 3.10a *Gender* 通过 ANX 对 DEP 的间接效应的贝叶斯轨迹图

---

[*] 图 3.10a—图 3.10c 的彩色版可以通过扫描以下二维码查看.

对于我们示例中的良好混合链, 即使是很小的滞后, 自相关也可以忽略不计. 图 3.10b 显示链 1 中, *Gender* 通过 ANX 对 DEP 的间接效应的自相关图 (可以为链 2 绘制同样的图). 从滞后 1 开始, 自相关接近于零, 表明迭代中的参数估计值几乎不相关. 图 3.10c 显示我们的路径分析示例中 *Gender* 对 DEP 的间接效应的贝叶斯后验参数分布图. 如前所述, 在贝叶斯估计 10000 次迭代中, 排除前 5000 次老化迭代 (burn-in iteration), 两条链中的每一条仍保持 5000 次迭代; 因此, 目标后验分布是基于 $2 \times 5000 = 10000$ 个参数值近似估计的. Kernel 密度 (Kernel density) 估计 (Botev, Grotowski & Kroese, 2010; Muthén, 2010) 用于平滑参数值并生成目标后验分布估计. 密度图是目标后验

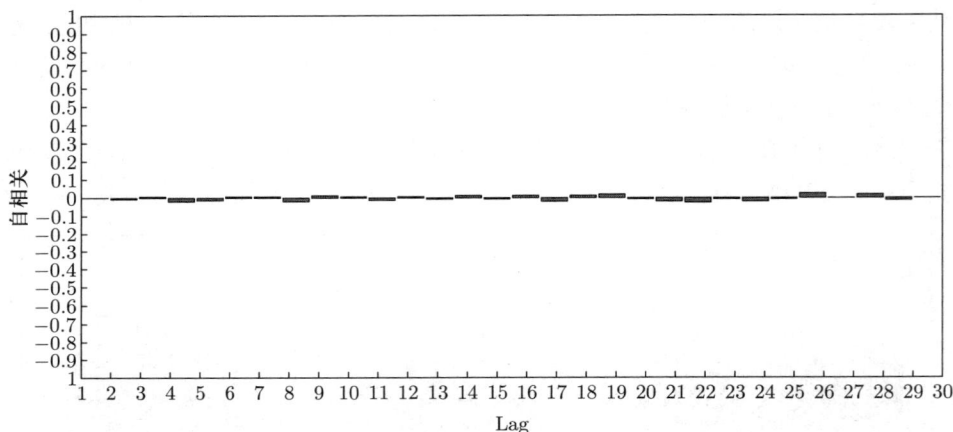

图 3.10b　　*Gender* 通过 ANX 对 DEP 的间接效应的贝叶斯自相关图 (链 1)

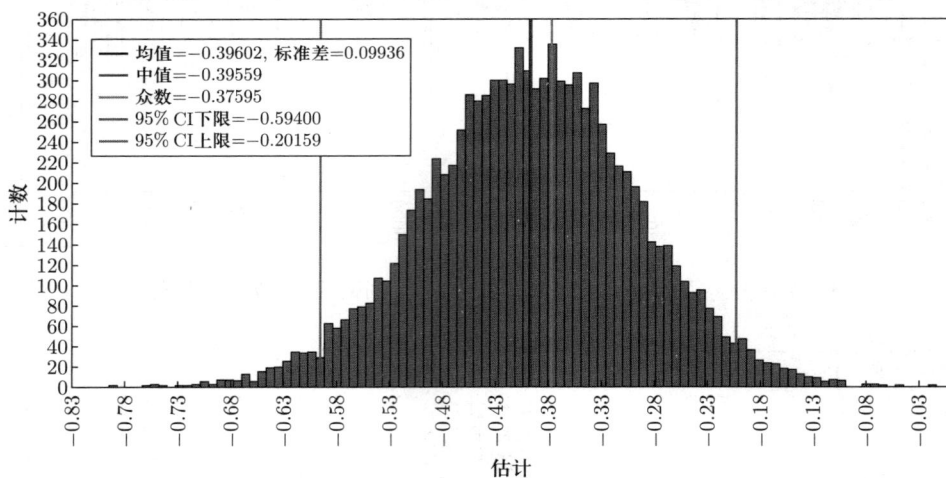

图 3.10c　　*Gender* 通过 ANX 对 DEP 的间接效应的贝叶斯后验分布

分布的概括, 其中参数估计值由后验分布的均值、中值或众数形式的垂直线标记. 尽管我们示例中的密度函数与正态分布非常一致, 但贝叶斯后验参数分布不必遵循正态分布. 贝叶斯可信区间使用后验分布的 2.5 和 97.5 百分位数进行统计推断 (Muthén, 2010). 注意, 密度图不是诊断模型收敛的正式方法, 自相关图和轨迹图也是如此. 单峰密度函数表示后验分布良好; 如果后验密度出现意想不到的峰值或奇怪的形状可能是收敛性差的标志.

　　路径系数估计及其显著性检验在表 3.13 的下半部分报告. 第 1 列是点估计 (point estimate). 贝叶斯统计推断是根据可信区间 (credibility interval) 进行的 (Gelman, et al., 2004; Gill, 2008; Muthén, 2010). 与假设对称分布的 ML 置信区间 (即 $\beta \pm 1.96$ SE) 不同, 贝叶斯可信区间基于后验分布的百分位数, 允许强偏态分布 (strongly skewed distribution). 表 3.13 中的第 4 列和第 5 列显示由后验分布中的 2.5 和 97.5 百分位数建立的 95% 贝叶斯后验可信区间. 95% 可信区间可解释为, 总体参数 (population parameter) 包含在该区间内的概率是 95%. 如果 95% 贝叶斯可信区间不覆盖 0, 则表明对应的参数估计在 0.05 的水平上与 0 显著不同. 统计上显著的参数估计值在最后一列中用星号 ∗ 标记. 注意, 第 3 列中给出了单尾 P 值. 该 P 值也是基于后验分布. 对于正/负系数估计, P 值是指低于/高于零的后验分布的比例 (Muthén, 2010). Gender 通过 ANX 对 DEP 的间接效应 (-0.375, 95% 置信区间为 ($-0.558, -0.202$)) 在表 3.13 的底部报告.

表 3.13　部分 Mplus 输出: 贝叶斯路径分析

```
MODEL FIT INFORMATION

Number of Free Parameters                        13

Bayesian Posterior Predictive Checking using Chi-Square

        95% Confidence Interval for the Difference Between
        the Observed and the Replicated Chi-Square Values

                        -14.016           14.505

        Posterior Predictive P-Value          0.539

Information Criteria

        Deviance (DIC)                     1147.409
        Estimated Number of Parameters (pD)  12.404
        Bayesian (BIC)                     1194.174
```

RMSEA (Root Mean Square Error Of Approximation)

Estimate	0.000
90 Percent C.I.	0.000 0.189
Probability RMSEA <= .05	0.627

CFI/TLI

CFI	1.000
90 Percent C.I.	0.958 1.000
TLI	1.000
90 Percent C.I.	0.639 1.000

MODEL RESULTS

	Posterior One-Tailed Estimate	S.D.	P-Value	95% C.I. Lower 2.5%	Upper 2.5%	
Significance						
DEP ON						
ANX	0.792	0.042	0.000	0.711	0.876	*
GENDER	0.019	0.093	0.420	-0.163	0.203	
WHITE	0.155	0.136	0.130	-0.111	0.426	
AGE	0.008	0.005	0.068	-0.003	0.018	
HSCH	-0.071	0.151	0.322	-0.364	0.229	
ANX ON						
GENDER	-0.475	0.112	0.000	-0.696	-0.258	*
WHITE	0.518	0.177	0.001	0.164	0.863	*
AGE	0.009	0.007	0.084	-0.004	0.022	
HSCH	-0.072	0.199	0.359	-0.455	0.327	
Intercepts						
DEP	-0.338	0.231	0.070	-0.791	0.120	
ANX	-0.378	0.301	0.100	-0.979	0.220	
Residual Variances						
DEP	0.440	0.040	0.000	0.372	0.530	*
ANX	0.766	0.070	0.000	0.644	0.920	*
New/Additional Parameters						
INDIRECT	-0.375	0.091	0.000	-0.558	-0.202	*

除了使用信息先验 (informative prior) 进行贝叶斯模型估计外, 还可以使用非信息先验 (non-informative prior) 进行贝叶斯模型估计 (如斜率系数的默认非信息先验为 $N \sim (0, \infty)$). 模型估计结果与程序 3.16 的结果非常相似. 不过, 使用信息先验略微缩小了参数估计可信区间的宽度, 表明将先验知识纳入贝叶斯估计可以提高参数估计的准确性.

附录 3.A 测量误差的影响 (Influence of measurement errors)

变量的测量误差表现形式有非随机误差 (non-random error)、随机误差 (random error) 或两者兼而有之. 当一个变量中误差的非随机成分对所有受访者都相同时, 它会影响应答分布的中心趋势或均值, 但不会影响该变量与其他变量的关系. 如果非随机误差因人而异, 则很难处理. 另一方面, 随机误差则会增加无法解释的变异, 并可能掩盖变量之间的潜在关系 (Alwin, 1989; Alwin & Krosnick, 1991). 在 SEM 中, 通常假设测量误差为随机测量误差. 这里我们简要回顾一下随机测量误差对回归分析的影响. 附录 2.B 显示, 测量信度被定义为观察变量的方差在多大程度上由该变量所测量的真实分值解释:

$$\rho = \frac{\mathrm{Var}(X) - \mathrm{Var}(\delta)}{\mathrm{Var}(X)} = 1 - \frac{\mathrm{Var}(\delta)}{\mathrm{Var}(X)}, \tag{3.A.1}$$

其中 $\mathrm{Var}(\delta)$ 和 $\mathrm{Var}(X)$ 分别是随机测量误差和观察变量 X 的方差. 信度 $\rho < 1.0$ 表示存在测量误差. 不过, 因变量和自变量的测量误差在线性回归分析中具有不同的影响 (Werts, et al., 1976). 因变量的测量误差不会使非标准化回归系数估计产生偏差, 因为测量误差被吸收到扰动项中; 但它会使标准化回归系数估计产生偏差, 因为标准化回归系数的权重是因变量和自变量标准差 (standardized deviation) 的函数. 自变量的测量误差在回归分析中是个问题. 在回归模型中, 自变量的测量误差会使斜率系数的最小二乘估计值向下偏斜. 偏差的大小取决于变量的信度, 信度越低, 回归系数估计的偏差越大. 让我们以一个简单的回归为例, 假设 $Y = \eta + \varepsilon$ 和 $X = \xi + \delta$, 其中 η 和 ξ 分别是 Y 和 X 的真实分值, 测量误差 ε 和 δ 不相关, X 和 Y 之间的协方差为

$$\mathrm{Cov}(X, Y) = \mathrm{Cov}(\xi + \delta, \eta + \varepsilon) = \mathrm{Cov}(\xi, \eta). \tag{3.A.2}$$

回归斜率系数 b 为

$$b = \frac{\mathrm{Cov}(X, Y)}{\mathrm{Var}(X)} = \frac{\mathrm{Cov}(\xi, \eta)}{\mathrm{Var}(\xi)} \frac{\mathrm{Var}(\xi)}{\mathrm{Var}(X)} = \beta\rho, \tag{3.A.3}$$

其中 $\beta = \mathrm{Cov}(\xi, \eta)/\mathrm{Var}(\xi)$ 是因变量 "真实分值" 对自变量 "真实分值" 回归的斜率系数, X 的信度 ($\rho = \mathrm{Var}(\xi)/\mathrm{Var}(X)$) 是衰减因子 (attenuation factor).

当信度完美时 (即 $\rho = 1.0$), $b = \beta$; 否则, b 向下衰减.

如果多元线性回归中的两个以上自变量存在测量误差, 则测量误差对回归系数估计的影响较复杂. 系数估计可能向下或向上偏差, 甚至系数的符号也可能颠倒 (Armstrong, 1990; Bohrnstedt & Carter, 1971; Cochran, 1968; Kenny, 1979). 根据 Allison & Hauser (1991) 的说法, 偏差 "以复杂的方式取决于真实系数、每个变量的测量误差程度, 以及自变量之间的相互关系模式".

附录 3.B　缺失信息分率 (Fraction of missing information, FMI)

对于有限数量的多重插补 (MI), 缺失信息分率 (FMI) γ 定义为 (Rubin, 1987; Pan & Wei, 2016)

$$\gamma = \frac{r + 2/(df + 3)}{r + 1}, \tag{3.B.1}$$

其中 r 是由于缺失数据而导致的方差相对增加, 自由度 df 定义如下:

$$df = (m - 1)\left(1 + \frac{1}{r}\right)^2, \tag{3.B.2}$$

$$r = \frac{\left(1 + \frac{1}{m}\right)B}{U}, \tag{3.B.3}$$

其中 U 是插补内方差 (within-imputation variance) (即 m 个潜变量合理值数据集中, 参数估计方差 (U_i) 的均值); B 是插补间方差 (between-imputation variance) (参数估计跨合理值数据集的方差), 它反映了由于缺失数据导致的估计变异性. U 定义为

$$U = \frac{1}{m}\sum_{i=1}^{m} U_i, \tag{3.B.4}$$

其中, U_i 为由第 i 个值数据集估计的参数估计方差, B 定义为

$$B = \frac{1}{m - 1}\sum_{i=1}^{m}\left(Q_i - \bar{Q}\right)^2, \tag{3.B.5}$$

其中 Q_i 是多重插补 (MI) 中第 i 个插补的一个参数. 总方差 (T) 为

$$T = U + \left(1 + \frac{1}{m}\right)B, \tag{3.B.6}$$

其中 $1/m$ 是对于有限数量 m 插补随机性的调整. 当 m 接近无穷大时, $df_{m\to\infty}$ $= \infty$, $r_{m\to\infty} = \dfrac{B}{U}$ (见公式 (3.B.3)). 因为 $T_{m\to\infty} = U + B$ (见公式 (3.B.6)), 则公式 (3.B.1) 变为

$$\gamma_{m\to\infty} = \frac{B_m}{T_m}. \tag{3.B.7}$$

第四章 潜发展模型 (Latent Growth Model, LGM)

4.1 简介 (Introduction)

本章中, 我们将把 SEM 的应用扩展到纵向数据分析 (longitudinal data analysis). 纵向数据的显著特征包括但不限于: (1) 异质性 (heterogeneity) (有两个来源: 研究对象个体内变异 (within subject variation 或 intra-subject variation) 以及个体间变异 (between subject variation 或 inter-subject variation)); (2) 研究对象内观察值之间通常存在相关; (3) 个体间变异可能会随时间而变化; (4) 纵向数据通常是非完整 (incomplete) 或非平衡数据 (unbalanced data), 即重复测量的次数和随访之间的时间间隔因受试者而异. 很多新开发的统计方法可以用于分析纵向数据, 其中包括多层模型 (multilevel model, MLM) (Bryk & Raudenbush, 1992; Goldstein, 1987, 1995; Mason, Wong & Entwisle, 1983; Raudenbush & Bryk, 2002)、广义估计方程 (generalized estimating equations, GEE) 模型 (Diggle, Liang & Zeger, 1998) 和潜发展模型 (latent growth model, LGM) (Chou, Bentler & Pentz, 1998; Duncan & Duncan, 1994; Duncan, Duncan & Strycker, 2006; McArdle & Anderson, 1990; Meredith & Tisak, 1990; Muthén, 1991; Willett & Sayer, 1994). 所有这些方法都能够处理纵向数据. 然而, 与 MLM 和 GEE 相比, LGM 是一种更广义的方法, 可以轻松处理多个结局发展过程并在模型中包含潜变量. 本章中, 我们将介绍和演示不同的 LGM.

4.2 线性潜发展模型 (Linear LGM)

LGM 的常见应用是系统地研究结局测量随时间变化的发展特征, 例如潜发展轨迹 (latent growth trajectory) 的形式 (例如, 线性或非线性), 结局测量的初始水平, 结局变化率, 结局变化的个体间变异性, 变化率与结局初始水平之间的关联, 以及轨迹变化的决定因素等. 本节讨论线性 LGM.

4.2.1 无条件线性潜发展模型 (Unconditional linear LGM)

无条件线性 LGM 是简单地检查结局测量的发展轨迹, 其模型中不包括任何协变量或其他结局测量. 图 4.1 描述了一个简单的无条件线性 LGM, 其中 Y_{0i}—Y_{5i} 是在六个不同时间点 (例如 t_0—t_5) 的结局测量; 两个潜发展因子 (latent growth factor) η_{0i} 和 η_{1i}, 分别是潜发展截距因子 (latent growth intercept factor) 和潜发展斜率因子 (latent growth slope factor). 潜发展截距因子代表结局测量的初始水平, 潜发展斜率因子代表结局测量随时间的变化率. 潜发展截距和斜率因子捕获第 i 个个体的发展轨迹信息. 观察到的结局测量 Y_{0i}—Y_{5i} 被视为这两个潜发展因子的标识[1]. 潜发展截距因子 η_{0i} 上的因子载荷均固定为 1, 潜发展斜率因子 η_{1i} 上的因子载荷称为时间分值 (time score). 时间分值有三个作用: (1) 确定发展过程的形式 (例如, 线性或非线性). 假设观察时间点之间具有线性发展轨迹和相等的时间间隔, 对于时间点 t_0, t_1, t_2, t_3, t_4 和 t_5, 图 4.1 中描述的模型时间分值可以设置为 [0, 1, 2, 3, 4, 5]. (2) 定义发展过程的时间参照点. 将 t_0 的时间分值设置为 0 时, 第一时间点 (基线) t_0 被定义为结局测量发展过程的时间参照点, 这样潜发展截距因子 η_{0i} 便代表所研究结局测量的初始水平. 时间参照点可以是任何时间点, 即任何时间点的时间分值均可以设置为 0, 这取决于对参照点的解释. 例如, 如果将最后一个时间点 (如我们示例中的 t_5) 的时间分值设置为 0, 从而得到时间分值 $[-5, -4, -3, -2, -1, 0]$, 这样便定义了观察期结束的时间点作为发展过程的参照点. 如是, 估计的潜发展截距因子 η_{0i} 将代表观察期结束时的结局测量水平. (3) 定义发展因子的标度 (scale) (Stoolmiller, 1995). 很多时候, 时间分值的标度与观察到的时间标度相匹配, 并且时间分值是根据假设的发展轨迹模式来设定的. 当重复结局测量的时间间隔不相等时, 可根据与观察时间点相匹配的原则设定时间分值 (Chan & Schmitt, 2000; Muthén & Muthén, 1998—2017). 假设 Y_0—Y_5 是在基线后 1、2、3、4 和 6 个月的测量数据, 对于线性发展模型时间分值应设定为 $[0, 1, 2, 3, 4, 6]$ 而不是 $[0, 1, 2, 3, 4, 5]$. 潜发展斜率因子表

---

[1] 潜发展因子是潜变量, 但它们代表的不是 CFA 模型那样的潜概念, 而是个体的结局测量发展轨迹.

示对应于观察时间标度上一个单位变化 (例如, 从时间点 t_k 到 t_{k+1}) 的结局测量的变化量. 另外, 我们也可以通过模型来估计时间分值, 让结局测量的发展轨迹由数据决定. 我们将在下一节讨论这个问题.

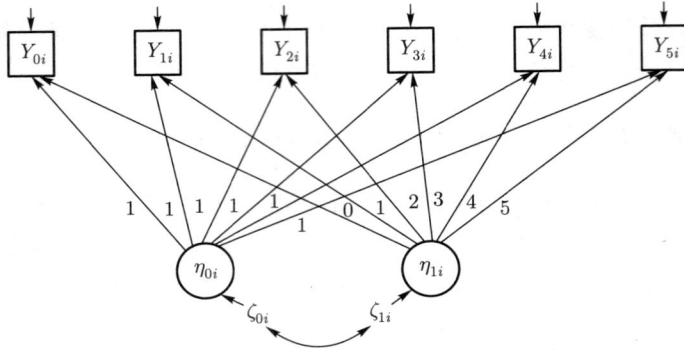

图 4.1　无条件线性潜发展模型

事实上, LGM 可以看作多层次建模在结构方程建模框架中的应用. 图 4.1 中描述的简单无条件线性 LGM (unconditional linear LGM) 可以用以下等式描述:

$$Y_{ti} = \eta_{0i} + \eta_{1i}\lambda_t + \varepsilon_{ti}, \tag{4.1}$$

$$\eta_{0i} = \eta_0 + \varsigma_{0i}, \tag{4.2}$$

$$\eta_{1i} = \eta_1 + \varsigma_{1i}, \tag{4.3}$$

其中公式 (4.1) 代表个体内模型, 其中 Y_{ti} 是在时间点 t 观察到的第 i 个结局测量值; 两个潜发展因子 η_{0i} 和 η_{1i} 是两个随机系数 (random coefficient), λ_t 是时间分值. 公式 (4.2) 和 (4.3) 代表个体间模型, 其中因变量是公式 (4.1) 中的两个随机系数 (η_{0i} 和 η_{1i}), η_0 表示模型估计的初始结局的总体平均水平, η_1 表示结局测量随时间变化的平均变化率, ς_{0i} 和 ς_{1i} 代表结局发展轨迹个体间变异的误差项. 把公式 (4.2) 和 (4.3) 代入公式 (4.1), 将研究对象个体内和个体间模型整合成一个混合模型, 即公式 (4.4):

$$Y_{ti} = \eta_0 + \lambda_t\eta_1 + (\varsigma_{0i} + \lambda_t\varsigma_{1i} + \varepsilon_{ti}), \tag{4.4}$$

其中观察到的重复结局测量 Y_{ti} 由发展轨迹的固定成分 ($\eta_0 + \lambda_t\eta_1$) 和随机成分 ($\varsigma_{0i} + \lambda_t\varsigma_{1i} + \varepsilon_{ti}$) 组成. 固定成分是特定时间点 t 的结局测量 Y_{ti} 的预测值. 发展轨迹的变异被分为个体间和个体内的变异, 由变异的三个非观察来源表述: ς_{0i} – 结局测量初始水平的个体间变异; $\lambda_t \varsigma_{1i}$ – 个体间结局变化率的变异; ε_{ti} – 个体内重复结局测量的随机变异. 发展轨迹的随机成分捕获了个体轨迹随时间的变化以及个体之间的变化. ς_{0i} 和 ς_{1i} 之间的协方差显示初始结局水平与结局随时间变化率之间的关联. 在模型中也可以估计初始结局水平与结局变化率的因果效应.

下面我们使用真实数据来演示如何运行线性 LGM. 用于建模的数据是 20 世纪 90 年代中期美国俄亥俄州关于可卡因使用者 ($N = 430$) 的健康研究样本. 该项目运用疾病自然史研究设计, 研究药物滥用、健康状况、卫生服务利用情况等 (Siegal, Falck, Wang, Carlson, 2002). 用于模型演示的结局测量是抑郁状态, 用 Beck 抑郁量表-II (BDI-II) (Beck & Steer, 1993) 评估[1]. 包括基线和五次随访 (访谈间隔为 6 个月), 共有六次重复测量 BDI 分值 (Y_{0i} — Y_{5i}) 用于可卡因使用者在 30 个月观察期内抑郁症发展轨迹的模型分析. 以下程序运行无条件线性潜发展模型.

Mplus 程序 4.1

```
TITLE: Unconditional Linear Latent Growth Model (LGM)
DATA: FILE = Crack_BDI2.dat;
VARIABLE: NAMES = PID Ethnic Gender Age Edu Z0-Z5 Y0-Y5 t0-t5;
          MISSING = ALL (-9);
          USEVAR = Y0-Y5;
ANALYSIS: ESTIMATOR = MLR;
MODEL: eta0 eta1 | Y0@0 Y1@1 Y2@2 Y3@3 Y4@4 Y5@5;
OUTPUT: SAMPSTAT PATTERNS TECH1;
PLOT: TYPE = PLOT3;
      Series = Y0-Y5(*);
```

程序读取数据文件 Crack_BDI2.dat. 变量 Z_0 — Z_5 和 Y_0 — Y_5 分别是在 t_0 — t_5 六个时间点测量的可卡因使用频率和 BDI 分值. 这里我们仅分析 Y_0 — Y_5. 缺失值在数据中编码为 "-9" 并在 VARIABLE 指令中设定; 缺失数据模式通过在 OUTPUT 指令中设定 PATTERNS 选项来检查. 如何处理缺失数据是纵向数据分析中一个棘手的问题. 通常的做法是假设缺失数据为随机缺失 (missing at random, MAR) (Foster & Fang, 2004; Hedeker & Gibbons, 2006). MAR 允许缺失与可观察测量相关 (可以是观察协变量, 也可以是观察结局测量) (Little & Rubin, 2002). 在 Mplus 中, ML 估计法与全信息最大似然 (full information maximum likelihood, FIML) 法并用, 利用观察数据的所有信息估

---

[1] BDI 有 21 个条目, 条目应答用 0—3 的 4 分制评分. 所有条目应答分值总和即为 BDI 分值.

计模型, 在 MAR 假设下处理缺失值 (Finkbeiner, 1979). FIML 法比传统方法 (例如 LISTWISE 删除、PAIRWISE 删除或均值插补方法) 更有效且偏差更小 (Arbuckle, 1996; Little & Rubin, 2002; Wothke, 2000).

　　在以上程序的 MODEL 指令中, 符号 "|" 左侧的 eta0 和 eta1 分别定义潜发展截距和斜率因子; 符号 "|" 的右侧设定发展模型的结局重复测量和时间分值. 潜发展截距因子 eta0 的所有载荷都自动设置为 1; 并且时间分值 (或潜发展斜率因子的载荷) 固定在 $(0, 1, 2, 3, 4, 5)$. 这样的定义用于具有等距时间点的线性发展模型. 在时间 t_0 的潜发展斜率因子的时间分值设定为 0, 是将基线时间点定义为参照点. 在该点的潜发展截距代表结局测量的初始水平. 稳健估计法 MLR 用于模型估计. 程序末尾的 PLOT 指令绘制线性 LGM 的发展曲线. 部分模型结果如表 4.1 所示. 该表的上面部分是数据缺失模式. 例如, 在样本的 430 个案例中, 模式 1 中有 271 个案例没有数据缺失; 模式 2 中有 17 例错过了最后一次随访, 以此类推.

表 4.1　　部分 Mplus 输出: 无条件线性潜发展模型

```
...
MISSING DATA PATTERNS (x = not missing)

        1  2  3  4  5  6  7  8  9 10 11 12 13 14 15 16 17 18 19 20 21 22 23 24 25 26
Y0      x  x  x  x  x  x  x  x  x  x  x  x  x  x  x  x  x  x  x  x  x  x  x  x  x  x
Y1      x  x  x  x  x  x  x  x  x  x  x  x  x  x  x
Y2      x  x  x  x  x  x  x  x                    x  x  x  x  x
Y3      x  x  x  x                 x  x  x        x  x  x  x           x  x
Y4      x  x        x  x           x  x     x  x     x  x        x
Y5      x     x     x     x     x           x     x        x     x
```

MISSING DATA PATTERN FREQUENCIES

Pattern	Frequency	Pattern	Frequency	Pattern	Frequency
1	271	10	3	19	2
2	17	11	1	20	1
3	11	12	2	21	1
4	17	13	1	22	1
5	8	14	3	23	1
6	1	15	14	24	1
7	2	16	11	25	1
8	11	17	4	26	36
9	8	18	1		

```
...
MODEL FIT INFORMATION
```

续表

```
Number of Free Parameters                    11

Loglikelihood

        H0 Value                         -7570.433
        H0 Scaling Correction Factor        1.336
          for MLR
        H1 Value                         -7538.495
        H1 Scaling Correction Factor        1.300
          for MLR

Information Criteria

        Akaike (AIC)                     15162.866
        Bayesian (BIC)                   15207.567
        Sample-Size Adjusted BIC         15172.660
          (n* = (n + 2) / 24)

Chi-Square Test of Model Fit

        Value                              50.117*
        Degrees of Freedom                     16
        P-Value                            0.0000
        Scaling Correction Factor           1.275
          for MLR
...
RMSEA (Root Mean Square Error Of Approximation)

        Estimate                            0.070
        90 Percent C.I.                     0.049   0.093
        Probability RMSEA <= .05            0.058

CFI/TLI

        CFI                                 0.956
        TLI                                 0.959

Chi-Square Test of Model Fit for the Baseline Model

        Value                             786.270
        Degrees of Freedom                     15
        P-Value                            0.0000

SRMR (Standardized Root Mean Square Residual)
```

续表

| | Value | | | 0.072 |

MODEL RESULTS

	Estimate	S.E.	Est./S.E.	Two-Tailed P-Value
ETA0 |				
Y0	1.000	0.000	999.000	999.000
Y1	1.000	0.000	999.000	999.000
Y2	1.000	0.000	999.000	999.000
Y3	1.000	0.000	999.000	999.000
Y4	1.000	0.000	999.000	999.000
Y5	1.000	0.000	999.000	999.000
ETA1 |				
Y0	0.000	0.000	999.000	999.000
Y1	1.000	0.000	999.000	999.000
Y2	2.000	0.000	999.000	999.000
Y3	3.000	0.000	999.000	999.000
Y4	4.000	0.000	999.000	999.000
Y5	5.000	0.000	999.000	999.000
ETA1 WITH				
ETA0	-1.156	1.217	-0.949	0.342
Means				
ETA0	17.524	0.503	34.825	0.000
ETA1	-1.007	0.099	-10.166	0.000
...				
Variances				
ETA0	69.756	6.794	10.267	0.000
ETA1	1.003	0.348	2.879	0.004

模型拟合数据很好, RMSEA $= 0.070$, 90% 置信区间 $= (0.049, 0.093)$, 精确拟合检验 (close fit test) $P = 0.058$, CFI $= 0.956$, TLI $= 0.959$, SRMR $= 0.072$. 不过, RMSEA 90% 置信区间的上限为 0.093, 略大于切断值 0.08.

潜发展截距因子的估计均值为 eta0 $= 17.524$ ($P < 0.001$), 意味着可卡因使用者的平均 BDI 分值在基线时为 17.524; 潜发展斜率因子的估计均值为 eta1 $= -1.007$ ($P < 0.001$), 意味着从 t_k 到 t_{k+1} (本例中为 6 个月) 的 BDI 分值下降统计显著. 潜发展因子 eta0 和 eta1 之间的协方差 $(-1.156, P = 0.342)$ 没有统计学意义, 表明结局变化率与初始结局水平无显著相关. 但是, eta0 和

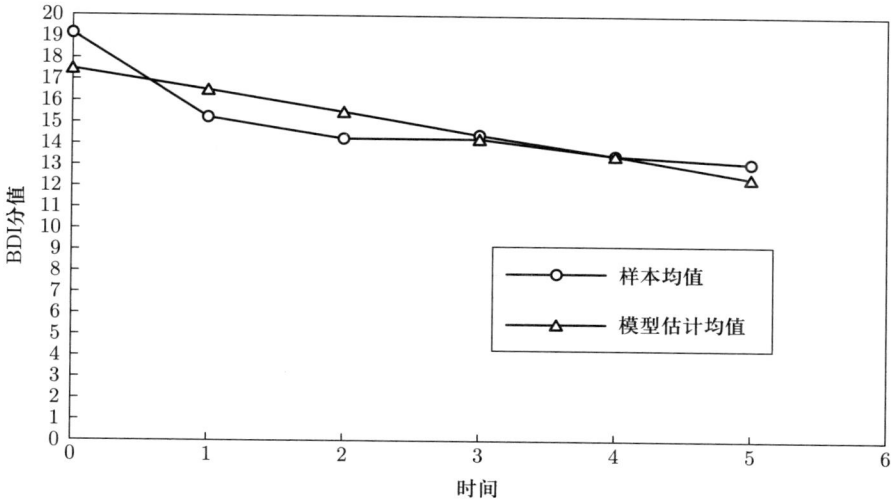

图 4.2　线性潜发展模型的发展曲线

eta1 的方差均具有统计学意义, 表明初始结局水平和结局测量随时间的变化率在个体之间存在显著差异. 样本结局均值和模型估计的结局均值变化绘制在图 4.2 中.

4.2.2　带时间恒定协变量的潜发展模型 (LGM with time-invariant covariates)

下面我们在潜发展模型中加入协变量, 以解释潜发展因子 η_0 和 η_1 的变异. 图 4.3 所示的是一个条件潜发展模型 (conditional LGM), 其中纳入个体背景特征变量来预测两个潜发展因子. 这些变量不随时间变化, 故称为时间恒定

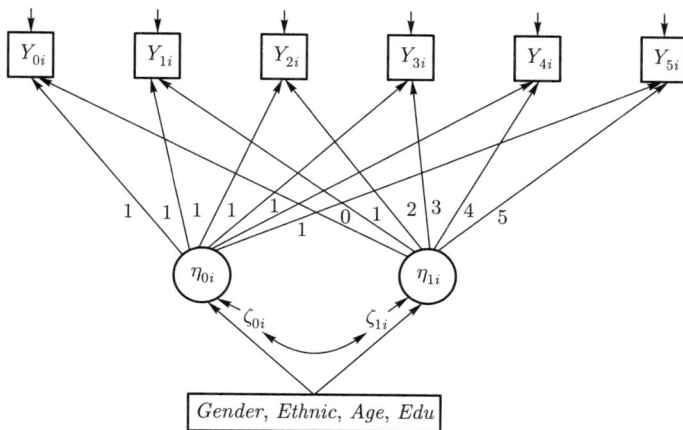

图 4.3　带时间恒定协变量的线性潜发展模型

协变量.

示例包含以下个体背景特征变量: $Gender$ (0 – 女性; 1 – 男性); $Ethnic$ (0 – 白人; 1 – 非白人); Age (测量为均数中心化年龄) 和 Edu (教育程度: 采用 6 分标度测量, 代表 6 个不同的教育水平). 相应的方程描述如下:

$$Y_{ti} = \eta_{0i} + \eta_{1i}\lambda_t + \varepsilon_{ti}, \tag{4.5}$$

$$\eta_{0i} = \eta_0 + \sum_k \gamma_{0k}X_{ki} + \zeta_{0i}, \tag{4.6}$$

$$\eta_{1i} = \eta_1 + \sum_k \gamma_{1k}X_{ki} + \zeta_{1i}, \tag{4.7}$$

即

$$Y_{ti} = \eta_0 + \sum_k \gamma_{0k}X_{ki} + \eta_1\lambda_t + \lambda_t\sum_k \gamma_{1k}X_{ki} + (\zeta_{0i} + \lambda_t\zeta_{1i} + \varepsilon_{ti}), \tag{4.8}$$

其中变量 X 为预测潜发展截距和斜率因子的时间恒定协变量 (例如, $Gender$, $Ethnic$, Age 和 Edu). 以下 Mplus 程序运行条件 LGM.

Mplus 程序 4.2

```
TITLE: Linear Latent Growth Model (LGM) with time-invariant covariates
DATA: FILE = Crack_BDI2.dat;
VARIABLE:
  NAMES = PID Ethnic Gender Age Edu Z0-Z5 Y0-Y5 t0-t5;
  MISSING = ALL (-9);
  USEVAR = Y0-Y5 Ethnic Gender Age Edu;
DEFINE:
  CENTER Age (GRANDMEAN); !Centering Age;
ANALYSIS: ESTIMATOR = MLR;
MODEL:
  eta0 eta1 | Y0@0 Y1@1 Y2@2 Y3@3 Y4@4 Y5@5;
  eta0 eta1 ON Ethnic Gender Age Edu;
OUTPUT: STDY TECH1 TECH4;
```

其中 DEFINE 指令的 CENTER 语句重新编码变量 Age 为均数中心化测量. MODEL 指令中的 ON 语句定义两个潜发展因子对时间恒定协变量 $Ethnic$、$Gender$、Age 和 Edu 的线性回归. OUTPUT 指令中的 TECH4 选项打印模型估计的潜变量的均值、方差和协方差.

在模型中加入时间协变量后改善了模型拟合度. 现在 RMSEA 的上限降低到 0.072, 小于切断值 0.08, RMSEA 的下限降低到 0.039, 更加接近 0. 就协变量的效应而言, $Gender$ ($-3.481, P < 0.001$) 和 Edu ($-1.632, P = 0.001$) 对 eta0 (即初始 BDI 分值) 有显著的负效应. $Gender$ 对 eta1 (即 BDI 分值变化率) 有显著的正效应 ($0.494, P = 0.012$), 表明男性可卡因使用者的 BDI 平均分值随时间降低的程度比女性小. 假设 $Edu = 0$ (未受过正规教育), $Age = 0$ (年龄为样本平均年龄), $Ethnic = 0$ (白人), 女性 ($Gender = 0$) 可卡因使用者的 BDI 分值变化率为 eta1 $= -0.926$ (即 eta1 对时间恒定协变量的回归截距); 男性可卡因使用者的 BDI 分值变化率为 $(-0.926 + 0.494) = -0.432$.

表 4.2 部分 Mplus 输出: 带时间恒定协变量的线性潜发展模型

```
MODEL FIT INFORMATION
...
Chi-Square Test of Model Fit

        Value                       74.210*
        Degrees of Freedom              32
        P-Value                     0.0000
        Scaling Correction Factor   1.1170
          for MLR
...
RMSEA (Root Mean Square Error Of Approximation)

        Estimate                    0.055
        90 Percent C.I.             0.039   0.072
        Probability RMSEA <= .05    0.276

CFI/TLI

        CFI                         0.958
        TLI                         0.949
...
SRMR (Standardized Root Mean Square Residual)

        Value                       0.050

MODEL RESULTS

                                             Two-Tailed
              Estimate    S.E.   Est./S.E.   P-Value
...
ETA0     ON
    ETHNIC    -0.745     0.995    -0.749      0.454
    GENDER    -3.481     0.981    -3.550      0.000
    AGE        0.133     0.070     1.908      0.056
```

EDU	-1.632	0.477	-3.419	0.001
ETA1　　ON				
ETHNIC	0.104	0.210	0.494	0.622
GENDER	0.494	0.196	2.517	0.012
AGE	0.020	0.014	1.394	0.163
EDU	-0.119	0.112	-1.064	0.287
ETA1　　WITH				
ETA0	-0.984	1.197	-0.822	0.411
Intercepts				
Y0	0.000	0.000	999.000	999.000
Y1	0.000	0.000	999.000	999.000
Y2	0.000	0.000	999.000	999.000
Y3	0.000	0.000	999.000	999.000
Y4	0.000	0.000	999.000	999.000
Y5	0.000	0.000	999.000	999.000
ETA0	26.355	1.996	13.202	0.000
ETA1	-0.926	0.428	-2.162	0.031
Residual Variances				
Y0	49.903	5.998	8.319	0.000
Y1	42.748	4.779	8.944	0.000
Y2	42.457	4.608	9.214	0.000
Y3	34.370	3.906	8.800	0.000
Y4	33.891	4.223	8.025	0.000
Y5	36.082	5.567	6.482	0.000
ETA0	64.320	6.558	9.808	0.000
ETA1	0.900	0.335	2.684	0.007

...

ESTIMATED COVARIANCE MATRIX FOR THE LATENT VARIABLES

	ETA0	ETA1	ETHNIC	GENDER	AGE
	--------	--------	--------	--------	--------
ETA0	69.840				
ETA1	-1.165	1.005			
ETHNIC	-0.230	0.040	0.236		
GENDER	-0.775	0.131	0.018	0.238	
AGE	3.275	1.376	0.610	0.651	56.077
EDU	-1.357	-0.074	0.044	0.012	0.911

ESTIMATED COVARIANCE MATRIX FOR THE LATENT VARIABLES

续表

	EDU

EDU	0.860

...

R-SQUARE

Latent Variable	Estimate	S.E.	Est./S.E.	Two-Tailed P-Value
ETA0	0.079	0.029	2.689	0.007
ETA1	0.104	0.067	1.548	0.122

潜发展截距和斜率因子中被协变量解释的方差 (R^2) 可以用潜发展因子的方差 (参见 ESTIMATED COVARIANCE MATRIX FOR THE LATENT VARIABLES 部分) 和估计的残差方差 (参见表 4.2 中 Residual Variances 部分) 来计算. 在本例中, 截距和斜率增长因子的 R^2 分别为 $(69.840 - 64.320)/69.840 \approx 0.079$ 和 $(1.005 - 0.900)/1.005 \approx 0.104$. 这些数字与表 4.2 中 R-SQUARE 部分报告的数字相同.

4.2.3 带时间变化协变量的潜发展模型 (LGM with time-varying covariates)

时间变化协变量也可以纳入 LGM, 以评估结局测量发展的动态过程. 图 4.4 所示的模型是一个条件 LGM (conditional LGM), 其中包括时间恒定和时间变化协变量. 设定时间变化协变量 (Z_{0i}—Z_{5i}) 以预测相应时间点的结局变量 Y_{0i}—Y_{5i}. 相应的方程可以描述如下:

$$Y_{ti} = \eta_{0i} + \eta_{1i}\lambda_t + \sum_j \beta_j Z_{jti} + \varepsilon_{ti}, \tag{4.9}$$

$$\eta_{0i} = \eta_0 + \sum_k \gamma_{0k}X_{ki} + \varsigma_{0i}, \tag{4.10}$$

$$\eta_{1i} = \eta_1 + \sum_k \gamma_{1k}X_{ki} + \varsigma_{1i}, \tag{4.11}$$

即

$$Y_{ti} = \eta_0 + \sum_k \gamma_{0k}X_{ki} + \eta_1\lambda_t + \lambda_t\sum_k \gamma_{1k}X_{ki} + \sum_j \beta_j Z_{jti} + (\varsigma_{0i} + \lambda_t\varsigma_{1i} + \varepsilon_{ti}). \tag{4.12}$$

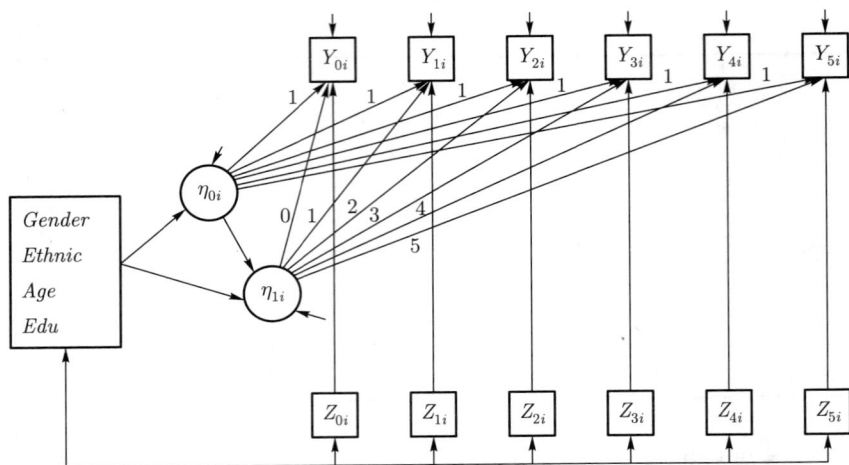

图 4.4　带时间恒定和时间变化协变量的潜发展模型

在我们的示例模型中, $Z_{0i} - Z_{5i}$ 是在基线访谈中以 6 分标度测量的可卡因使用频数: 1–每月少于 4 次, 2–每周大约 1 次, 3–每周大约 2 到 6 次, 4–每天大约 1 次且几乎每天, 5–大约每天 2 到 3 次且几乎每天, 6–每天大约 4 次或更多次. 在后续随访中, 由于一些研究对象在基线后停止使用可卡因, 因此在随访调查中添加了 "0–不使用" 应答选项. 为了评估可卡因使用频数如何随着时间的推移影响抑郁症, 每个 Y_{ti} 测量都对相应的 Z_{ti} 变量回归. 此外, 在该模型中控制协变量后, 潜发展斜率因子被设定为潜发展截距因子的函数 (即, 结局变化率是结局测量初始水平的函数). 以下程序运行此模型.

Mplus 程序 4.3

```
TITLE: Linear LGM with time-invariant and time-varying covariates
DATA: FILE = Crack_BDI2.dat;
VARIABLE:
  NAMES = PID Ethnic Gender Age Edu Z0-Z5 Y0-Y5 t0-t5;
  MISSING = ALL (-9);
  USEVAR = Ethnic Gender Age Edu Z0-Z5 Y0-Y5;
DEFINE:
  CENTER Age (GRANDMEAN); !Centering Age;
ANALYSIS: ESTIMATOR = MLR;
MODEL:
  eta0 eta1 | Y0@0 Y1@1 Y2@2 Y3@3 Y4@4 Y5@5;
  eta0 ON Ethnic Gender Age Edu;
```

```
eta1 ON eta0 Ethnic Gender Age Edu;
Y0 ON Z0;
Y1 ON Z1;
Y2 ON Z2;
Y3 ON Z3;
Y4 ON Z4;
Y5 ON Z5;
OUTPUT: TECH1 STDY;
```

其中潜发展截距因子 (eta0) 在时间恒定的协变量 *Ethnic*、*Gender*、*Age* 和 *Edu* 上回归; 潜发展斜率因子 (eta1) 被设定为这些协变量和潜发展截距因子 (eta0) 的函数. 此外, 各时间点的结局变量 Y_{0i} — Y_{5i} (BDI 在各时间点的分值) 对相应时间点的时间变化协变量 (time-varying covariate) Z_{0i} — Z_{5i} 回归.

表 4.3 部分 Mplus 输出: 带时间恒定和时间变化协变量的线性 LGM

```
MODEL FIT INFORMATION
...
RMSEA (Root Mean Square Error Of Approximation)

        Estimate                    0.021
        90 Percent C.I.             0.000  0.044
        Probability RMSEA <= .05    0.986

CFI/TLI

        CFI                         0.992
        TLI                         0.990
...
SRMR (Standardized Root Mean Square Residual)

        Value                       0.052
...
MODEL RESULTS
                                                Two-Tailed
                  Estimate      S.E.   Est./S.E.   P-Value
...
ETA1      ON
    ETA0          -0.009       0.020    -0.447      0.655

ETA0      ON
    ETHNIC        -1.911       1.137    -1.681      0.093
```

续表

		Estimate	S.E.	Est./S.E.	P-Value
	GENDER	-2.308	1.093	-2.111	0.035
	AGE	0.073	0.078	0.925	0.355
	EDU	-1.456	0.547	-2.663	0.008
ETA1	ON				
	ETHNIC	-0.256	0.219	-1.171	0.242
	GENDER	0.316	0.210	1.502	0.133
	AGE	0.014	0.014	1.024	0.306
	EDU	0.004	0.108	0.036	0.972
Y0	ON				
	Z0	1.450	0.186	7.790	0.000
Y1	ON				
	Z1	0.998	0.196	5.091	0.000
Y2	ON				
	Z2	0.792	0.159	4.971	0.000
Y3	ON				
	Z3	1.087	0.161	6.763	0.000
Y4	ON				
	Z4	1.291	0.172	7.491	0.000
Y5	ON				
	Z5	1.281	0.207	6.192	0.000

...

R-SQUARE

Observed Variable	Estimate	S.E.	Est./S.E.	Two-Tailed P-Value
Y0	0.623	0.044	14.167	0.000
Y1	0.603	0.039	15.665	0.000
Y2	0.602	0.038	15.862	0.000
Y3	0.633	0.039	16.366	0.000
Y4	0.714	0.036	19.603	0.000
Y5	0.716	0.044	16.190	0.000

Latent Variable	Estimate	S.E.	Est./S.E.	Two-Tailed P-Value
ETA0	0.073	0.033	2.193	0.028
ETA1	0.075	0.057	1.323	0.186

　　从模型拟合指数和统计检验 (如 RMSEA、RMSEA 的 90% 置信区间、精确拟合检验 P 值、CFI、TLI 和 SRMR) 来看, 在控制可卡因使用 (时间变化协变量) 后, 模型拟合明显改善. 结果显示, 可卡因使用频数 (Z_{0i} — Z_{5i}) 在所有时间点对 BDI 分值 (Y_{0i} — Y_{5i}) 都具有显著的正效应, 表明在观察期间的任

何时候, 可卡因使用频数对抑郁症均有正效应.

将可卡因使用频数作为时间变化协变量纳入模型后, 时间恒定协变量对潜发展截距因子的效应基本保持不变, 只是性别对 BDI 分值随时间的变化率 (eta1) 的效应变得不显著了 $(0.316, P = 0.133)$. 这表明性别对 BDI 分值变化率的效应可能是因为可卡因使用频数上存在性别差异.

观察结局测量 $(Y_{0i} - Y_{5i})$ 的 R^2 值均超过 0.60, 表明潜发展因子 (eta0 和 eta1) 以及时间变化协变量 $(Z_{0i} - Z_{5i})$ 可以解释观察结局测量值的变异. 然而, 发展因子的变异被时间恒定协变量解释的程度却非常有限: eta0 和 eta1 的 R^2 值分别为 0.073 $(P = 0.028)$ 和 0.075 $(P = 0.186)$.

4.3 非线性潜发展模型 (Nonlinear LGM)

当结局测量随时间以非线性方式发生变化时, 应考虑非线性发展模型. LGM 在设置时间分值 (即潜发展斜率因子的因子载荷 (factor loading)) 上有很大的灵活性, 因而可以拟合各种非线性增长轨迹. 设定非线性发展轨迹的常用方法包括但不限于多项式函数 (polynomial function), 正交多项式函数 (orthogonal polynomial function), 分段多项式 (piece-wise polynomial) 和自由时间分值 (free time score) 等.

4.3.1 带多项式时间函数的潜发展模型 (LGM with polynomial time functions)

多项式函数通常用于设定非线性结局变化. 多项式时间变化函数可以通过引入时间分值的二阶、三阶或更高阶函数来构建. 多项式函数阶数的选择决于结局测量随时间的变化模式. 理论上, 多项式函数的阶数可以高达 $(T - 1)$, 其中 T 是观察时间点的总数. 然而, 多项式阶数越高, 模型越难以拟合, 也更难解释结果. 在这里, 我们的示例仅限于二阶多项式时间函数的运用. 二阶时间函数的意思是结局测量变化向上或向下偏离线性发展线. 按常规二阶变化假设, LGM 中可以加入一个带有适当时间分值的潜发展斜率因子来代表二次项 (Muthén & Muthén, 1998 — 2017).

图 4.5 显示了一个二阶无条件潜发展模型: η_{0i} – 潜发展截距因子 (latent growth intercept factor), η_{1i} – 线性潜发展斜率因子 (linear latent growth slope factor) 和 η_{2i} – 二阶潜发展斜率因子 (quadratic growth slope factor). 二阶潜发展斜率因子的时间分值 (即 $0, 1, 4, 9, 16, 25$) 是线性时间分值 (即 $0, 1, 2, 3, 4, 5$) 的平方. 二阶潜发展斜率因子描述结局发展轨迹变化是上升 (即曲线向上弯曲)

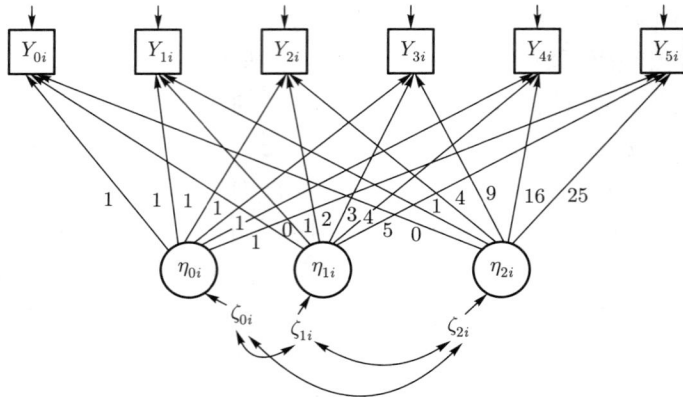

图 4.5　　二阶无条件潜发展模型

或下降 (即曲线向下弯曲), 表明结局发展轨迹是加速还是减速. 一个不显著的二阶潜发展斜率因子表明结局测量发展过程无显著曲线变化. 就是说, 所有个体的平均发展曲线接近一条直线.

　　我们还是用数据集 Crack_BDI2.dat 来演示二阶 LGM. 然而, 当我们为 BDI 分值设定二阶多项式时, 有个发展因子的方差估计是负数, 表明模型设定存在问题. 换句话说, 二阶多项式函数可能不适合对该结局的发展轨迹建模. 因此, 我们决定采用另一结局测量, 即以可卡因使用频数 ($Z_0 - Z_5$) 而不是 BDI 分值 ($Y_0 - Y_5$) 作为结局测量来演示模型. Mplus 程序如下:

Mplus 程序 4.4

```
TITLE: Quadratic LGM
DATA: FILE = Crack_BDI2.dat;
VARIABLE:
  NAMES = PID Ethnic Gender Age Edu Z0-Z5 Y0-Y5 t0-t5;
  MISSING = ALL (-9);
  USEVAR = Z0-Z5;
ANALYSIS: ESTIMATOR = MLR;
MODEL: eta0 eta1 eta2 | Z0@0 Z1@1 Z2@2 Z3@3 Z4@4 Z5@5;
OUTPUT: TECH4;
```

其中, 潜发展截距 (eta0)、线性潜发展斜率 (eta1) 和二阶斜率因子 (eta2) 定义在符号 "|" 的左侧. 符号 "|" 右侧定义潜发展因子的时间分值. 程序自动为 eta0 生成时间分值 $[1,1,1,1,1,1]$, 为 eta1 生成时间分值 $[0,1,2,3,4,5]$, 为 eta2 生成时间分值 $[0,1,4,9,16,25]$.

表 4.4 部分 Mplus 输出: 二阶 LGM

```
MODEL FIT INFORMATION

...

RMSEA (Root Mean Square Error Of Approximation)

        Estimate                   0.068
        90 Percent C.I.            0.043  0.094
        Probability RMSEA <= .05   0.111


CFI/TLI

        CFI                        0.948
        TLI                        0.936

...

SRMR (Standardized Root Mean Square Residual)

        Value                      0.035



MODEL RESULTS

                                                   Two-Tailed
                    Estimate    S.E.   Est./S.E.    P-Value

    ETA0     |
       Z0             1.000     0.000   999.000     999.000
       Z1             1.000     0.000   999.000     999.000
       Z2             1.000     0.000   999.000     999.000
       Z3             1.000     0.000   999.000     999.000
       Z4             1.000     0.000   999.000     999.000
       Z5             1.000     0.000   999.000     999.000


    ETA1     |
       Z0             0.000     0.000   999.000     999.000
       Z1             1.000     0.000   999.000     999.000
       Z2             2.000     0.000   999.000     999.000
       Z3             3.000     0.000   999.000     999.000
       Z4             4.000     0.000   999.000     999.000
       Z5             5.000     0.000   999.000     999.000


    ETA2     |
       Z0             0.000     0.000   999.000     999.000
       Z1             1.000     0.000   999.000     999.000
       Z2             4.000     0.000   999.000     999.000
       Z3             9.000     0.000   999.000     999.000
```

续表

Z4	16.000	0.000	999.000	999.000
Z5	25.000	0.000	999.000	999.000
ETA1 WITH				
ETA0	-0.087	0.176	-0.494	0.621
ETA2 WITH				
ETA0	-0.001	0.029	-0.037	0.970
ETA1	-0.070	0.030	-2.366	0.018
Means				
ETA0	4.210	0.076	55.042	0.000
ETA1	-0.661	0.065	-10.248	0.000
ETA2	0.076	0.013	6.045	0.000
...				
Variances				
ETA0	1.289	0.245	5.256	0.000
ETA1	0.468	0.164	2.852	0.004
ETA2	0.012	0.006	2.059	0.039
...				

TECHNICAL 4 OUTPUT

...

```
       ESTIMATED CORRELATION MATRIX FOR THE LATENT VARIABLES
              ETA0          ETA1          ETA2

            --------      --------      --------
ETA0          1.000
ETA1         -0.112         1.000
ETA2         -0.009        -0.927         1.000
```

　　模型结果显示负线性斜率系数 (eta1 $= -0.661, P < 0.001$) 和正二阶斜率系数 (eta2 $= 0.076, P < 0.001$), 表明可卡因使用频数的发展曲线为下降的非线性曲线, 其随着时间的推移呈上升趋势. 注意, 线性 (eta1) 和二阶 (eta2) 潜发展斜率因子之间的相关性非常高 ($r = -0.927$) (参见表 4.4 中的 TECHNICAL 4 OUTPUT 部分). 这可能是由于线性和二阶多项式时间分值间存在共线性 (collinearity). 下面我们来处理这个问题.

　　均时时间分值定点 (centering time score at mean time): 多项式时间测量的一个常见问题是它的线性、二阶和高阶项很容易相互关联. Hedeker 和 Gibbons (2006) 研究表明, 在具有三个时间点的纵向数据中, 线性时间分值 (如 $0, 1, 2$) 和二阶时间分值 (如 $0, 1, 4$) 几乎完全相关. 为了解决这种共线性问题, 可以将观察周期的中点作为时间定点 (即参考点), 即将该时间点的时间分值设定为 0. 如将线性和二阶时间分值分别设定为: $(-1, 0, 1)$ 和 $(1, 0, 1)$. 这样便可以消除两个时间分值间的共线性.

如果时间点数为奇数, 时间分值中心化很容易. 例如, 对于具有五个时间点的线性发展轨迹, 我们可以将时间分值编码为 $(-2, -1, 0, 1, 2)$. 但当时间点数为偶数, 没有实际观察的时间中间点时, 下式可以用来设定中心化时间分值:

$$Y_{it} = \eta_0 + \eta_1 \left(\lambda_t - \bar{\lambda}\right) + \eta_2 \left(\lambda_t - \bar{\lambda}\right)^2 + e_{it}, \tag{4.13}$$

其中 $\bar{\lambda}$ 是观察时间段的平均时间分值. 在我们的示例中, 原始时间分值编码为 $(0, 1, 2, 3, 4, 5)$, 平均时间分值为 $\bar{\lambda} = (0+1+2+3+4+5)/6 = 2.5$. 将每个时间分值减去平均时间分值, 我们得到新的时间分值为 $(-2.5, -1.5, -0.5, 0.5, 1.5, 2.5)$, 其中的时间分值 0 代表整个观察期的中点. 该时间分值数将使潜发展截距因子代表观察期中间时间点 (即, 在我们的示例中, 基线后 15 个月) 的结局测量均值. 相应的 Mplus 程序如下:

Mplus 程序 4.5

```
TITLE: LGM with time scores centered at mean time
DATA: FILE = Crack_BDI2.dat;
VARIABLE:
  NAMES = PID Ethnic Gender Age Edu Z0-Z5 Y0-Y5 t0-t5;
  MISSING = ALL (-9);
  USEVAR = Z0-Z5;
ANALYSIS: ESTIMATOR = MLR;
MODEL: eta0 BY Z0@1 Z1@1 Z2@1 Z3@1 Z4@1 Z5@1;
       eta1 BY Z0@-2.5 Z1@-1.5 Z2@-0.5 Z3@0.5 Z4@1.5 Z5@2.5;
       eta2 BY Z0@6.25 Z1@2.25 Z2@0.25 Z3@0.25 Z4@2.25 Z5@6.25;
       [Z0-Z5@0];
       [eta0 eta1 eta2];
OUTPUT: TECH4;
```

其中 MODEL 指令中的第一个 BY 语句定义潜发展截距因子; 第二个和第三个 BY 语句分别定义了线性和二阶潜发展斜率因子. 二阶斜率因子的时间分值为 $(6.25, 2.25, 0.25, 0.25, 2.25, 6.25)$, 它们是线性时间分值的平方. 出于模型识别的需要, MODEL 指令中的 [Z0 – Z5@0] 语句将观察到的结局测量 Z_0 — Z_5 的截距设置为 0; [eta0 eta1 eta2] 语句要求模型估计潜发展因子均值.

表 4.5　部分 Mplus 输出: 以观察期中点为参考点的 LGM

```
MODEL FIT INFORMATION
...

RMSEA (Root Mean Square Error Of Approximation)

          Estimate                      0.068
          90 Percent C.I.               0.043  0.094
          Probability RMSEA <= .05      0.111

CFI/TLI

          CFI                           0.948
          TLI                           0.936
...

SRMR (Standardized Root Mean Square Residual)

          Value                         0.035

MODEL RESULTS

                                                   Two-Tailed
                       Estimate    S.E.   Est./S.E.  P-Value

  ETA0      BY
    Z0                  1.000     0.000    999.000   999.000
    Z1                  1.000     0.000    999.000   999.000
    Z2                  1.000     0.000    999.000   999.000
    Z3                  1.000     0.000    999.000   999.000
    Z4                  1.000     0.000    999.000   999.000
    Z5                  1.000     0.000    999.000   999.000

  ETA1      BY
    Z0                 -2.500     0.000    999.000   999.000
    Z1                 -1.500     0.000    999.000   999.000
    Z2                 -0.500     0.000    999.000   999.000
    Z3                  0.500     0.000    999.000   999.000
    Z4                  1.500     0.000    999.000   999.000
    Z5                  2.500     0.000    999.000   999.000

  ETA2      BY
    Z0                  6.250     0.000    999.000   999.000
    Z1                  2.250     0.000    999.000   999.000
    Z2                  0.250     0.000    999.000   999.000
    Z3                  0.250     0.000    999.000   999.000
    Z4                  2.250     0.000    999.000   999.000
    Z5                  6.250     0.000    999.000   999.000
```

续表

ETA1	WITH			
ETA0	0.147	0.037	3.982	0.000
ETA2	WITH			
ETA0	-0.100	0.026	-3.910	0.000
ETA1	-0.009	0.008	-1.105	0.269
Means				
ETA0	3.030	0.084	36.032	0.000
ETA1	-0.283	0.022	-12.742	0.000
ETA2	0.076	0.013	6.045	0.000
...				
Variances				
ETA0	2.058	0.185	11.122	0.000
ETA1	0.073	0.018	4.098	0.000
ETA2	0.012	0.006	2.059	0.039
...				

```
TECHNICAL 4 OUTPUT

   ESTIMATES DERIVED FROM THE MODEL
...
      ESTIMATED CORRELATION MATRIX FOR THE LATENT VARIABLES
          ETA0          ETA1          ETA2

          --------      --------      --------
ETA0       1.000
ETA1       0.380         1.000
ETA2      -0.631        -0.305         1.000
```

潜发展截距因子的估计均值 (eta0 $= 3.030, P < 0.001$) 是模型估计的在时间分值等于 0 时的结局测量均值. 换句话说, 在整个观察期中间点时可卡因使用的平均频数为 3.03 左右. 使用中心时间分值, 线性和二阶潜发展斜率因子间的相关性从 $r = -0.927$ (见表 4.4) 显著降低到 $r = -0.305$ (见表 4.5).

表 4.6　整数正交多项式

iopt0	iopt1	iopt2
1	-5	5
1	-3	-1
1	-1	-4
1	1	-4
1	3	-1
1	5	5

正交多项式 (orthogonal polynomial): 处理多项式时间函数之间的共线性的另一种方法是使用正交多项式来计算时间分值. 正交多项式是相互正交的多项式. 对于等时间间隔, 标准整数正交多项式 (standard integer orthogonal polynomial) 的值可以在某些统计学教材中找到. 在我们的示例中, 对于具有 6 个时间点 $(0, 1, 2, 3, 4, 5)$ 的数据, 整数正交多项式的系数如表 4.6 所示. 其中 iopt0、iopt1 和 iopt2 分别是零阶、一阶和二阶整数正交多项式系数. 它们相应的回归系数分别是发展模型的截距、时间的线性效应和二次项效应. 相应的 Mplus 程序如下:

Mplus 程序 4.6

```
TITLE: Quadratic LGM with integer orthogonal polynomials
DATA: FILE = Crack_BDI2.dat;
VARIABLE:
  NAMES = PID Ethnic Gender Age Edu Z0-Z5 Y0-Y5 t0-t5;
  MISSING = ALL (-9);
  USEVAR = Z0-Z5;
ANALYSIS: ESTIMATOR = MLR;
MODEL:
  eta0 BY Z0@1 Z1@1 Z2@1 Z3@1 Z4@1 Z5@1;
  eta1 BY Z0@-5 Z1@-3 Z2@-1 Z3@1 Z4@3 Z5@5;
  eta2 BY Z0@5 Z1@-1 Z2@-4 Z3@-4 Z4@-1 Z5@5;
  [Z0-Z5@0];
  [eta0 eta1 eta2];
OUTPUT: TECH4;
```

其中 eta1 和 eta2 的时间分值用整数正交多项式系数设定. 部分模型结果报告在表 4.7 中.

表 4.7　　部分 Mplus 输出: 使用整数正交多项式的二阶线性 LGM

```
MODEL FIT INFORMATION
...
RMSEA (Root Mean Square Error Of Approximation)

        Estimate                    0.068
        90 Percent C.I.             0.043   0.094
        Probability RMSEA <= .05    0.111

CFI/TLI
```

续表

CFI		0.948		
TLI		0.936		

...

SRMR (Standardized Root Mean Square Residual)

Value	0.035

...

MODEL RESULTS

		Estimate	S.E.	Est./S.E.	Two-Tailed P-Value
ETA0	BY				
Z0		1.000	0.000	999.000	999.000
Z1		1.000	0.000	999.000	999.000
Z2		1.000	0.000	999.000	999.000
Z3		1.000	0.000	999.000	999.000
Z4		1.000	0.000	999.000	999.000
Z5		1.000	0.000	999.000	999.000
ETA1	BY				
Z0		-5.000	0.000	999.000	999.000
Z1		-3.000	0.000	999.000	999.000
Z2		-1.000	0.000	999.000	999.000
Z3		1.000	0.000	999.000	999.000
Z4		3.000	0.000	999.000	999.000
Z5		5.000	0.000	999.000	999.000
ETA2	BY				
Z0		5.000	0.000	999.000	999.000
Z1		-1.000	0.000	999.000	999.000
Z2		-4.000	0.000	999.000	999.000
Z3		-4.000	0.000	999.000	999.000
Z4		-1.000	0.000	999.000	999.000
Z5		5.000	0.000	999.000	999.000
ETA1	WITH				
ETA0		0.060	0.014	4.293	0.000
ETA2	WITH				
ETA0		-0.043	0.012	-3.604	0.000
ETA1		-0.003	0.003	-1.105	0.269

Means

续表

ETA0	3.250	0.069	46.913	0.000
ETA1	-0.142	0.011	-12.742	0.000
ETA2	0.050	0.008	6.045	0.000
...				
Variances				
ETA0	1.579	0.117	13.444	0.000
ETA1	0.018	0.004	4.098	0.000
ETA2	0.005	0.003	2.059	0.039

```
...
TECHNICAL 4 OUTPUT

   ESTIMATES DERIVED FROM THE MODEL
...
ESTIMATED CORRELATION MATRIX FOR THE LATENT VARIABLES
            ETA0        ETA1        ETA2

            --------    --------    --------
ETA0         1.000
ETA1         0.356       1.000
ETA2        -0.465      -0.305       1.000
```

整数正交多项式模型的潜发展截距因子 (eta0 = 3.250, $P < 0.001$) 代表结局测量在整个观察期的均值 (Hedeker & Gibbons, 2006). 相比之下, 以均时时间分值定点的模型的 eta0 = 3.030, $P < 0.001$ (见表 4.5) 代表观察期中点的结局测量均值.

Mplus 程序 4.6 中使用的整数正交多项式系数在时间间隔相等时才适用. Hedeker 和 Gibbons (2006) 论证了一个更广义的计算正交多项式系数的方法, 它可以适用于时间间隔相等或不等的情况. SAS IML 程序中的 ORPOL 函数可用于计算广义正交多项式系数. 以 6 个时间点为例, 以下 SAS 程序可以用来生成广义二阶正交多项式:

SAS 程序 4.1

```
Proc IML;
t={0, 1, 2, 3, 4, 5};
op_t=ORPOL(t, 2);
mattrib op_t format=6.4;
Print op_t;
Quit;
```

其中首先生成了一个包含原始时间分值的向量 t, 然后, 使用 SAS IML 程序中的 ORPOL 函数生成正交多项式系数. ORPOL 函数中设定的选项 "2" 要求 SAS 生成最高阶为二次的广义正交多项式系数. SAS 输出如表 4.8 所示.

表 4.8　广义二阶正交多项式的 SAS 输出

op_t		
0.4082	-.5976	0.5455
0.4082	-.3586	-.1091
0.4082	-.1195	-.4364
0.4082	0.1195	-.4364
0.4082	0.3586	-.1091
0.4082	0.5976	0.5455

其中第 1、2 和 3 列分别是零阶、一阶和二阶广义正交多项式系数. 它们相应的回归系数是潜发展截距因子、线性潜发展斜率因子和二阶潜发展斜率因子. 相应的 Mplus 程序如下:

Mplus 程序 4.7

```
TITLE: Quadratic LGM with integer orthogonal polynomials
DATA: FILE = Crack_BDI2.dat;
VARIABLE:
  NAMES = PID Ethnic Gender Age Edu Z0-Z5 Y0-Y5 T0-T5;
  MISSING = ALL (-9);
  USEVAR = Z0-Z5;
ANALYSIS: ESTIMATOR = MLR;
MODEL:
  eta0 BY Z0@0.4082 Z1@0.4082 Z2@0.4082 Z3@0.4082 Z4@0.4082 Z5@0.4082;
  eta1 BY Z0@-.5976 Z1@-.3586 Z2@-.1195 Z3@0.1195 Z4@0.3586 Z5@0.5976;
  eta2 BY Z0@0.5455 Z1@-.1091 Z2@-.4364 Z3@-.4364 Z4@-.1091 Z5@0.5455;
  [Z0-Z5@0];
  [eta0 eta1 eta2];
OUTPUT: TECH4;
```

其中截距因子、线性和二阶斜率因子的因子载荷 (即时间分值) 是 SAS 程序 4.1 估计的广义正交多项式系数.

表 4.9　部分 Mplus 输出: 使用广义正交多项式的二阶线性 LGM

```
MODEL FIT INFORMATION
...
```

RMSEA (Root Mean Square Error Of Approximation)

Estimate	0.068	
90 Percent C.I.	0.043	0.094
Probability RMSEA <= .05	0.110	

CFI/TLI

CFI	0.948
TLI	0.936

...

SRMR (Standardized Root Mean Square Residual)

Value	0.035

...

MODEL RESULTS

		Estimate	S.E.	Est./S.E.	Two-Tailed P-Value
ETA0	BY				
Z0		0.408	0.000	999.000	999.000
Z1		0.408	0.000	999.000	999.000
Z2		0.408	0.000	999.000	999.000
Z3		0.408	0.000	999.000	999.000
Z4		0.408	0.000	999.000	999.000
Z5		0.408	0.000	999.000	999.000
ETA1	BY				
Z0		-0.598	0.000	999.000	999.000
Z1		-0.359	0.000	999.000	999.000
Z2		-0.119	0.000	999.000	999.000
Z3		0.119	0.000	999.000	999.000
Z4		0.359	0.000	999.000	999.000
Z5		0.598	0.000	999.000	999.000
ETA2	BY				
Z0		0.545	0.000	999.000	999.000
Z1		-0.109	0.000	999.000	999.000
Z2		-0.436	0.000	999.000	999.000
Z3		-0.436	0.000	999.000	999.000
Z4		-0.109	0.000	999.000	999.000
Z5		0.545	0.000	999.000	999.000

续表

ETA1	WITH				
	ETA0	1.239	0.288	4.293	0.000
ETA2	WITH				
	ETA0	-0.964	0.267	-3.604	0.000
	ETA1	-0.233	0.211	-1.106	0.269
Means					
	ETA0	7.962	0.170	46.913	0.000
	ETA1	-1.186	0.093	-12.742	0.000
	ETA2	0.462	0.076	6.045	0.000
...					
Variances					
	ETA0	9.474	0.705	13.444	0.000
	ETA1	1.279	0.312	4.098	0.000
	ETA2	0.454	0.221	2.059	0.039
...					

```
TECHNICAL 4 OUTPUT

    ESTIMATES DERIVED FROM THE MODEL
...
ESTIMATED CORRELATION MATRIX FOR THE LATENT VARIABLES
            ETA0          ETA1          ETA2

            --------      --------      --------
ETA0          1.000
ETA1          0.356         1.000
ETA2         -0.465        -0.305         1.000
```

注意, 此模型中潜发展截距因子的估计值 eta0 = 7.962 远大于先前的估计值 (例如, eta0 = 3.250) (参见表 4.7). 这是因为广义正交多项式系数重新度量了时间分值. 在此示例中使用 6 个时间点, 零阶多项式系数是 0.4082, 而不是通常的 1.0. 0.4082 是 1/6 的平方根, 表 4.8 中 SAS 输出的第 1 列中的值是正态化的数值, 它们在 6 个时间点的平方和等于 1.0 (即 $6 \times 0.4082^2 \approx 1$) (Hedeker & Gibbons, 2006). 将表 4.9 中的截距 (即 eta0 = 7.962) 乘以 0.4082, 我们得到 eta0 = 3.25, 这与表 4.7 中显示的 eta0 的估计平均值相同. 同样, 表 4.9 中的线性和二阶发展因子均值 (eta1 = −1.186 和 eta2 = 0.462) 与表 4.7 中整数正交多项式系数 (eta1 = −0.142 和 eta2 = 0.050) 的模型中的不同. 但我们将该系数乘以一个常数, 即相应的非整数正交多项式系数与整数正交多项式系数的比值, 所获得的斜率系数估计值 (例如, eta1 = −1.186 × (−0.5976)/(−5) ≈ −0.142, eta2 = 0.462 × (0.5455/5) ≈ 0.050) 便与表 4.7 所示相同.

4.3.2　分段线性潜发展模型 (Piecewise linear LGM)

另一种处理非线性发展轨迹的方法是分段线性 LGM. 这种方法是一种半参数方法, 它将观察的发展曲线分解为若干直线段. 每一线段都有各自的斜率, 但各线段在固定时间点连接在一起. 某线段连接下一个线段的连接点称为断点 (break point), 也称为内结点 (interior knot) 或结点 (knot). 发展轨迹在结点发生变化, 使曲线更紧密地吻合数据. 该方法特别适用于以下情况: (1) 当一些非线性发展轨迹不能用任何多项式近似吻合时. 例如, 在观察期结局测量剧烈变化 (上升或下降) (Fitzmaurice, Laird & Ware, 2004); (2) 当我们关注的重点是比较两个或多个时期的结局变化率时, 例如干预前后的变化率. 分段发展曲线有时被称为直线样条 (linear spline). 分段发展曲线有很多类型和估计方法. 本节我们重点关注先决结点 (predetermined knot) 的线性连接分析 (Greene, 1990; Wang, et al., 1999).

在拟合分段发展模型之前, 首先应检查观察数据的曲线发展模式, 确定需要模拟的线段数量. 我们的数据显示, BDI 分值发展过程大致可分为两段 (图 4.6): 从基线到 6 个月随访的急剧下降阶段, 以及此后的缓慢下降阶段. 因此, BDI 分值 ($Y_0 — Y_5$) 可用作展示分段 LGM 的结局测量.

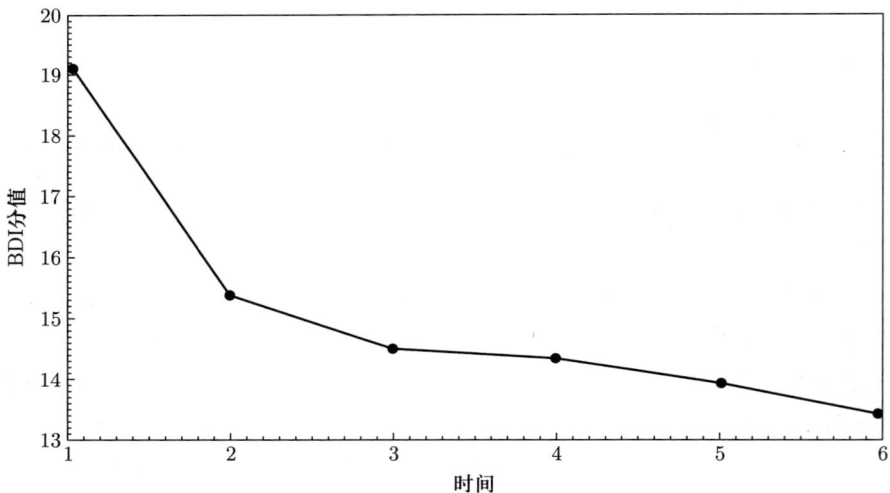

图 4.6　样本 BDI 分值的观察发展轨迹

确定了线段数之后, 需要对各线段的发展轨迹相对应的时间分值重新编码. 然后对两段分别进行线性回归 (如基线调查到 6 个月随访, 以及从 6 个月随访到 30 个月随访). 因此, 模型中又增加了一个潜发展斜率因子 eta2, 以表

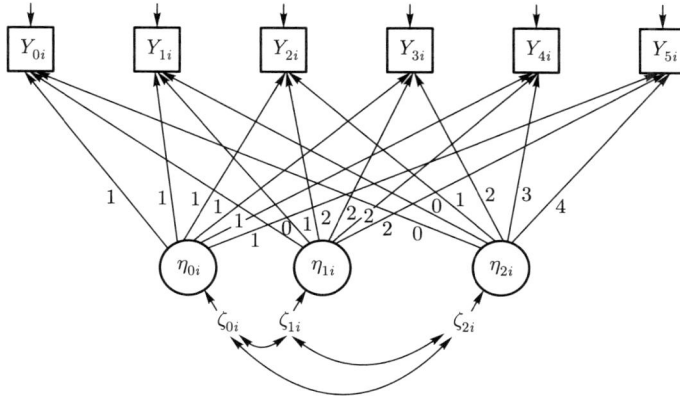

图 4.7 分段潜发展模型

示从时间点 1 (即第 6 个月) 到时间点 5 (即第 30 个月) 的结局变化 (见图 4.7). 相应的 Mplus 程序如下:

Mplus 程序 4.8

```
TITLE: Piecewise LGM
DATA: FILE = Crack_BDI2.dat;
VARIABLE:
   NAMES = PID Ethnic Gender Age Edu Z0-Z5 Y0-Y5 T0-T5;
   MISSING = ALL (-9);
   USEVAR = Y0-Y5;
ANALYSIS: ESTIMATOR = MLR;
MODEL: eta0 BY Y0@1 Y1@1 Y2@1 Y3@1 Y4@1 Y5@1;
       eta1 BY Y0@0 Y1@1 Y2@1 Y3@1 Y4@1 Y5@1;
       eta2 BY Y0@0 Y1@0 Y2@1 Y3@2 Y4@3 Y5@4;
       [Y0-Y5@0];
       [eta0 eta1 eta2];
       eta0 WITH eta1@0;
OUTPUT: TECH4;
PLOT: TYPE = PLOT3;
      Series = Y0-Y5(*);
```

其中 MODEL 指令中的第一个 BY 语句定义潜发展截距因子; 第二个 BY 语句定义从 t_0 到 t_1 的线性发展段; 第三个 BY 语句定义从 t_1 到 t_5 的线性发展段. 由于第一个发展段只涉及两个时间点, 出于模型识别的需要, 程序中 "eta0 with eta1@0" 语句将第一个发展段的截距和斜率因子之间的协方差设置为 0.

表 4.10　部分 Mplus 输出: 分段线性潜发展模型

```
MODEL FIT INFORMATION

...

Chi-Square Test of Model Fit

        Value                        5.629*
        Degrees of Freedom              13
        P-Value                     0.9586
        Scaling Correction Factor   1.2667
          for MLR
...

RMSEA (Root Mean Square Error Of Approximation)

        Estimate                    0.000
        90 Percent C.I.             0.000  0.000
        Probability RMSEA <= .05    1.000


CFI/TLI

        CFI                         1.000
        TLI                         1.011
...

SRMR (Standardized Root Mean Square Residual)

        Value                       0.021
...

MODEL RESULTS
```

		Estimate	S.E.	Est./S.E.	Two-Tailed P-Value
ETA0	BY				
Y0		1.000	0.000	999.000	999.000
Y1		1.000	0.000	999.000	999.000
Y2		1.000	0.000	999.000	999.000
Y3		1.000	0.000	999.000	999.000
Y4		1.000	0.000	999.000	999.000
Y5		1.000	0.000	999.000	999.000
ETA1	BY				
Y0		0.000	0.000	999.000	999.000
Y1		1.000	0.000	999.000	999.000
Y2		1.000	0.000	999.000	999.000
Y3		1.000	0.000	999.000	999.000
Y4		1.000	0.000	999.000	999.000

续表

Y5		1.000	0.000	999.000	999.000
ETA2	BY				
Y0		0.000	0.000	999.000	999.000
Y1		0.000	0.000	999.000	999.000
Y2		1.000	0.000	999.000	999.000
Y3		2.000	0.000	999.000	999.000
Y4		3.000	0.000	999.000	999.000
Y5		4.000	0.000	999.000	999.000
ETA0	WITH				
ETA1		0.000	0.000	999.000	999.000
ETA2	WITH				
ETA0		-3.111	1.324	-2.350	0.019
ETA1		0.988	1.644	0.601	0.548
Means					
ETA0		19.142	0.503	38.081	0.000
ETA1		-4.035	0.429	-9.406	0.000
ETA2		-0.505	0.119	-4.243	0.000
...					
Variances					
ETA0		69.341	6.130	11.312	0.000
ETA1		9.250	5.678	1.629	0.103
ETA2		1.126	0.659	1.709	0.087

如表 4.10 所示, 基线调查时的平均结局测量 (BDI 分值) 为 eta0 = 19.142; 在基线后的前 6 个月内下降了约 4 个点 (eta1 $= -4.035, P < 0.001$); 此后下降趋于平稳, 每 6 个月的变化率 eta2 $= -0.505$ ($P < 0.001$). 由于模型估计的结局发展轨迹被设定来匹配观察的发展轨迹模式, 所以分段 LGM 拟合数据非常好. 本例的模型几乎完美地拟合数据: 模型 $\chi^2 = 5.629$ ($P = 0.9586$), RMSEA $= 0.000$, 90% 置信区间 $= (0.000, 0.000)$, 精确拟合检验的 $P = 1.000$, CTI $= 1.000$, TLI $= 1.011$ 和 SRMR $= 0.021$. TLI 的值超出 $0 \sim 1$ 范围, 应将其重置为 1 (参见第一章第 1.5 节). 由 PLOT 指令生成的模型估计和观察的发展曲线几乎完美匹配.

以下 Mplus 替代程序可以得到与上述分段 LGM 相同的结果.

Mplus 程序 4.9

```
TITLE: Piecewise LGM-2
```

```
DATA: FILE = Crack_BDI2.dat;
VARIABLE:
   NAMES = PID Ethnic Gender Age Edu Z0-Z5 Y0-Y5 T0-T5;
   MISSING = ALL (-9);
   USEVAR = Y0-Y5;
ANALYSIS: ESTIMATOR = MLR;
MODEL: eta0 eta1 | Y0@0 Y1@1 Y2@1 Y3@1 Y4@1 Y5@1;
       eta0 eta2 | Y0@0 Y1@0 Y2@1 Y3@2 Y4@3 Y5@4;
       eta0 WITH eta1 @0;
OUTPUT: SAMPSTAT STDY TECH1 TECH4;
PLOT: TYPE = PLOT3;
      Series = Y0-Y5(*);
```

4.3.3　自由时间分值潜发展模型 (LGM with free time scores)

另外, 通过设置自由取值的潜发展斜率因子载荷 (即自由取值的时间分值), 可以使结局变化轨迹的估计更加灵活. 这种 LGM 称为非设定 LGM (unspecified LGM). 让模型自由估计时间分值的优点是让数据说话, 让数据来决定结局发展轨迹的形态, 决定其非线性的状况 (Duncan & Duncan, 1994; Chou, Bentler & Pentz, 1998; Meredith & Tisak, 1990; McArdle & Anderson, 1990; Wang, 2004).

图 4.8 所示是一个无条件自由时间分值 LGM (unconditional free time score LGM). 出于模型识别的需要, 该模型中必须固定至少两个时间分值, 其中一个应固定为 0, 以确定时间定点 (参照点). 如果将 t_0 (基线访谈时间) 的时间分值设置为 0, 则 t_0 就成为时间定点, 因此, 潜发展截距因子等于 Y_{0i}. 如前所述, 我们可以选择不同的时间点作为定点; 也就是说, 任何时间点的时间分值均可以设置为 0. 如何设定, 取决于对定点意义的理解.

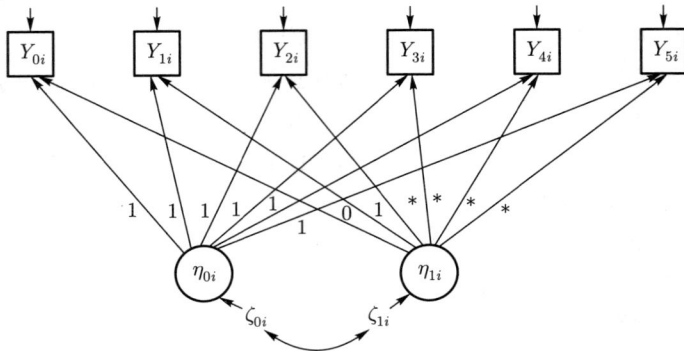

图 4.8　自由时间分值潜发展模型

此外, 非设定 LGM 中的另一个时间分值则须设定为一个非零值 (通常为 1), 以建立潜发展斜率因子的测量标度. 如果将时间点 t_1 的时间分值设定为 1, 时间分值标度上的一个单位相当于从时间点 t_0 到 t_1 的观察时间间隔的长度. 这样, 潜发展斜率因子的估计均值等于从时间点 t_0 到 t_1 的结局平均变化量. 时间点 t_2、t_3、t_4 和 t_5 的时间分值设定为自由参数, 由模型来估计. 如果估计的发展轨迹是完美线性, 那么, 时间点 t_2、t_3、t_4 和 t_5 的估计时间分值应分别为 2、3、4 和 5. 如果 t_2 的时间分值估计值小于 2, 则表明从观察时间点 t_1 到 t_2 的结局变化小于预期的线性变化. 相反, 如果估计的该时间分值大于 2, 则表明该时期的结局变化大于预期的线性变化. 相同的原则适用于其他子时间段 (例如, $t_2 \to t_3$、$t_3 \to t_4$ 和 $t_4 \to t_5$). 因此, 模型估计的时间分值可以用作评估结局发展是否是线性轨迹的工具 (Wang, 2004; Wang, 2009). 以下 Mplus 程序适用于图 4.8 中设定的模型.

Mplus 程序 4.10

```
TITLE: LGM with Free Time Scores
DATA: FILE = Crack_BDI2.dat;
VARIABLE:
   NAMES = PID Ethnic Gender Age Edu Z0-Z5 Y0-Y5 T0-T5;
   MISSING = ALL (-9);
   USEVAR = Y0-Y5;
ANALYSIS: ESTIMATOR = MLR;
MODEL: eta0 eta1 | Y0@0 Y1@1 Y2* Y3* Y4* Y5*;
OUTPUT: TECH4;
```

其中, MODEL 指令中的 $Y2*\ Y3*\ Y4*\ Y5*$ (也可简化为 Y2 Y3 Y4 Y5) 表示时间点 t_2—t_5 的时间分值为自由取值参数.

表 4.11 部分 Mplus 输出: 自由时间分值 LGM

MODEL FIT INFORMATION

RRMSEA(Root Mean Square Error Of Approximation)

Estimate	0.000	
90 Percent C.I.	0.000	0.031
Probability RMSEA <= .05	0.995	

FI/TLI

续表

CFI	1.000			
TLI	1.007			

...

SRMR (Standardized Root Mean Square Residual)

Value	0.022			

MODEL RESULTS

	Estimate	S.E.	Est./S.E.	Two-Tailed P-Value
ETA0 |				
Y0	1.000	0.000	999.000	999.000
Y1	1.000	0.000	999.000	999.000
Y2	1.000	0.000	999.000	999.000
Y3	1.000	0.000	999.000	999.000
Y4	1.000	0.000	999.000	999.000
Y5	1.000	0.000	999.000	999.000
ETA1 |				
Y0	0.000	0.000	999.000	999.000
Y1	1.000	0.000	999.000	999.000
Y2	1.200	0.116	10.312	0.000
Y3	1.256	0.139	9.041	0.000
Y4	1.419	0.144	9.855	0.000
Y5	1.546	0.152	10.183	0.000
ETA1 WITH				
ETA0	-18.156	8.135	-2.232	0.026
Means				
ETA0	19.140	0.503	38.019	0.000
ETA1	-3.934	0.467	-8.419	0.000

时间点 t_2、t_3、t_4 和 t_5 的估计时间分值分别为 1.200、1.256、1.419 和 1.546, 远低于线性发展轨迹分值 (即 2、3、4 和 5). 这表明结局测量 (BDI 分值) 在观察期间呈非线性变化: 在基线访谈后的前 6 个月观察期内快速下降 (eta1 $= -3.934, P < 0.001$); 然后下降趋于平稳. 从模型拟合统计和指标我们可以看出, 自由时间分值的模型拟合数据优于预先定义轨迹的模式 (例如线性或二阶函数).

在运行自由时间分值 LGM 时, 需要注意对不同时段的结局变化率的解释. 例如, 在表 4.11 中, t_1 和 t_2 之间的时间分值的差别为 $1.2 - 1.0 = 0.2$; 因此, 结局测量从 t_1 到 t_2 的变化量为 $\text{eta1} \times 0.20 = (-3.934) \times 0.20 \approx -0.78.$[①]

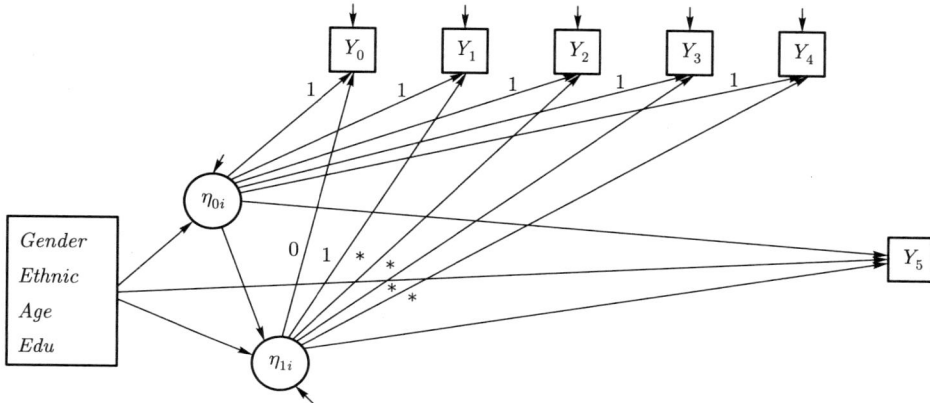

图 4.9　带时间恒定协变量及终端结局的潜发展模型

4.3.4　带终端结局测量的潜发展模型 (LGM with distal outcomes)

人们通常感兴趣的另一个问题是结局测量发展轨迹对观察期结束时的终端结局测量的影响. 如图 4.9 所示的模型中, 我们将前 5 个重复结局测量 (即 Y_0—Y_4) 构建成一个 LGM, 而把最后一个 BDI 分值 (即 Y_5) 作为终端结局. 当然, 模型中可以使用不同的终端结局测量. 此模型中我们检验在 24 个月内 BDI 分值变化轨迹对观察期终点 (即第 30 个月) 的 BDI 分值 (即 Y_5) 的影响, 模型中个体背景特征作为协变量控制. 估计该模型的 Mplus 程序如下:

Mplus 程序 4.11

```
TITLE: LGM with a distal outcome
DATA: FILE = Crack_BDI2.dat;
VARIABLE:
  NAMES = PID Ethnic Gender Age Edu Z0-Z5 Y0-Y5 T0-T5;
  MISSING = ALL (-9);
  USEVAR = Y0-Y5 Ethnic Gender Age Edu;
DEFINE:
```

---

① 在自由时间分值 LGM 中, 两个特定时间点 t_t 和 t_{t+c} (其中 c 是常数) 之间的结局变化为 $\eta_1(\lambda_{t+c} - \lambda_t)$. 有关潜发展结局测量变化的详情参见 Wang (2004) 和 Wang (2009).

```
  CENTER Age (GRANDMEAN); !Centering Age;
ANALYSIS:
  ESTIMATOR = MLR;
MODEL: eta0 eta1 | Y0@0 Y1@1 Y2* Y3* Y4*;
       eta0 eta1 ON Ethnic Gender Age Edu;
       Y5 ON eta0 eta1 Ethnic Gender Age Edu;
OUTPUT: STDYX;
```

其中重复结局测量 $Y_0 - Y_4$ 用于构建观察期前 24 个月 BDI 分值的发展轨迹; LGM 的发展因子用于预测观察期结束时 (即本研究中基线调查后第 30 个月) 的终端结局测量 (Y_5). 时间恒定协变量用于预测发展因子和终端结局.

表 4.12　部分 Mplus 输出: 终端结局 LGM

```
MODEL FIT INFORMATION
...
RMSEA (Root Mean Square Error Of Approximation)

            Estimate                   0.016
            90 Percent C.I.            0.000   0.044
            Probability RMSEA <= .05   0.982


CFI/TLI

            CFI                        0.997
            TLI                        0.996


Chi-Square Test of Model Fit for the Baseline Model

            Value                      1053.093
            Degrees of Freedom              39
            P-Value                    0.0000


SRMR (Standardized Root Mean Square Residual)

            Value                      0.022


MODEL RESULTS

                                              Two-Tailed
                    Estimate   S.E.  Est./S.E.  P-Value

  ETA0       |
```

Y0	1.000	0.000	999.000	999.000
Y1	1.000	0.000	999.000	999.000
Y2	1.000	0.000	999.000	999.000
Y3	1.000	0.000	999.000	999.000
Y4	1.000	0.000	999.000	999.000
ETA1 |				
Y0	0.000	0.000	999.000	999.000
Y1	1.000	0.000	999.000	999.000
Y2	1.291	0.137	9.423	0.000
Y3	1.333	0.168	7.946	0.000
Y4	1.526	0.173	8.825	0.000
ETA0 ON				
ETHNIC	-0.575	1.069	-0.537	0.591
GENDER	-3.530	1.031	-3.423	0.001
AGE	0.101	0.074	1.371	0.170
EDU	-1.907	0.522	-3.651	0.000
ETA1 ON				
ETHNIC	0.137	0.666	0.206	0.837
GENDER	0.979	0.623	1.571	0.116
AGE	0.078	0.040	1.973	0.049
EDU	-0.045	0.346	-0.130	0.897
Y5 ON				
ETA0	0.853	0.067	12.717	0.000
ETA1	2.342	0.713	3.285	0.001
Y5 ON				
ETHNIC	-0.765	1.142	-0.670	0.503
GENDER	-0.522	1.263	-0.413	0.679
AGE	-0.043	0.089	-0.488	0.626
EDU	-0.333	0.622	-0.536	0.592
Intercepts				
Y0	0.000	0.000	999.000	999.000
Y1	0.000	0.000	999.000	999.000
Y2	0.000	0.000	999.000	999.000
Y3	0.000	0.000	999.000	999.000
Y4	0.000	0.000	999.000	999.000
Y5	7.610	4.956	1.535	0.125
ETA0	28.941	2.151	13.455	0.000
ETA1	-4.256	1.571	-2.708	0.007

...

R-SQUARE

Observed Variable	Estimate	S.E.	Est./S.E.	Two-Tailed P-Value
Y0	0.607	0.033	18.188	0.000
Y1	0.624	0.033	18.774	0.000
Y2	0.651	0.035	18.454	0.000
Y3	0.688	0.036	19.284	0.000
Y4	0.689	0.039	17.519	0.000
Y5	0.718	0.076	9.491	0.000

Latent Variable	Estimate	S.E.	Est./S.E.	Two-Tailed P-Value
ETA0	0.094	0.034	2.735	0.006
ETA1	0.103	0.079	1.307	0.191

该模型主要是检验结局测量发展轨迹如何影响终端结局测量 (此例中为观察期结束时 BDI 分值). 模型估计的潜发展因子 (如 eta0 和 eta1) 代表前 24 个月结局测量 BDI 分值的发展轨迹. 通过终端测量 Y_5 对发展因子 eta0 和 eta1 的回归, 检验 BDI 分值的初始水平 (eta0) 及其变化率 (eta1) 如何影响观察期结束时的 BDI 分值. 模型结果显示, eta0 (即 BDI 分值的初始水平) 和 eta1 (即 BDI 分值随时间的变化率) 对 t_5 时测得的 BDI 分值均有显著正效应 (分别为 0.853, $P < 0.001$; 2.342, $P = 0.001$). 控制潜发展因子后, 性别、种族、年龄和教育对终端结局没有显著效应 (见表 4.12).

4.4 带多结局测量发展过程的线性潜发展模型 (LGM with multiple growth processes)

本章的前几节中介绍的潜发展模型只分析单个结局发展过程. LGM 可以扩展来同时分析多个结局的发展, 如平行发展过程 (parallel growth process) 和顺序发展过程 (sequential growth process) (Muthén & Muthén, 1998—2017). 本节中, 我们将讨论和演示平行发展过程 LGM. 以下公式描述的是一个无条件平行发展过程 LGM:

$$Y_{ti}^m = \eta_{0i}^{y_m} + \lambda_t^{y_m} \eta_{1i}^{y_m} + \varepsilon_{ti}^{y_m}, \tag{4.14}$$

$$\eta_{0i}^{y_m} = \eta_0^{y_m} + \varsigma_{0i}^{y_m}, \tag{4.15}$$

$$\eta_{1i}^{y_m} = \eta_1^{y_m} + \varsigma_{1i}^{y_m}. \tag{4.16}$$

方程 (4.14) 被称为个体内模型 (within subject model), 其中 Y_{ti}^m 是第 m 个结局在时间点 t_t 的第 i 次观察测量. 模型参数 $\eta_{0i}^{y_m}$ 和 $\eta_{1i}^{y_m}$ 是第 m 个结局发展过程的潜发展截距因子和潜发展斜率因子. 方程 (4.15) 和 (4.16) 是个体间模型 (between subject model), 其中 $\eta_{0i}^{y_m}$ 和 $\eta_{1i}^{y_m}$ 作为因变量; $\eta_0^{y_m}$ 是估计的结局测量的初始水平总均值, $\eta_1^{y_m}$ 是估计的结局测量的平均变化率, $\varsigma_{0i}^{y_m}$ 和 $\varsigma_{1i}^{y_m}$ 是误差项.

将协变量添加到公式 (4.15) 和 (4.16) 中, 我们有

$$\eta_{0i}^{y_m} = \eta_0^{y_m} + \sum_k \gamma_{0k}^{y_m} X_k + \varsigma_{0i}^{y_m}, \tag{4.17}$$

$$\eta_{1i}^{y_m} = \eta_1^{y_m} + \sum_k \gamma_{1k}^{y_m} X_k + \varsigma_{1i}^{y_m}, \tag{4.18}$$

其中, 一组时间恒定协变量 (X) 预测潜发展截距和斜率因子. 于是模型变成条件平行发展过程 LGM (conditional parallel growth process LGM).

下面, 我们将演示一个无条件平行发展过程 LGM (unconditional parallel growth process LGM), 其中同时对两个结局的重复测量进行建模, 并假设两个发展轨迹相互关联. 如果有两个以上的结局测量发展过程, 可以用相同的方式估计过程. 模型中涉及的发展过程越多, 需要估计的参数越多, 因而需要的样本量就越大.

图 4.10 所示的是有 6 个重复测量的无条件平行发展过程 LGM. 其中, 重复测量 Y_{10i}—Y_{15i} 代表一个结局测量 (即 BDI 定义的抑郁分值) 的发展过程; 而 Y_{20i}—Y_{25i} 代表另一个结局测量 (即可卡因使用频数) 的发展过程. 两个发展轨迹的潜发展截距因子间的协方差反应在观察期开始时两个结局的共存信息; 两个潜发展斜率因子间的协方差反应两个结局测量的变化率之间的相互关联关系. 如果可以在理论上确定这两个结局测量间的因果关系, 则可以用路径系数替换协方差, 以检验它们间的因果关系. 由于可卡因使用与抑郁症之间的因果关系较为复杂, 我们将两个结局测量潜发展因子间的关系设定为相关, 而非因果效应, 相应的 Mplus 程序如下:

Mplus 程序 4.12

```
TITLE: Parallel Processes LGM
DATA: FILE = Crack_BDI2.dat;
```

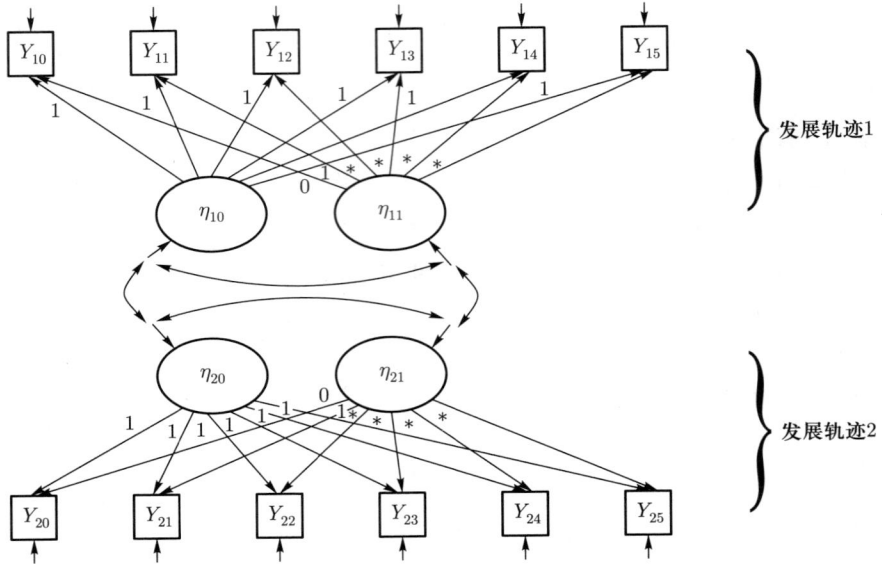

图 4.10　平行发展轨迹潜发展模型

```
VARIABLE:
  NAMES = PID Ethnic Gender Age Edu Y20-Y25 Y10-Y15 t0-t5;
  MISSING = ALL (-9);
  USEVAR = Y20-Y25 Y10-Y15;
ANALYSIS:
  ESTIMATOR = MLR;
MODEL: eta01 eta11 | Y10@0 Y11@1 Y12* Y13* Y14* Y15*;
       eta02 eta12 | Y20@0 Y21@1 Y22* Y23* Y24* Y25*;
OUTPUT: TECH4;
```

　　考虑到与图 4.10 中的结局测量所用符号保持一致, 在以上的 Mplus 程序中, 我们分别将前述程序中的 BDI 分值 (Y_0 — Y_5) 和可卡因使用频数分值 (Z_0 — Z_5) 重命名为 Y_{10} — Y_{15} 和 Y_{20} — Y_{25}. 在 MODEL 指令中设定了两个具有自由时间分值的 LGM, 同时估计 BDI 定义的抑郁症和可卡因使用频数的发展轨迹. 程序默认估计两个发展过程之间的关联 (即发展因子协方差).

表 4.13　部分 Mplus 输出: 平行发展过程 LGM

MODEL FIT INFORMATION

...

续表

RMSEA (Root Mean Square Error Of Approximation)

Estimate	0.057	
90 Percent C.I.	0.044	0.069
Probability RMSEA <= .05	0.184	

CFI/TLI

CFI	0.950
TLI	0.941

...

SRMR (Standardized Root Mean Square Residual)

Value	0.045

MODEL RESULTS

	Estimate	S.E.	Est./S.E.	Two-Tailed P-Value
ETA01				
Y0	1.000	0.000	999.000	999.000
Y1	1.000	0.000	999.000	999.000
Y2	1.000	0.000	999.000	999.000
Y3	1.000	0.000	999.000	999.000
Y4	1.000	0.000	999.000	999.000
Y5	1.000	0.000	999.000	999.000
ETA11				
Y0	0.000	0.000	999.000	999.000
Y1	1.000	0.000	999.000	999.000
Y2	1.204	0.122	9.832	0.000
Y3	1.275	0.147	8.662	0.000
Y4	1.467	0.156	9.377	0.000
Y5	1.569	0.156	10.079	0.000
ETA02				
Z0	1.000	0.000	999.000	999.000
Z1	1.000	0.000	999.000	999.000
Z2	1.000	0.000	999.000	999.000
Z3	1.000	0.000	999.000	999.000
Z4	1.000	0.000	999.000	999.000
Z5	1.000	0.000	999.000	999.000

ETA12					
Z0		0.000	0.000	999.000	999.000
Z1		1.000	0.000	999.000	999.000
Z2		1.283	0.139	9.233	0.000
Z3		1.592	0.170	9.363	0.000
Z4		1.731	0.187	9.243	0.000
Z5		1.891	0.193	9.811	0.000
ETA11	WITH				
ETA01		-16.122	7.605	-2.120	0.034
ETA02	WITH				
ETA01		3.920	0.752	5.215	0.000
ETA11		-1.270	0.482	-2.635	0.008
ETA12	WITH				
ETA01		-1.171	0.591	-1.982	0.047
ETA11		1.876	0.449	4.183	0.000
ETA02		-0.352	0.162	-2.169	0.030
Means					
ETA01		19.131	0.504	37.954	0.000
ETA11		-3.878	0.480	-8.078	0.000
ETA02		4.267	0.076	55.855	0.000
ETA12		-0.827	0.094	-8.753	0.000

...

TECHNICAL 4 OUTPUT

...

```
      ESTIMATED COVARIANCE MATRIX FOR THE LATENT VARIABLES
            ETA01        ETA11        ETA02        ETA12

          --------     --------     --------     --------
ETA01      84.242
ETA11     -16.123       18.785
ETA02       3.920       -1.270        1.574
ETA12      -1.171        1.876       -0.352        0.573


      ESTIMATED CORRELATION MATRIX FOR THE LATENT VARIABLES
            ETA01        ETA11        ETA02        ETA12

          --------     --------     --------     --------
ETA01       1.000
ETA11      -0.405        1.000
ETA02       0.340       -0.234        1.000
ETA12      -0.169        0.572       -0.371        1.000
```

续表

```
ESTIMATED COVARIANCE MATRIX FOR THE LATENT VARIABLES
                ETA01          ETA11          ETA02          ETA12

                --------       --------       --------       --------
  ETA01          84.241
  ETA11         -16.122         18.785
  ETA02           3.920         -1.270          1.574
  ETA12          -1.171          1.876         -0.352          0.573
  ...

ESTIMATED CORRELATION MATRIX FOR THE LATENT VARIABLES
                ETA01          ETA11          ETA02          ETA12

                --------       --------       --------       --------
  ETA01           1.000
  ETA11          -0.405          1.000
  ETA02           0.340         -0.234          1.000
  ETA12          -0.169          0.572         -0.371          1.000
```

两个结局发展轨迹的估计时间分值分别为 $[0, 1, 1.204, 1.275, 1.467, 1.569]$ 和 $[0, 1, 1.283, 1.592, 1.731, 1.891]$, 均偏离了线性时间分值 $[0, 1, 2, 3, 4, 5]$, 因此, 这两个结局测量的发展轨迹都是非线性的. 基线调查时 BDI 分值的初始水平均值约为 $eta01 = 19.13$ $(P < 0.001)$, 基线调查后的前 6 个月期间显著下降 $(eta11 = -3.88, P < 0.001)$, 之后下降趋于平稳. 对于另一个结局测量 (可卡因使用频数) 也有类似的发展轨迹. 两个结局测量的初始水平显著正相关: $\text{Cov}(eta02, eta01) = 3.92$, $P < 0.001$. 两个结局的变化率也显著正相关: $\text{Cov}(eta12, eta11) = 1.88$, $P < 0.001$. 此外, 每个结局的变化率与其初始水平均呈显著负相关; 即每个发展过程的潜发展截距和斜率因子之间的协方差为负且具有统计学意义: $\text{Cov}(eta01, eta11) = -16.12$, $P = 0.034$; $\text{Cov}(eta02, eta12) = -0.35$, $P = 0.030$. 这说明初始水平越高, 结局变化测量的下降速度越慢.

如果能从理论或经验上提供有关潜发展因子之间的因果关系信息, 则可以在模型中设定该因果关系. 例如, 假设 BDI 分值的初始水平 (eta01) 是可卡因使用频数初始水平 (eta02) 的函数, 而 BDI 分值的变化率 (eta11) 是可卡因使用频数变化率 (eta12) 的函数, 那么可以用下面的 Mplus 程序估计相应的潜发展因子之间的因果关系.

Mplus 程序 4.13

```
TITLE: Parallel-processes LGM with causal relationships between growth
    Factors
```

```
DATA: FILE = Crack_BDI2.dat;
VARIABLE:
  NAMES = PID Ethnic Gender Age Edu Y20-Y25 Y10-Y15 t0-t5;
  MISSING = ALL (-9);
  USEVAR = Y10-Y15 Y20-Y25;
ANALYSIS: ESTIMATOR = MLR;
MODEL: eta01 eta11 | Y10@0 Y11@1 Y12* Y13* Y14* Y15*;
       eta02 eta12 | Y20@0 Y21@1 Y22* Y23* Y24* Y25*;
       eta01 ON eta02;
       eta11 ON eta12;
OUTPUT: TECH4;
```

其中 MODEL 指令中的两个 ON 语句设定潜发展因子间的假设因果关系. 模型结果 (此处未报告) 表明, eta01 回归 eta02 的斜率系数为 2.303 ($P < 0.001$); 而 eta11 回归 eta12 的斜率系数为 2.946 ($P < 0.001$).

4.5　两部式潜发展模型 (Two-part LGM)

　　在实际研究中, 连续结局测量常会呈现非正态分布, 且有大量观察值会聚集在零值上. 这样的测量也称为半连续测量 (semi-continuous measure). 传统上处理这类变量的方法通常有: (1) 用对数转换以改善其分布. 但此法不能解决测量中零值过多的问题. (2) 将变量重新编码为二分类变量 (即将非零值编码为 1, 零观察值仍然为 0), 用逻辑斯谛 (logistic) 回归分析该二分类变量. 此法会丢失非零观察值中的重要信息. (3) 用计量经济学的两部式模型 (two-part model) 来分别分析二分类变量 (0– 如果结局测量为零值; 1– 如果结局测量为非零值) 和观察的非零值. 前者通常是用逻辑斯谛回归或 PROBIT 回归, 或者用多元回归方程 (Duan, et al., 1983; Manning, Duan & Rogers, 1987). 此方法的问题在于, 它假设这两个回归模型的残差项 (residual term) 不相关, 因而会导致参数估计偏倚 (Olsen & Schafer, 2001). 为了解决这个问题, Tooze, Grunwald & Jones (2002) 提出了混合效应混合分布模型 (mixed-effect mixed distribution model), 并开发了一个 SAS 宏程序来拟合纵向数据中的半连续结局 (参见 Wang, Xie & Fisher, 2012, 第六章第 6.2 节).

　　本节中, 我们将介绍如何用两部式发展模型来分析半连续结局测量. 在此模型中, 结局测量的原始分值被分解为两部分: 结局测量观察值中出现非零值的似然性和频数. 用逻辑斯谛回归和 PROBIT 回归分析出现非零值结局测量的似然性, 用多元回归分析结局测量的非零连续测量值. 在这两部式发展模型中, 结局测量中出现非零观察值的似然性和观察的非零值被视为两个结局测量, 在纵向数据分析中被处理为两个相关的发展过程分别用 LGM 同时分析, 并同时估计这两个潜发展模型的发展因子间的关联或因果关系.

模型演示所用数据来自 2002 年 10 月至 2004 年 9 月期间研究美国俄亥俄州中西部农村非法药物使用者的样本 ($N = 249$) (Siegal, et al., 2006). 在两年研究期间共有 5 次重复测量, 结局测量为在各时间点测量的过去 30 天内可卡因使用频数. 图 4.11 描述的是一个无条件两部式 LGM.

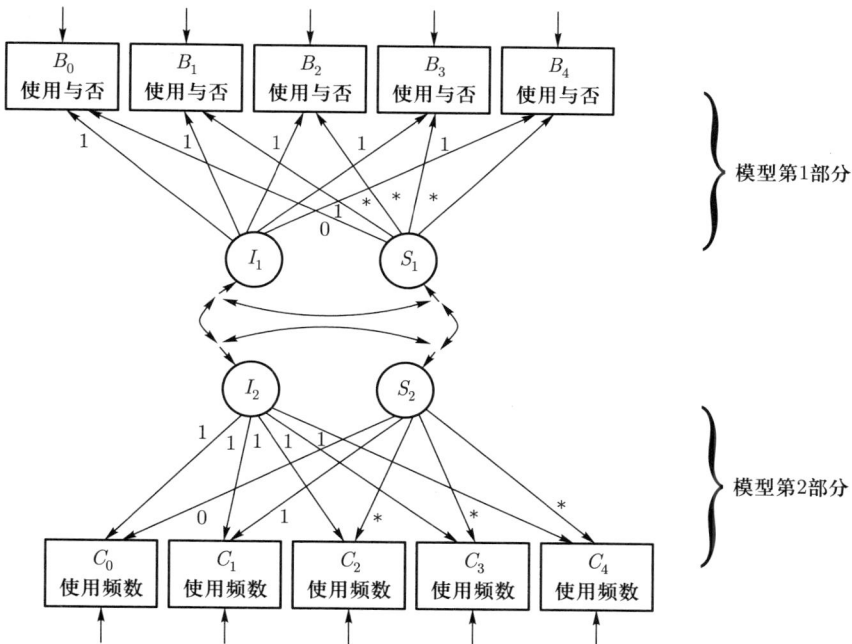

图 4.11　两部式潜发展模型

模型的第 1 部分建立新的二分类结局变量 B_0, B_1, B_2, B_3 和 B_4, 代表每次调查前 30 天内可卡因的使用情况 (1 – 使用可卡因; 0 – 未使用可卡因). 模型的第 2 部分创建新的连续结局变量 C_0, C_1, C_2, C_3 和 C_4, 分别代表各次调查前 30 天内使用可卡因的频数. 在过去 30 天内未使用可卡因者在变量 C 中被编码为缺失案例. 具有变量 B 的第 1 部分和具有变量 C 的第 2 部分同时用 LGM 估计. 两模型的潜发展因子间的关系可以根据理论或经验设定为相关关系或因果关系.

结局测量的频数分布如图 4.12 所示. 我们可以看到, 结局测量在每个时间点都有大量的零值, 表明重复的结局测量是半连续变量. 因此, 两部式 LGM 适

用于对此类纵向数据进行建模. 该模型的 Mplus 程序如下:

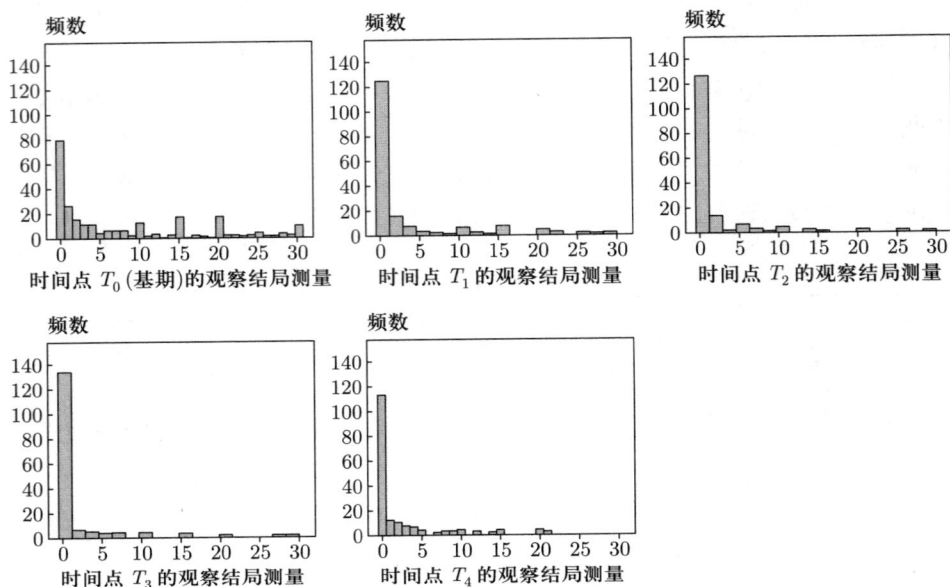

图 4.12　　不同时间点测量的过去 30 天可卡因使用频数

Mplus 程序 4.14

```
TITLE: Two-part LGM
DATA:  FILE = LGM_data2.dat;
DATA TWOPART:
  NAMES = Y0-Y4;
  BINARY = B0-B4;
  CONTINUOUS = C0-C4;
  !CUTPOINT = 0;!default cutoff point to create new binary variables;
  !TRANSFORM = NONE;
VARIABLE: NAMES = Y0-Y4; !the variables in the data file;
  USEVARIABLES = B0-B4 C0-C4;
  CATEGORICAL = B0-B4;
  MISSING = .;
ANALYSIS: ESTIMATOR = MLR;
  COVERAGE = 0.07;
MODEL: eta0b eta1b | B0@0 B1@1 B2@2 B3@3 B4@4;
       eta0c eta1c | C0@0 C1@1 C2@2 C3@3 C4@4;
       eta0c WITH eta0b@0; eta1c WITH eta1b@0;
```

OUTPUT: TECH4;

其中, 随时间变化的可卡因使用频数的 5 次重复测量数据读自数据文件 LGM_data2.dat. DATA TWOPART 指令用观察变量 $(Y_0 - Y_4)$ 创建新的二分类变量 $(B_0 - B_4)$ 和新的连续变量 $(C_0 - C_4)$. 如果观察变量大于临界点 (默认为 0), 那么新的二分类变量 (即 $B_0 - B_4$) 赋值为 1 (即过去 30 天曾使用过可卡因), 否则赋值为 0 (即过去 30 天未使用过可卡因). 新的连续变量 (即 $C_0 - C_4$) 默认是原始变量. 当观察变量小于临界点或新二分类变量 (即 $B_0 - B_4$) 的值为 0 时, 相应的新连续变量 (即 $C_0 - C_4$) 分值编码为缺失值. 若原始变量值缺失, 新的二分类和连续变量均编码为缺失值. 考虑到新的连续变量可能不呈正态分布, Mplus 默认自动对原始变量进行对数转换, 除非在 DATA TWOPART 指令行中设定 "TRANSFORM=NONE" 选项.

表 4.14　部分 Mplus 输出: 两部式 LGM

COVARIANCE COVERAGE OF DATA

Minimum covariance coverage value　　0.070

Covariance Coverage

	B0	B1	B2	B3	B4
B0	1.000				
B1	0.731	0.731			
B2	0.675	0.590	0.675		
B3	0.671	0.590	0.578	0.671	
B4	0.663	0.546	0.534	0.550	0.663
C0	0.683	0.538	0.478	0.458	0.442
C1	0.317	0.317	0.257	0.249	0.257
C2	0.225	0.209	0.225	0.185	0.177
C3	0.193	0.173	0.161	0.193	0.145
C4	0.197	0.165	0.149	0.157	0.197

Covariance Coverage

	C0	C1	C2	C3	C4
C0	0.683				
C1	0.277	0.317			
C2	0.193	0.157	0.225		
C3	0.161	0.133	0.108	0.193	
C4	0.165	0.108	0.076	0.096	0.197

PROPORTION OF DATA PRESENT FOR U

Covariance Coverage

	B0	B1	B2	B3	B4
B0	1.000				
B1	0.731	0.731			
B2	0.675	0.590	0.675		
B3	0.671	0.590	0.578	0.671	
B4	0.663	0.546	0.534	0.550	0.663

PROPORTION OF DATA PRESENT FOR Y

Covariance Coverage

	C0	C1	C2	C3	C4
C0	0.683				
C1	0.277	0.317			
C2	0.193	0.157	0.225		
C3	0.161	0.133	0.108	0.193	
C4	0.165	0.108	0.076	0.096	0.197

...

MODEL FIT INFORMATION

Number of Free Parameters   17

Loglikelihood

        H0 Value   -1128.099
        H0 Scaling Correction Factor   0.9397
            for MLR

Information Criteria

        Akaike (AIC)   2290.198
        Bayesian (BIC)   2349.995
        Sample-Size Adjusted BIC   2296.104
            (n* = (n + 2) / 24)

Chi-Square Test of Model Fit for the Binary and Ordered Categorical
(Ordinal) Outcomes

```
Pearson Chi-Square

Value                           60.436
Degrees of Freedom                  26
P-Value                         0.0001


Likelihood Ratio Chi-Square

Value                           44.321
Degrees of Freedom                  26
P-Value                         0.0140
```

Chi-Square Test for MCAR under the Unrestricted Latent Class Indicator Model

```
Pearson Chi-Square

Value                          154.280
Degrees of Freedom                 115
P-Value                         0.0085


Likelihood Ratio Chi-Square

Value                          136.048
Degrees of Freedom                 115
P-Value                         0.0878
```

MODEL RESULTS

		Estimate	S.E.	Est./S.E.	Two-Tailed P-Value
ETA0B	|				
B0		1.000	0.000	999.000	999.000
B1		1.000	0.000	999.000	999.000
B2		1.000	0.000	999.000	999.000
B3		1.000	0.000	999.000	999.000
B4		1.000	0.000	999.000	999.000
ETA1B	|				
B0		0.000	0.000	999.000	999.000
B1		1.000	0.000	999.000	999.000
B2		2.000	0.000	999.000	999.000
B3		3.000	0.000	999.000	999.000
B4		4.000	0.000	999.000	999.000

ETAOC |				
C0	1.000	0.000	999.000	999.000
C1	1.000	0.000	999.000	999.000
C2	1.000	0.000	999.000	999.000
C3	1.000	0.000	999.000	999.000
C4	1.000	0.000	999.000	999.000
ETA1C |				
C0	0.000	0.000	999.000	999.000
C1	1.000	0.000	999.000	999.000
C2	2.000	0.000	999.000	999.000
C3	3.000	0.000	999.000	999.000
C4	4.000	0.000	999.000	999.000
ETAOC WITH				
ETA0B	0.000	0.000	999.000	999.000
ETA1B	0.188	0.076	2.473	0.013
ETA1C WITH				
ETA1B	0.000	0.000	999.000	999.000
ETA0B	0.259	0.082	3.173	0.002
ETAOC	-0.088	0.064	-1.371	0.170
ETA1B WITH				
ETA0B	0.113	0.271	0.419	0.675
Means				
ETA0B	0.000	0.000	999.000	999.000
ETA1B	-0.731	0.107	-6.822	0.000
ETAOC	1.745	0.089	19.554	0.000
ETA1C	-0.338	0.056	-6.067	0.000

ANALYSIS 指令上的 "COVERAGE = 0.07" 语句设定 0.07 或 7% 为可接受的协方差覆盖率的最小值. 当研究模型中涉及的变量有缺失值时, Mplus 会在输出的 Covariance Coverage 中提供缺失值信息, 其中对角线值表示变量无缺失值的样本比例, 而非对角线值是两个变量同时无缺失值的样本比例. 表 4.14 显示, 在我们的示例样本中, 只有 7.6% 的案例在上述 Mplus 程序中创建的新变量 C_2 和 C_4 中同时有有效值 (见表 4.14 中 "PROPORTION OF DATA PRESENT FOR Y" 的 "Covariance Coverage" 部分). 对如此低的非缺失值的解释是: 样本中的 81 名参与者未参加基线 12 个月后续访谈调查; 在接受后续调查的人中, 有 112 人报告在时间点 t_2 前的 30 天内没有使用可卡因. 因此,

新变量 C_2 中缺失值的百分比非常高 $((81 + 112)/249 \approx 77.5\%)$ (未使用可卡因在变量 C 中被编码为缺失), 对应到表 4.14 中 Covariance Coverage 的对角线上的非缺失值 0.225 (22.5%). 对于新变量 C_4, 非缺失值为 0.197 (19.7%). 新变量 C_2 和 C_4 的非缺失值比例都很低, 那么它们同时无缺失值比例也就更低了, 因此它们的协方差覆盖值就非常低了 (0.076 或 7.6%), 低于 Mplus 默认最小可接受值 (0.10). 如果我们不在 ANALYSIS 指令的 COVERAGE 选项中设定小于 0.076 的最小可接受缺失值, Mplus 将给出警告. 为了模型演示, 我们在 Mplus 程序 4.14 中设定 COVERAGE = 0.07.

以上程序中, 稳健估计法 MLR 用于模型估计. 在 MODEL 指令中, 第一个 "|" 语句为二分类结局变量 $(B_0 — B_4)$ 设定线性发展模型, 第二个 "|" 语句为连续结局变量 $(C_0 — C_4)$ 设定线性发展模型. 出于模型识别的需要, 程序默认设定某些限制条件: (1) 二进制结局测量的阈值不随时间变化, 以确保测量的标度不变性; (2) 模型第 1 部分中二分类结局测量的潜发展截距因子的均值固定为 0. 我们的探索性建模结果显示非正定 PSI 矩阵 (non-positive definite PSI matrix) 的警告, 这通常是潜变量之间存在较大多重共线性 (multicollinearity) 所至. 探索性建模结果中的 TECH4 输出显示, 潜发展变量 eta1b 和 eta1c 之间的相关性为 0.996, eta0b 和 eta0c 之间的相关性为 0.745, 都很高. 解决方案是通过在 Mplus 程序 4.14 的 MODEL 指令中设定 "eta0c with eta0b@0" 和 "eta1c with eta1b@0" 将两个协方差固定为 0.

两部式 LGM 某些参数估计的解释与之前讨论的 LGM 相同. 提示, 我们示例中的模型第 1 部分是研究每次调查前 30 天内使用可卡因的似然性, 由新结局变量 B 测量; 模型第 2 部分是研究每次调查前 30 天内使用可卡因的频数, 由新结局变量 C 测量. 结果显示, 模型第 1 部分的潜发展斜率因子 eta1b 为负, 且统计显著 $(-0.731, P < 0.001)$, 表明过去 30 天内使用可卡因的概率随时间推移显著下降. 此外, 模型第 2 部分的潜发展斜率因子 eta1c 也为负, 且统计显著 $(-0.338, P < 0.001)$, 说明在使用可卡因的人中, 使用频数也随时间推移显著下降.

Mplus 未为两部式 LGM 提供我们熟悉的模型拟合指数, 比如近似误差均方根 (RMSEA)、比较拟合指数 (CFI)、Tucker-Lewis 拟合指数 (TLI) 和标准化残差均方根 (SRMR). Mplus 提供模型估计的对数似然值和信息标准指数 (information criterion indice) 可用于模型间的比较, 但不能检验单个模型是否拟合数据. 另外, Mplus 为二分类结局测量提供 Pearson 卡方和似然比 (LR) 卡方检验. 如果这两个统计估计不一致, 则不能用来评估模型拟合. Mplus 输出中的其他两个卡方统计量用于检验数据是否完全随机缺失 (missing completely at random, MCAR) (Little, 1988). 本例中 MCAR 检验的两个卡方统计量一个统计显著, 一个不显著, 因此不能判断数据缺失是否为完全随机缺失.

4.6　带分类结局测量的潜发展模型 (LGM with categorical outcomes)

第二章中, 我们讨论了观察到的有序分类变量的类别是对潜连续应答变量 (latent continuous response variable) Y^* 的观察性测量. 对于具有 M 个类别的观察变量, 将有 $(M-1)$ 个未知阈值 (threshold) $\tau_1, \tau_2, \cdots, \tau_{M-1}$, 它们将相邻类别分开并将潜连续应答变量 Y^* 与观察到的类别变量联系起来. 当 SEM 涉及分类结局测量时, 模型分析的不是观察标识的方差/协方差, 而是潜连续应答变量 Y^* 之间的相关矩阵. 如果观察变量是序数测量 (ordinal measure), 则其相关性称为多元相关 (polychoric correlation); 如果观察变量是二分类测量, 称为四分相关 (tetrachoric correlation); 当一个变量是序数测量而另一个变量是连续测量时, 称为多序列相关 (polyserial correlation); 当一个变量是二分类测量而另一个变量是连续测量时, 称为双序列相关 (biserial correlation) (Jöreskog & Sörbom, 1988).

由于这些特殊的相关矩阵不遵循 Wishart 分布 (Wishart, 1928), 因此模型估计需要特殊的程序. 当涉及分类结局测量时, Mplus 默认使用 Muthén 的稳健估计法 WLSMV 进行模型估计 (Muthén & Muthén, 1998—2017). 对于具有分类结局测量的 LGM, Mplus 提供两种参数化方法: Delta 参数化和 Theta 参数化 (Muthén & Muthén, 1998—2017). 当使用默认的 Delta 参数化时, 潜变量 (Y_t^*) 的标度因子 (scale factor) 被视为自由参数, 而不估计 Y_t^* 的残差方差 (residual variance). 通常, 标度因子在参考时间点 (例如基线时间点) 标准化为 1, 而在其他时间点为自由参数. 相反, 当使用 Theta 参数化时, 残差方差被视为自由参数, 而不估计标度因子. 观察结局测量的残差方差在参考时间点 (例如基线时间点) 固定为 1, 而在其他时间点为自由参数.

在 Delta 参数化和 Theta 参数化中, 潜发展截距因子 (η_0) 的平均值通常固定为 0, 潜发展斜率因子 (η_1) 的平均值、潜发展截距和斜率因子的方差以及它们的协方差为默认估计. 分类结局 LGM 的默认估计法是 WLSMV, 该估计法假设 PROBIT 函数为链接函数 (link function), 将观察到的分类标识与其潜发展因子联系起来. 分类结局 LGM 也可以用 MLR 估计法进行模型估计, 该估计法的链接函数为 LOGIT 函数. 虽然逻辑斯谛回归模型结果较容易解释, 但用 MLR 估计分类结局 LGM 将非常耗时.

本节中, 我们将演示一个带序数结局测量的 LGM. 该有序结局测量是一个抑郁状态的 4 分度量: 1– 极微抑郁; 2– 轻度抑郁; 3– 中度抑郁; 4– 严重抑郁. 在以下 Mplus 程序中, 我们先用 Delta 参数化 (Delta parameterization) 法估计模型.

Mplus 程序 4.15

```
TITLE: LGM with ordinal outcomes using Delta parameterization
DATA: FILE = LGM_data3.dat;
VARIABLE: NAMES = PID Y0-Y5;
          MISSING = .;
          USEVAR = Y0-Y5;
          CATEGORICAL = Y0-Y5;
!ANALYSIS: PARAMETERIZATION = DELTA;!the default method;
MODEL: eta0 eta1 | Y0@0 Y1@1 Y2* Y3* Y4* Y5*;
!set the mean of intercept factor to 0 by default:
![eta0@0];
!set equality constraints on thresholds by default:
![Y0$1 Y1$1 Y2$1 Y3$1 Y4$1 Y5$1](d1);
!set equality constraints on thresholds by default:
![Y0$2 Y1$2 Y2$2 Y3$2 Y4$2 Y5$2](d2);
!set equality constraints on thresholds by default:
![Y0$3 Y1$3 Y2$3 Y3$3 Y4$3 Y5$3](d3);
!set scale factor to 1 at baseline by default:
!{Y0@1 Y1* Y2* Y2* Y3* Y4*Y5*};
OUTPUT: STDYX TECH4;
```

程序首先从名为 LGM_data3.dat 的文件中读取数据. 该文件具有 7 个变量 (参与者 ID 和 6 个抑郁值的重复测量), 缺失值编码为 ".". VARIABLE 指令 "CATEGORICAL = Y0–Y5" 语句定义结局测量 Y_0 — Y_5 为分类变量. 在 Mplus 软件中, 除非使用 CATEGORICAL 语句, 所有观察变量都被默认为连续变量. 程序将自动识别每个分类变量具有的类别数量, 如果识别出 K 个类别, 则估计 $(K-1)$ 个阈值. 本例中, 每个分类结局变量有四个类别 (从无抑郁状态到严重抑郁), 因此每个时间点的分类变量 Y_t 都有 3 个阈值估计值 (即 τ_1, τ_2 和 τ_3); 这些阈值将潜连续应答变量 Y_t^* 与观察到的分类变量 Y_t (Y_0 — Y_5) 联系起来. 在 Mplus 程序中, 阈值由方括号定义, 变量名称后跟一个 "$" 符号, 然后是阈值的编号数. 在本例中, 我们为所有重复分类结局测量设定 3 个阈值, 分别用 3 个方括号括起来. 为了使重复测量在不同时间点都有相同的度量单位, 我们设定 y_t^* 在各时间点的阈值相同. 在上面的 Mplus 程序中, 第 1 个括号语句之后的 (d1) ("d1" 只是一个随意的符号, 我们也可用其他符号, 如 "1"、"A" 等) 强制使第 1 个阈值不随时间而变化. 在第 2 个和第 3 个括号之后的 (d2) 和 (d3) 分别约束第 2 个和第 3 个阈值恒定不变. 在 Delta 参数化中, 潜连续应答变量 Y_0^* — Y_5^* 的标度因子为自由参数, 但模型不估计 Y_0^* — Y_5^* 的残差方差. 在 Mplus 程序中, 标度因子用大括号 "{ }" 表示. 默认情况下, 标度因子在基线固定为 1, 在其他时间点为自由参数. 自由标度因子意味着潜应答变量 Y_t^* 的方差可随时间变化. 由于模型识别的需要, 潜发展截距因子 (本例中为 eta0) 的均值默认固定为 0.

表 4.15　部分 Mplus 输出: 分类结局测量 LGM: Delta 参数化法

```
UNIVARIATE PROPORTIONS AND COUNTS FOR CATEGORICAL VARIABLES


    Y0
        Category 1      0.309           133.000
        Category 2      0.242           104.000
        Category 3      0.247           106.000
        Category 4      0.202            87.000
  ...

    Y5
        Category 1      0.574           183.000
        Category 2      0.150            48.000
        Category 3      0.204            65.000
        Category 4      0.072            23.000
  ...

    Y5
        Category 1      0.574           183.000
        Category 2      0.150            48.000
        Category 3      0.204            65.000
        Category 4      0.072            23.000
  ...

RMSEA (Root Mean Square Error Of Approximation)


        Estimate                        0.053
        90 Percent C.I.                 0.030   0.076
        Probability RMSEA <= .05        0.370

CFI/TLI


        CFI                             0.992
        TLI                             0.993
  ...
```

续表

SRMR (Standardized Root Mean Square Residual)

      Value   0.024

...

MODEL RESULTS

	Estimate	S.E.	Est./S.E.	Two-Tailed P-Value
ETA0 |				
Y0	1.000	0.000	999.000	999.000
Y1	1.000	0.000	999.000	999.000
Y2	1.000	0.000	999.000	999.000
Y3	1.000	0.000	999.000	999.000
Y4	1.000	0.000	999.000	999.000
Y5	1.000	0.000	999.000	999.000
ETA1 |				
Y0	0.000	0.000	999.000	999.000
Y1	1.000	0.000	999.000	999.000
Y2	1.101	0.100	10.961	0.000
Y3	1.216	0.144	8.449	0.000
Y4	1.247	0.143	8.726	0.000
Y5	1.501	0.223	6.719	0.000
ETA1 WITH				
ETA0	-0.256	0.189	-1.354	0.176
Means				
ETA0	0.000	0.000	999.000	999.000
ETA1	-0.435	0.062	-7.009	0.000
Thresholds				
Y0$1	-0.446	0.062	-7.191	0.000
Y0$2	0.075	0.055	1.370	0.171
Y0$3	0.836	0.068	12.349	0.000
Y1$1	-0.446	0.062	-7.191	0.000
Y1$2	0.075	0.055	1.370	0.171
Y1$3	0.836	0.068	12.349	0.000
Y2$1	-0.446	0.062	-7.191	0.000
Y2$2	0.075	0.055	1.370	0.171
Y2$3	0.836	0.068	12.349	0.000
Y3$1	-0.446	0.062	-7.191	0.000

Y3$2	0.075	0.055	1.370	0.171
Y3$3	0.836	0.068	12.349	0.000
Y4$1	−0.446	0.062	−7.191	0.000
Y4$2	0.075	0.055	1.370	0.171
Y4$3	0.836	0.068	12.349	0.000
Y5$1	−0.446	0.062	−7.191	0.000
Y5$2	0.075	0.055	1.370	0.171
Y5$3	0.836	0.068	12.349	0.000
Variances				
ETA0	0.985	0.207	4.757	0.000
ETA1	0.318	0.185	1.719	0.086
Scales				
Y0	1.000	0.000	999.000	999.000
Y1	0.956	0.063	15.153	0.000
Y2	0.932	0.064	14.589	0.000
Y3	0.906	0.068	13.398	0.000
Y4	0.910	0.068	13.363	0.000
Y5	0.883	0.076	11.570	0.000

STANDARDIZED MODEL RESULTS

STDYX Standardization

	Estimate	S.E.	Est./S.E.	Two-Tailed P-Value
ETA0 |				
Y0	0.992	0.104	9.514	0.000
Y1	0.948	0.102	9.271	0.000
Y2	0.925	0.110	8.384	0.000
Y3	0.899	0.114	7.852	0.000
Y4	0.903	0.115	7.849	0.000
Y5	0.876	0.128	6.859	0.000
ETA1 |				
Y0	0.000	0.000	999.000	999.000
Y1	0.539	0.148	3.640	0.000
Y2	0.579	0.147	3.946	0.000
Y3	0.622	0.143	4.362	0.000
Y4	0.640	0.143	4.491	0.000
Y5	0.748	0.144	5.198	0.000

续表

ETA1	WITH				
	ETA0	-0.458	0.175	-2.621	0.009
Means					
	ETA0	0.000	0.000	999.000	999.000
	ETA1	-0.772	0.183	-4.213	0.000
Thresholds					
	Y0$1	-0.446	0.062	-7.191	0.000
	Y0$2	0.075	0.055	1.370	0.171
	Y0$3	0.836	0.068	12.349	0.000
	Y1$1	-0.426	0.056	-7.615	0.000
	Y1$2	0.072	0.053	1.370	0.171
	Y1$3	0.799	0.064	12.578	0.000
	Y2$1	-0.416	0.054	-7.654	0.000
	Y2$2	0.070	0.051	1.369	0.171
	Y2$3	0.779	0.062	12.480	0.000
	Y3$1	-0.404	0.053	-7.590	0.000
	Y3$2	0.068	0.050	1.370	0.171
	Y3$3	0.758	0.064	11.918	0.000
	Y4$1	-0.406	0.054	-7.571	0.000
	Y4$2	0.069	0.050	1.372	0.170
	Y4$3	0.761	0.062	12.174	0.000
	Y5$1	-0.394	0.053	-7.421	0.000
	Y5$2	0.067	0.049	1.371	0.171
	Y5$3	0.739	0.065	11.313	0.000
Variances					
	ETA0	1.000	0.000	999.000	999.000
	ETA1	1.000	0.000	999.000	999.000
Scales					
	Y0	1.000	0.000	0.000	1.000
	Y1	1.000	0.000	0.000	1.000
	Y2	1.000	0.000	0.000	1.000
	Y3	1.000	0.000	0.000	1.000
	Y4	1.000	0.000	0.000	1.000
	Y5	1.000	0.000	0.000	1.000

模型结果表明, 模型拟合数据非常好: RMSEA $= 0.053$, 90% 置信区间 $= (0.030, 0.076)$, 精确拟合检验 $P = 0.370$, CFI $= 0.992$, TLI $= 0.993$, SRMR $= 0.024$. 因为估计的时间分值 (即 0.000, 1.000, 1.101, 1.216, 1.247, 1.501) 偏离线性发展轨迹的相应分值 (即 0, 1, 2, 3, 4, 5), 我们可以判定所研究的分类结

局测量的发展轨迹是非线性的.

模型参数的解释方式与之前的 LGM 相同. 但是, 潜发展截距 (即 eta0) 的均值在这里是潜连续应答变量 Y_t^* 的平均初始水平, 而不是观察的结局测量 Y_t, 且 eta0 默认设定为 0. 同样, 潜发展斜率 (即 eta1) 的均值代表的是相应时间分值每增加一个单位时潜连续应答变量 Y_t^* 的变化率, 而不是观察的结局测量 Y_t 的变化率.

模型估计的是 PROBIT 回归参数, 使用第二章附录 2.D 中的公式 (2.D.3) — (2.D.6) 估计的阈值和时间分值以及潜发展因子 eta0 和 eta1 的非标准化估计值, 可用于估计在每个时间点处的观察结局测量 Y_t 的特定类别观察值的概率. 例如, 在时间点 t_5, 即观察期结束时, 不同抑郁状态/类别的概率可以如下计算:

$Y_5 = 1$ 的概率 (极微抑郁):

$$
\begin{aligned}
P(Y_5 = 1) &= F(\tau_1 - \lambda_5 \eta_1) \\
&= F(-0.446 - (1.501 \times (-0.435))) \\
&= F(-0.446 + 0.653) = F(0.207) = 0.582;
\end{aligned}
$$

$Y_5 = 2$ 的概率 (轻度抑郁):

$$
\begin{aligned}
P(Y_5 = 2) &= F(\tau_2 - \lambda_5 \eta_1) - F(\tau_1 - \lambda_5 \eta_1) \\
&= F(0.075 + 0.653) - F(0.207) \\
&= F(0.728) - F(0.207) = 0.185;
\end{aligned}
$$

$Y_5 = 3$ 的概率 (中度抑郁):

$$
\begin{aligned}
P(Y_5 = 3) &= F(\tau_3 - \lambda_5 \eta_1) - F(\tau_2 - \lambda_5 \eta_1) \\
&= F(0.836 + 0.653) - F(0.728) \\
&= F(1.489) - F(0.728) = 0.165;
\end{aligned}
$$

$Y_5 = 4$ 的概率 (严重抑郁):

$$
\begin{aligned}
P(Y_5 = 4) &= F(-\tau_3 + \lambda_5 \eta_1) = F(-0.836 - 0.653) \\
&= F(-1.489) = 0.068.
\end{aligned}
$$

结果显示, 模型估计在观察期结束时出现极微、轻度、中度和严重抑郁的概率分别为 0.582、0.185、0.165 和 0.068; 与在 t_5 时抑郁状态 4 个类别的观察百分比 (即 57.4%、15.0%、20.4% 和 7.2%) (见表 4.15) 非常接近.

同样的模型可以在以下 Mplus 程序中用 Theta 参数化法来估计.

Mplus 程序 4.16

```
TITLE: LGM with ordinal outcomes using Theta parameterization
DATA: FILE = LGM_data3.dat;
VARIABLE: NAMES = PID Y0-Y5;
        MISSING = .;
        USEVAR = Y0-Y5;
        CATEGORICAL = Y0-Y5;
ANALYSIS: PARAMETERIZATION=THETA;
MODEL: eta0 eta1 | Y0@0 Y1@1 Y2 Y3 Y4 Y5;
[Y0$1 Y1$1 Y2$1 Y3$1 Y4$1 Y5$1] (Th1);
[Y0$2 Y1$2 Y2$2 Y3$2 Y4$2 Y5$2] (Th2);
[Y0$3 Y1$3 Y2$3 Y3$3 Y4$3 Y5$3] (Th3);
!Set residual variance to 1 at baseline by default:
!Y0@1 Y1 Y2 Y3 Y4 Y5;
OUTPUT: STDYX TECH4;
```

其中, 在 ANALYSIS 指令中设定 PARAMETERIZATION = THETA 选项, 残差方差在基线 (参考时间点) 设定为 1, 在其他时间点为自由参数. 模型估计结果见表 4.16. 注意, 用 Theta 参数化 (Theta parameterization) 估计的非标准化模型参数值与用 Delta 参数化 (Delta parameterization) 估计的不一样, 这是因为 Delta 参数化方法将 Y^* 的方差设定为 1, 而 Theta 参数化方法将 Y^* 的残差方差设定为 1. 但两种方法估计的标准化模型参数估计值是非常接近的.

表 4.16　　部分 Mplus 输出: 分类结局测量 LGM: Theta 参数化法

```
MODEL RESULTS


                                     Two-Tailed

            Estimate     S.E.   Est./S.E.    P-Value

ETA0     |
    Y0         1.000    0.000     999.000     999.000
    Y1         1.000    0.000     999.000     999.000
    Y2         1.000    0.000     999.000     999.000
    Y3         1.000    0.000     999.000     999.000
    Y4         1.000    0.000     999.000     999.000
```

Y5	1.000	0.000	999.000	999.000
ETA1 |				
Y0	0.000	0.000	999.000	999.000
Y1	1.000	0.000	999.000	999.000
Y2	1.103	0.102	10.823	0.000
Y3	1.218	0.145	8.380	0.000
Y4	1.250	0.144	8.664	0.000
Y5	1.508	0.225	6.709	0.000
ETA1　　WITH				
ETA0	-9.710	83.893	-0.116	0.908
Means				
ETA0	0.000	0.000	999.000	999.000
ETA1	-2.715	10.939	-0.248	0.804
Thresholds				
Y0$1	-2.786	11.057	-0.252	0.801
Y0$2	0.472	1.897	0.249	0.803
Y0$3	5.229	20.717	0.252	0.801
Y1$1	-2.786	11.057	-0.252	0.801
Y1$2	0.472	1.897	0.249	0.803
Y1$3	5.229	20.717	0.252	0.801
Y2$1	-2.786	11.057	-0.252	0.801
Y2$2	0.472	1.897	0.249	0.803
Y2$3	5.229	20.717	0.252	0.801
Y3$1	-2.786	11.057	-0.252	0.801
Y3$2	0.472	1.897	0.249	0.803
Y3$3	5.229	20.717	0.252	0.801
Y4$1	-2.786	11.057	-0.252	0.801
Y4$2	0.472	1.897	0.249	0.803
Y4$3	5.229	20.717	0.252	0.801
Y5$1	-2.786	11.057	-0.252	0.801
Y5$2	0.472	1.897	0.249	0.803
Y5$3	5.229	20.717	0.252	0.801
Variances				
ETA0	38.142	310.073	0.123	0.902
ETA1	12.127	102.742	0.118	0.906
Residual Variances				
Y0	1.000	0.000	999.000	999.000
Y1	11.872	94.928	0.125	0.900

Y2	13.492	107.126	0.126	0.900
Y3	15.126	119.944	0.126	0.900
Y4	14.378	114.107	0.126	0.900
Y5	13.740	108.453	0.127	0.899

...

STANDARDIZED MODEL RESULTS

STDYX Standardization

				Two-Tailed
	Estimate	S.E.	Est./S.E.	P-Value
ETA0 |				
Y0	0.987	0.103	9.630	0.000
Y1	0.945	0.101	9.353	0.000
Y2	0.921	0.109	8.445	0.000
Y3	0.895	0.113	7.910	0.000
Y4	0.899	0.114	7.907	0.000
Y5	0.872	0.126	6.901	0.000
ETA1 |				
Y0	0.000	0.000	999.000	999.000
Y1	0.533	0.146	3.640	0.000
Y2	0.573	0.145	3.949	0.000
Y3	0.615	0.141	4.358	0.000
Y4	0.634	0.141	4.488	0.000
Y5	0.741	0.143	5.185	0.000
ETA1 WITH				
ETA0	−0.451	0.176	−2.561	0.010
Means				
ETA0	0.000	0.000	999.000	999.000
ETA1	−0.780	0.185	−4.216	0.000
Thresholds				
Y0$1	−0.445	0.062	−7.181	0.000
Y0$2	0.076	0.055	1.374	0.170
Y0$3	0.836	0.068	12.346	0.000
Y1$1	−0.426	0.056	−7.608	0.000
Y1$2	0.072	0.053	1.373	0.170
Y1$3	0.800	0.064	12.578	0.000
Y2$1	−0.415	0.054	−7.645	0.000
Y2$2	0.070	0.051	1.373	0.170

续表

Y2$3	0.780	0.063	12.477	0.000
Y3$1	-0.404	0.053	-7.581	0.000
Y3$2	0.068	0.050	1.374	0.170
Y3$3	0.758	0.064	11.913	0.000
Y4$1	-0.406	0.054	-7.562	0.000
Y4$2	0.069	0.050	1.376	0.169
Y4$3	0.761	0.063	12.169	0.000
Y5$1	-0.393	0.053	-7.410	0.000
Y5$2	0.067	0.049	1.374	0.169
Y5$3	0.738	0.065	11.301	0.000
Variances				
ETA0	1.000	0.000	999.000	999.000
ETA1	1.000	0.000	999.000	999.000
Residual Variances				
Y0	0.026	0.202	0.126	0.900
Y1	0.278	0.035	7.904	0.000
Y2	0.300	0.039	7.643	0.000
Y3	0.318	0.044	7.245	0.000
Y4	0.305	0.042	7.273	0.000
Y5	0.274	0.041	6.669	0.000

4.7　带个体差异观察时间的潜发展模型 (LGM with individually varying time of observations)

在纵向研究中, 尽管研究设计上要求所有个体应有相同的重复测量观察时间间隔 (例如, 基线后 6 个月、12 个月和 18 个月的随访), 但在实际研究中, 个体随访时间间隔不太可能完全如设计者所愿. 这样, 数据在个体内和个体间都可能是非平衡的 (unbalanced). 模拟研究结果表明, 建模中忽略观察时间间隔的个体差异通常会导致模型估计问题, 尤其是在时间点较少和样本量较小的情况下; 虽然潜发展截距因子均值和斜率因子估计通常没有偏差, 但截距和斜率方差会被高估, 而截距/斜率协方差和残差方差则会被低估 (Coulombe, Selig & Delaney, 2015). 在 Mplus 中, 不同个体观察时间可以在 LGM 中使用不同个体时间分值来处理.

本节中, 我们使用纵向数据集 Crack_BDI2.dat 来演示带个体差异时间分值的 LGM. 以下是从数据中选出的 5 个案例的观察时间. 每个人有 6 个观察时间测量 (t_0 — t_5) (以下是部分数据):

t0	t1	t2	t3	t4	t5
0.00	6.83	14.03	19.67	24.50	31.03
0.00	6.40	13.80	18.90	25.23	31.13
0.00	6.60	13.60	19.13	25.20	31.13
0.00	6.57	12.43	-9.00	-9.00	-9.00
0.00	6.97	12.70	18.43	-9.00	30.77

其中, t_0 是基线时间, t_1, t_2, t_3, t_4, t_5 分别是基线后 6 个月、12 个月、18 个月、24 个月和 30 个月的随访与基线时间之间的间隔 (单位为 1 个月), 其中 -9 表示缺失值. 当然, t_0 固定为 0. 数据显示, 每个具体的后续随访中每个人都没有完全准时回来. 一些人 (例如, 案例 1—3) 比预定时间晚了一个多月回来进行第 30 个月的随访. 每次随访的实际跟进时间因人而异.

下面的 Mplus 程序估计带个体差异时间分值的线性 LGM.

Mplus 程序 4.17

```
TITLE: LGM with individually varying time score
DATA: FILE = Crack_BDI2.dat;
VARIABLE:
  NAMES = PID Ethnic Gender Age Edu Z0-Z5 Y0-Y5 t0-t5;
  MISSING = all(-9);
  USEVAR = Y0-Y5 t0-t5 Ethnic Gender Age Edu;
  TSCORES = t0-t5;
ANALYSIS: ESTIMATOR = MLR;
  TYPE = RANDOM;
MODEL: eta0 eta1 | Y0-Y5 AT t0-t5;
eta0 eta1 ON Ethnic Gender Age Edu;
```

其中, TSCORES 语句用于设定个体差异观察时间的时间分值. 因为潜发展模型的潜发展截距和斜率都是随机系数 (random coefficient), TSCORES 语句须与 ANALYSIS 指令中的 TYPE = RANDOM 选项结合使用. MODEL 指令的 AT 选项表示 "测量于". AT 选项之前的变量 Y_0—Y_5 是特定时间点的结局测量; AT 选项之后的变量 t_0—t_5 是个体差异观察时间的时间分值. 如果结局发展轨迹是二阶的, 我们可以在模型指令中添加一个二阶发展因子 (eta2) (例如, MODEL: eta0 eta1 eta2 | Y0 – Y5 AT t0 – t5).

部分模型结果如表 4.17 所示. 协变量对潜发展截距因子 eta0 (即基线结局测量的初始水平) 的效应与 Mplus 程序 4.2 产生的表 4.2 中所示的相似. 协变量对潜发展斜率因子 eta1 (即结局随时间的变化率) 的效应显示出

相同的模式, 即只有 *Gender* 对 eta1 具有显著的正效应. 然而, 效应的大小 $(0.063, P = 0.020)$ 远小于 Mplus 程序 4.2 产生的相应效应 $(0.494, P = 0.012)$. 这是因为两个模型中使用了不同的分析时间单位或时间标度. 对于 Mplus 程序 4.2 中估计的模型, 结局变化率对应的单位时间分值变化为 6 个月, 而 Mplus 程序 4.17 中估计的模型中结局变化率对应的单位时间分值变化为 1 个月.

表 4.17　部分 Mplus 输出: 带个体差异观察时间的 LGM

MODEL RESULTS

		Estimate	S.E.	Est./S.E.	Two-Tailed P-Value
ETA0	ON				
	ETHNIC	-0.743	1.019	-0.729	0.466
	GENDER	-3.506	1.012	-3.464	0.001
	AGE	0.123	0.072	1.705	0.088
	EDU	-1.761	0.496	-3.550	0.000
ETA1	ON				
	ETHNIC	0.003	0.029	0.104	0.918
	GENDER	0.063	0.027	2.323	0.020
	AGE	0.003	0.002	1.526	0.127
	EDU	-0.010	0.015	-0.649	0.516
ETA1	WITH				
	ETA0	-0.194	0.177	-1.094	0.274
Intercepts					
	Y0	0.000	0.000	999.000	999.000
	Y1	0.000	0.000	999.000	999.000
	Y2	0.000	0.000	999.000	999.000
	Y3	0.000	0.000	999.000	999.000
	Y4	0.000	0.000	999.000	999.000
	Y5	0.000	0.000	999.000	999.000
	ETA0	23.002	2.953	7.788	0.000
	ETA1	-0.268	0.078	-3.437	0.001
Residual Variances					
	Y0	45.195	6.217	7.270	0.000
	Y1	43.537	4.821	9.030	0.000
	Y2	42.574	4.632	9.191	0.000
	Y3	34.350	4.040	8.504	0.000
	Y4	34.488	4.315	7.992	0.000

续表

Y5	37.734	5.510	6.848	0.000
ETA0	65.528	7.106	9.222	0.000
ETA1	0.017	0.007	2.489	0.013

在本章中, 我们讨论并演示了一些常用的 LGM 来评估结局发展轨迹. 本章讨论的 LGM 可以扩展到更高级的模型, 例如多组潜发展模型 (multi-group latent growth model) 或发展混合模型 (growth mixture model, GMM), 这些将分别在第五章和第六章中讨论.

第五章 多组模型 (Multi-group Model)

5.1 简介 (Introduction)

前几章讨论的模型都是基于单一总体/组 (single population/group) 或同质群体 (homogeneous population). 很多时候, 一项研究可能涉及多总体/组 (multiple population/group). 例如, 人们可能想知道感兴趣的测量量表是否适用于研究不同的总体/组. 人们可能还想知道一个具体量表测量的因子不变性 (factorial invariance), 因子的均值和变异或因子间的关系在不同总体/组之间是否相同; 多组 CFA 模型旨在解决此类问题. 另外, 当在多总体/组中检验某些因果关系时, 人们可能想知道相同的因果关系是否适用于不同的总体/组, 多组 SEM 可用于检验这种群体异质性 (population heterogeneity). 多组建模 (multi-group modeling) 实现对多总体/组的同步分析. "总体"、"群体" 或 "组" 可以是不同的国家、地区、省、市、文化或不同的社会经济群体, 如地区、性别、年龄、种族群体等. 注意, 多组建模中涉及的 "组" 是观察到的 (observed) 或测量到的 (measured) 群体或组别. 这里讨论的观察到的群体/组的数量是固定的、有限的. 当观察到的组数很大时, 更合适的方法是多层建模 (multilevel modeling) (Goldstein, 1995; Raudenbush & Bryk, 2002, Wang, Xie & Fisher, 2012). 另外, 有些子总体 (子群体/组) 是观察不到的, 即存在未观察到的群体异质性. 这类子群体/组被称为潜类别 (latent class), 需要用特殊模型来估计, 这是我们将在第六章讨论的内容. 本章将 CFA 和 SEM 从单一总体/组扩展到多总体/组. 重点是使用多组 CFA (multi-group CFA) 检验测量不变性 (measurement invariance). 第 5.2 节介绍如何使用多组一阶 CFA 和多组二阶 CFA 模型检验测量不变性. 在检验多组二阶 CFA 模型 (multi-group second-order CFA model) 中的因子均值差异时, 我们将讨论用于模型识别的不同参数限制方法 (parameter restriction approach). 5.2.3 节讨论当标识变量是分类变量时如何检验测量不变性. 第 5.3 节介绍多组 SEM (multi-group SEM), 用于检验路径系数 (path coefficient) 的跨组不变性 (invariance across groups). 最后一节讨论多组潜发展模型 (multi-group LGM), 用于检验结局增长函数的跨组不变性.

5.2 多组 CFA 模型 (Multi-group CFA model)

多组 CFA 模型 (Bollen, 1989; Hayduk, 1987; Sörbom, 1974) 通常用于检验测量尺度的因子不变性. 根据 Jöreskog (1971b) 的说法, 要使用多组 CFA 检验因子不变性, 应该首先对组间观察到的标识方差/协方差矩阵的等同性进行综合检验 (omnibus test). 如果综合检验证明观察到方差/协方差的不变性, 则不需要更多的不变性检验. 不过, 对整体综合检验的必要性是有争议的, 多组 CFA 建模实践中在这方面没有达成共识. 研究发现综合不变性检验和模型参数不变性检验存在一些不一致之处. 例如, 即使综合检验结果显示观察到的数据方差/协方差的不变性, 某些测量参数 (例如, 因子载荷和条目截距) 以及结构参数 (例如, 因子方差/协方差和因子均值等) 可能仍然是非跨组不变的, 反之亦然 (Byrne, 2006). 这里我们不进行数据方差/协方差不变性的检验, 仅仅关注测量参数 (measurement parameter) 和结构参数 (structural parameter) 不变性的检验. 前者涉及因子载荷模式、因子载荷值、观察到的标识/条目截距和误差方差的不变性; 后者包括因子方差/协方差和因子均值的不变性. 通常, 我们首先检验测量参数不变性, 然后是结构参数不变性, 因为建立跨组的测量不变性是进行实质性跨组比较的逻辑先决条件 (Vandenberg & Lance, 2000). 检验测量不变性是为了确保观察到的测量标识/条目在所有组中测量相同的潜变量或因子. 测量不变性是跨组比较的先决条件. 如果测量不变性不成立, 那么对相应测量的分析不会产生有意义的结果, 因为跨组比较的不是同一类东西 (Horn & McArdle, 1992). 对于具有多标识变量/条目的量表, 多组 CFA 模型用于检验其测量不变性.

测量不变性涉及四个不同的层次: 配置不变性 (configural invariance)、弱测量不变性 (weak measurement invariance)、强测量不变性 (strong measurement invariance) 和严格测量不变性 (strict measurement invariance) (Meredith, 1993; Widaman & Reise, 1997). 检验不同级别的测量不变性分几个步骤进行.

(1) 检验配置不变性 (testing configural invariance): 配置不变性定义为因子数量、自由因子载荷 (free factor loading) 和固定因子载荷 (fixed factor loading) 的模式跨组不变, 对任何其他模型参数没有等同限制 (equality restriction). 配置不变性是检验测量不变性的必要条件. 如果没有证明配置不变性, 则表明所研究的量表在不同组中测量的是不同的理论架构, 因此没有必要进行进一步的不变性检验.

(2) 检验弱测量不变性 (testing weak measurement invariance): 弱测量不变性定义因子载荷跨组不变. 因子载荷实际上是观察标识/条目对其潜在因子进行回归的斜率系数, 因而代表了观察标识/条目与其潜在因子之间线性关系的强弱. 因子载荷跨组不变说明因子度量跨组不变. 当因子载荷跨组不变时, 对应于因子分值一个单位变化, 相应的观察测量条目分值在各组中有相同的变化. 因子载荷跨组不变是测量不变性的最低条件. 只有满足了这个条件, 我们才能继续下面的测量不变性检验.

(3) 检验强测量不变性 (testing strong measurement invariance): 强测量不变性定义因子载荷和标识/条目截距跨组不变. 条目截距表示测量的原点或标量 (scalar). 如果条目截距在各组之间是非不变的, 则表明即使因子载荷在各组之间是不变的, 至少其中一个组的研究对象对所研究的量表条目的应答值系统地或呈规律性地不同于其他组的研究对象. 只有当因子载荷和条目截距的不变性成立时, 即达到强测量不变性要求时, 才可以对潜在因子进行跨组比较.

(4) 检验严格测量不变性 (testing strict measurement invariance): 严格测量不变性要求因子载荷不变性、标识/条目截距不变性和误差方差不变性 (error variance invariance). 然而, 检验误差方差不变性通常在实践中没有多大意义. 许多学科不要求误差方差不变性, 且认为没有必要检验这种不变性 (Bentler, 2006). 当然, 也有人对检验这种不变性感兴趣, 因为误差方差不变性被认为反映条目信度不变性 (invariance of item reliability) (Schmitt, Pulakos & Lieblein, 1984), 但这只有当因子方差在组间保持不变时才成立 (Cole & Maxwell, 1985; Rock, Werts & Flaugher, 1978; Vandenberg & Lance, 2000).

测量不变性 (measurement invariance) 是检验结构不变性 (structural invariance) 的前提. 在证明了测量不变性之后, 我们可以通过检验结构参数的不变性来检验结构不变性, 例如因子方差、协方差和因子均值跨组不变性. 结构不变性检验将提供有关跨组的理论结构差异的有用信息. 注意, 结构参数的非不变性通常并不意味着所研究的量表有任何问题, 而只是意味着关于相应参数的群体异质性. 研究人员期望测量量表在不同的群体/组中等效地运行, 以便可以在不同的群体/组中以相同的方式测量相同的理论结构. 然而, 没有理由期望研究中的潜变量水平, 潜变量之间的关系, 以及潜变量与其他变量的关系在不同群体/组之间保持不变. 首先确保跨群体/组的测量不变性, 然后检验结构参数跨群体/组不变性是合乎逻辑的; 否则, 我们可能不知道我们是不是在将苹果与橙子进行比较. 检验结构不变性的步骤描述如下:

(1) 检验因子方差不变性 (testing invariance of factor variance): 因子的方差是衡量因子分值离散度的指标. 通常, 因子方差的不变性并不是研究人员特别感兴趣的. 检验结构不变性时, 人们对检验因子协方差不变性 (invariance of factor covariance) 和因子均值不变性 (invariance of factor mean) 更感兴趣. 然而, 当人们对检验条目信度不变性感兴趣时, 必须确保因子方差的不变性, 因为它被认为是检验条目信度不变性的先决条件 (Vandenberg & Lance, 2000).

(2) 检验因子协方差不变性 (testing invariance of factor covariance): 两个因子之间的协方差表示两个因子之间的关联. 因子协方差不变性等效于跨组的因子相关不变性. 研究人员通常对检验因子协方差不变性感兴趣, 因为人们想知道所研究的因子之间的关系在不同群体/组中是否保持不变. 当然, 因子方差和协方差不变性也可以同时检验. 如果因子方差和协方差在组间是不变的, 我们得出结论, 因子分值的离散度和因子之间的关系在组间是不变的. 这样的检验也可以被认为是对可能的高阶因子不变性 (higher-order factorial invariance) 的综合检验. 例如, 在第二章讨论的二阶 CFA 模型中, 检验一阶因子方差和协方差不变性可以认为是对模型二阶部分的因子结构的综合检验. 然而, 就像一阶 CFA 模型的综合检验一样, 即使综合检验结果证明一阶因子方差/协方差的不变性, 二阶测量参数 (例如, 二阶因子载荷和二阶因子截距) 和结构参数 (例如, 二阶因子方差/协方差和二阶因子均值) 在组间仍然可能是非不变的.

(3) 检验因子均值不变性 (testing invariance of factor mean): 多组 CFA 建模的一个重要方面是检验因子均值组间差异. 由于模型无法在所有组中识别因子均值, 多组 CFA 模型不会估计每个组的因子均值, 而是将其中一个组视为参考组, 然后估计其他组 (比较组) 与参考组之间因子均值的差 (Bentler, 2006; Byrne, 2001, 2006). 程序将参考组中的所有因子均值固定为 0, 而它估计的其他组的因子均值实际上是该组与参考组之间因子均值的差. 在检验因子均值不变性或跨组比较因子均值时应牢记, 因子载荷和标识/条目截距必须跨组不变; 也就是说, 来自不同组的观察条目分值必须具有相同的测量度量和相同的标量, 才可以对组间因子均值进行比较.

　　一些测量参数 (如因子载荷和误差方差) 和一些结构参数 (如因子方差和协方差) 的检验可以在协方差结构分析 (analysis of covariance structure, COVS) 的基础上进行, 但标识截距和因子均值的检验必须基于均值和协方差结构分析 (analysis of mean and covariance structure, MACS) 进行. 如前所述, 自 Mplus 版本 5 起, 模型估计默认是基于 MACS 分析, 本章中所有用于不变性检验的模型都是基于 MACS 分析进行的.

　　在检验测量不变性和结构不变性的步骤中, 对各种参数施加了不同的跨组限制. 在每个检验步骤中, 使用受限模型和非受限模型之间的模型卡方统计量进行似然比 (likelihood ratio, LR) 检验以进行模型比较. 如果施加限制后模型卡方统计量没有显著变化, 则保留相应的参数不变性假设. 提示, 当 MLM、MLR 或 WLSM 等稳健估计法用于模型估计时, 模型卡方统计量不能直接用于 LR 检验, 而应该使用标度校正卡方值差异 (见第二章). 为简易起见, 本章使用 ML 进行模型估计, 以便可以直接用 LR 进行模型比较.

5.2.1　多组一阶 CFA 模型 (Multi-group first-order CFA model)

　　我们从检验多组一阶 CFA 模型中的因子不变性开始. 用于建模的数据是从美国 Wright State University 于 2003 年至 2005 年间在俄亥俄州 ($n = 248$) 和肯塔基州 ($n = 225$) 的农村非法药物使用人群健康研究中选择的两个独立样本 (Booth, et al., 2006). 研究人员在基线访谈后连续三年每六个月对项目参与者进行一次随访. 有关该研究的详细信息, 请参阅以前的出版物 (Draus, et al., 2005; Wang, et al., 2007). 我们还是用 BSI-18 量表来进行模型演示. BSI-18 测量的三个维度是: 躯体化 (SOM)、抑郁 (DEP) 和焦虑 (ANX). 三个分量表中的每一个分别由六个条目测量 (见第二章表 2.1). 所有 BSI-18 条目均采用五点 Likert 量表进行测量 (0–完全没有; 1–一点点; 2–中等; 3–相当多; 4–非常多). BSI-18 的所有分量表都具有很好的信度, 在研究人群中的 Cronbach α 系数均大于 0.80.

　　基线模型 (baseline model): CFA 模型分别用于拟合俄亥俄州和肯塔基州的样本, 并将与数据拟合良好的简约且有意义的模型定义为每组 (即本例中的州) 的基线模型. 图 5.1 和图 5.2 中显示了相似但不完全相同的基线模型. 两个基线模型均具有相同的三个因子 (躯体化 (SOM)、抑郁 (DEP) 和焦虑 (ANX)), 具有相同的固定和自由因子载荷模式.

　　但是, 为了提高模型拟合度, 模型中设定了几个误差协方差: 俄亥俄州样本的基线模型中设定了两个误差协方差 $\mathrm{Cov}(\delta_5, \delta_8)$ 和 $\mathrm{Cov}(\delta_9, \delta_{12})$, 但肯塔基州

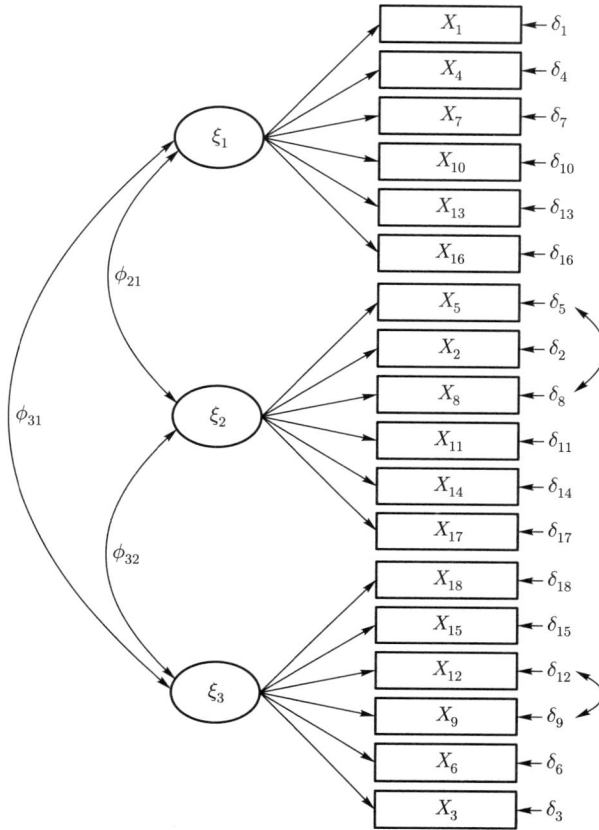

图 5.1 基线模型: 俄亥俄州

样本的基线模型有三个误差协方差 $\mathrm{Cov}(\delta_5, \delta_8)$, $\mathrm{Cov}(\delta_9, \delta_{18})$ 和 $\mathrm{Cov}(\delta_{11}, \delta_{14})$. 被整合到配置模型 (configural model) 中的不同组的基线模型不必完全相同 (Bentler, 2006; Byrne, Shavelson & Muthén, 1989).

基线模型的 Mplus 程序如下:

Mplus 程序 5.1

```
TITLE: Ohio Baseline Model
DATA:  FILE = 2_Site_BSI_18.dat;
VARIABLE:
     NAMES = X1-X18 GENDER WHITE AGE EDU CRACK SITE ID;
     MISSING = ALL (-9);
     USEVARIABLES ARE X1-X18;
```

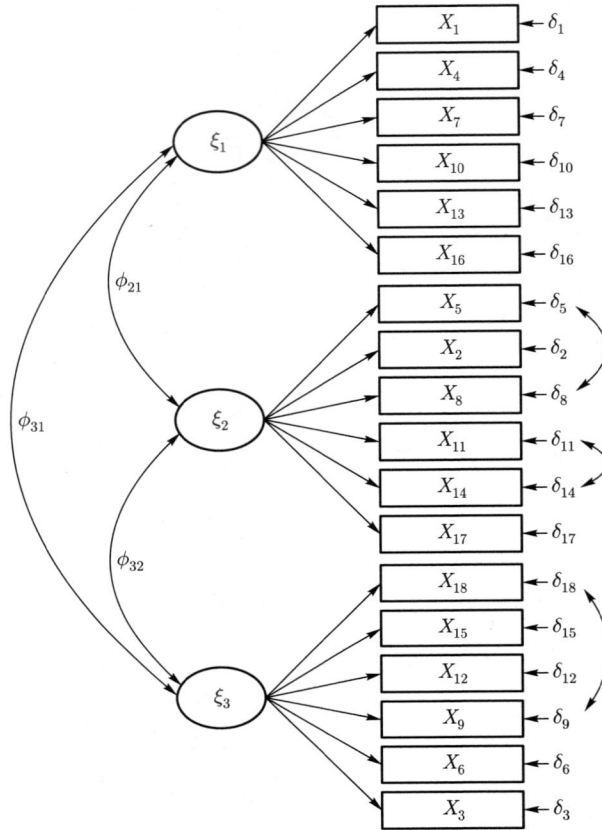

图 5.2　基线模型: 肯塔基州

```
      USEOBSERVATIONS = SITE EQ 1;
!ANALYSIS: ESTIMATOR = ML; !default;
MODEL:
SOM BY X1 X4 X7 X10 X13 X16; !Somatization;
DEP BY X5 X2 X8 X11 X14 X17; !Depression;
ANX BY X3 X6 X9 X12 X15 X18; !Anxiety;
X5 WITH X8;
X9 WITH X12;
OUTPUT: TECH1 STDYX;
```

Mplus 程序 5.2

```
TITLE: Kentucky Baseline Model
DATA:  FILE = 2_Site_BSI_18.dat;
```

```
VARIABLE:
     NAMES = X1-X18 GENDER WHITE AGE EDU CRACK SITE ID;
     MISSING = ALL (-9);
     USEVARIABLES ARE X1-X18;
     USEOBSERVATIONS = SITE EQ 2;
ANALYSIS: ESTIMATOR = ML;
MODEL:
SOM BY X1 X4 X7 X10 X13 X16; !Somatization;
DEP BY X5 X2 X8 X11 X14 X17; !Depression;
ANX BY X3 X6 X9 X12 X15 X18; !Anxiety;
X5 WITH X8;
X11 WITH X14;
X9 WITH X18;
OUTPUT: TECH1 STDYX;
```

在上述 Mplus 程序中, 数据保存在文本文件 2_Site_BSI_18.dat 中, 其中将俄亥俄州和肯塔基州的样本叠加在一起. 在 VARIABLE 指令中, USEOBSERVATIONS 选项用于选择特定样本进行分析. 变量 SITE (1 = 俄亥俄州, 2 = 肯塔基州) 标识用于建模的具体样本/组, 默认的 ML 估计法用于模型估计. 根据探索性建模的模型拟合指数, 我们在 MODEL 指令的 "X5 WITH X8" 和 "X9 WITH X12" 语句中设定俄亥俄州模型中的误差协方差 $\mathrm{Cov}(\delta_5, \delta_8)$ 和 $\mathrm{Cov}(\delta_9, \delta_{12})$; 而在肯塔基州模型中设定了三个误差协方差 $\mathrm{Cov}(\delta_5, \delta_8)$, $\mathrm{Cov}(\delta_9, \delta_{18})$ 和 $\mathrm{Cov}(\delta_{11}, \delta_{14})$, 以提高模型拟合度. 所有模型均基于默认的均值和协方差结构 (MACS) 分析进行估计. 由于模型识别的需要, 单因子模型的因子均值默认为零, 模型结果分别如表 5.1 和表 5.2 所示.

表 5.1   部分 Mplus 输出: 俄亥俄州基线模型

```
MODEL FIT INFORMATION
...
Chi-Square Test of Model Fit
          Value                         223.622
          Degrees of Freedom              130
          P-Value                       0.0000

RMSEA (Root Mean Square Error Of Approximation)

          Estimate                      0.054
          90 Percent C.I.         0.042  0.066
```

```
        Probability RMSEA <= .05        0.286

CFI/TLI

        CFI                             0.955
        TLI                             0.947

Chi-Square Test of Model Fit for the Baseline Model

        Value                        2243.924
        Degrees of Freedom                153
        P-Value                        0.0000

SRMR (Standardized Root Mean Square Residual)

        Value                           0.041
...
STANDARDIZED MODEL RESULTS
STDYX Standardization
```

		Estimate	S.E.	Est./S.E.	Two-Tailed P-Value
SOM	BY				
X1		0.706	0.037	18.932	0.000
X4		0.593	0.047	12.754	0.000
X7		0.731	0.035	20.690	0.000
X10		0.700	0.038	18.391	0.000
X13		0.573	0.048	11.979	0.000
X16		0.759	0.033	22.968	0.000
DEP	BY				
X5		0.723	0.036	19.880	0.000
X2		0.782	0.031	25.529	0.000
X8		0.796	0.030	26.830	0.000
X11		0.778	0.031	25.028	0.000
X14		0.620	0.044	14.005	0.000
X17		0.402	0.058	6.968	0.000
ANX	BY				
X3		0.709	0.037	19.217	0.000
X6		0.737	0.035	21.280	0.000
X9		0.638	0.043	14.890	0.000
X12		0.659	0.041	16.034	0.000

续表

X15		0.680	0.039	17.253	0.000
X18		0.651	0.042	15.608	0.000
DEP	WITH				
SOM		0.732	0.042	17.446	0.000
ANX	WITH				
SOM		0.828	0.034	24.142	0.000
DEP		0.829	0.034	24.181	0.000
X5	WITH				
X8		0.540	0.054	10.072	0.000
X9	WITH				
X12		0.348	0.061	5.705	0.000

表 5.2　部分 Mplus 输出: 肯塔基州基线模型

```
MODEL FIT INFORMATION
...
Chi-Square Test of Model Fit

          Value                      231.575
          Degrees of Freedom             129
          P-Value                     0.0000


RMSEA (Root Mean Square Error Of Approximation)

          Estimate                     0.059
          90 Percent C.I.              0.047  0.072
          Probability RMSEA <= .05     0.103

CFI/TLI

          CFI                          0.952
          TLI                          0.944


Chi-Square Test of Model Fit for the Baseline Model

          Value                     2307.989
          Degrees of Freedom             153
          P-Value                     0.0000


SRMR (Standardized Root Mean Square Residual)
```

续表

		Estimate	S.E.	Est./S.E.	Two-Tailed P-Value
Value				0.042	

...

STANDARDIZED MODEL RESULTS
STDY Standardization

		Estimate	S.E.	Est./S.E.	Two-Tailed P-Value
SOM	BY				
X1		0.636	0.045	14.148	0.000
X4		0.631	0.045	13.895	0.000
X7		0.676	0.042	16.235	0.000
X10		0.600	0.048	12.554	0.000
X13		0.674	0.042	16.161	0.000
X16		0.797	0.031	25.754	0.000
DEP	BY				
X5		0.682	0.041	16.743	0.000
X2		0.817	0.028	29.242	0.000
X8		0.760	0.033	22.725	0.000
X11		0.805	0.029	27.512	0.000
X14		0.686	0.041	16.698	0.000
X17		0.385	0.061	6.311	0.000
ANX	BY				
X3		0.790	0.029	27.225	0.000
X6		0.779	0.030	25.641	0.000
X9		0.716	0.036	19.624	0.000
X12		0.750	0.034	22.347	0.000
X15		0.690	0.039	17.888	0.000
X18		0.685	0.040	17.345	0.000
DEP	WITH				
SOM		0.788	0.039	20.178	0.000
ANX	WITH				
SOM		0.854	0.031	27.437	0.000
DEP		0.896	0.026	33.974	0.000
X5	WITH				
X8		0.485	0.057	8.472	0.000
X11	WITH				

续表

X14		0.333	0.071	4.711	0.000
X9	WITH				
X18		0.271	0.068	3.992	0.000

　　两个基线模型的结果表明, BSI-18 条目在两个样本中对其潜在因子的载荷均很大, 且两个模型都拟合数据良好. 俄亥俄州的模型拟合指数为: RMSEA = 0.054, 90% 置信区间 = (0.042, 0.066), 精确拟合检验 $P = 0.286$, CFI = 0.955, TLI = 0.947, SRMR = 0.041. 肯塔基州相应的模型拟合指数为: RMSEA = 0.059, 90% 置信区间 = (0.047, 0.072), 精确拟合检验 $P = 0.103$, CFI = 0.952, TLI = 0.944, SRMR = 0.042 (见表 5.1 和表 5.2). 模型结果表明, BSI-18 在所研究的每个人群 (即俄亥俄州和肯塔基州的农村非法药物使用者) 中都很好地测量了设计的理论结构. 但是, 配置不变性需要在配置模型中进行统计检验 (Byrne, 2006; Horn & McArdle, 1992; Reise, Widaman & Pugh, 1993; Vandenberg & Lance, 2000).

　　检验配置模型不变性 (testing configural model invariance): 在确定每个样本的基线模型后, 将两个基线模型组合成一个多组配置模型 (multi-group configural model), 其中, 在每个组模型中指定的因子数量相同, 固定和自由因子载荷模式相同, 但对跨组的任何测量和结构参数不施加等同限制, 然后同时估计模型.

　　只有证明了组间模型配置不变性后, 我们才能进一步检验测量不变性, 包括因子载荷不变性、标识/条目截距不变性和误差方差不变性, 以及结构不变性, 如因子方差不变性 (invariance of factor variance)、因子协方差不变性 (invariance of factor covariance) 和因子均值不变性 (invariance of factor mean). 配置模型可以表示为:

$$\Sigma_{XX}^g = \Lambda_X^g \Phi^g \Lambda_X'^g + \Theta_\delta^g, \tag{5.1}$$

$$\mu_X^g = \upsilon_X^g + \Lambda_X^g \alpha^g, \tag{5.2}$$

其中, 观察到的标识变量的协方差 Σ_{XX}^g 表示为因子载荷、因子方差/协方差和误差方差/协方差的函数 (见第一章附录 1.A). 每个组设定了相同的测量参数模式[1], 但没有对任何参数施加等同限制. 矩阵 Λ_X^g, Φ^g 和 Θ_δ^g 的上标 "g" 表示

---

[1] 在我们的示例中, 在俄亥俄州和肯塔基州模型中均有设定误差协方差 $Cov(\delta_5, \delta_8)$; 另外, 俄亥俄州基线模型中有 $Cov(\delta_9, \delta_{12})$, 而肯塔基州基线模型中有 $Cov(\delta_{11}, \delta_{14})$ 和 $Cov(\delta_9, \delta_{18})$. 模型设定中的这种细微差异不应影响模型比较检验 (Byrne, 1998).

每个矩阵的元素在组间是非不变的. 方程 (5.2) 表示观察标识变量的均值结构, 其中标识均值 (μ_X^g) 被定义为两种未知均值结构参数的函数: 条目截距 (v_X^g) 和因子均值[①] (α^g). 为了估计均值结构参数 (mean structural parameter) v_X^g 和 α^g, 我们示例中可用的观察到的均值结构信息 (即观察到的 18 个条目均值) 为 $g \times 18 = 2 \times 18 = 36$. 但是, v_X^g 和 α^g 中的参数总数为 $2 \times 18 + 3 = 39$ (一共有 2×18 个条目截距和 3 个因子均值[②]). 因此, 模型的均值结构部分是未识别的. 为了解决这样的问题, 配置模型可以使用协方差结构 (COVS) (即公式 (5.1)) 来估计. 如果要用均值和协方差结构 (MACS) (自 Mplus 版本 5 以来的默认方法) 来估计模型, 则需要对因子均值进行一些限制. 为了使方程 (5.2) 可识别, 我们将方程中的所有因子均值 (α^g) 设置为 0. 下面是配置模型的 Mplus 程序.

Mplus 程序 5.3

```
TITLE: Configural CFA model
DATA:  FILE=2_Site_BSI_18.dat;
VARIABLE:
      NAMES = X1-X18 GENDER WHITE AGE EDU CRACK SITE ID;
      MISSING = ALL (-9);
      USEVARIABLES ARE X1-X18;
      GROUPING = SITE (1 = OH 2 = KY);
!ANALYSIS: ESTIMATOR = ML;!default;
MODEL:
SOM BY X1 X4 X7 X10 X13 X16; !Somatization;
DEP BY X5 X2 X8 X11 X14 X17; !Depression;
ANX BY X3 X6 X9 X12 X15 X18; !AnxietX;
[SOM@0 DEP@0 ANX@0];
X8 WITH X5;
MODEL OH:
X9 WITH X12;
MODEL KY:
SOM BY X1@1 X4 X7 X10 X13 X16; !Somatization;
DEP BY X5@1 X2 X8 X11 X14 X17; !Depression;
ANX BY X3@1 X6 X9 X12 X15 X18; !Anxiety;
[X1-X18*];
```

---

①在多组 CFA 中无法估计因子均值的绝对值. 公式 (5.2) 中的向量 α^g 实际上表示特定比较组和参考组之间的因子均值差异, 其中参考组因子均值设定为 0.

②由于参考组因子均值默认设定为 0, 模型估计的比较组的因子均值实际上是组间因子均值的差.

```
X11 WITH X14;
X9 WITH X18;
OUTPUT: TECH1 TECH4;
```

其中, 俄亥俄州和肯塔基州样本叠加在数据集 2_Site_BSI_18.dat 中同时进行分析. VARIABLE 指令中的 GROUPING 语句的分组变量 (grouping variable) (即本示例中的 SITE) 包含有关组成员身份信息[①]. 上述 Mplus 程序中有两种 MODEL 指令: 指令 "MODEL" 和 "MODEL" 后跟一个标签 (例如, 本例中的 OH 和 KY). 前者是适用于所有组的整体模型指令. 例如, 整体 MODEL 指令中的语句 "X8 WITH X5" 设定每个组中都有误差协方差 $\text{Cov}(\delta_5\delta_8)$, 但没有等同限制; 出于模型识别的需要, 语句 [SOM@0 DEP@0 ANX@0] 将每组中三个因子的均值设置为零. 指令 MODEL OH 和 MODEL KY 是特定组 MODEL 指令, 其设定特定组模型与整体模型不同的部分. 例如, 俄亥俄州模型中设定了误差协方差 $\text{Cov}(\delta_9, \delta_{12})$, 肯塔基州模型中指定了误差协方差 $\text{Cov}(\delta_{11}, \delta_{14})$ 和 $\text{Cov}(\delta_9, \delta_{18})$.

默认情况下, 整体模型指令设置一些测量参数, 例如因子载荷和连续结局变量的截距 (或分类结局变量的阈值) 跨组不变, 同时让所有结构参数 (例如, 因子方差/协方差和因子均值) 为自由参数. 为了释放因子载荷的等同约束 (equality constraint), 在肯塔基州样本的组特定指令 MODEL KY 中重新设定了相同的因子载荷模式, 从而允许因子载荷跨组变化. 此外, 组特定指令 MODEL KY 中的语句 [X1–X18*] 估计该组模型中所有条目截距, 即该指令释放了在整体 MODEL 指令中默认施加的对条目截距的跨组不变限制. 默认 ML 估计法用于模型估计, 模型拟合函数表示跨组模型拟合的加权组合. 嵌套模型的模型卡方差异将遵循卡方分布, 似然比 (LR) 可用于模型比较. 如果使用稳健估计法, 如 MLR、MLM、WLSM, 进行模型估计时, 传统的 LR 检验方法不合适, 因为嵌套模型的卡方差不遵循卡方分布. 第二章描述和演示了进行此类模型比较的适当方法. 为了方便起见, 本节使用 ML 进行模型估计, 这样, 我们可以用传统的 LR 检验比较模型.

使用多组 CFA 模型检验因子不变性时, 出于模型识别的需要, 各组因子标度设置必须一致 (Cheung & Rensvold, 1999, 2000). 因子标度的相同设置可以通过将因子方差在各组模型中设定为 1, 或将每个因子的一个非标准化因子载荷设定为 1 来实现. 在我们的示例中, 每个因子的第一个条目 (即因子 SOM

---

① 如果两个样本存储在两个单独的数据集中 (例如, Ohio_data.dat 和 Kentucky_data_dat), 则需要两个 FILE 语句来同时读取两个数据集: "FILE(OH) = Ohio_data.dat" 和 "FILE(KY) = Kentucky_data_dat", 其中标签 "OH" 和 "KY" 可用于特定于组的 MODEL 指令.

的 X_1、因子 DEP 的 X_5 和因子 ANX 的 X_3) 的因子载荷在每组中设置为
1. 在整体 MODEL 指令的 BY 语句中, 各因子的第一个因子载荷是默认设定
为 1 的. 但是, 在组特定模型指令中没有这个默认设定. 上述 Mplus 程序的
MODEL KY 指令中, 我们手动将 X_1、X_5 和 X_3 的因子载荷设定为 1, 使条目
截距估计跨组变异.

　　配置模型的估计结果如表 5.3 所示, 其中报告了每组的单独参数集 (例如,
因子载荷、条目截距、残差方差、因子方差和协方差等), 但只报告了一组模型
拟合统计量和指数 (例如, 模型卡方统计、RMSEA、CFI、TLI 和 SRMR). 模
型拟合数据良好: RMSEA $= 0.057$, 90% 置信区间 $= (0.048, 0.065)$, 精确拟合
检验 $P = 0.103$, CFI $= 0.954$, TLI $= 0.945$, SRMR $= 0.041$. 当 ML 估计法
用于模型估计时, 配置模型的模型拟合卡方统计量等于两个独立基线模型的模
型卡方统计量之和. 例如, 在我们的示例中, 配置模型的整体模型拟合卡方统
计量为 $\chi^2 = 455.197$, 这等于俄亥俄州和肯塔基州基线模型的卡方统计量 (分
别为 $\chi^2 = 223.622$ 和 $\chi^2 = 231.575$ 之和. 如果使用稳健估计法 (例如 MLR、
MLM), 则单独基线模型的卡方统计量相加不会等于配置模型的卡方统计量.

表 5.3　　部分 Mplus 输出: CFA 配置模型

```
MODEL FIT INFORMATION
Number of Free Parameters                   119


Loglikelihood

       H0 Value                        -11044.298
       H1 Value                        -10816.699


Information Criteria

       Akaike (AIC)                      22326.595
       Bayesian (BIC)                    22821.528
       Sample-Size Adjusted BIC          22443.841
         (n* = (n + 2) / 24)


Chi-Square Test of Model Fit

       Value                               455.197
       Degrees of Freedom                      259
       P-Value                              0.0000


Chi-Square Contribution From Each Group
```

OH	223.622	
KY	231.575	

RMSEA (Root Mean Square Error Of Approximation)

Estimate	0.057	
90 Percent C.I.	0.048	0.065
Probability RMSEA <= .05	0.103	

CFI/TLI

CFI	0.954
TLI	0.945

...

SRMR (Standardized Root Mean Square Residual)

Value	0.041

MODEL RESULTS

		Estimate	S.E.	Est./S.E.	Two-Tailed P-Value

Group OH

SOM	BY				
X1		1.000	0.000	999.000	999.000
X4		0.965	0.113	8.504	0.000
X7		1.354	0.127	10.640	0.000
X10		1.094	0.110	9.934	0.000
X13		1.035	0.126	8.209	0.000
X16		1.425	0.132	10.810	0.000

DEP	BY				
X5		1.000	0.000	999.000	999.000
X2		1.068	0.093	11.515	0.000
X8		1.038	0.060	17.210	0.000
X11		0.998	0.089	11.240	0.000
X14		0.808	0.091	8.907	0.000
X17		0.250	0.042	5.894	0.000

ANX	BY				
X3		1.000	0.000	999.000	999.000
X6		1.070	0.099	10.808	0.000

X9	0.806	0.088	9.198	0.000
X12	0.850	0.089	9.506	0.000
X15	1.032	0.105	9.867	0.000
X18	0.845	0.091	9.323	0.000
DEP WITH				
SOM	0.472	0.070	6.733	0.000
ANX WITH				
SOM	0.493	0.070	7.013	0.000
DEP	0.685	0.096	7.105	0.000
X8 WITH				
X5	0.365	0.065	5.645	0.000
X9 WITH				
X12	0.251	0.056	4.511	0.000
Means				
SOM	0.000	0.000	999.000	999.000
DEP	0.000	0.000	999.000	999.000
ANX	0.000	0.000	999.000	999.000
Intercepts				
X1	0.637	0.061	10.388	0.000
X2	1.298	0.082	15.827	0.000
X3	1.427	0.078	18.239	0.000
X4	0.802	0.070	11.389	0.000
X5	1.347	0.083	16.217	0.000
X6	1.519	0.081	18.847	0.000
X7	1.141	0.080	14.220	0.000
X8	1.226	0.078	15.649	0.000
X9	0.657	0.070	9.382	0.000
X10	0.685	0.068	10.133	0.000
X11	0.978	0.077	12.682	0.000
X12	0.645	0.072	9.018	0.000
X13	1.128	0.078	14.392	0.000
X14	1.131	0.079	14.382	0.000
X15	1.508	0.084	17.912	0.000
X16	1.222	0.081	15.023	0.000
X17	0.173	0.037	4.649	0.000
X18	0.690	0.072	9.573	0.000
Variances				

续表

SOM		0.465	0.077	6.051	0.000
DEP		0.895	0.144	6.216	0.000
ANX		0.763	0.125	6.095	0.000
Residual Variances					
X1		0.468	0.049	9.512	0.000
X2		0.649	0.075	8.659	0.000
X3		0.756	0.079	9.535	0.000
X4		0.798	0.078	10.187	0.000
X5		0.816	0.089	9.207	0.000
X6		0.733	0.080	9.179	0.000
X7		0.744	0.081	9.240	0.000
X8		0.559	0.067	8.343	0.000
X9		0.721	0.072	9.992	0.000
X10		0.579	0.061	9.496	0.000
X11		0.580	0.067	8.640	0.000
X12		0.718	0.073	9.877	0.000
X13		1.020	0.099	10.293	0.000
X14		0.937	0.093	10.054	0.000
X15		0.946	0.097	9.753	0.000
X16		0.696	0.079	8.864	0.000
X17		0.289	0.027	10.828	0.000
X18		0.742	0.075	9.956	0.000
Group KY					
SOM	BY				
X1		1.000	0.000	999.000	999.000
X4		1.242	0.155	8.006	0.000
X7		1.521	0.179	8.503	0.000
X10		1.035	0.135	7.674	0.000
X13		1.445	0.174	8.308	0.000
X16		1.875	0.193	9.699	0.000
DEP	BY				
X5		1.000	0.000	999.000	999.000
X2		1.093	0.100	10.873	0.000
X8		1.080	0.077	14.054	0.000
X11		1.057	0.101	10.484	0.000
X14		0.991	0.109	9.073	0.000
X17		0.266	0.050	5.339	0.000
ANX	BY				
X3		1.000	0.000	999.000	999.000

X6		0.979	0.077	12.637	0.000
X9		0.758	0.068	11.218	0.000
X12		0.731	0.062	11.867	0.000
X15		0.848	0.078	10.840	0.000
X18		0.678	0.064	10.560	0.000
DEP	WITH				
SOM		0.376	0.060	6.218	0.000
ANX	WITH				
SOM		0.457	0.068	6.765	0.000
DEP		0.839	0.116	7.201	0.000
X8	WITH				
X5		0.402	0.074	5.420	0.000
X11	WITH				
X14		0.227	0.062	3.686	0.000
X9	WITH				
X18		0.152	0.044	3.425	0.001
Means					
SOM		0.000	0.000	999.000	999.000
DEP		0.000	0.000	999.000	999.000
ANX		0.000	0.000	999.000	999.000
Intercepts					
X1		0.436	0.055	7.967	0.000
X2		1.227	0.081	15.070	0.000
X3		1.267	0.086	14.659	0.000
X4		0.618	0.068	9.027	0.000
X5		1.307	0.089	14.630	0.000
X6		1.298	0.086	15.118	0.000
X7		0.898	0.078	11.461	0.000
X8		1.302	0.087	15.042	0.000
X9		0.582	0.072	8.051	0.000
X10		0.511	0.060	8.519	0.000
X11		0.818	0.080	10.230	0.000
X12		0.502	0.067	7.546	0.000
X13		0.871	0.075	11.687	0.000
X14		1.028	0.088	11.660	0.000
X15		1.138	0.084	13.554	0.000
X16		1.107	0.082	13.515	0.000

X17	0.156	0.042	3.699	0.000
X18	0.569	0.068	8.419	0.000
Variances				
SOM	0.272	0.054	5.035	0.000
DEP	0.835	0.151	5.533	0.000
ANX	1.049	0.152	6.908	0.000
Residual Variances				
X1	0.400	0.042	9.561	0.000
X2	0.495	0.063	7.907	0.000
X3	0.631	0.071	8.863	0.000
X4	0.634	0.066	9.583	0.000
X5	0.960	0.103	9.364	0.000
X6	0.653	0.073	8.935	0.000
X7	0.751	0.080	9.339	0.000
X8	0.713	0.081	8.752	0.000
X9	0.573	0.061	9.420	0.000
X10	0.518	0.053	9.742	0.000
X11	0.505	0.063	8.064	0.000
X12	0.437	0.048	9.098	0.000
X13	0.682	0.073	9.343	0.000
X14	0.924	0.100	9.195	0.000
X15	0.831	0.086	9.655	0.000
X16	0.551	0.069	7.955	0.000
X17	0.339	0.033	10.375	0.000
X18	0.545	0.057	9.554	0.000

...

TECHNICAL 4 OUTPUT

ESTIMATES DERIVED FROM THE MODEL FOR OH
...

```
          ESTIMATED CORRELATION MATRIX FOR THE LATENT VARIABLES
              SOM           DEP           ANX

              --------      --------      --------
    SOM        1.000
    DEP        0.732         1.000
    ANX        0.828         0.829         1.000
```

ESTIMATES DERIVED FROM THE MODEL FOR KY
...

```
          ESTIMATED CORRELATION MATRIX FOR THE LATENT VARIABLES
              SOM           DEP           ANX
```

	--------	--------	--------
SOM	1.000		
DEP	0.788	1.000	
ANX	0.854	0.896	1.000

　　配置模型作为多组建模中模型比较的基础. 该模型提供了模型拟合的基线值, 随后设定的受限模型将与该基线值进行比较. 下面, 我们将通过一系列模型来检验 BSI-18 的因子不变性. 我们将首先检验测量参数的跨组不变性, 例如弱测量不变性 (weak measurement invariance)、强测量不变性 (strong measurement invariance) 和严格测量不变性 (strict measurement invariance). 证明了测量不变性后, 我们将进一步检验结构参数的不变性, 例如因子方差不变性、因子协方差不变性和因子均值不变性.

　　检验弱测量不变性 (testing weak measurement invariance): 弱测量不变性定义为跨组的因子载荷不变性, 如以下等式所述.

$$\Sigma_{XX}^g = \Lambda_X \Phi^g \Lambda_X' + \Theta_\delta^g, \tag{5.3}$$

$$\mu_X^g = \upsilon_X^g + \Lambda_X \alpha^g, \tag{5.4}$$

其中, 上标 "g" 从等式 (5.3) 和 (5.4) 的因子载荷矩阵 (Λ_X) 中删除, 表明该矩阵的元素在组间是不变的. 同样, 为了模型识别, 公式 (5.4) 中的因子均值项 (α^g) 设定为零, 默认情况下基于均值和协方差结构 (MACS) 分析估计模型.

　　跨组因子载荷的不变性被认为是测量不变性的最低条件. 因此, 检验因子载荷的不变性通常是测量不变性检验的第一步. 因子载荷的不变性表明因子分值的度量在组间是不变的, 或者说, 因子分值的单位变化导致观察到的条目应答值的变化量跨组不变. 相反, 如果因子载荷不变性不存在, 说明观察标识变量与潜变量之间的关系跨组不同, 即标识变量在不同组里测量的是不同的潜变量. 如前所述, 因子载荷跨组不变是测量不变性的最低条件, 是检验测量不变性时首先需要检验的.

　　在我们的示例模型中, 检验测量不变性的零假设是: 因子载荷在组间是不变的 (即, 因子载荷在俄亥俄州和肯塔基州样本之间没有显著差异). 为了检验这样的假设, 最常用的方法是似然比 (LR) 检验. 该检验基于受限模型 (例如, 各组之间的因子载荷等同) 和非受限配置模型之间的卡方差异. 两个嵌套模型之间的模型卡方差异遵循卡方分布, 其中 df 是两个模型之间的 df 差异.

　　注意, 在多组建模中, 即使非标准化参数估计值在组间是不变的, 标准化参数估计值仍然可能是非不变的, 因为观察变量和潜变量的方差在组间通常是不同的. 为了在标准化解中实现参数不变性, Jöreskog & Sörbom (1989) 开发了一种通用度量完全标准化的方法, 软件 LISREL 提供该方法. 当前版本的 Mplus 没有为多组建模提供这样的标准化. 因此, 本章只考虑检验非标准化参数估计的不变性.

Mplus 程序 5.4

```
TITLE: Testing metric invariances
DATA:  FILE = 2_Site_BSI_18.dat;
VARIABLE:
     NAMES = X1-X18 GENDER WHITE AGE EDU CRACK SITE ID;
     MISSING = ALL (-9);
     USEVARIABLES ARE X1-X18;
     GROUPING = SITE (1 = OH 2 = KY);
!ANALYSIS: ESTIMATOR = ML;!default;
MODEL:
SOM BY X1 X4 X7 X10 X13 X16; !Somatization;
DEP BY X5 X2 X8 X11 X14 X17; !Depression;
ANX BY X3 X6 X9 X12 X15 X18; !Anxiety;
[SOM@0 DEP@0 ANX@0];
X8 WITH X5;
MODEL OH:
X9 WITH X12;
MODEL KY:
[X1-X18];
X11 WITH X14;
X9 WITH X18;
OUTPUT: TECH1;
```

与 Mplus 程序 5.3 不同, 上述 Mplus 程序的组特定 MODEL 指令中均没有设定因子载荷; 因此, 默认情况下, 因子载荷被设定为跨组不变. 模型估计结果见表 5.4.

表 5.4　部分 Mplus 输出: 因子载荷跨组不变的多组 CFA 模型

```
MODEL FIT INFORMATION


Number of Free Parameters                    104


Loglikelihood
```

```
        HO Value                         -11052.281
        H1 Value                         -10816.699

Information Criteria

        Akaike (AIC)                     22312.563
        Bayesian (BIC)                   22745.109
        Sample-Size Adjusted BIC         22415.030
          (n* = (n + 2) / 24)

Chi-Square Test of Model Fit

        Value                             471.164
        Degrees of Freedom                    274
        P-Value                            0.0000

Chi-Square Contributions From Each Group

        OH                                231.609
        KY                                239.555

RMSEA (Root Mean Square Error Of Approximation)

        Estimate                            0.055
        90 Percent C.I.                     0.047    0.063
        Probability RMSEA <= .05            0.155

CFI/TLI

        CFI                                 0.954
        TLI                                 0.948

Chi-Square Test of Model Fit for the Baseline Model

        Value                            4551.913
        Degrees of Freedom                    306
        P-Value                            0.0000

SRMR (Standardized Root Mean Square Residual)

        Value                               0.047
```

　　由于该模型嵌套在 Mplus 程序 5.3 设定的配置模型中, 因此, 我们用 LR 来检验模型差异. 配置模型和当前模型之间的模型卡方统计量变化遵循卡方分布: $\chi^2 = 471.164 - 455.197 = 15.967$, $df = 274 - 259 = 15$, 模型 χ^2 值变化统计不显著 $(P = 0.3842)$[①]. 因此, 不能拒绝零假设 (即因子载荷跨组不变). 因子载荷具有跨组不变意味着 BSI-18 条目的应答值与其测量的潜变量/因子间的关系跨组不变.

在 Mplus 程序 5.4 中, 每个因子的第一个条目的非标准化因子载荷设定为 1. 这些条目 (即 X_1、X_5 和 X_3) 称为参考标识/条目 (reference indicator/item) 或标记条目 (marker item). 在 LR 检验中未检验而是假设这些条目的因子载荷跨组不变, 因此, 我们应选那些因子载荷跨组 "最不变的" 的条目作为标记条目. 对识别 "最不变" 条目感兴趣的读者可以参考 Cheung & Rensvold (1999). 在下面的 Mplus 程序中, 我们通过使用不同的条目作为 "标记条目" 来检验标记条目 X_1、X_5 和 X_3 的因子载荷的不变性.

Mplus 程序 5.5a

```
TITLE: Test invariance of marker item factor loadings
DATA:  FILE = 2_Site_BSI_18.dat;
VARIABLE:
     NAMES = X1-X18 GENDER WHITE AGE EDU CRACK SITE ID;
     MISSING = ALL (-9);
     USEVARIABLES ARE X1-X18;
     GROUPING = SITE (1 = OH 2 = KY);
!ANALYSIS: ESTIMATOR = ML;!default;
MODEL:
SOM BY X1* X4@1 X7 X10 X13 X16; !Somatization;
DEP BY X5* X2@1 X8 X11 X14 X17; !Depression;
ANX BY X3* X6@1 X9 X12 X15 X18; !Anxiety;
[SOM@0 DEP@0 ANX@0];
X5 WITH X8;
MODEL OH:
X9 WITH X12;
MODEL KY:
SOM BY X1 X4@1 X7 X10 X13 X16; !Somatization;
DEP BY X5 X2@1 X8 X11 X14 X17; !Depression;
ANX BY X3 X6@1 X9 X12 X15 X18; !Anxiety;
[X1-X18];
```

[①] LR 卡方检验的 P 值可以通过以下 SAS 程序计算:
Data_null_;
P_value = 1-probchi(15.967, 15); Put P_value; Run;

```
X5 WITH X8;
X11 WITH X14;
X9 WITH X18;
OUTPUT: TECH1;
```

其中, 另外三个条目 (即 X_4、X_2 和 X_6) 的因子载荷设定为 1, 所有其他因子载荷都设定为自由参数. 在下面的 Mplus 程序中, 对跨组的 X_1、X_5 和 X_3 的因子载荷施加了等同限制. 然后, 使用带和不带等同限制的模型卡方统计量对参考标识/条目 X_1、X_5 和 X_3 的因子载荷不变性进行 LR 检验.

Mplus 程序 5.5b

```
TITLE: Test invariance of marker item factor loadings with restrictions
DATA:  FILE = 2_Site_BSI_18.dat;
VARIABLE:
      NAMES = X1-X18 GENDER WHITE AGE EDU CRACK SITE ID;
      MISSING = ALL (-9);
      USEVARIABLES ARE X1-X18;
      GROUPING = SITE (1 = OH 2 = KY);
!ANALYSIS: ESTIMATOR = ML;!default;
MODEL:
SOM BY X1*(1)
 X4@1 X7 X10 X13 X16; !Somatization;
DEP BY X5*(2)
 X2@1 X8 X11 X14 X17; !Depression;
ANX BY X3*(3)
 X6@1 X9 X12 X15 X18; !Anxiety;
[SOM@0 DEP@0 ANX@0];
X5 WITH X8;
MODEL OH:
X9 WITH X12;
MODEL KY:
SOM BY X1(1)
 X4@1 X7 X10 X13 X16; !Somatization;
DEP BY X5(2)
 X2@1 X8 X11 X14 X17; !Depression;
ANX BY X3(3)
 X6@1 X9 X12 X15 X18; !Anxiety;
[X1-X18];
X5 WITH X8;
```

```
X11 WITH X14;
X9 WITH X18;
OUTPUT: TECH1;
```

为了对条目 X_1、X_5 和 X_3 的因子载荷施加跨组不变限制, 在整体 MODEL 指令和组特定 MODEL KY 的 BY 语句中, 我们在对应的条目之后的括号中设定相应数字 (如 (1)、(2)、(3)). 注意, 每行指令只能设一个限制, 否则, 程序将无法运行.

限制与不限制因子载荷跨组不变的模型卡方统计差异 (表 5.5) 遵循 $df = 3$ 的卡方统计 $\chi^2 = 457.947 - 455.197 = 2.75$, 统计不显著 ($P = 0.4318$), 表明我们示例模型中的条目 X_1、X_5 和 X_3 的因子载荷跨组不变.

表 5.5 多组 CFA 模型的模型卡方统计量: 限制与不限制因子载荷跨组不变的模型比较

不限制因子载荷跨组不变
Chi-Square Test of Model Fit

Value	455.197
Degrees of Freedom	259
P-Value	0.0000

限制因子载荷跨组不变
Chi-Square Test of Model Fit

Value	457.947
Degrees of Freedom	262
P-Value	0.0000

接下来, 我们将在模型中施加更多限制, 以进一步检验 BSI-18 量表的测量不变性. 在多组建模中, 参数不变性的检验是分层的, 逐渐变得越来越严格. 常见的做法是, 一旦对参数进行跨组限制, 对这些参数的跨组限制应保留在后续的不变性检验中.

检验强测量不变性 (testing strong measurement invariance): 强测量不变性定义为因子载荷和条目截距跨组不变. 以下等式描述强测量不变性模型.

$$\Sigma_{XX}^g = \Lambda_X \Phi^g \Lambda_X' + \Theta_\delta^g, \tag{5.5}$$

$$\mu_X^g = \upsilon_X + \Lambda_X \alpha^g, \tag{5.6}$$

其中, 上标 "g" 从因子载荷矩阵 Λ_X 和条目截距向量 υ_X 中被删除, 表明条目测量在所有组中具有相同的度量和标量, 而误差方差 (Θ_δ^g 的对角线值) 以及结构参数 Φ^g 和 α^g 跨组非不变.

Mplus 程序 5.6

```
TITLE: Test strong measurement invariance
DATA:  FILE = 2_Site_BSI_18.dat;
VARIABLE:
      NAMES = X1-X18 GENDER WHITE AGE EDU CRACK SITE ID;
      MISSING = ALL (-9);
      USEVARIABLES ARE X1-X18;
      GROUPING = SITE (1 = OH 2 = KY);
!ANALYSIS: ESTIMATOR = ML; !default;
MODEL:
SOM BY X1 X4 X7 X10 X13 X16; !Somatization;
DEP BY X5 X2 X8 X11 X14 X17; !Depression;
ANX BY X3 X6 X9 X12 X15 X18; !Anxiety;
![SOM@0 DEP@0 ANX@0];
X8 WITH X5;
MODEL OH:
X9 WITH X12;
MODEL KY:
![X1-X18];
X11 WITH X14;
X9 WITH X18;
OUTPUT: TECH1;
```

其中, 语句 [X1–X18] 从组特定模型 MODEL KY 中删掉; 因此, 默认情况下, Mplus 设定因子载荷和条目截距跨组不变. 这样, 我们把整体模型 MODEL 指令中的语句 [SOM@0 DEP@0 ANX@0] 删掉, 模型的均值结构部分也是可识别的, 因而模型允许估计两组之间的因子均值差异.

　　要检验因子载荷不变性和条目截距不变性, 我们需要将强测量不变性模型与没有此参数限制的配置模型进行比较. 基于两模型的卡方差异的 LR 检验显示 $\chi^2 = 488.349 - 455.197 = 33.152$, $df = 289 - 259 = 30$, 统计不显著 ($P = 0.3160$). 因此, 不能拒绝强测量不变性的原假设. 换句话说, BSI-18 的因子载荷和条目截距跨组不变.

表 5.6 部分 Mplus 输出: 因子载荷和条目截距跨组不变的多组 CFA 模型

```
MODEL FIT INFORMATION
...
Chi-Square Test of Model Fit

        Value                        488.349
        Degrees of Freedom               289
        P-Value                       0.0000

Chi-Square Contribution From Each Group

        OH                           239.136
        KY                           249.213

RMSEA (Root Mean Square Error Of Approximation)

        Estimate                       0.054
        90 Percent C.I.                0.046   0.062
        Probability RMSEA <= .05       0.209

CFI/TLI

        CFI                            0.953
        TLI                            0.950
...
SRMR (Standardized Root Mean Square Residual)

        Value                          0.048
```

检验严格测量不变性 (testing strict measurement invariance): 检验测量不变性的最后一个检验包括检验条目误差方差不变性. 如果因子载荷和条目截距以及条目误差方差在组间都是不变的, 则证明了量表具有严格测量不变性. 严格测量不变性模型表示如下:

$$\Sigma^g_{XX} = \Lambda_X \Phi^g \Lambda'_X + \Theta_\delta, \tag{5.7}$$

$$\mu^g_X = \upsilon_X + \Lambda_X \alpha^g, \tag{5.8}$$

其中, 上标 "g" 从因子载荷矩阵 (Λ_X)、条目截距向量 (υ_X) 和条目误差方差矩阵 (Θ_δ) 中移除. 误差方差的跨组不变限制意味着每个观察到的标识中未被其潜在因子解释的方差也是跨组不变的. 这意味着观察标识/条目的方差跨组差异仅归因于其潜在因子 (Φ^g) 的方差跨组差异.

Mplus 程序 5.7

```
TITLE: Test strict measurement invariance
DATA:  FILE = 2_Site_BSI_18.dat;
VARIABLE:
     NAMES = X1-X18 GENDER WHITE AGE EDU CRACK SITE ID;
     MISSING = ALL (-9);
     USEVARIABLES ARE X1-X18;
     GROUPING = SITE (1 = OH 2 = KY);
!ANALYSIS: ESTIMATOR = ML; !by default;
MODEL:
SOM BY X1 X4 X7 X10 X13 X16; !Somatization;
DEP BY X5 X2 X8 X11 X14 X17; !Depression;
ANX BY X3 X6 X9 X12 X15 X18; !Anxiety;
X8 WITH X5;
X1(1); X4(4); X7(7); X10(10); X13(13); X16(16);
X5(5); X2(2); X8(8); X11(11); X14(14); X17(17);
X3(3); X6(6); X9(9); X12(12); X15(15); X18(18);
MODEL OH:
X9 WITH X12;
MODEL KY:
X11 WITH X14;
X9 WITH X18;
OUTPUT: TECH1;
```

　　上述 Mplus 程序与 Mplus 程序 5.6 之间的唯一区别在于, 模型不仅限制因子载荷和条目截距跨组不变, 而且还限制条目误差方差跨组不变在整体模型指令中 X1(1); X2(2); $\cdots$; X18(18) 设定条目 X_1 — X_{18} 的误差方差跨组不变.

表 5.7　部分 Mplus 输出: 因子载荷、条目截距和误差方差跨组不变的多组 CFA 模型

```
MODEL FIT INFORMATION
...
Chi-Square Test of Model Fit

          Value                         530.832
          Degrees of Freedom                307
          P-Value                        0.0000


Chi-Square Contribution From Each Group
```

OH	255.599
KY	275.233

RMSEA (Root Mean Square Error Of Approximation)

Estimate	0.056	
90 Percent C.I.	0.048	0.063
Probability RMSEA <= .05	0.125	

CFI/TLI

CFI	0.947
TLI	0.947

...

SRMR (Standardized Root Mean Square Residual)

Value	0.054

　　严格测量不变性模型是同时检验所有测量参数 (即因子载荷、条目截距和条目误差方差) 的不变性. 当前模型需要与配置模型进行比较. 两个嵌套模型之间的模型卡方之差为 $\chi^2 = 530.832 - 455.197 = 75.635$, $df = 307 - 259 = 48$, $P = 0.0067$, 统计显著. 因此, 我们得出结论, 严格测量不变性的假设被拒绝. 我们还可以通过比较严格测量不变性模型和强测量不变性模型来进行另一个 LR 检验, 以检查模型卡方统计量的变化有多少归因于条目误差方差跨组不变限制. 对应的 $\chi^2 = 530.832 - 488.349 = 42.483$, $df = 307 - 289 = 18$, $P = 0.0009$. 该结果表明条目误差方差是跨组非不变的.

　　注意, 拒绝严格测量不变性的假设并不意味着 BSI-18 量表有问题, 而仅意味着无法由潜在因子解释的观察条目方差在组间是非不变的. 从上述不变性检验中, 重要的是我们证明了条目因子载荷和条目截距的跨组不变性; 因此我们可以继续检验结构参数的不变性, 例如因子方差和协方差的不变性, 以及因子均值不变性.

　　检验因子方差不变性 (testing factor variance invariance): 因子方差不变性意味着因子分值在组间具有相同的分布离散度. 假设强测量不变性, 我们将因子方差不变性模型表示如下:

$$\Sigma_{XX}^g = \Lambda_X \Phi^{g_c} \Lambda_X' + \Theta_\delta^g, \tag{5.9}$$

$$\mu_X^g = \upsilon_X + \Lambda_X \alpha^g, \tag{5.10}$$

其中, 因子载荷 (Λ_X) 和条目截距 (v_X) 被限制为跨组不变. Φ^{gc} 表示因子协方差 (即 Φ^g 中的非对角线元素) 在组间是非不变的, 而因子方差 (即 Φ^g 中的对角线元素) 被限制为不变. 根据严格测量方差检验的结果, 对误差方差 (Θ^g_δ) 不施加等同限制.

Mplus 程序 5.8

```
TITLE: Test factor variance invariance
DATA:  FILE = 2_Site_BSI_18.dat;
VARIABLE:
      NAMES = X1-X18 GENDER WHITE AGE EDU CRACK SITE ID;
      MISSING = ALL (-9);
      USEVARIABLES ARE X1-X18;
      GROUPING = SITE (1 = OH 2 = KY);
!ANALYSIS: ESTIMATOR = ML; ! default;
MODEL:
SOM BY X1 X4 X7 X10 X13 X16; !Somatization;
DEP BY X5 X2 X8 X11 X14 X17; !Depression;
ANX BY X3 X6 X9 X12 X15 X18; !Anxiety;
SOM(1); DEP(2); ANX(3);
X8 WITH X5;
MODEL OH:
X9 WITH X12;
MODEL KY:
X11 WITH X14;
X9 WITH X18;
OUTPUT: TECH1;
```

在上述 Mplus 程序中, 除了对因子载荷和条目截距施加跨组不变限制外, 整体模型 MODEL 指令中的 SOM(1)、DEP(2) 和 ANX(3) 语句设定因子 SOM、DEP 和 ANX 方差跨组不变. 对于模型比较, 可以根据不同的比较角度选择不同的参照模型. 如果我们在强测量不变性 (即因子载荷不变性和条目截距不变性) 之外还想检验因子方差不变性, 则可以将当前模型与强测量不变性模型进行比较. 相应的 LR 检验 $\chi^2 = 492.787 - 488.349 = 4.438$, $df = 292 - 289 = 3$, $P = 0.2179$, 表明因子方差跨组不变. 我们也可以使用配置模型作为模型比较的参照模型. 相应的 LR 检验 $\chi^2 = 492.787 - 455.197 = 37.59$, $df = 292 - 259 = 33$, 统计不显著 ($P = 0.2670$). 因此, 我们得出结论, 因子方差在组间是不变的.

表 5.8 部分 Mplus 输出: 因子方差跨组不变的多组 CFA 模型

```
MODEL FIT INFORMATION

Chi-Square Test of Model Fit

        Value                         492.787
        Degrees of Freedom                292
        P-Value                        0.0000

Chi-Square Contribution From Each Group

        OH                            241.547
        KY                            251.240

RMSEA (Root Mean Square Error Of Approximation)

        Estimate                        0.054
        90 Percent C.I.                 0.046  0.062
        Probability RMSEA <= .05        0.213

CFI/TLI

        CFI                             0.953
        TLI                             0.950
...
SRMR (Standardized Root Mean Square Residual)

        Value                           0.050
```

给定因子方差不变性, 条目方差的组间差异仅归因于条目的随机误差方差差异. 换言之, 在因子方差不变性的条件下, 检验残差/误差方差不变性的结果可用于检验条目信度的不变性 (Cole & Maxwell, 1985; Rock, Werts & Flaugher, 1978; Vandenberg & Lance, 2000). 在本例中, 条目载荷和因子方差跨组不变, 但条目误差方差跨组非不变, 因此, 条目信度是非不变的.

检验因子协方差不变性 (testing factor covariance invariance): 假设强测量不变性 (即因子载荷和条目截距不变性), 因子协方差不变性模型表示如下:

$$\Sigma_{XX}^g = \Lambda_X \Phi^{g_v} \Lambda_X' + \Theta_\delta^g, \tag{5.11}$$

$$\mu_X^g = \upsilon_X + \Lambda_X \alpha^g, \tag{5.12}$$

其中, 因子载荷 (Λ_X) 和条目截距 (υ_X) 被限制为跨组不变; 因子协方差 (即 Φ^g

中的非对角线元素) 被限制为跨组不变; 没有对因子方差 Φ^{gv} (即 Φ^g 中的对角线元素) 及条目残差/误差方差 (Θ^g_δ) 施加跨组不变限制.

Mplus 程序 5.9

```
TITLE: Test factor covariance invariance
DATA:  FILE = 2_Site_BSI_18.dat;
VARIABLE:
     NAMES = X1-X18 GENDER WHITE AGE EDU CRACK SITE ID;
     MISSING = ALL (-9);
     USEVARIABLES ARE X1-X18;
     GROUPING = SITE (1 = OH 2 = KY);
!ANALYSIS: ESTIMATOR = ML; !default;
MODEL:
SOM BY X1 X4 X7 X10 X13 X16; !Somatization;
DEP BY X5 X2 X8 X11 X14 X17; !Depression;
ANX BY X3 X6 X9 X12 X15 X18; !Anxiety;
SOM WITH DEP(1);
SOM WITH ANX(2);
DEP WITH ANX(3);
X8 WITH X5;
MODEL OH:
X9 WITH X12;
MODEL KY:
X11 WITH X14;
X9 WITH X18;
OUTPUT: TECH1;
```

其中, 整体模型 MODEL 指令中的语句 "SOM WITH DEP (1)", "SOM WITH ANX (2)" 和 "DEP WITH ANX (3)" 分别对三个因子协方差施加跨组不变限制. 部分模型结果见表 5.9.

表 **5.9**　部分 Mplus 输出: 因子协方差跨组不变的多组 CFA 模型

MODEL FIT INFORMATION

Chi-Square Test of Model Fit

Value	492.004
Degrees of Freedom	292

```
        P-Value                           0.0000

Chi-Square Contribution From Each Group

        OH                                241.223
        KY                                250.781

RMSEA (Root Mean Square Error Of Approximation)

        Estimate                          0.054
        90 Percent C.I.                   0.045  0.062
        Probability RMSEA <= .05          0.219

CFI/TLI

        CFI                               0.953
        TLI                               0.951

Chi-Square Test of Model Fit for the Baseline Model

        Value                             4551.913
        Degrees of Freedom                     306
        P-Value                           0.0000

SRMR (Standardized Root Mean Square Residual)

        Value                             0.049
```

将当前模型与配置模型进行比较, LR 检验 $\chi^2 = 492.004 - 455.197 = 36.807$, $df = 292 - 259 = 33$, 统计不显著 ($P = 0.2970$). 因此, 我们得出结论, SBI-18 的因子协方差在俄亥俄州和肯塔基州农村非法药物使用人群之间是不变的. 换句话说, 由 SBI-18 量表测量的三种潜变量 (即抑郁、焦虑和躯体化) 之间的相关关系跨组不变.

当然, 因子方差和协方差不变性也可以同时检验. LR 检验结果为: $\chi^2 = 495.978 - 455.197 = 40.781$, $df = 295 - 259 = 36$, $P = 0.2683$. 我们将此检验留给感兴趣的读者练习. 下面, 我们转向检验因子均值的不变性, 这是实际研究中经常要检验的结构参数不变性.

检验因子均值不变性 (testing factor mean invariance): 因子均值不变性模型表示如下:

$$\Sigma_{XX}^g = \Lambda_X \Phi^g \Lambda_X' + \Theta_\delta^g, \tag{5.13}$$

$$\mu_X^g = \upsilon_X + \Lambda_X \alpha^g, \tag{5.14}$$

其中, 测量参数 (例如因子载荷和条目截距) 设定为跨组不变, 因为要对因子均值进行有意义的比较, 测量不变性是必要的, 以避免将苹果与橙子进行比较. 如前所述, 多组 CFA 模型无法估计各组中因子均值的绝对值, 而是将一个组作为参考组与其他组的因子均值进行比较 (Bentler, 2006; Byrne, 2001, 2006).

Mplus 程序 5.10

```
TITLE: Test factor mean invariance
DATA:  FILE = 2_Site_BSI_18.dat;
VARIABLE:
      NAMES = X1-X18 GENDER WHITE AGE EDU CRACK SITE ID;
      MISSING = ALL (-9);
      USEVARIABLES ARE X1-X18;
      GROUPING = SITE (1 = OH 2 = KY);
!ANALYSIS: ESTIMATOR = ML; !default;
MODEL:
SOM BY X1 X4 X7 X10 X13 X16; !Somatization;
DEP BY X5 X2 X8 X11 X14 X17; !Depression;
ANX BY X3 X6 X9 X12 X15 X18; !Anxiety;
SOM(1); DEP(2); ANX(3);
X8 WITH X5;
MODEL OH:
X9 WITH X12;
MODEL KY:
X11 WITH X14;
X9 WITH X18;
OUTPUT: TECH1;
```

默认情况下, 因子载荷和条目截距跨组设定不变, 第一组 (本例中为俄亥俄州样本) 被视为参考组, 其所有因子均值均设置为零. 为其他组 (本例中为肯塔基州样本) 估计的因子 "均值" 实际上是与参考组之间因子均值的差异, 模型检验组间因子均值的差异.

模型结果显示肯塔基州 SOM $(-0.151, P = 0.013)$ 和 ANX $(-0.206, P = 0.030)$ 的因子均值显著低于俄亥俄州, 而 DEP $(-0.064, P = 0.489)$ 的因子均值在两者之间没有显著差异 (见表 5.10). 换言之, 通过 BSI-18 量表测量的农村非法药物使用者的躯体化和焦虑分值均值在肯塔基州显著低于俄亥俄州; 然而, 两个州的抑郁分值均值没有显著差异.

表 5.10   部分 Mplus 输出: 检验因子均值不变性

Group OH

Means
SOM	0.000	0.000	999.000	999.000
DEP	0.000	0.000	999.000	999.000
ANX	0.000	0.000	999.000	999.000

Group KY

Means
SOM	-0.151	0.061	-2.476	0.013
DEP	-0.064	0.093	-0.693	0.489
ANX	-0.206	0.095	-2.171	0.030

5.2.2   多组二阶 CFA 模型 (Multi-group second-order CFA model)

前面我们重点评估一阶 CFA 模型中的因子不变性. 现在我们转向使用相同的 BSI-18 量表数据评估二阶 CFA 模型 (second-order CFA model) 中的因子不变性. 在我们的示例模型中, 一阶因子 (例如, SOM、DEP 和 ANX) 彼此高度相关, 并且可以从理论上假设心理疾患整体严重指数 (global severity index, GSI) 来解释各因子之间的协方差.

在以下部分中, 我们将评估基于三个一阶因子的二阶 CFA 模型, 以解释 BSI-18 的分层因子结构 (hierarchical factorial structure). 图 5.3 和 5.4 分别表示俄亥俄州和肯塔基州的基线二阶 CFA 模型. 在二阶 CFA 模型中, 一阶因子是二阶因子的标识变量, 我们将前者视为内生潜变量 (η), 将后者视为外生潜变量 (ξ). 相应地, 一阶因子的标识作为内生标识 Y_1 — Y_{18} 处理, 其误差项分别记为 ε_1 — ε_{18} (如图 5.3 和 5.4 所示).

二阶 CFA 模型中检验因子不变性的原理与一阶 CFA 模型中的原理相同. 我们将从检验 BSI-18 的二阶配置不变性 (second-order configural invariance) 开始, 然后检验二阶测量参数不变性 (invariance of the second-order measurement parameter) (例如, 二阶因子载荷 (second-order factor loading)、一阶因子的截距 (intercept of the first-order factor)) 和二阶结构参数不变性 (invariance of the second-order structural parameter) (例如, 二阶因子方差 (second-order factor variance)、二阶因子均值 (second-order factor mean)).

与检验一阶 CFA 模型中的因子不变性一样, 我们首先检验二阶 CFA 模

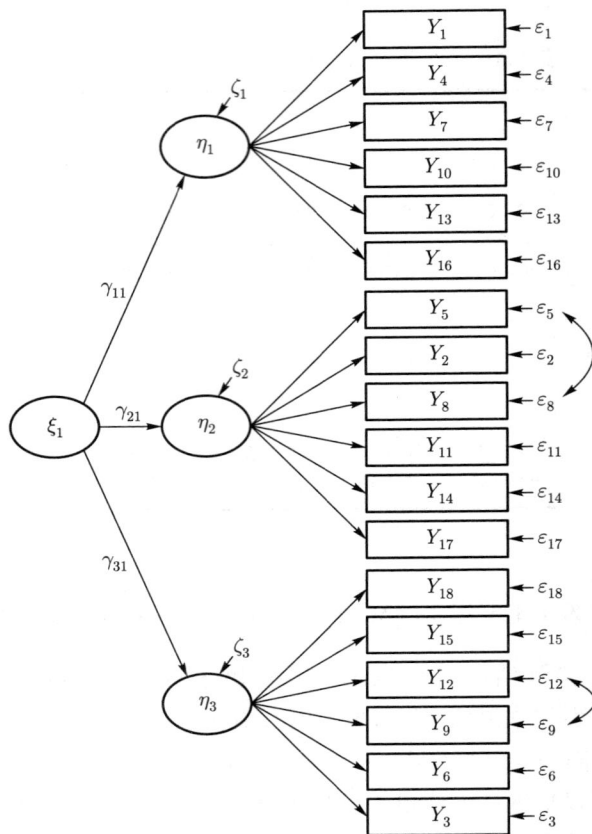

图 5.3　二阶 CFA 模型: 俄亥俄州

型的配置不变性. 模型的一阶部分设定与第 5.2.1 节中的一阶 CFA 配置模型相同. 在模型的二阶部分, 测量参数 (例如, 二阶因子载荷、一阶因子截距和一阶因子的残差/误差) 和结构参数 (例如, 二阶因子方差和均值) 在配置模型中都被视为自由参数. 一阶因子的误差项之间的协方差都设定为零, 因为一阶因子之间的相关性一方面应该在理论上由二阶因子来解释, 另一方面是为了模型识别的需要. 在高阶 CFA 模型 (higher-order CFA model) 中, 模型的低阶和高阶部分都必须是可识别的. 我们模型的一阶部分有三个因子, 每个因子有六个条目, 因此, 一阶模型部分是超识别的. 模型的二阶部分实际上是一个只有三个标识 (即一阶因子 SOM、DEP 和 ANX) 的单因子 CFA 模型. 从第二章我们知道, 如果没有设定误差协方差, 那么这样的模型是恰识别模型[①]. 为了使我

[①] 提醒, 如果低阶因子之间的任何相关性接近于零, 则具有三个一阶因子的单个二阶因子可能会有经验欠识别 (empirically under-identification) 问题, 尽管它并不经常发生. 因此, 在进行高阶 CFA 模型分析前, 应检查低阶因子之间的相关性.

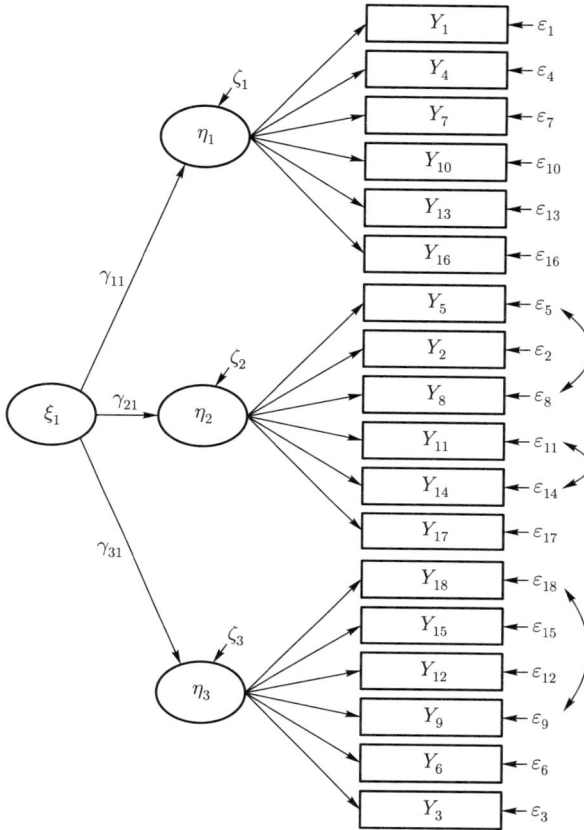

图 5.4 二阶 CFA 模型: 肯塔基州

们模型的二阶因子结构可识别, 一阶因子误差协方差应全部设定为零. 下面的
Mplus 程序运行二阶 CFA 配置模型.

Mplus 程序 5.11

```
TITLE: Second-order CFA Configural model
DATA:  FILE = 2_Site_BSI_18.dat;
VARIABLE:
       NAMES = Y1-Y18 GENDER WHITE AGE EDU CRACK SITE ID;
       MISSING = ALL (-9);
       USEVARIABLES ARE Y1-Y18;
       GROUPING = SITE (1 = OH 2 = KY);
ANALYSIS: ESTIMATOR = ML;
MODEL:
```

```
SOM BY Y1 Y4 Y7 Y10 Y13 Y16;!Somatization;
DEP BY Y5 Y2 Y8 Y11 Y14 Y17;!Depression;
ANX BY Y3 Y6 Y9 Y12 Y15 Y18;!Anxiety;
Y5 WITH Y8;
GSI BY SOM* DEP ANX@1;
!Set 1st-order factor residual covariances to 0 by default;
!SOM-ANX WITH DEP-ANX@0;
!Set 1st-order factor intercepts and 2d-order factor mean to 0;
[SOM-ANX@0 GSI@0];
MODEL OH:
Y9 WITH Y12;
MODEL KY:
Y11 WITH Y14;
Y9 WITH Y18;
[Y1-Y18];
SOM BY Y1@1 Y4 Y7 Y10 Y13 Y16;
DEP BY Y5@1 Y2 Y8 Y11 Y14 Y17;
ANX BY Y3@1 Y6 Y9 Y12 Y15 Y18;
GSI BY SOM* DEP ANX@1;
OUTPUT: TECH1 STDY;
```

其中, 一阶因子 (SOM、DEP 和 ANX) 被设定为二阶因子 GSI 的标识. 通过在组特定模型 MODEL KY 指令中重新设定条目截距、一阶和二阶因子载荷, 我们释放了对这些参数的默认不变性限制. 与低阶因子一样, 二阶因子 GSI 的标度 (scale) 可以通过将 GSI 的方差设定为 1 或将因子载荷之一设定为 1 来定义. 在上述 Mplus 程序中, ANX 的因子载荷[①]被设定为 1.

在分析均值和协方差结构 (MACS) 时, 模型估计的截距的数 (包括观察标识变量的截距和一阶因子的截距) 和因子均值数不得大于观察标识的总数 (Bentler, 2006). 由于本例中所有观察标识的截距都设定为自由参数, 因此必须设置一阶因子 (SOM、DEP 和 ANX) 的所有截距以及二阶因子 (GSI) 的均值为 0, 以避免模型无法识别. 这是通过整体 MODEL 指令中的语句 [SOM-ANX@0 GSI@0] 完成的. 另外, 需要将一阶因子误差协方差设定为 0, 在早期版本的 Mplus 中必须手动完成, 研究人员经常忘记这样做, 因此在 Mplus 估计中出现错误. 从 Mplus 版本 6 开始, 一阶因子误差协方差默认设定为 0. 这有助于避免 SEM 初学者经常遇到的编程问题. 模型结果如表 5.11 所示.

---

① 默认情况下, Mplus 将第一个标识 (本例中为 SOM) 的因子载荷设定为 1. 可以通过在标识后添加符号 "*" 来解除此限制.

表 5.11 选定部分的 Mplus 输出: 二阶 CFA 配置模型

```
MODEL FIT INFORMATION

Chi-Square Test of Model Fit

        Value                      455.197
        Degrees of Freedom             259
        P-Value                     0.0000

Chi-Square Contribution From Each Group

        OH                         223.622
        KY                         231.575

RMSEA (Root Mean Square Error Of Approximation)

        Estimate                     0.057
        90 Percent C.I.              0.048  0.065
        Probability RMSEA <= .05     0.103

CFI/TLI

        CFI                          0.954
        TLI                          0.945
...

SRMR (Standardized Root Mean Square Residual)

        Value                        0.041
...
STANDARDIZED MODEL RESULTS

STDY Standardization

                                            Two-Tailed
                Estimate     S.E.  Est./S.E.  P-Value

Group OH
...
GSI     BY
    SOM          0.855      0.033    25.941     0.000
    DEP          0.856      0.033    26.073     0.000
    ANX          0.968      0.029    32.925     0.000
...
Means
```

GSI	0.000	0.000	999.000	999.000
Intercepts				
Y1	0.660	0.070	9.414	0.000
Y2	1.005	0.078	12.901	0.000
Y3	1.158	0.082	14.111	0.000
Y4	0.723	0.071	10.140	0.000
Y5	1.030	0.079	13.110	0.000
Y6	1.198	0.083	14.386	0.000
Y7	0.903	0.075	11.985	0.000
Y8	0.994	0.078	12.804	0.000
Y9	0.596	0.069	8.646	0.000
Y10	0.643	0.070	9.223	0.000
Y11	0.806	0.073	11.024	0.000
Y12	0.573	0.069	8.359	0.000
Y13	0.915	0.076	12.092	0.000
Y14	0.917	0.076	12.071	0.000
Y15	1.137	0.081	13.958	0.000
Y16	0.954	0.077	12.454	0.000
Y17	0.295	0.065	4.551	0.000
Y18	0.608	0.069	8.795	0.000
SOM	0.000	0.000	999.000	999.000
DEP	0.000	0.000	999.000	999.000
ANX	0.000	0.000	999.000	999.000
Variances				
GSI	1.000	0.000	999.000	999.000
Residual Variances				
Y1	0.501	0.053	9.522	0.000
Y2	0.389	0.048	8.131	0.000
Y3	0.498	0.052	9.519	0.000
Y4	0.648	0.055	11.746	0.000
Y5	0.477	0.053	9.066	0.000
Y6	0.456	0.051	8.929	0.000
Y7	0.466	0.052	9.032	0.000
Y8	0.367	0.047	7.783	0.000
Y9	0.593	0.055	10.833	0.000
Y10	0.510	0.053	9.565	0.000
Y11	0.394	0.048	8.143	0.000
Y12	0.565	0.054	10.428	0.000
Y13	0.672	0.055	12.263	0.000
Y14	0.616	0.055	11.222	0.000
Y15	0.538	0.054	10.052	0.000

续表

Y16	0.424	0.050	8.468	0.000
Y17	0.838	0.046	18.025	0.000
Y18	0.577	0.054	10.627	0.000
SOM	0.269	0.056	4.761	0.000
DEP	0.267	0.056	4.744	0.000
ANX	0.063	0.057	1.115	0.265

Group KY

...

GSI   BY

SOM	0.867	0.030	28.605	0.000
DEP	0.909	0.027	33.461	0.000
ANX	0.986	0.023	42.014	0.000

...

Means

GSI	0.000	0.000	999.000	999.000

Intercepts

Y1	0.531	0.071	7.458	0.000
Y2	1.005	0.082	12.285	0.000
Y3	0.977	0.081	12.060	0.000
Y4	0.602	0.072	8.306	0.000
Y5	0.975	0.081	12.044	0.000
Y6	1.008	0.082	12.312	0.000
Y7	0.764	0.076	10.083	0.000
Y8	1.003	0.082	12.270	0.000
Y9	0.537	0.071	7.527	0.000
Y10	0.568	0.072	7.906	0.000
Y11	0.682	0.074	9.214	0.000
Y12	0.503	0.071	7.110	0.000
Y13	0.779	0.076	10.236	0.000
Y14	0.778	0.076	10.207	0.000
Y15	0.904	0.079	11.422	0.000
Y16	0.901	0.079	11.398	0.000
Y17	0.247	0.068	3.644	0.000
Y18	0.561	0.072	7.825	0.000
SOM	0.000	0.000	999.000	999.000
DEP	0.000	0.000	999.000	999.000
ANX	0.000	0.000	999.000	999.000

Variances

GSI	1.000	0.000	999.000	999.000

Residual Variances

Y1	0.595	0.057	10.399	0.000
Y2	0.332	0.046	7.257	0.000
Y3	0.375	0.046	8.180	0.000
Y4	0.602	0.057	10.494	0.000
Y5	0.535	0.056	9.630	0.000
Y6	0.394	0.047	8.330	0.000
Y7	0.544	0.056	9.672	0.000
Y8	0.423	0.051	8.326	0.000
Y9	0.487	0.052	9.327	0.000
Y10	0.640	0.057	11.144	0.000
Y11	0.351	0.047	7.449	0.000
Y12	0.438	0.050	8.710	0.000
Y13	0.545	0.056	9.690	0.000
Y14	0.530	0.056	9.405	0.000
Y15	0.524	0.053	9.855	0.000
Y16	0.365	0.049	7.414	0.000
Y17	0.852	0.047	18.152	0.000
Y18	0.531	0.054	9.800	0.000
SOM	0.249	0.053	4.735	0.000
DEP	0.173	0.049	3.509	0.000
ANX	0.028	0.046	0.607	0.544

R-SQUARE

Group OH

...

Latent Variable	Estimate	S.E.	Est./S.E.	Two-Tailed P-Value
SOM	0.731	0.056	12.971	0.000
DEP	0.733	0.056	13.036	0.000
ANX	0.937	0.057	16.462	0.000

Group KY

...

Latent Variable	Estimate	S.E.	Est./S.E.	Two-Tailed P-Value
SOM	0.751	0.053	14.302	0.000
DEP	0.827	0.049	16.731	0.000
ANX	0.972	0.046	21.007	0.000

表 5.11 显示, 一阶和二阶因子载荷, 以及观察到的标识/条目截距都是在

没有跨组不变限制下估计的. 所有一阶因子都高度负载在二阶因子上, 因子载荷大于 0.85. 说明在俄亥俄州和肯塔基州的总体中, 均存在一个比 SOM、DEP 和 ANX 更广义的潜变量或高阶因子——整体严重指数 (GSI). 该模型拟合数据很好: RMSEA $= 0.057$, 90% 置信区间 $= (0.048, 0.065)$, 精确拟合检验 $P = 0.103$; CFI $= 0.954$, TLI $= 0.945$, SRMR $= 0.041$.[①] 模型的结果为随后估计的限制模型提供了进行模型比较的基线.

检验因子载荷的不变性 (testing invariance of factor loading): 除了对一阶因子载荷和条目截距进行等同限制外, 我们还需要对二阶因子载荷施加进一步的等同限制, 然后比较当前模型和二阶 CFA 配置模型之间的卡方统计量差异. 以下程序中, 我们设定所有一阶和二阶因子载荷跨组不变.

Mplus 程序 5.12

```
TITLE: Testing invariance of second-order factor loadings
DATA:  FILE = 2_Site_BSI_18.dat;
VARIABLE:
      NAMES = Y1-Y18 GENDER WHITE AGE EDU CRACK SITE ID;
      MISSING = ALL (-9);
      USEVARIABLES ARE Y1-Y18;
      GROUPING = SITE (1 = OH 2 = KY);
ANALYSIS: ESTIMATOR = ML;
MODEL:
SOM BY Y1 Y4 Y7 Y10 Y13 Y16;!Somatization;
DEP BY Y5 Y2 Y8 Y11 Y14 Y17;!Depression;
ANX BY Y3 Y6 Y9 Y12 Y15 Y18;!Anxiety;
GSI BY SOM*(1)
DEP(2)
ANX@1;
!Set 1st-order factor residual covariances to 0 by default;
!SOM-ANX WITH DEP-ANX@0;
[SOM-ANX@0 GSI@0];!Set both 1st- and 2nd-order factor means to zero;
Y5 WITH Y8;
MODEL OH:
Y9 WITH Y12;
MODEL KY:
Y11 WITH Y14;
```

---

① 注意, 这里的二阶 CFA 模型的模型拟合统计量/指标与之前的一阶三因子模型 (见表 5.3) 相同, 因为模型的二阶部分仅有三个标识 (一阶因子), 是恰识别模型, 因而对总体模型拟合没有影响.

```
Y9 WITH Y18;
OUTPUT: TECH1 STDYX;
```

其中, 一阶测量模型在整体 MODEL 指令中设定, 而未在特定组 MODEL 指令中重新设定, 因此默认情况下, 一阶因子载荷和条目截距被限制为跨组不变. 但是, 默认情况下, Mplus 中没有对二阶因子载荷施加等同限制. 整体 MODEL 指令中每个二阶因子后面括号中的标签 (例如字母、数字或其他符号) 对跨组的二阶因子载荷施加等同限制. 注意, 在进行这种等同限制时, 程序语句中每行只能有一个圆括号, 否则程序将不工作 (例如, 如果将下面语句 "GSI BY SOM*(1) DEP(2) ANX@1" 放在程序中的同一行内, Mplus 将显示程序出错警示).

表 5.12　　部分 Mplus 输出: 二阶因子载荷不变的多组二阶 CFA 模型

```
MODEL FIT INFORMATION
...
Chi-Square Test of Model Fit

        Value                      501.307
        Degrees of Freedom             294
        P-Value                     0.0000


Chi-Square Contribution From Each Group

        OH                         245.840
        KY                         255.466


RMSEA (Root Mean Square Error Of Approximation)

        Estimate                    0.055
        90 Percent C.I.             0.046   0.063
        Probability RMSEA <= .05    0.174


CFI/TLI

        CFI                         0.951
        TLI                         0.949
...
SRMR (Standardized Root Mean Square Residual)

        Value                       0.054
```

部分模型结果见表 5.12. 与表 5.11 比较, 模型卡方变化为 $\chi^2 = 501.307 -$

$455.197 = 46.11$, $df = 294 - 259 = 35$, 统计不显著 $(P = 0.0991)$. 因此, 我们得出结论, 我们模型的一阶因子和二阶因子载荷均具有跨组不变性.

检验因子均值不变性 (testing invariance of factor mean). 在二阶 CFA 模型中, 因子均值差异性检验涉及检验一阶因子截距不变性 (invariance of the first-order factor intercept) 和二阶因子均值不变性 (invariance of the second-order factor mean). 二阶 CFA 模型的均值结构表述如下:

$$Y = \upsilon + \varLambda_Y \eta + \varepsilon, \tag{5.15}$$

$$\eta = \alpha_1 + \varGamma \xi + \zeta, \tag{5.16}$$

即

$$Y = \upsilon + \varLambda_Y \alpha_1 + \varLambda_Y \varGamma \xi + (\varepsilon + \zeta), \tag{5.17}$$

从而

$$\mu_Y = \upsilon + \varLambda_Y \alpha_1 + \varLambda_Y \varGamma \alpha_2, \tag{5.18}$$

其中, υ 是观察标识变量的截距向量, $\varLambda_Y$ 是一阶因子载荷矩阵, $\varGamma$ 是二阶因子载荷矩阵, α_1 是一阶因子截距向量, α_2 是二阶因子均值向量, ε 是观察标识变量的测量误差向量, ζ 是一阶因子的残差向量. 式 (5.15) 和式 (5.16) 分别表示二阶 CFA 模型中的一阶和二阶因子结构. 将式 (1.56) 代入式 (5.15), 我们得到式 (5.17). 式 (5.18) 是模型的因子结构, 其中, 观察变量的均值 (μ_Y) 用观察变量截距 (υ)、一阶因子截距 (α_1) 和二阶因子均值 (α_2) 表达.

在二阶 CFA 模型中, 模型的均值结构部分通常是未识别的, 因为估计的截距和均值的数量大于观察标识变量的数量, 即未知数大于已知数; 因此, 需要用参数限制来解决模型识别问题. 为此, Byrne (2006) 提出了三个模型设定法: (A) 对 υ 进行跨组不变限制, 并将一个组中的 α_1 和 α_2 固定为 0, 且对其他组的 α_1 和 α_2 施加进一步限制 (Lubke, Dolan & Kelderman, 2001); (B) 将一些观察变量的截距固定为一些已知值或估计值; (C) 将所有组中的 α_1 固定为 0.

方法 A 的应用: 对于一个两组二阶 CFA 模型, 方法 A 定义的均值结构可以表达如下:

$$\mu_{1Y} = \upsilon + \varLambda_Y \alpha_{11} + \varLambda_Y \varGamma \alpha_{12} = \upsilon, \tag{5.19}$$

$$\mu_{2Y} = \upsilon + \varLambda_Y \alpha_{21} + \varLambda_Y \varGamma \alpha_{22}, \tag{5.20}$$

其中, 条目截距 (υ)、一阶因子载荷 ($\varLambda_Y$) 和二阶因子载荷 ($\varGamma$) 均设定为跨组不变; 第一组中的所有一阶因子截距 (α_{11}) 和二阶因子均值 (α_{12}) 都设定为零,

因此式 (5.19) 变为 $\mu_{1Y} = \upsilon$. 在我们的示例中, 有 $2 \times 18 = 36$ 个观察变量均值可用于均值结构分析, 而需要估计的截距和均值参数是: 第二组中有 18 个条目截距、3 个一阶因子截距和 1 个二阶因子均值. 因此, 观察到的变量均值的总数 (36) 大于自由参数的总数 $(18 + 3 + 1 = 22)$. 然而, 这并不一定意味着模型的均值结构部分是可识别的, 因为式 (5.20) 在因子水平上存在识别问题. 在这个例子中, 有 3 个一阶因子, 即有 3 条均值结构信息, 但是模型的因子均值结构部分却有 4 个参数 (即 3 个一阶截距和 1 个二阶因子均值) 需要估计. 为了使模型的因子均值结构部分可识别, 还需要对 α_{21} 或 α_{22} 进行限制. 为了检验一阶因子截距 (α_{21}) 的不变性, 我们将第二组中的二阶因子均值 (α_{22}) 设定为零.

Mplus 程序 5.13

```
TITLE: Testing factor mean invariance in 2nd-order CFA model: Approach A
DATA:  FILE = 2_Site_BSI_18.dat;
VARIABLE:
      NAMES = Y1-Y18 GENDER WHITE AGE EDU CRACK SITE ID;
      MISSING = ALL (-9);
      USEVARIABLES ARE Y1-Y18;
      GROUPING = SITE (1 = OH 2 = KY);
!ANALYSIS: ESTIMATOR = ML;!default;
MODEL:
SOM BY Y1 Y4 Y7 Y10 Y13 Y16;!Somatization;
DEP BY Y5 Y2 Y8 Y11 Y14 Y17;!Depression;
ANX BY Y3 Y6 Y9 Y12 Y15 Y18;!Anxiety;
GSI BY SOM*(1)
DEP(2)
ANX@1;
!SOM-ANX WITH DEP-ANX@0;!Set 1st-order factor residual cov to 0 by default;
Y5 WITH Y8;
[GSI@0];!Set the 2nd-order factor mean to zero in all groups;
MODEL OH:
Y9 WITH Y12;
MODEL KY:
Y11 WITH Y14;
Y9 WITH Y18;
OUTPUT: TECH1 STDYX;
```

其中, 观察标识变量的截距、一阶因子载荷和二阶因子载荷设定为跨组不变.

将 Mplus 程序 5.12 整体 MODEL 指令中的语句 [SOM–ANX@0 GSI@0] 替换为上述 Mplus 程序中的语句 [GSI@0]. 也就是说, 一阶因子截距在参考组 (即本例中的第一组俄亥俄州样本) 中默认设定为零, 但在第二组肯塔基州样本中是自由参数; 而二阶因子均值在两组中均设定为零. 这里的模型是评估组间一阶因子截距的不变性 (或对应于二阶因子均值取零值时的一阶因子均值差异). 模型估计报告的第二组中一阶因子的截距值实际上是两组间因子截距的差异.

当然, 我们也可以让第二组中的二阶因子均值自由取值, 而对第二组中的一阶因子截距施加等同限制. 例如, 将特定组 MODEL KY 指令中语句 [GSI@0] 替换为 [DEP ANX](E)[1], 模型也可识别. 但是, 强制一阶因子 DEP 和 ANX 的截距在第二组中等同, 只有在理论上和实验上可解释的情况下才可行. 在我们的示例模型中, 我们将二阶因子的均值设定为零, 并让一阶因子截距自由取值, 因为我们这里的重点是检验一阶因子截距的不变性.

表 5.13　　部分 Mplus 输出: 检验二阶 CFA 模型中的因子均值不变性——方法 A

```
MODEL FIT INFORMATION

Number of Free Parameters                87

Loglikelihood

        H0 Value                    -11062.589
        H1 Value                    -10816.699

Information Criteria

        Akaike (AIC)                 22299.177
        Bayesian (BIC)               22661.018
        Sample-Size Adjusted BIC     22384.895
         (n* = (n + 2) / 24)

Chi-Square Test of Model Fit

        Value                          491.779
        Degrees of Freedom                 291
        P-Value                         0.0000

Chi-Square Contribution From Each Group
```

---

①括号中的任意字母 "E" 对一阶因子 DEP 和 ANX 的截距设置等同限制. 在 Mplus 中, 符号、数字和字母都可以用作等同限制.

OH	241.195
KY	250.584

RMSEA (Root Mean Square Error Of Approximation)

Estimate	0.054	
90 Percent C.I.	0.046	0.062
Probability RMSEA <= .05	0.208	

CFI/TLI

CFI	0.953
TLI	0.950

Chi-Square Test of Model Fit for the Baseline Model

Value	4551.913
Degrees of Freedom	306
P-Value	0.0000

SRMR (Standardized Root Mean Square Residual)

Value	0.050

...

MODEL RESULTS

	Estimate	S.E.	Est./S.E.	Two-Tailed P-Value
Group OH				
...				
Means				
GSI	0.000	0.000	999.000	999.000
Intercepts				
Y1	0.611	0.051	11.941	0.000
Y2	1.297	0.076	17.054	0.000
Y3	1.451	0.073	19.827	0.000
Y4	0.792	0.059	13.375	0.000
Y5	1.359	0.075	18.012	0.000
Y6	1.514	0.074	20.383	0.000
Y7	1.128	0.070	16.006	0.000
Y8	1.284	0.074	17.257	0.000
Y9	0.702	0.061	11.514	0.000

Y10	0.679	0.056	12.220	0.000
Y11	0.931	0.071	13.053	0.000
Y12	0.663	0.061	10.921	0.000
Y13	1.088	0.066	16.484	0.000
Y14	1.120	0.070	15.991	0.000
Y15	1.418	0.073	19.309	0.000
Y16	1.287	0.075	17.171	0.000
Y17	0.173	0.030	5.734	0.000
Y18	0.703	0.059	11.912	0.000
SOM	0.000	0.000	999.000	999.000
DEP	0.000	0.000	999.000	999.000
ANX	0.000	0.000	999.000	999.000

Variances
GSI	0.832	0.112	7.413	0.000

...

Group KY

...

Means
GSI	0.000	0.000	999.000	999.000

Intercepts
Y1	0.611	0.051	11.941	0.000
Y2	1.297	0.076	17.054	0.000
Y3	1.451	0.073	19.827	0.000
Y4	0.792	0.059	13.375	0.000
Y5	1.359	0.075	18.012	0.000
Y6	1.514	0.074	20.383	0.000
Y7	1.128	0.070	16.006	0.000
Y8	1.284	0.074	17.257	0.000
Y9	0.702	0.061	11.514	0.000
Y10	0.679	0.056	12.220	0.000
Y11	0.931	0.071	13.053	0.000
Y12	0.663	0.061	10.921	0.000
Y13	1.088	0.066	16.484	0.000
Y14	1.120	0.070	15.991	0.000
Y15	1.418	0.073	19.309	0.000
Y16	1.287	0.075	17.171	0.000
Y17	0.173	0.030	5.734	0.000
Y18	0.703	0.059	11.912	0.000
SOM	-0.152	0.061	-2.485	0.013
DEP	-0.064	0.093	-0.690	0.490
ANX	-0.206	0.095	-2.172	0.030

续表

Variances
　GSI　　　　　　　0.892　　　0.125　　　7.167　　　0.000

...

R-SQUARE

Group OH
...

Latent Variable	Estimate	S.E.	Est./S.E.	Two-Tailed P-Value
SOM	0.682	0.054	12.704	0.000
DEP	0.744	0.050	14.900	0.000
ANX	0.956	0.052	18.462	0.000

...

Group KY
...

Latent Variable	Estimate	S.E.	Est./S.E.	Two-Tailed P-Value
SOM	0.780	0.046	17.076	0.000
DEP	0.817	0.046	17.583	0.000
ANX	0.963	0.043	22.432	0.000

　　由于第一组 (俄亥俄州) 被视为与第二组 (肯塔基州) 进行比较的参考组, 俄亥俄州的一阶因子截距的估计值全为零, 肯塔基州的一阶因子截距估计 (即 -0.152, $P = 0.013$; -0.064, $P = 0.490$; -0.206, $P = 0.030$) (见表 5.13) 实际上是一阶因子截距的组间差异. 与多组一阶 CFA 模型的结果一致 (见表 5.10), 在给定相同水平的二阶因子均值 (即整体严重指数) 情况下, 肯塔基州农村非法药物使用者的躯体化 (SOM) 和焦虑 (ANX) 平均水平显著低于俄亥俄州, 但抑郁 (DEP) 水平无显著差异.

　　方法 B 的应用: 方法 B 中定义的均值结构可以描述如下:

$$\mu_{1Y} = \tilde{v} + \Lambda_Y \alpha_{11}, \tag{5.21}$$

$$\mu_{2Y} = \tilde{v} + \Lambda_Y \alpha_{11} + \Lambda_Y \Gamma \alpha_{22}, \tag{5.22}$$

其中, 一阶因子载荷 (Λ) 和二阶因子载荷 (Γ) 设定为跨组不变. 方法 A 将第一组 (参考组) 中所有一阶因子和二阶因子均值都设定为 0, 而方法 B 则不必将参考组的一阶因子截距 (α_{11}) 设定为 0, 而是施加跨组不变限制. 由于参考组的三个一阶因子截距也被设定为自由参数, 因此, 需要固定三个条目截距以使模型至少是恰识别的. 上述等式中的条目截距向量 ($\tilde{v}$) 表示某些条目截距设定

为已知值 (例如, 来自先前的模型估计). 这种方法允许跨组检验二阶因子均值的不变性. 相应的 Mplus 程序如下:

Mplus 程序 5.14

```
TITLE: Testing factor mean invariance in 2nd-order CFA model: Approach B
DATA:   FILE = 2_Site_BSI_18.dat;
VARIABLE:
     NAMES = Y1-Y18 GENDER WHITE AGE EDU CRACK SITE ID;
     MISSING = ALL (-9);
     USEVARIABLES ARE Y1-Y18;
     GROUPING = SITE (1 = OH 2 = KY);
!ANALYSIS: ESTIMATOR = ML;!default;
MODEL:
SOM BY Y1 Y4 Y7 Y10 Y13 Y16;!Somatization;
DEP BY Y5 Y2 Y8 Y11 Y14 Y17;!Depression;
ANX BY Y3 Y6 Y9 Y12 Y15 Y18;!Anxiety;
[Y16@1.167 Y17@0.166 Y18@0.631];!set item intercepts to known values;
!Set 1st-order factor residual covariance to 0 by default;
!SOM-ANX WITH DEP-ANX@0;
Y5 WITH Y8;
GSI BY SOM*(1)
DEP(2)
ANX@1;
MODEL OH:
[SOM](S);[DEP](D);[ANX](A);
Y9 WITH Y12;
MODEL KY:
GSI BY SOM(1)
DEP(2)
ANX@1;
[SOM](S);[DEP](D);[ANX](A);
Y11 WITH Y14;
Y9 WITH Y18;
OUTPUT: TECH1 STDYX;
```

其中, 每组三个一阶因子 (SOM、DEP 和 ANX) 中最后一个条目的截距设定为已知值: $V_{16} = 1.167$, $V_{17} = 0.166$, $V_{18} = 0.631$. 截距的 "已知" 值是由 Mplus 程序 5.12 估计的. 组特定指令中的语句 [SOM](S)、[DEP](D) 和 [ANX](A) 对二阶因子截距施加跨组不变限制. 模型结果 (表 5.14) 显示, 肯塔基州二阶因子

(GSI) 的估计均值为 $\alpha_{22} = -0.189$ ($P = 0.039$). 这实际上是模型估计的两组间二阶因子 (GSI) 的均值差. 也就是说, 肯塔基州农村非法药物使用者的整体严重指数的平均分值比俄亥俄州低 -0.189 分.

表 5.14　　部分 Mplus 输出: 检验二阶 CFA 模型中的因子均值不变性 —— 方法 B

```
MODEL FIT INFORMATION

Number of Free Parameters                   85

Loglikelihood

        H0 Value                     -11065.222
        H1 Value                     -10816.699

Information Criteria

        Akaike (AIC)                  22300.445
        Bayesian (BIC)                22653.968
        Sample-Size Adjusted BIC      22384.192
          (n* = (n + 2) / 24)

Chi-Square Test of Model Fit

        Value                           497.046
        Degrees of Freedom                  293
        P-Value                          0.0000

Chi-Square Contribution From Each Group

        OH                              243.744
        KY                              253.302

RMSEA (Root Mean Square Error Of Approximation)

        Estimate                          0.054
        90 Percent C.I.             0.046  0.062
        Probability RMSEA <= .05          0.193

CFI/TLI

        CFI                               0.952
        TLI                               0.950


Chi-Square Test of Model Fit for the Baseline Model
```

```
          Value                        4551.913
          Degrees of Freedom                306
          P-Value                        0.0000

SRMR (Standardized Root Mean Square Residual)

          Value                          0.050
...
MODEL RESULTS

                                              Two-Tailed
                   Estimate      S.E.   Est./S.E.    P-Value
Group OH
 ...

Means
   GSI             0.000       0.000    999.000    999.000
 ...

Group KY
 ...

Means
   GSI            -0.189       0.092     -2.060      0.039
```

方法 C 的应用: 方法 C 也是用于检验模型二阶因子均值跨组不变性的. 均值结构描述如下:

$$\mu_{1Y} = \upsilon, \tag{5.23}$$

$$\mu_{2Y} = \upsilon + \Lambda_Y \Gamma \alpha_{22}, \tag{5.24}$$

这种方法对条目截距和一阶因子载荷施加跨组不变限制, 两个组中的一阶因子截距都设定为零 (即 $\alpha_{11} = 0$ 和 $\alpha_{21} = 0$), 且二阶因子均值 (α_{12}) 在第一组中设定为零. 相应的 Mplus 程序如下:

Mplus 程序 5.15

```
TITLE: Testing factor mean invariance in 2nd-order CFA model: Approach C
DATA:  FILE = 2_Site_BSI_18.dat;
       LISTWISE = ON;
VARIABLE:
       NAMES = Y1-Y18 GENDER WHITE AGE EDU CRACK SITE ID;
       MISSING = ALL (-9);
       USEVARIABLES ARE Y1-Y18;
       GROUPING = SITE (1 = OH 2 = KY);
```

```
!ANALYSIS: ESTIMATOR = ML;!default;
MODEL:
SOM BY Y1 Y4 Y7 Y10 Y13 Y16;!Somatization;
DEP BY Y5 Y2 Y8 Y11 Y14 Y17;!Depression;
ANX BY Y3 Y6 Y9 Y12 Y15 Y18;!Anxiety;
!Set 1st-order factor residual cov to 0 by default;
!SOM-ANX WITH DEP-ANX@0;
Y5 WITH Y8;
GSI BY SOM*(1)
DEP(2)
ANX@1;
[SOM-ANX@0]; !set the first-order factor intercepts to 0;
MODEL OH:
Y9 WITH Y12;
MODEL KY:
GSI BY SOM(1)
DEP(2)
ANX@1;
Y11 WITH Y14;
Y9 WITH Y18;
OUTPUT: TECH1 STDYX;
```

其中, 整体 MODEL 指令中的语句 [SOM–ANX@0] 将所有组中的一阶因子截距设定为零 (即 $\alpha_{11} = 0$ 和 $\alpha_{21} = 0$); 默认情况下, 第一组的二阶因子均值 (α_{12}) 设定为零. 方法 C 将产生与方法 B 相同的 α_{22} 估计值 (Byrne, 2006).

表 5.15　部分 Mplus 输出: 检验二阶 CFA 模型中的因子均值不变性——方法 C

MODEL FIT INFORMATION	
Number of Free Parameters	85
Loglikelihood	
H0 Value	-10914.367
H1 Value	-10665.355
Information Criteria	
Akaike (AIC)	21998.733

```
          Bayesian (BIC)                  22351.171
          Sample-Size Adjusted BIC        22081.400
            (n* = (n + 2) / 24)

Chi-Square Test of Model Fit

          Value                             498.024
          Degrees of Freedom                    293
          P-Value                            0.0000

Chi-Square Contributions From Each Group

          OH                                241.904
          KY                                256.120

RMSEA (Root Mean Square Error Of Approximation)

          Estimate                           0.055
          90 Percent C.I.                    0.046   0.063
          Probability RMSEA <= .05           0.169

CFI/TLI
          CFI                                0.952
          TLI                                0.950

Chi-Square Test of Model Fit for the Baseline Model

          Value                            4553.307
          Degrees of Freedom                    306
          P-Value                            0.0000

SRMR (Standardized Root Mean Square Residual)

          Value                              0.050
...
MODEL RESULTS

                                                    Two-Tailed
                     Estimate      S.E.   Est./S.E.   P-Value

Group OH
...

Means
   GSI                0.000      0.000    999.000    999.000
...
```

续表

Group KY				
...				
Means				
GSI	-0.178	0.092	-1.927	0.054

正如预期的那样, 从方法 C 估计的组间二阶因子均值差 ($\alpha_{22} = -0.178$, $P = 0.054$) 与从方法 B 估计的 ($\alpha_{22} = -0.189, P = 0.039$) 非常接近.

在本节中, 我们讨论并演示了三种不同的参数限制方法 (方法 A、B 和 C), 以解决多组二阶 CFA 模型中检验因子均值差异的模型识别问题. 方法 A 适用于检验组间一阶因子截距/均值不变性, 方法 B 和 C 均适用于检验二阶因子均值不变性.

5.2.3 带分类标识的多组 CFA (Multi-group CFA with ordinal categorical indicators)

在我们之前的模型中, 基于五点 Likert 标度的 BSI-18 量表条目在建模中均被处理为连续标识变量. 一般来说, 如果序数变量 (ordinal categorical variable) 的级别数不小于 5, 且在最小 (如 1) 或最大类别 (如 5) 上没有堆积应答, 这类变量通常可以当连续变量处理 (Raykov & Marcoulides, 2011). 为了演示如何使用带序数分类标识/条目 (ordinal categorical indicator/item) 的多组 CFA 检验测量不变性, 在本节中, 我们将所有 BSI-18 条目视为具有五个级别的序数分类测量.

不同的方法可以用来检验序数分类标识/条目的测量不变性. 我们可以从配置模型开始, 逐步对因子载荷、条目截距、误差方差等施加等同限制. 这称为自下而上的方法或构建策略 (build-up strategy) (Millsap & Tein, 2004). Muthén & Asparouhov (2002) 提出了一种自上而下的方法或拆卸策略 (teardown strategy), 用于序数分类标识的测量不变性检验. 根据我们的经验, 这种方法在实践中更为实用. 使用自上而下的方法, 我们从最大限制的模型 (most restrictive model) 或完全测量不变性模型 (full measurement invariance model) 开始, 其中所有因子载荷和条目阈值 (item threshold) 在组间保持不变; 然后逐步释放参数的等同限制. 以下 Mplus 程序估计完全测量不变性模型.

Mplus 程序 5.16

```
TITLE: Full measurement invariance model
DATA:  FILE = 2_Site_BSI_18.dat;
```

```
VARIABLE:
  NAMES = X1-X18 GENDER WHITE AGE EDU CRACK SITE ID;
  MISSING = ALL (-9);
  USEVARIABLES = X1-X18;
  GROUPING = SITE (1 = OH 2 = KY);
  CATEGORICAL = X1-X18;
ANALYSIS: ESTIMATOR = WLSMV;!default;
  Parameterization = Delta;!default;
  !DIFFTEST = Test.dat;
MODEL:
SOM BY X1 X4 X7 X10 X13 X16;!Somatization;
DEP BY X5 X2 X8 X11 X14 X17;!Depression;
ANX BY X3 X6 X9 X12 X15 X18;!Anxiety;
X8 WITH X5;
OUTPUT: TECH1 STDYX;
```

其中, 没有设定特定组模型. 默认情况下, 所有因子载荷和条目阈值跨组不变.
当结局测量是分类变量时, Mplus 默认用 WLSMV 模型估计法, 使用 Delta
参数化估计模型. Delta 参数化估计潜连续应答变量 Y^* 的标度因子 (scale
factor) 或标度参数 (scale parameter), 但不估计潜应答变量的残差/误差方差.
出于模型识别的需要, 标度因子在参考组 (在我们的示例中为 OH) 设定为 1,
但在另一组 (KY) 中为自由参数. 此外, 因子均值在参考组 (OH) 中默认设定
为 0, 在另一组 (KY) 中为自由参数. 该模型用作模型比较的基线模型.

模型拟合信息见表 5.16. RMSEA $= 0.038, 90\%$ 置信区间 $= (0.028, 0.047)$,
精确拟合检验 $P = 0.990$, CFI $= 0.989$, TLI $= 0.990$. 模型拟合数据良好, 说
明因子载荷和条目阈值是跨组不变的. 尽管如此, 出于模型演示的目的, 我们
将使用我们的模型作为示例来展示如何检验因子载荷和条目阈值的不变性. 首
先, 我们释放对全部因子载荷和条目阈值的跨组不变限制[1], 然后将模型与基
线模型进行比较. 下面的 Mplus 程序中, 我们释放对因子载荷和条目阈值的跨
组不变限制.

表 5.16 部分 Mplus 输出: 完全测量不变性模型拟合数据信息

```
MODEL FIT INFORMATION
...
RMSEA (Root Mean Square Error Of Approximation)
```

---

[1] 对于分类结局, 释放对因子载荷和条目阈值的等同限制应同时进行 (Muthén & Muthén, 1998—2017,
P.546).

续表

Estimate	0.038	
90 Percent C.I.	0.028	0.047
Probability RMSEA <= .05	0.990	
CFI/TLI		
CFI	0.989	
TLI	0.990	

Chi-Square Test of Model Fit for the Baseline Model

Value	10092.839
Degrees of Freedom	306
P-Value	0.0000

SRMR (Standardized Root Mean Square Residual)

Value	0.043

Mplus 程序 5.17

```
TITLE: Releasing restriction on factor loadings and thresholds
DATA:  FILE = 2_Site_BSI_18.dat;
VARIABLE:
  NAMES = X1-X18 GENDER WHITE AGE EDU CRACK SITE ID;
  MISSING = ALL (-9);
  USEVARIABLES = X1-X18;
  GROUPING = SITE (1 = OH 2 = KY);
  CATEGORICAL = X1-X18;
ANALYSIS: ESTIMATOR = WLSMV;!default;
  Parameterization = Delta;!default;
MODEL:
SOM BY X1 X4 X7 X10 X13 X16;!Somatization;
DEP BY X5 X2 X8 X11 X14 X17;!Depression;
ANX BY X3 X6 X9 X12 X15 X18;!Anxiety;
X8 WITH X5;
MODEL KY:
SOM BY X1@1 X4 X7 X10 X13 X16;!Somatization;
DEP BY X5@1 X2 X8 X11 X14 X17;!Depression;
ANX BY X3@1 X6 X9 X12 X15 X18;!Anxiety;
!release restrictions on SOM item thresholds;
[ X1$2 X1$3 X1$4];
```

```
[X4$1 X4$2 X4$3 X4$4];
[X7$1 X7$2 X7$3 X7$4];
[X10$1 X10$2 X10$3 X10$4];
[X13$1 X13$2 X13$3 X13$4];
[X16$1 X16$2 X16$3 X16$4];
!release restrictions on DEP item thresholds;
[ X5$2 X5$3 X5$4];
[X2$1 X2$2 X2$3 X2$4];
[X8$1 X8$2 X8$3 X8$4];
[X11$1 X11$2 X11$3 X11$4];
[X14$1 X14$2 X14$3 X14$4];
[X17$1 X17$2 X17$3 X17$4];
!release restrictions on ANX item thresholds;
[ X3$2 X3$3 X3$4];
[X6$1 X6$2 X6$3 X6$4];
[X9$1 X9$2 X9$3 X9$4];
[X12$1 X12$2 X12$3 X12$4];
[X15$1 X15$2 X15$3 X15$4];
[X18$1 X18$2 X18$3 X18$4];
!Fixing scale factors;
{X1@1 X4@1 X7@1 X10@1 X13@1 X16@1};
{X5@1 X2@1 X8@1 X11@1 X14@1 X17@1};
{X3@1 X6@1 X9@1 X12@1 X15@1 X18@1};
SAVEDATA: DIFFTEST=Test.dat;
```

其中, 在整体 MODEL 指令和特定组 MODEL 指令中均设定了测量模型, 由此释放因子载荷跨组不变限制; 条目阈值估计是用 [ ] 括号设定的, 其中, 在条目变量名称后加 "$" 符号, 后面再跟一个数字表示条目阈值的顺序. 由于所有 BSI-18 条目均以 5 分制测量, 因此每个条目只有 $(5-1)=4$ 个阈值估计.

　　根据 Millsap & Tein (2004) 的说法, 模型要求在每个潜变量中选一个分类标识/条目的一个类别, 将其阈值设定为跨组不变. 在我们的示例中, 我们选择对条目 X_1、X_5 和 X_3 的类别 1 的阈值施加跨组不变限制 (即不在特定组模型 MODEL KY 指令中释放对其阈值的跨组不变限制). 当分类标识的阈值和因子载荷都设定为跨组非不变时, 该标识的标度因子 (scale factor) 在所有组中必须固定为 1 (Muthén & Muthén, 1998—2017, p. 83). 以上程序中参考组 (OH) 的所有 18 个标度因子均默认设定为 1, 我们只在特定组模型 MODEL KY 指令中使用大括号 { } 将 18 个标度因子设定为 1.

　　相较于 Mplus 程序 5.16 中估计的模型, 上述程序估计的模型是受限较少的模型, 所以, 两模型是嵌套的. 当用 WLSMV 估计法估计模型时, SAVEDATA 指令中的 DIFFTEST 语句提供一个基于两步法的卡方差异检验来比较模型 (Muthén & Muthén, 1998—2017). 第一步, 以上程序中 SAVEDATA 指令的 DIFFTEST 语句创建一个数据文件 (如上述程序中的 Test.dat[①]), 其保存了模型参数估计的导数信息. 第二步, 通过在 Mplus 程序 5.16 的 ANALYSIS 指令中加入 DIFFTEST = Test.dat 语句, 重新运行该程序进行卡方差异检验以比较模型, 卡方检验结果如下:

```
Chi-Square Test for Difference Testing

        Value                          68.909
        Degrees of Freedom                 66
        P-Value                        0.3793
```

卡方检验结果[②] ($\chi^2 = 68.909, df = 66, P = 0.3793$) 表明, 因子载荷和条目阈值的跨组不变限制并没有显著影响模型拟合; 因此, 我们可以假设因子载荷和条目阈值是跨组不变的.

上述模型结果显示我们的示例模型中具有完全测量不变性 (full measurement invariance). 然而, 在实际研究的许多情况下, 完全测量不变性可能并不成立, 人们可能会发现只有部分测量参数是跨组不变的. 在这种情况下, 可以应用部分测量不变性 (partial measurement invariance) 方法. 如果大多数参数 (如阈值、因子载荷) 是跨组不变的, 部分测量不变模型方法可跨组比较某些感兴趣的参数 (例如, 因子均值和因子方差/协方差) (Byrne, Shavelson & Muthén, 1989; Vandenberg & Lance, 2000).

为了运行部分测量不变性方法, 我们可以在基线模型 Mplus 程序 (见 Mplus 程序 5.16) 的 OUTPUT 指令中加入 MOD 选项. 如果发现哪个参数的修正指数较大, 则解除对该参数的跨组不变限制. 根据 Mplus 提供的参数修正指数, 我们可以一次释放一个参数的等同限制, 直到模型拟合改进统计不显著 (Muthén & Asparouhov, 2002). 以下 Mplus 程序运行一个简单部分测量不变性模型.

Mplus 程序 5.18

```
TITLE: Partial measurement invariance
```

---

①如果 DIFFTEST 语句要保存文件的文件夹中存在具有相同文件名的文件 (例如, Test.dat), Mplus 不会将现有文件替换为生成文件, 而会警示程序出错 (Err# 9).

②卡方检验的自由度为 $df = 66$, 因为在 KY 组中, 对每个因子我们释放了 23 个阈值、15 个因子载荷的等同限制; 18 个因子尺度在组内设定为 $1 : 3 \times 23 + 15 - 18 = 66$.

```
DATA:  FILE = 2_Site_BSI_18.dat;
VARIABLE:
  NAMES = X1-X18 GENDER WHITE AGE EDU CRACK SITE ID;
  MISSING = ALL (-9);
  USEVARIABLES = X1-X18;
  GROUPING = SITE (1 = OH 2 = KY);
  CATEGORICAL = X1-X18;
ANALYSIS: ESTIMATOR = WLSMV;!default;
  Parameterization = Delta;!default;
MODEL:
SOM BY X1 X4 X7 X10 X13 X16;!Somatization;
DEP BY X5 X2 X8 X11 X14 X17;!Depression;
ANX BY X3 X6 X9 X12 X15 X18;!Anxiety;
X8 WITH X5;
MODEL KY:
SOM BY X16;
[X16$1 X16$2 X16$3 X16$4];
{X16@1};
SAVEDATA: DIFFTEST = Test2.dat;
```

其中, 观察标识 X_{16} 的因子载荷和阈值在组特定模型指令中被释放为自由参数. 如前所述, 当一个分类标识的因子载荷和条目阈值在各组中都是自由参数时, 该标识的标度因子在所有组中必须固定为 1. 上述程序中, 标识 X_{16} 的标度因子在参考组中默认设定为 1, 在特定组模型 MODEL KY 指令的大括号 { } 中也设定为 1. 同样, 在 SAVEDATA 指令中使用 DIFFTEST 选项创建一个数据文件 Test2.dat, 用于在释放标识 X_{16} 的因子载荷和阈值等同限制后进行模型拟合改善的两步法检验 (在 Mplus 程序 5.16 的 ANALYSIS 指令中加入 DIFFTEST = Test.dat 语句即可). 部分测量不变性模型结果如表 5.17 所示.

表 5.17　　部分 Mplus 输出: 部分测量不变性模型

...

MODEL RESULTS

		Estimate	S.E.	Est./S.E.	Two-Tailed P-Value

Group OH

续表

SOM	BY			
X1	1.000	0.000	999.000	999.000
X4	0.881	0.057	15.486	0.000
X7	0.998	0.062	15.989	0.000
X10	1.002	0.061	16.497	0.000
X13	0.846	0.059	14.214	0.000
X16	1.056	0.060	17.739	0.000
...				
Thresholds				
X1$1	0.343	0.074	4.642	0.000
X1$2	0.918	0.086	10.609	0.000
X1$3	1.526	0.114	13.424	0.000
X1$4	2.302	0.187	12.313	0.000
...				
X16$1	-0.266	0.081	-3.298	0.001
X16$2	0.361	0.082	4.435	0.000
X16$3	0.925	0.093	9.918	0.000
X16$4	1.401	0.116	12.117	0.000
...				
X18$1	0.348	0.070	4.950	0.000
X18$2	0.874	0.081	10.750	0.000
X18$3	1.235	0.094	13.164	0.000
X18$4	1.773	0.125	14.175	0.000
Scales				
X1	1.000	0.000	999.000	999.000
X2	1.000	0.000	999.000	999.000
...				
X16	1.000	0.000	999.000	999.000
X17	1.000	0.000	999.000	999.000
X18	1.000	0.000	999.000	999.000
Group KY				
SOM	BY			
X1	1.000	0.000	999.000	999.000
X4	0.881	0.057	15.486	0.000
X7	0.998	0.062	15.989	0.000
X10	1.002	0.061	16.497	0.000
X13	0.846	0.059	14.214	0.000
X16	1.136	0.124	9.183	0.000
...				
Thresholds				
X1$1	0.343	0.074	4.642	0.000
X1$2	0.918	0.086	10.609	0.000

续表

X1$3	1.526	0.114	13.424	0.000
X1$4	2.302	0.187	12.313	0.000
...				
X16$1	-0.465	0.103	-4.498	0.000
X16$2	0.212	0.106	1.993	0.046
X16$3	0.696	0.118	5.886	0.000
X16$4	1.293	0.158	8.196	0.000
...				
X18$1	0.348	0.070	4.950	0.000
X18$2	0.874	0.081	10.750	0.000
X18$3	1.235	0.094	13.164	0.000
X18$4	1.773	0.125	14.175	0.000
...				
Scales				
X1	0.981	0.098	10.050	0.000
X2	0.966	0.089	10.815	0.000
...				
X16	1.000	0.000	999.000	999.000
X17	0.965	0.090	10.676	0.000
X18	0.931	0.075	12.389	0.000

Chi-Square Test for Difference Testing

Value	8.392
Degrees of Freedom	4
P-Value	0.0782

卡方检验 ($\chi^2 = 8.392, df = 4, P = 0.0782$) 统计不显著, 表明标识 X_{16} 的因子载荷和阈值跨组不变. 卡方检验的自由度为 $df = 4$, 因为我们为 X_{16} 释放了五个参数 (一个因子载荷和四个条目阈值) 并固定了一个参数 (标度因子).

如在 2.5 节所述, 对于使用加权最小二乘估计对分类结局变量建模, Mplus 提供了两种类型的参数化: Delta 参数化 (Delta parameterization) 和 Theta 参数化 (Theta parameterization). 本节迄今为止演示的所有模型估计, 都是默认使用的 Delta 参数化. 尽管 Delta 参数化方法在模型估计中具有计算优势, 但它不能估计潜连续应答变量 Y^* 的误差. 当研究兴趣涉及多组建模中 Y^* 的误差, 或作纵向数据分析时, 应选用 Theta 参数化进行模型估计 (Muthén & Asparouhov, 2002). 将 Mplus 程序 5.16 中的 Parameterization = Delta 选项替换为 Parameterization = Theta, 我们可以估计 KY 组的潜应答变量误差方差. 使用 Theta 参数化, 我们须用 WLS 估计法取代默认的 WLSMV 估计法 (Muthén, du Toit & Spisic, 1997). 遗憾的是, Mplus 产生以下错误信息:

```
THE WEIGHT MATRIX FOR GROUP KY IS NOT POSITIVE DEFINITE
AS IT SHOULD BE.
```

实际上, 当用 Theta 参数化分析带分类标识的多组 CFA 模型时, 遇到模型估计问题并不少见. 尽管如此, 测量不变性的核心方面是检验因子载荷和条目阈值是否在足够程度上保持跨组不变 (Muthén & Asparouhov, 2002; Hofmans, Pepermans & Loix, 2009). 通常, 我们不必检验潜应答变量的误差方差的不变性, 因为模型比较通常不需要它.

　　以上, 我们讨论了使用多组 CFA 模型检验连续和有序分类标识变量的测量不变性, 其中组别的数量非常有限. 当模型涉及许多组别时, 检验测量不变性是一个挑战. 有两种新方法 (对齐方法和两级方法) 可用来检验多组别的测量不变性 (Muthén & Asparouhov, 2013). 由于缺乏适当的数据, 本章没有讨论这些方法.

5.3　多组结构方程模型 (Multi-group structural equation model)

　　上一节中, 我们演示用多组 CFA 模型检验跨组测量不变性, 很多时候, 我们还对变量 (包括观察到的和潜变量/因子) 之间的关系是否跨组不变感兴趣. 本节中, 我们将注意力转移到用多组 SEM 检验具体结构路径系数 (structural path coefficient) 的跨组不变性. 与多组 CFA 模型类似, 我们可以对多组 SEM 中的一些路径系数加以跨组不变限制, 而其他系数在各组之间保持非不变性. 通过检验组间路径系数的等同性或不变性, 我们能够检验相关变量在不同组的关系是否相似 (Hayduk, 1987).

　　我们对多组 SEM 的演示将基于第三章图 3.4 中设定的模型. 如前所述, 药物滥用与心理健康之间的关系是复杂的, 出于模型演示的目的, 我们假设 (1) 只有可卡因使用频数会影响精神问题, 而没有反向的效应; (2) 抑郁是焦虑的函数, 而不是相反.

　　我们首先分别为俄亥俄州和肯塔基州建立基线 SEM. 如果基线模型拟合数据良好, 我们将检验在控制协变量后, (1) 焦虑 (ANX$-\eta_3$) 对抑郁 (DEP$-\eta_2$) 的效应是否在两个人群中保持不变; (2) 使用可卡因 (Crack$-\eta_1$) 对精神问题的影响是否在两个人群中保持不变.

　　以下 Mplus 程序分别运行俄亥俄州和肯塔基州的基线模型.

Mplus 程序 5.19

```
TITLE: Ohio Baseline SEM
```

```
DATA:  FILE = 2_Site_BSI_18.dat;
VARIABLE:
      NAMES = Y1-Y18 GENDER WHITE AGE EDU CRACK SITE ID;
      MISSING = ALL (-9);
      USEVARIABLES = Y5 Y2 Y8 Y11 Y14 Y17 Y3 Y6 Y9 Y12 Y15 Y18
                     GENDER WHITE AGE EDU CRACK;
      USEOBSERVATIONS = SITE EQ 1;
!ANALYSIS: ESTIMATOR = ML; !defaul1;
MODEL:
DEP BY Y5 Y2 Y8 Y11 Y14 Y17;!Depression;
ANX BY Y3 Y6 Y9 Y12 Y15 Y18; !Anxiety;
Y8 WITH Y5;
Y9 WITH Y12;
DEP ON ANX CRACK GENDER WHITE AGE EDU;
ANX ON CRACK GENDER WHITE AGE EDU;
CRACK ON GENDER WHITE AGE EDU;
OUTPUT: TECH1 STDYX;
```

Mplus 程序 5.20

```
TITLE: Kentucky Baseline SEM
DATA:  FILE = 2_Site_BSI_18.dat;
VARIABLE:
      NAMES = Y1-Y18 GENDER WHITE AGE EDU CRACK SITE ID;
      MISSING = ALL (-9);
      USEVARIABLES = Y5 Y2 Y8 Y11 Y14 Y17 Y3 Y6 Y9 Y12 Y15 Y18
                     GENDER WHITE AGE EDU CRACK;
      USEOBSERVATIONS = SITE EQ 2;
!ANALYSIS: ESTIMATOR = ML; !defaul1;
MODEL:
DEP BY Y5 Y2 Y8 Y11 Y14 Y17;!Depression;
ANX BY Y3 Y6 Y9 Y12 Y15 Y18; !Anxiety;
Y8 WITH Y5;
Y11 WITH Y14;
Y9 WITH Y18;
DEP ON ANX CRACK GENDER WHITE AGE EDU;
ANX ON CRACK GENDER WHITE AGE EDU;
CRACK ON GENDER WHITE AGE EDU;
OUTPUT: TECH1 STDYX;
```

其中, 测量模型定义了两个因子 (DEP 和 ANX), 然后将其视为结构方程中的内生潜变量. 观察变量 *Crack* (过去 30 天内使用可卡因的频数)、性别 (1 – 男性; 0 – 女性)、种族 (1 – 白人; 0 – 非白人)、年龄 (基线访谈时的年龄) 和教育 (以 6 分制测量的教育水平) 在模型中影响内生潜变量 DEP 和 ANX. 此外, *Crack* 对个人背景变量进行回归. 部分模型结果如表 5.18 所示.

表 5.18   部分 Mplus 输出: 基线 SEM

```
俄亥俄州
MODEL FIT INFORMATION

Number of Free Parameters                   55

Loglikelihood

        H0 Value                      -4833.709
        H1 Value                      -4754.608

Information Criteria

        Akaike (AIC)                   9777.418
        Bayesian (BIC)                 9970.656
        Sample-Size Adjusted BIC       9796.305
          (n* = (n + 2) / 24)

Chi-Square Test of Model Fit

        Value                          158.202
        Degrees of Freedom                 101
        P-Value                         0.0002

RMSEA (Root Mean Square Error Of Approximation)

        Estimate                         0.048
        90 Percent C.I.            0.033   0.062
        Probability RMSEA <= .05         0.586

CFI/TLI

        CFI                              0.960
        TLI                              0.949

Chi-Square Test of Model Fit for the Baseline Model

        Value                         1560.629
```

续表

Degrees of Freedom		130		
P-Value		0.0000		

SRMR (Standardized Root Mean Square Residual)

Value		0.041		

MODEL RESULTS

	Estimate	S.E.	Est./S.E.	Two-Tailed P-Value
...				
DEP ON				
ANX	0.924	0.106	8.683	0.000
DEP ON				
CRACK	-0.005	0.005	-0.965	0.335
GENDER	0.127	0.110	1.150	0.250
WHITE	0.099	0.155	0.640	0.522
AGE	0.003	0.006	0.460	0.645
EDU	-0.004	0.039	-0.112	0.910
ANX ON				
CRACK	0.016	0.006	2.481	0.013
GENDER	-0.511	0.128	-4.000	0.000
WHITE	0.540	0.184	2.931	0.003
AGE	0.015	0.007	2.149	0.032
EDU	-0.067	0.046	-1.467	0.142
CRACK ON				
GENDER	-2.154	1.238	-1.740	0.082
WHITE	-1.960	1.812	-1.081	0.280
AGE	0.107	0.071	1.512	0.130
EDU	-0.457	0.456	-1.002	0.316
...				

R-SQUARE

Observed Variable	Estimate	S.E.	Est./S.E.	Two-Tailed P-Value
...				
CRACK	0.034	0.023	1.504	0.133
Latent Variable	Estimate	S.E.	Est./S.E.	Two-Tailed P-Value

续表

DEP	0.699	0.057	12.273	0.000
ANX	0.156	0.047	3.282	0.001

肯塔基州

MODEL FIT INFORMATION

Number of Free Parameters　　　　　　　56

Loglikelihood

    H0 Value　　　　　　　　　　　-4111.960
    H1 Value　　　　　　　　　　　-4032.625

Information Criteria

    Akaike (AIC)　　　　　　　　　8335.920
    Bayesian (BIC)　　　　　　　　8527.222
    Sample-Size Adjusted BIC　　　8349.746
      (n* = (n + 2) / 24)

Chi-Square Test of Model Fit

    Value　　　　　　　　　　　　158.670
    Degrees of Freedom　　　　　　100
    P-Value　　　　　　　　　　　0.0002

RMSEA (Root Mean Square Error Of Approximation)

    Estimate　　　　　　　　　　　0.051
    90 Percent C.I.　　　　　　　0.035　0.066
    Probability RMSEA <= .05　　　0.437

CFI/TLI

    CFI　　　　　　　　　　　　　0.964
    TLI　　　　　　　　　　　　　0.953

Chi-Square Test of Model Fit for the Baseline Model

    Value　　　　　　　　　　　　1763.520
    Degrees of Freedom　　　　　　130
    P-Value　　　　　　　　　　　0.0000

SRMR (Standardized Root Mean Square Residual)

Value		0.039

MODEL RESULTS

	Estimate	S.E.	Est./S.E.	Two-Tailed P-Value
...				
DEP ON				
ANX	0.777	0.082	9.496	0.000
DEP ON				
CRACK	0.001	0.008	0.173	0.863
GENDER	-0.181	0.088	-2.065	0.039
WHITE	-0.180	0.129	-1.402	0.161
AGE	0.012	0.004	2.871	0.004
EDU	-0.049	0.029	-1.672	0.094
ANX ON				
CRACK	0.035	0.013	2.680	0.007
GENDER	-0.419	0.141	-2.977	0.003
WHITE	0.786	0.206	3.824	0.000
AGE	0.012	0.007	1.709	0.087
EDU	-0.032	0.048	-0.665	0.506
CRACK ON				
GENDER	-1.420	0.717	-1.981	0.048
WHITE	-6.227	0.962	-6.474	0.000
AGE	0.149	0.035	4.280	0.000
EDU	-0.494	0.244	-2.023	0.043
...				

R-SQUARE

Observed Variable	Estimate	S.E.	Est./S.E.	Two-Tailed P-Value
...				
CRACK	0.268	0.051	5.305	0.000

Latent Variable	Estimate	S.E.	Est./S.E.	Two-Tailed P-Value
DEP	0.845	0.043	19.770	0.000
ANX	0.164	0.049	3.343	0.001

俄亥俄州模型拟合数据良好: RMSEA = 0.048, 90% 置信区间 = (0.033, 0.062); 精确拟合检验 $P = 0.586$; CFI = 0.960; TLI = 0.949; SRMR = 0.041. 焦虑 (ANX) 对抑郁 (DEP) 有显著的积极效应 $(0.924, P < 0.001)$, 然而, 可卡因的使用和所有社会人口变量对抑郁 (DEP) 都没有显著的直接效应. 可卡因使用频数和三个社会人口变量显著影响焦虑 (ANX): 可卡因使用频数具有显著的正效应 $(0.016, P = 0.013)$, 种族和年龄都有显著的正效应 $(0.540, P = 0.003; 0.015, P = 0.032)$, 性别有显著的负效应 $(-0.511, P < 0.001)$. 没有一个社会人口变量对可卡因使用频数有显著影响.

肯塔基州模型也拟合数据良好: RMSEA = 0.051, 90% 置信区间 = (0.035, 0.066); 精确拟合检验 $P = 0.437$; CFI = 0.964; TLI = 0.953; SRMR = 0.039. 与俄亥俄州模型一样, 焦虑对抑郁有显著的正效应 $(0.777, P < 0.001)$. 然而, 肯塔基州模型的结果表明, 社会人口变量对抑郁和焦虑以及可卡因使用频数的影响与俄亥俄州模型有所不同. 在俄亥俄州模型中, 没有一个社会人口变量对抑郁有显著的直接效应, 但在肯塔基州模型中, 两个社会人口变量对抑郁有显著直接效应: 性别具有显著的负效应 $(-0.181, P = 0.039)$, 年龄具有显著的正效应 $(0.012, P = 0.004)$. 可卡因使用频数、性别和种族对焦虑的影响在俄亥俄州和肯塔基州模型中相似; 年龄对焦虑的影响只在俄亥俄州模型中统计显著 $(0.015, P = 0.032)$; 教育对焦虑和抑郁在这两个模型中均无显著效应. 社会人口变量在肯塔基州模型中对可卡因使用频数均有显著效应, 而这些效应在俄亥俄州模型中均不显著. 我们很难解释这些变量的效应为什么在不同州有如此大的差别.

俄亥俄州和肯塔基州的基线 SEM 拟合数据都很好, 但估计的路径系数在两个模型之间存在一定程度的差异. 下面, 我们将讨论和演示如何检验跨群体/组的路径系数的不变性.

检验结构路径系数的跨组不变性 (testing invariance of structural path coefficient across groups): 为了检验结构路径系数的不变性, 我们首先估计 SEM 配置模型 (SEM configural model). 所有路径系数在该模型中都是跨组非不变的. 就像我们在第 5.1 节中讨论的 CFA 配置模型一样, 稍后估计的模型都将与此配置模型比较. Mplus 程序如下:

Mplus 程序 5.21

```
TITLE: Testing configural SEM (Step 1)
Data: FILE = 2_Site_BSI_18.dat;
    LISTWISE = ON;
```

```
VARIABLE:
    NAMES = Y1-Y18 GENDER WHITE AGE EDU CRACK SITE ID;
    MISSING = ALL (-9);
    USEVARIABLES = Y5 Y2 Y8 Y11 Y14 Y17 Y3 Y6 Y9 Y12 Y15 Y18
                   GENDER WHITE AGE EDU CRACK;
    GROUPING = SITE (1 = OH 2 = KY);
ANALYSIS: ESTIMATOR = MLMV;
MODEL:
DEP BY Y5 Y2 Y8 Y11 Y14 Y17; !Depression;
ANX BY Y3 Y6 Y9 Y12 Y15 Y18; !Anxiety;
Y8 WITH Y5;
DEP ON ANX CRACK GENDER WHITE AGE EDU;
ANX ON CRACK GENDER WHITE AGE EDU;
CRACK ON GENDER WHITE AGE EDU;
MODEL OH:
Y9 WITH Y12;
MODEL KY:
Y11 WITH Y14;
Y9 WITH Y18;
SAVEDATA: DIFFTEST=Test3.DAT;
```

其中, 测量模型仅由整体 MODEL 指令中的 BY 语句设定, 因此, 条目截距和因子载荷默认设定为跨组不变. 这很重要, 有两个原因, 首先, 因为模型将估计潜变量/因子的截距, 为了使模型的均值结构 (mean structure) 部分可识别, 必须对条目截距施加等同限制. 其次, 为了比较潜变量和协变量之间的关系, 我们需要确保强测量不变性. 也就是说, 条目截距潜变量的因子载荷必须跨组不变.

上述 Mplus 程序中三个带 ON 语句的指令设定多组 SEM 中的结构方程. 结构方程仅在整体 MODEL 指令中设定, 因此, 模型在不同组别中估计相同的结构方程, 但对结构路径系数没有等同限制. 在这里, 我们专注于检验以下假设:

- 假设 1: 焦虑对抑郁的直接效应在俄亥俄州和肯塔基州的农村非法药物使用者中无显著区别.

- 假设 2: 可卡因使用频数通过焦虑对抑郁的间接效应在俄亥俄州和肯塔基州的农村非法药物使用者中无显著区别.

有兴趣的读者可以自行练习检验模型中其他结构参数的不变性.

此处我们用稳健估计法 (robust estimator) MLMV 估计模型. 它可以处理

数据的非正态性并提供模型拟合的均值和方差调整卡方检验. Mplus 程序 5.21 SAVEDATA 指令中的 DIFFTEST 语句创建的数据文件 Test3.dat 保存了在两步法检验的第二步中进行卡方差异检验所需的模型参数信息.

　　下面的 Mplus 程序中, 我们限制焦虑 (ANX) 对抑郁 (DEP) 的直接效应跨组不变. 将模型结果与基线模型进行比较可以检验假设 1.

Mplus 程序 5.22

```
TITLE: Testing Hypothesis 1 (Step 2)
Data: FILE = 2_Site_BSI_18.dat;
     LISTWISE = ON;
VARIABLE:
     NAMES = Y1-Y18 GENDER WHITE AGE EDU CRACK SITE ID;
     MISSING = ALL (-9);
     USEVARIABLES = Y5 Y2 Y8 Y11 Y14 Y17 Y3 Y6 Y9 Y12 Y15 Y18
                    GENDER WHITE AGE EDU CRACK;
     GROUPING = SITE (1 = OH 2 = KY);
ANALYSIS: ESTIMATOR = MLMV;
          DIFFTEST = Test3.dat;!Retrieve saved information;
MODEL:
DEP BY Y5 Y2 Y8 Y11 Y14 Y17;!Depression;
ANX BY Y3 Y6 Y9 Y12 Y15 Y18;!Anxiety;
Y8 WITH Y5;
DEP ON ANX(1)
 GENDER WHITE AGE EDU CRACK;
ANX ON GENDER WHITE AGE EDU CRACK;
CRACK ON GENDER WHITE AGE EDU;
MODEL OH:
Y9 WITH Y12;
MODEL KY:
Y11 WITH Y14;
Y9 WITH Y18;
```

其中, 在整体 MODEL 指令的第一个 ON 语句中变量 ANX 之后的括号中放置任何符号/数字 (如这里的 1), ANX 对 DEP 的直接效应被设定为跨组不变. ANALYSIS 中的 DIFFTEST 选项重新读取保存在文件 Test3.dat 中的检验信息并进行卡方检验.

　　将上述 Mplus 程序中估计的模型卡方值与 Mplus 程序 5.21 中估计的模型卡方值进行比较, 差异统计不显著 ($\chi^2 = 0.055, df = 1, P = 0.8151$), 表明焦虑对抑郁的效应跨组不变. 换句话说, 焦虑对抑郁的效应在俄亥俄州和肯塔基州的农村非法药物使用者中无显著不同.

　　另外, 我们也可以用 MODEL TEST 指令检验以上假设. 下面的 Mplus 程序演示如何使用 MODEL TEST 指令来检验焦虑对抑郁的效应的跨组不变性.

Mplus 程序 5.23

```
TITLE: Alternative approach of Hypothesis 1
Data: FILE = 2_Site_BSI_18.dat;
      LISTWISE = ON;
VARIABLE:
      NAMES = Y1-Y18 GENDER WHITE AGE EDU CRACK SITE ID;
      MISSING = ALL (-9);
      USEVARIABLES = Y5 Y2 Y8 Y11 Y14 Y17 Y3 Y6 Y9 Y12 Y15 Y18
                     GENDER WHITE AGE EDU CRACK;
      GROUPING = SITE (1 = OH 2 = KY);
ANALYSIS: ESTIMATOR = MLMV;
MODEL:
DEP BY Y5 Y2 Y8 Y11 Y14 Y17; !Depression;
ANX BY Y3 Y6 Y9 Y12 Y15 Y18; !Anxiety;
Y8 WITH Y5;
DEP ON ANX (OH_b1)
 CRACK GENDER WHITE AGE EDU;
ANX ON GENDER WHITE AGE EDU CRACK;
CRACK ON GENDER WHITE AGE EDU;
MODEL OH:
Y9 WITH Y12;
MODEL KY:
Y11 WITH Y14;
Y9 WITH Y18;
DEP ON ANX (KY_b1)
 CRACK GENDER WHITE AGE EDU;
ANX ON CRACK GENDER WHITE AGE EDU;
CRACK ON GENDER WHITE AGE EDU;
MODEL TEST:
OH_b1=KY_b1;
```

其中, 在整体 MODEL 指令和特定组 MODEL KY 指令的变量 ANX 之后, 我们在括号中分别放了符号 OH_b1 和 KY_b1, 以代表两个组别中 DEP 回归 ANX 的斜率系数估计. MODEL TEST 指令的 OH_b1 = KY_b1 语句检验这两个斜率系数的差别是否统计显著. Mplus 输出中 Wald Test of Parameter Constraints 部分显示 $\chi^2 = 0.060$, $df = 1$, $P = 0.8069$, 即 DEP 回归 ANX 的斜率系数在 OH 和 KY 模型中无显著差别, 与两步检验结果相同. 注意, 使用 MODEL TEST 指令检验假设不会影响模型参数估计, 因为 Wald 检验是在估计模型参数之后执行的.

　　检验间接效应的跨组不变性 (testing invariance of indirect effect across groups): 这里我们演示如何检验可卡因使用频数 ($Crack$) 通过焦虑 (ANX) 影响抑郁 (DEP) 的间接效应是否跨组不变, 即检验可卡因使用通过焦虑对抑郁的间接影响是否在不同人群中无显著不同. 这种间接效应可以描述为 $Crack \to \text{ANX} \to \text{DEP}$, 在模型中估计为 $\beta_{31} \times \beta_{23}$, 其中, β_{31} 是 $Crack$ 对 ANX 的直接效应, β_{23} 是 ANX 对 DEP 的直接效应. 在下面的 Mplus 程序中, 我们将使用 MODEL CONSTRAINT 指令分别在 OH 和 KY 模型中生成该间接效应, 然后使用 MODEL TEST 指令检验假设 2 (即可卡因使用频数通过焦虑对抑郁的间接效应在俄亥俄州和肯塔基州的农村非法药物使用者中无统计显著差别).

Mplus 程序 5.24

```
TITLE: Testing invariance of indirect effect
Data: FILE = 2_Site_BSI_18.dat;
     LISTWISE = ON;
VARIABLE:
     NAMES = Y1-Y18 GENDER WHITE AGE EDU CRACK SITE ID;
     MISSING = ALL (-9);
     USEVARIABLES = Y5 Y2 Y8 Y11 Y14 Y17 Y3 Y6 Y9 Y12 Y15 Y18
                    GENDER WHITE AGE EDU CRACK;
     GROUPING = SITE (1 = OH 2 = KY);
ANALYSIS: ESTIMATOR = MLMV;
MODEL:
DEP BY Y5 Y2 Y8 Y11 Y14 Y17;!Depression;
ANX BY Y9 Y12 Y18 Y3 Y6 Y15;!Anxiety;
Y8 WITH Y5;
DEP ON ANX(b23_OH)
 CRACK GENDER WHITE AGE EDU;
ANX ON CRACK(b31_OH)
 GENDER WHITE AGE EDU;
CRACK ON GENDER WHITE AGE EDU;
MODEL OH:
```

```
Y9 WITH Y12;
MODEL CONSTRAINT:
NEW(ind_OH);
ind_OH = b31_OH*b23_OH;
MODEL KY:
Y11 WITH Y14;
Y9 WITH Y18;
DEP ON ANX(b23_KY)
 CRACK GENDER WHITE AGE EDU;
ANX ON CRACK(b31_KY)
 GENDER WHITE AGE EDU;
CRACK ON GENDER WHITE AGE EDU;
MODEL CONSTRAINT:
NEW(ind_KY);
ind_KY = b31_KY*b23_KY;
MODEL TEST:
ind_OH = ind_KY;
```

其中, ANX 对 DEP 的直接效应在 OH 和 KY 模型中分别标记 b23_OH
和 b23_KY; *Crack* 对 ANX 的直接效应分别标记 b31_OH 和 b31_KY. 在
MODEL CONSTRAINT 指令中, *Crack* 对 DEP 的间接效应定义为两个直接
效应的乘积, 在 OH 和 KY 模型中分别标记为 ind_OH 和 ind_KY. MODEL
TEST 指令产生 Wald Test, 用于检验假设 2: $\chi^2 = 2.521$, $df = 1$, $P = 0.1124$,
说明假设 2 不能被拒绝; 也就是说, 可卡因使用频数通过焦虑对抑郁的间接效
应在俄亥俄州和肯塔基州的农村非法药物使用人群中无统计显著差别.

5.4 多组潜发展模型 (Multi-group latent growth model)

多组模型也可以运用于第四章讨论的潜发展模型 (LGM). 为了研究不同
总体/组之间结局测量发展轨迹随时间的变化, LGM 可以扩展到多组 LGM.
该模型将同时为每个总体/组估计 LGM, 比较不同组别中结局测量发展轨迹的
潜发展因子 (即潜截距和潜斜率因子), 检验结局测量发展轨迹的跨组不变性.

用于演示多组 LGM 的数据 (数据文件 2_Site_Longitudinal.dat) 也选自
俄亥俄州和肯塔基州的农村非法药物使用者研究样本 (Wang, et al., 2007). 该
数据集包含四次随访 (基线、6 个月、12 个月和 18 个月) 数据. 结局测量 Y_1
—Y_4 为每次访谈前过去六个月中可卡因使用频数, 以七点量表测量, 从 0 (不
使用)、1 (每月少于 4 次)、2 (每周 1 次)、3 (每周 2 至 6 次)、4 (几乎每天 1

次)、5 (每天 2 至 3 次) 和 6 (每天约 4 次或更多次). 在这个示例中, 我们检查和比较俄亥俄州和肯塔基州农村非法药物使用者在 18 个月内可卡因使用频数的发展轨迹. 以下 Mplus 程序使用两组 LGM 分别估计俄亥俄州和肯塔基州可卡因使用频数的发展轨迹, 对潜发展因子不作跨组不变限制.

Mplus 程序 5.25

```
TITLE: Multi-group LGM: Configural model
DATA: FILE = 2_Site_Longitudinal.dat;
VARIABLE:
      NAMES = Y1-Y4 GENDER RACE AGE EDU SITE ID;
      MISSING = ALL (-9);
      USEVAR = Y1-Y4;
      GROUPING = SITE (1 = OH 2 = KY);
MODEL:
      I S |Y1@0 Y2@1 Y3*2 Y4*3;
MODEL KY:
      I S |Y1@0 Y2@1 Y3*2 Y4*3;
OUTPUT: TECH1;
PLOT: TYPE = PLOT3;
      Series = Y1-Y4(*);
```

其中, 每个组中设定了一个带自由时间分值 (free time score) 的无条件 LGM (unconditional LGM); I 和 S 分别代表潜截距和潜斜率因子. 时间分值的设定将决定结局测量发展轨迹. 这里我们没有将结局测量发展函数设定为预定义函数 (如线性、二阶函数等), 而是将时间分值设定为自由参数, 因此结局测量发展轨迹便由数据决定. 以上程序中, 每个时间点的潜发展截距因子的因子载荷默认设定为 1, 同时我们将时间分值在第一和第二时间点分别设定为 0 和 1, 这是出于模型识别的需要. Mplus 程序末尾的 PLOT 指令生成结局随时间发展轨迹图表.

表 5.19　　部分 Mplus 输出: 多组 LGM 配置模型

MODEL FIT INFORMATION	
Number of Free Parameters	22
Loglikelihood	

```
          H0 Value                    -2864.722
          H1 Value                    -2860.549

Information Criteria

          Akaike (AIC)                 5773.443
          Bayesian (BIC)               5864.943
          Sample-Size Adjusted BIC     5795.119
            (n* = (n + 2) / 24)

Chi-Square Test of Model Fit

          Value                          8.346
          Degrees of Freedom                 6
          P-Value                       0.2139

Chi-Square Contributions From Each Group

          OH                             7.667
          KY                             0.679

RMSEA (Root Mean Square Error Of Approximation)

          Estimate                       0.041
          90 Percent C.I.                0.000  0.100
          Probability RMSEA <= .05       0.529

CFI/TLI

          CFI                            0.996
          TLI                            0.992

Chi-Square Test of Model Fit for the Baseline Model

          Value                        610.636
          Degrees of Freedom                12
          P-Value                       0.0000

SRMR (Standardized Root Mean Square Residual)

          Value                          0.023

MODEL RESULTS
```

	Estimate	S.E.	Est./S.E.	Two-Tailed P-Value
Group OH				
I |				
Y1	1.000	0.000	999.000	999.000
Y2	1.000	0.000	999.000	999.000
Y3	1.000	0.000	999.000	999.000
Y4	1.000	0.000	999.000	999.000
S |				
Y1	0.000	0.000	999.000	999.000
Y2	1.000	0.000	999.000	999.000
Y3	1.746	0.201	8.693	0.000
Y4	1.863	0.242	7.684	0.000
I WITH				
S	-1.372	0.520	-2.637	0.008
Means				
I	2.673	0.137	19.527	0.000
S	-0.858	0.129	-6.645	0.000
Intercepts				
Y1	0.000	0.000	999.000	999.000
Y2	0.000	0.000	999.000	999.000
Y3	0.000	0.000	999.000	999.000
Y4	0.000	0.000	999.000	999.000
...				
Variances				
I	3.881	0.723	5.365	0.000
S	0.965	0.422	2.284	0.022
Residual Variances				
Y1	0.767	0.657	1.166	0.243
Y2	1.692	0.235	7.205	0.000
Y3	0.734	0.154	4.757	0.000
Y4	0.575	0.155	3.711	0.000
...				
Group KY				
I |				
Y1	1.000	0.000	999.000	999.000
Y2	1.000	0.000	999.000	999.000

续表

	Y3	1.000	0.000	999.000	999.000
	Y4	1.000	0.000	999.000	999.000
S	|				
	Y1	0.000	0.000	999.000	999.000
	Y2	1.000	0.000	999.000	999.000
	Y3	2.311	0.576	4.011	0.000
	Y4	1.391	0.300	4.634	0.000
I	WITH				
	S	-0.497	0.250	-1.986	0.047
Means					
	I	1.387	0.120	11.534	0.000
	S	-0.296	0.095	-3.111	0.002
Intercepts					
	Y1	0.000	0.000	999.000	999.000
	Y2	0.000	0.000	999.000	999.000
	Y3	0.000	0.000	999.000	999.000
	Y4	0.000	0.000	999.000	999.000
...					
Variances					
	I	2.351	0.388	6.066	0.000
	S	0.301	0.195	1.544	0.123
Residual Variances					
	Y1	0.946	0.321	2.950	0.003
	Y2	1.273	0.163	7.807	0.000
	Y3	0.154	0.190	0.813	0.416
	Y4	1.522	0.177	8.584	0.000

表 5.19 显示该模型拟合数据良好 ($\chi^2 = 8.346$, $df = 6$, $P = 0.2139$; RMSEA $= 0.041$, 90% 置信区间 $= (0.000, 0.100)$; 精确拟合检验 $P = 0.529$; CFI $= 0.996$; TLI $= 0.992$; SRMR $= 0.023$). 模型结果显示, 俄亥俄州和肯塔基州农村非法药物使用者在 18 个月的观察期内具有不同的发展轨迹. 观察到的和模型估计的结局测量发展轨迹按样本绘制在图 5.5 中.

如图 5.5 和表 5.19 所示, 第一, 俄亥俄州的可卡因使用频数初始水平 ($I = 2.673, P < 0.001$) 远高于肯塔基州 ($I = 1.387, P < 0.001$). 第二, 俄亥俄州可卡因使用频数随时间下降的速度 ($S = -0.858, P < 0.001$) 比肯塔基州 ($S = -0.296, P = 0.002$) 更快. 第三, 在 OH 和 KY 模型中, 可卡因使用频数初始水平和其随时间的变化率之间均呈现显著负相关, 即具有较高初始可卡因使

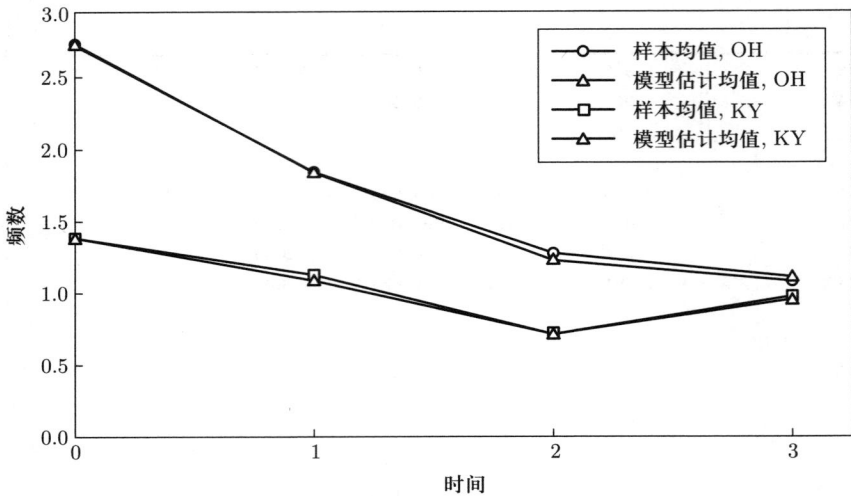

图 5.5　　按组别划分的可卡因使用频数发展轨迹

用水平的农村非法药物使用者基线后可卡因使用频数下降更快. 然而, 这种关联性在 OH 模型中 ($\mathrm{Cov}(I, S) = -1.372, P = 0.008$) 较 KY 模型 ($\mathrm{Cov}(I, S) = -0.497, P = 0.047$) 更强. 第四, 可卡因使用频数在两个模型中的发展轨迹都是非线性的. 表 5.20 中所示的是根据模型估计参数 I (潜截距因子), S (潜斜率因子) 和 λ_t (时间分值, 即 S 因子的载荷) 计算的可卡因使用频数在不同时间点的水平和变化. 第五, 潜发展因子 I 和 S 的方差在样本间差别不大: 俄亥俄州的 $\mathrm{Var}(I) = 3.881$ ($P < 0.001$) 和 $\mathrm{Var}(S) = 0.965$ ($P = 0.022$); 肯塔基州的 $\mathrm{Var}(I) = 2.351$ ($P < 0.001$) 和 $\mathrm{Var}(S) = 0.301$ ($P = 0.123$). 第六, 两个样本的误差/残差方差差别也不大. 下面, 我们将检验结局测量的发展函数, 潜发展因子的均值、方差和协方差的跨组不变性.

表 5.20　　模型估计的结局测量水平和随时间的变化

样本	结局测量水平和随时间的变化							
	Y_1		Y_2		Y_3		Y_4	
	水平	变化	水平	变化	水平	变化	水平	变化
俄亥俄州	2.673	—	1.815	-0.858	1.175	-1.498	1.075	-1.598
肯塔基州	1.387	—	1.091	-0.296	0.703	-0.684	1.000	-0.388

注: 表 5.19 中报告的潜截距因子 I 和潜斜率因子 S 的均值, 以及时间分值 (即 S 因子的载荷) 用于计算结局测量水平和变化. 基线后 6 个月、12 个月和 18 个月时间点的结局测量均值估计为 $(I + S\lambda_t)$, 其中, λ_t 是时间分值 (Wang, 2004). "—" 表示不适用.

检验发展函数的不变性 (testing invariance of growth function): 这里我们强调的是时间发展函数. LGM 中潜发展斜率因子的时间分值或因子载荷决定 LGM 中的结局测量发展函数. 要检验结局测量发展函数在 OH 和 KY 模型中是否显著不同, 我们检验潜发展斜率因子的时间分值是否跨组不变. 下面 Mplus 程序中, 我们对时间分值施加跨组不变限制. 模型卡方值与 Mplus 程序 5.25 估计的模型比较, 如果模型卡方值变化统计显著, 那么, 可以推断结局测量发展函数在 OH 和 KY 的 LGM 中显著不同.

Mplus 程序 5.26

```
TITLE: Testing invariance of growth function
DATA: FILE = 2_Site_Longitudinal.dat;
VARIABLE:
     NAMES = Y1-Y4 GENDER RACE AGE EDU SITE ID;
     MISSING = ALL (-9);
     USEVAR = Y1-Y4;
     GROUPING = site (1 = OH 2 = KY);
MODEL:
     I S |Y1@0 Y2@1 Y3* Y4*;
OUTPUT: TECH1;
```

其中, LGM 仅在整体模型指令中设定. 默认情况下, 时间分值保持跨组不变, 因此发展函数跨组不变; 但潜发展因子参数 (例如, 均值、方差和协方差) 以及剩余方差是跨组非不变的. 出于模型识别的需要, 观察结局测量 ($Y_1 - Y_4$) 的截距默认设置为零.

表 5.21   部分 Mplus 输出: 检验发展因子跨组不变性

```
MODEL FIT INFORMATION

Number of Free Parameters              20

Loglikelihood

      H0 Value              -2872.974
      H1 Value              -2860.549

Information Criteria

      Akaike (AIC)           5785.948
```

```
        Bayesian (BIC)                  5869.130
        Sample-Size Adjusted BIC        5805.653
          (n* = (n + 2) / 24)
```

Chi-Square Test of Model Fit

```
        Value                            24.850
        Degrees of Freedom                    8
        P-Value                          0.0016
```

Chi-Square Contributions From Each Group

```
        OH                                9.867
        KY                               14.983
```

RMSEA (Root Mean Square Error Of Approximation)

```
        Estimate                          0.094
        90 Percent C.I.                   0.054   0.138
        Probability RMSEA <= .05          0.038
```

CFI/TLI

```
        CFI                               0.972
        TLI                               0.958
```

Chi-Square Test of Model Fit for the Baseline Model

```
        Value                           610.636
        Degrees of Freedom                   12
        P-Value                          0.0000
```

SRMR (Standardized Root Mean Square Residual)

```
        Value                             0.040
```

MODEL RESULTS

```
                                            Two-Tailed
                Estimate    S.E.  Est./S.E.   P-Value
```

Group OH

```
    I       |
```

续表

	Y1	1.000	0.000	999.000	999.000
	Y2	1.000	0.000	999.000	999.000
	Y3	1.000	0.000	999.000	999.000
	Y4	1.000	0.000	999.000	999.000
S					
	Y1	0.000	0.000	999.000	999.000
	Y2	1.000	0.000	999.000	999.000
	Y3	1.810	0.202	8.970	0.000
	Y4	1.797	0.223	8.064	0.000
...					
Group KY					
I					
	Y1	1.000	0.000	999.000	999.000
	Y2	1.000	0.000	999.000	999.000
	Y3	1.000	0.000	999.000	999.000
	Y4	1.000	0.000	999.000	999.000
S					
	Y1	0.000	0.000	999.000	999.000
	Y2	1.000	0.000	999.000	999.000
	Y3	1.810	0.202	8.970	0.000
	Y4	1.797	0.223	8.064	0.000

对发展函数跨组不变限制导致模型拟合更差: 模型卡方统计量从 8.346 ($df = 6$) 增加到 24.850 ($df = 8$) (见表 5.19 和 5.21). 卡方统计量的变化统计显著 ($\chi^2 = 16.504, df = 2, P < 0.001$). 因此, 可以推断结局测量 (可卡因使用频数) 在美国俄亥俄州和肯塔基州的农村非法药物使用者中随时间有不同的发展函数/发展轨迹.

检验潜发展因子均值不变性 (testing invariance of latent growth factor mean): 如前所述, 在比较组间因子均值时, 应基于相同的度量和标量进行比较; 也就是说, 应该对因子载荷和条目截距施加跨组不变限制. LGM 的发展因子 (例如, 本例中的 I 和 S) 也是潜变量, 尽管它们不是 CFA 意义上的潜在构念 (latent construct). 在 LGM 中, 观察结局测量 (本例中的 Y_1—Y_4) 用于构建发展因子, 其时间分值被视为潜斜率因子的因子载荷. 检验潜发展因子均值不变性即检验结局测量初始水平 (即潜发展截距因子 I) 均值和结局测量变化率 (即潜发展斜率因子 S) 均值跨组不变性. 在本节中, 我们将检验潜发展截距因子和潜发展斜率因子的均值不变性, 以及两者同时跨组不变性.

以下 Mplus 程序检验潜发展截距因子均值的跨组不变性.

Mplus 程序 5.27

```
TITLE: Testing invariance of latent growth intercept factor
DATA: FILE = 2_Site_Longitudinal.dat;
VARIABLE:
      NAMES = Y1-Y4 GENDER RACE AGE EDU SITE ID;
      MISSING = ALL (-9);
      USEVAR = Y1-Y4;
      GROUPING = SITE (1 = OH 2 = KY);
MODEL:
      I S |Y1@0 Y2@1 Y3*2 Y4*3;
MODEL OH:
      [I](OH_I);
MODEL KY:
      [I](KY_I);
MODEL TEST:
OH_I = KY_I;
```

其中, Y_1 — Y_4 的截距被默认设定为 0, 且它们的时间分值被设定跨组不变. OH 和 KY 模型的潜发展截距因子的均值分别标记为 OH_I 和 KY_I. MODEL TEST 指令用于检验 OH_I = KY_I 的假设. 检验结果显示 Wald $\chi^2 = 48.793$, $df = 1$, $P < 0.001$, 表明在俄亥俄州农村非法药物使用者中, 可卡因使用频数的初始水平均值与肯塔基州显著不同.

下面的 Mplus 程序检验潜发展斜率因子均值的跨组不变性.

Mplus 程序 5.28

```
TITLE: Testing invariance of latent growth slope factor
DATA: FILE = 2_Site_Longitudinal.dat;
VARIABLE:
      NAMES = Y1-Y4 GENDER RACE AGE EDU SITE ID;
      MISSING = ALL (-9);
      USEVAR = Y1-Y4;
      GROUPING = SITE (1 = OH 2 = KY);
MODEL:
      I S |Y1@0 Y2@1 Y3* Y4*;
MODEL OH:
      [S](OH_S);
```

```
MODEL KY:
    [S](KY_S);
MODEL TEST:
OH_S = KY_S;
```

其中, OH 和 KY 模型的潜发展斜率因子的均值分别标记为 OH_S 和 KY_S.
MODEL TEST 指令用于检验 OH_S = KY_S 的假设. 检验结果显示 Wald
$\chi^2 = 20.141, df = 1, P < 0.001$, 表明在俄亥俄州农村非法药物使用者中, 可卡
因使用频数随时间变化的平均速度与肯塔基州显著不同.

以下 Mplus 程序同时检验潜截距和潜斜率因子均值的跨组不变性.

Mplus 程序 5.29

```
TITLE: Testing invariance of both latent intercept and slope factors
DATA: FILE = 2_Site_Longitudinal.dat;
VARIABLE:
    NAMES = Y1-Y4 GENDER RACE AGE EDU SITE ID;
    MISSING = ALL (-9);
    USEVAR = Y1-Y4;
    GROUPING = SITE (1 = OH 2 = KY);
MODEL:
    I S |Y1@0 Y2@1 Y3* Y4*;
MODEL OH:
    [I](OH_I); [S](OH_S);
MODEL KY:
    [I](KY_I); [S](KY_S);
MODEL TEST:
OH_S = KY_S;
OH_I = KY_I;
```

其中, 潜截距和潜斜率因子均值跨组不变在 MODEL TEST 指令中同时进行
检验. 检验结果显示 Wald $\chi^2 = 48.915, df = 2, P < 0.001$, 统计显著. 这个方
法可以用于其他模型中同时检验多参数的跨组不变性.

上面, 我们演示了如何检验 LGM 潜发展因子均值的不变性. 读者可以
自行练习如何检验潜发展因子方差/协方差和误差方差的跨组不变性. 本章将
CFA 和 SEM 的应用从单一总体/组扩展到多总体/组. 我们讨论并展示了如何
使用多组建模来检验测量参数 (例如, 条目截距、因子载荷、残差/误差方差)
和结构参数 (例如, 因子方差/协方差、因子均值和路径系数) 的跨组不变性.
本章讨论的多组模型中的组可以被认为是目标总体/群体中已知或观察到的子

总体/组 (sub-population/group). 也就是说, 多组模型是为了处理观察到的群体异质性. 当子总体/组是先验未知时, 混合模型 (mixture model) 将用来处理未观察到的群体异质性. 这个问题我们将在下一章中讨论.

第六章 混合模型 (Mixture Model)

6.1 简介 (Introduction)

与传统的分析方法, 如方差分析、多元回归及多层模型一样, 本书前几章讨论的模型都是以变量为中心的分析方法 (variable-centered analytical method), 它们关注的是变量之间的关系. 近年来, 混合模型 (mixture model) 或有限混合模型 (finite mixture model) 作为以案例为中心的分析方法 (case-centered analytical method) 已广泛运用于不同领域的数据分析 (Clogg, 1995; Collins & Lanza, 2010; Everitt, 1980; Heinen, 1993; Muthén, 2001, 2002; Nagin, 1999, 2005; Vermunt & Magidson, 2002). 与以变量为中心的方法不同, 以案例为中心的分析方法侧重于识别由相似个体组成的未观察到的子群体, 对混合结局测量分布 (最常见的是未观察到的正态分布的混合) 进行统计建模. 不同分布的混合表明群体异质性 (population heterogeneity); 换句话说, 研究目标总体 (target population) 中存在着有限数量的未观察到的子群体 (sub-population)[①]. 混合模型最早尝试始于 Pearson (1894) 对岸蟹正面宽度测量值的非对称频数分布的研究. 著名英国统计学家 Pearson 早在 1894 年研究岸蟹时就发现, 岸蟹正面宽度测量值频数分布是两个分量的高斯混合密度, 表明测量材料具有异质性, 即岸蟹样本是来自两个不同的岸蟹种群 (Pearson, 1894; McLachlan & Basford, 1988). 用混合模型分析数据可以帮助识别研究群体中

[①] 如果子群体是可观察的或先验已知的, 并且子群体的数量很多, 可以应用多层模型 (multilevel model) (Wang, Xie & Fisher, 2012) 来分析分层结构数据 (hierarchically structured data); 如果观察的子群体数量较少, 可以应用第五章讨论的多组 SEM 来处理观察到的群体异质性.

存在的未知的、未观察到的子群体, 检查未观察到的子群体异质性的特征, 评估协变量对潜类别/组群分类的影响, 评估潜类别/组群成员与其他结局测量间的关系, 以及研究潜类别/组群随时间的转变, 因此为传统的以变量为中心的分析方法提供了重要的补充.

事实上, 以案例为中心的方法和以变量为中心的方法可以集成在一个通用的混合建模框架中, 在这个框架中可以更好地理解变量之间的关系和这种关系的模式 (Muthén & Muthén, 2000; Muthén, 2002). 具有连续潜变量的结构方程模型被称为第一代结构方程模型; 混合建模将连续和分类潜变量集成到通用建模框架中, 从而产生了第二代结构方程模型 (Kaplan & Depaoli, 2012).

在本章中, 我们将介绍和演示各种混合模型的应用, 包括潜类别分析 (latent class analysis, LCA) 模型, 潜剖面分析 (latent profile analysis, LPA) 模型, 纵向潜剖面分析 (longitudinal latent profile analysis, LLPA) 模型, 潜转换分析 (latent transition analysis, LTA) 模型, 发展混合模型 (growth mixture model, GMM), 因子混合建模 (factor mixture modeling, FMM) 和多组潜剖面分析模型 (multi-group LPA model, MGLPA).

6.2　潜类别分析模型 (Latent class analysis (LCA) model)

传统上, 聚类分析 (cluster analysis) 用于基于一组观察变量来发现未观察到的子群体. 不同的聚类分析方法可用于根据选定的观察变量识别相对同质的案例组 (Aldenderfer & Blashfield, 1984; Everitt, 1980; Hartigan, 1975). 然而, 传统的聚类分析方法不提供统计检验和模型拟合指数来识别聚类数 (Bergman & Magnusson, 1997; Steinley, 2003). 因此, 聚类数的确定通常基于目测检查表格或图形输出, 研究人员的主观性可能会影响解决方案的选择 (Aldenderfer & Blashfield, 1984). 潜类别分析 (latent class analysis, LCA) 则是基于统计检验和模型拟合指数对带不同类别的模型进行比较, 以确定最佳潜类别数 (Clogg, 1995; Collins & Lanza, 2010; McCutcheon, 1987; Muthén, 2001, 2002; Magidson & Vermunt, 2004). 潜类别分析 (LCA) 最初由 Lazarsfeld (1950) 引入, 然后由 Lazarsfeld & Henry (1968) 以及 Goodman (1974) 进一步发展. 由于计算能力和混合模型计算机软件的可用性不断提高, 潜类别分析越来越多地应用于社会科学和许多其他研究领域.

与传统的聚类分析技术类似, 潜类别分析根据一组选定的测量来识别目标群体中未观察到的子群/类别. 个体/案例在类别内相似, 但跨类别不同. 传统聚类分析使用特殊的差异性度量, 例如欧几里得距离 (Euclidean distance) 作为识别类别的基础. 基于概率模型, 潜类别分析允许正式的统计程序来确定类别数量, 提供更可解释的结果. 有关潜类别相对于传统聚类分析的优势的详细信息, 读者可以参考 Magidson & Vermunt (2002).

作为结构方程的一种形式, 潜类别也是一种测量模型, 有点类似于本书第二章中讨论的验证性因子分析 (CFA). LCA 和 CFA 都假设观察到的多元数据的结构来自潜变量. 然而, 决定数据结构的潜变量在 CFA 中是连续变量, 但在 LCA 中是分类变量. 连续潜变量通常称为因子, 而分类潜变量称为潜类别变量 (latent class variable). 重要的是, CFA 侧重于对变量进行分组, 因此是一种以变量为中心的方法; 而 LCA 侧重于根据变量应答模式对个体或案例进行分组, 因此是一种以个体为中心或以案例为中心的方法.

经典 LCA 模型使用分类标识变量/条目变量; 然而, Mplus 允许使用分类、连续和计数标识变量以及这些变量的组合进行 LCA (Muthén & Muthén, 1998 —2017). 当使用连续标识变量时, LCA 模型称为潜剖面分析 (latent profile analysis, LPA) 模型 (Muthén & Muthén, 2000; Vermunt, 2004). 对于 CFA、LCA 和 LPA 之间的详细比较, 读者可以参考 Bartholomew (1987)、Gibson (1959)、Lazarsfeld & Henry (1968) 和 Muthén (2002).

6.2.1 潜类别分析模型的描述 (Description of LCA model)

类似于 CFA, LCA 使用潜变量来描述一组观察到的标识变量/条目变量之间的关系. 假设 LCA 模型有 R 个观察到的二分类变量 $(U_1, U_2, \cdots, U_R)$, 分类潜变量 C 有 K 个类别, 条目 $U_R = 1$ 的边际概率为:

$$P(U_r = 1) = \sum_{k=1}^{K} P(C = k) P(U_r = 1 | C = k). \qquad (6.1)$$

条件独立假设 (conditional independence assumption) 下, 所有 R 个观察条目的联合概率为:

$$P(U_1, U_2, \cdots, U_R) = \sum_{k=1}^{K} P(C = k) \prod_{r=1}^{R} P(U_r | C = k), \qquad (6.2)$$

其中 LCA 建模中需要估计的模型参数有两种类型: 无条件概率 ($P(C = k)$ 且 $\sum_{k=1}^{K} P(C = k) = 1$) 和条件概率 $P(U_r | C = k)$. 无条件概率是潜类别概率. $P(C = k)$ 可以解释为潜类别 k 的流行率或预期属于类别 k 的个体比例. 条件概率 $P(U_r | C = k)$ 是条件条目应答概率, 表示在给定特定类别成员的情况下认可观察变量/条目的特定类别/特征的概率. 类似于因子分析模型中的因子

载荷, 条件概率可以看作 LCA 中的测量参数 (measurement parameter). 一个较大的条件条目应答概率表明相应潜类别中的成员认可该条目的特定类别 (例如, "是"、"同意"、"正确"); 相反, 零或较小的条件概率表示该潜类别中的成员不认可相应条目的特定类别. 平均条件条目应答概率提供有关潜类别如何彼此不同的信息, 因此用于定义估计的潜类别.

　　LCA 的自由度计算为数据单元的数量减去自由参数的数量再减去 1. 对于二分类标识变量, 数据单元的数量为 2^M, 其中 M 为条目数; 具有 K 个潜类别的无条件 LCA 中的自由参数数量为:

$$P = K - 1 + KM = K(M+1) - 1, \tag{6.3}$$

自由度为

$$df = 2^M - P - 1 = 2^M - [K(M+1) - 1] - 1. \tag{6.4}$$

假设我们有一个基于 5 个二分类条目 ($M = 5$) 的 $K = 3$ 个潜类别的 LCA 模型, 数据单元的数量为 $2^5 = 32$; 自由参数的数量为 $P = 3 \times (5+1) - 1 = 17$; $df = 32 - 17 - 1 = 14$. 无条件 LCA 可以容纳的最大类别数是满足 $df \geqslant 0$ 的 K. 用 5 个二分类标识, 要使 $df = 25 - [K(5+1) - 1] - 1 \geqslant 0$, K 不应大于 5, 即如果 $K = 5$, 则 $P = 29$, $df = 3$; 如果 $K > 5$, Mplus 将警告模型自由度为负.

　　估计 LCA 模型的步骤包括确定潜类别的最佳数量, 检查潜类别分类, 定义/标记潜类别, 预测潜类别成员概率, 并检查潜类别变量与其他变量的关系. 下面我们简要讨论 LCA 建模的策略, 然后使用真实数据进行模型演示.

　　确定 LCA 中潜类别的最佳数量: LCA 模型中的潜类别数量是不可观察的, 不能直接从给定的数据集中估计. 确定潜类别的最佳数量在 LCA 建模中至关重要. 熟悉的模型拟合统计量和指标, 例如模型 χ^2、CFI、TLI、RMSEA 和 SRMR, 无法用于评估混合模型的拟合优度. 为了确定 LCA 模型中潜类别的最佳数量, 通常会拟合一系列潜类别数量递增的 LCA 模型, 并通过将每个 k 类模型与 $(k-1)$ 类模型进行比较来确定最佳类别数. 注意, 尽管具有不同类别数的 LCA 模型被视为嵌套模型 (nested model), 但基于模型卡方统计量的似然比 (LR) 检验是不合适的. 这是因为用于 LCA 建模的条目列联表 (contingency table) 通常有大量零单元格; 因此, 模型卡方统计估计不能很好地近似卡方分布. 另外, $(k-1)$ 类模型是 k 类模型的一个特例, 其中一个潜类别概率被设置为零, 即一个参数的值设置在允许参数空间 (admissible parameter space) 的边界上, 因此, 两个模型之间的对数似然值差异不遵循卡方分布 (McLachlan &

Peel, 2000; Muthén, 2004).

对于混合模型 (包括 LCA) 的拟合比较, 可以使用两类模型拟合指数和统计检验: (1) 信息标准指数 (information criterion indice), 例如 Akaike 信息标准 (Akaike's information criterion, AIC) (Akaike, 1973, 1983)、贝叶斯信息标准 (Bayesian information criterion, BIC) (Schwarz, 1978) 和样本量调整的 BIC (sample-size adjusted BIC, ABIC) (Sclove, 1987). 信息标准指数的值越小表明模型拟合越好. (2) 似然比 (LR) 检验, 例如 Lo-Mendell-Rubin 似然比 (Lo-Mendell-Rubin likelihood ratio, LMR LR) 检验 (Lo, Mendell & Rubin, 2001)、调整后的 LMR LR (adjusted LMR LR, ALMR LR) 检验 和自助法似然比 (bootstrap likelihood ratio, BLR) 检验 (McLachlan, 1987; McLachlan & Peel, 2000). 在 Vuong (1989) 研究的基础上, Lo, Mendell & Rubin (2001) 开发了 Lo-Mendell-Rubin 似然比检验, 它不是基于模型卡方分布, 而是正确导出的分布, 用以比较具有 k 个类和 $(k-1)$ 个类的模型之间的模型拟合. LMR LR 检验显著 ($P < 0.05$) 表明与 $(k-1)$ 类模型相比, k 类模型中的模型拟合显著改善, 因此拒绝 $(k-1)$ 类模型, 并支持至少具有 k 个类的模型.

然后, 我们需要进一步比较 $(k+1)$ 类模型和 k 类模型. 如果 LMR LR 检验在统计上不显著 ($P \geqslant 0.05$), 则表明在模型中加入一个额外的类别对模型拟合没有更显著的改善, 并且不能拒绝 k 类模型; 因此我们可以得出结论, 潜类别的最佳数量是 k. 当样本量较小时, LMR LR 检验可能会夸大 I 类错误; 因此, 通过调整模型自由度和样本量提出了 ALMR LR 检验 (Lo, Mendell & Rubin, 2001). 然而, 模拟研究表明 LMR LR 和 ALMR LR 检验的性能几乎相同 (Tofighi & Enders, 2008). Mplus 通过在 OUTPUT 命令中使用 TECH11 选项提供 LMR LR 和 ALMR LR 检验.

另一种基于非卡方分布的 LR 检验是自助法似然比 (BLR) 检验 (McLachlan, 1987; McLachlan & Peel, 2000). Mplus 通过使用 TECH14 选项提供这样的检验. 使用来自 $(k-1)$ 类模型的参数估计生成一组自助样本 (bootstrap sample), 并且针对 k 类和 $(k-1)$ 类模型分析每个自助样本. 使用所有的自助样本, 构建 k 类和 $(k-1)$ 类模型之间的对数似然函数差异分布, 并基于这种对数似然值差异的经验分布计算 BLR 检验. BLR 检验 P 值的解释方式与 LMR LR 检验的解释方式相同. 在上面讨论的确定混合模型中类别数量的所有方法中, 模拟研究表明 BIC 和 BLR 检验表现最好 (Nylund, 2004; Nylund, Asparouhov & Muthén, 2007).

检查潜类别成员分类的质量: 拟合最佳潜类别数的 LCA 模型后, 个体 (案例或观察) 就被分类到潜类别中. 每个个体可以属于任何一个类, 也就是说,每个个体在每个类中都具有部分成员资格. 根据估计模型 (estimated model) 和后验概率 (posterior probability), Mplus 以部分成员资格方式计算潜类别个体数和比例. 此外, Mplus 还根据最可能的潜类别成员身份, 将每个个体分类到一个最可能的类别. Mplus 用于作图的类别分布是基于模型估计, 而使用 SAVEDATA 命令输出的潜类别是基于最可能的潜类别 (Asparouhov & Muthén, 2013, 2014).

基于估计模型和后验概率估计与基于最可能潜类别成员的类别分类计数和比例通常略有不同. 如果类别分类是完美的, 它们将是相同的. 通常用于评估类别分类质量的标准称为熵 (entropy) (Celeux & Soromenho, 1996), 其定义为:

$$\text{EN}(k) = -\sum_{i=1}^{N} \sum_{k=1}^{K} P_{ik} \log P_{ik}, \tag{6.5}$$

其中 P_{ik} 是第 i 个个体在第 k 类中的后验概率; $\text{EN}(k)$ 是一个汇总度量, 其取值范围从 0 到 1, 较小的值表示更好的类别分类或较少的分类不确定性. Mplus 不提供这样的熵标准, 而是提供如下定义的相对熵标准 (Dias & Vermunt, 2006; Wedel & Kamakura, 2000):

$$\text{REN}(k) = 1 - \frac{\text{EN}(k)}{N \cdot \log(k)}, \tag{6.6}$$

其中 $\text{REN}(k)$ 是样本量为 N 的 k 类 LCA 模型的相对熵, 它是熵的调整版, 也是 Mplus 采用的版本. 为了与 Mplus 用户指南保持一致, 我们在本书中将 $\text{REN}(k)$ 称为熵. $\text{REN}(k)$ 的取值范围为 0 到 1, 越接近 1 表示分类越好. 熵值没有明确的截止点以确保良好分类的最低水平, Clark (2010) 建议值 0.80 为高熵, 0.60 为中熵, 0.40 为低熵; Asparouhov & Muthén (2014) 认为 $\leqslant 0.60$ 为低熵.

此外, 一旦将个体分类到潜类别, 检查每个类别的大小或每个类别中的个体数就很重要. 类别比例或每个类别中个体的百分比代表相应子群在目标群体中的流行率. 作为一个有意义的分类, 类别比例不能太小. 太小的类别比例可能是类别过度提取的迹象, 应考虑类别合并. 重要的是, 每个潜类别都必须具有理论意义和可解释性.

定义潜类别: 就像因子分析模型一样, LCA 模型也是一种测量模型. 在探索性因子分析 (exploratory factor analysis, EFA) 中, 一旦提取了一组潜变量/因子, 这些因子就需要有意义且可解释. 研究人员需要根据观察到的标识变量/条目如何加载因子来定义和命名因子. 类似地, 一旦在 LCA 模型中确定了一组潜类别, 每个潜类别都必须是有意义的和可解释的. LCA 的目的是使用估计的潜类别来描述目标群体中未观察到的异质性. 潜类别的定义基于该类别中条目应答概率的模式. 因此, 研究人员应确保识别出的潜类别的模型具有实质性意义. 如果任何潜类别在概念上不可解释, 则无论模型拟合如何, 估计的模型无意义.

检验潜类别分类与协变量和结局测量的关系: 在传统的聚类分析中, 聚类和分析类别分类与协变量和结局测量的关系不能同时进行. 通常的做法是先进行聚类分析, 然后将估计的类别分类与原始数据集合并, 再分析类别分类与协变量和结局测量的关系. LCA 的优点之一是这两个建模过程可以同时进行. 但是, 直接在模型中纳入观察协变量和结局测量会有一些问题, 如潜类别分类可能会发生变化. 我们将在演示 LCA 模型时进一步讨论这个问题.

6.2.2 无条件潜类别分析模型 (Unconditional LCA model)

我们用美国俄亥俄州一个关于农村非法药物使用研究项目的数据 (Falck, Wang, Carlson, et al., 2007) 来演示 LCA 模型. 该项目参与者必须满足以下标准: (1) 18 岁或以上; (2) 居住在目标县之一; (3) 未接受过非法药物使用治疗或监禁; (4) 在基线访谈前的 30 天内至少报告一次通过任何给药途径使用可卡因、盐酸可卡因和/或甲基苯丙胺的情况. 受访者驱动抽样 (RDS) 用于样本招募 (Heckathorn, 1997, 2002; Wang, Carlson, Falck, et al., 2005; Wang, Falck, Li, et al., 2007). 共有来自俄亥俄州的三个农村县的 248 名参与者.

众所周知, 非法药物使用者通常参与使用多种不同的非法药物. LCA 使我们能够确定农村非法药物使用者中多种药物使用的模式. 为简单起见, 我们仅使用基线访谈前 6 个月内不同药物使用的六种二分类变量: U_1–大麻; U_2–甲基苯丙胺; U_3–快克可卡因; U_4–可卡因粉; U_5–阿片类药物; U_6–致幻剂. 从表 6.1 可以看出, 不同药物的使用频数不同, 但我们不知道目标人群中是否存在不同使用类型的异质子群. 我们的兴趣是探讨美国农村非法药物使用者的药物使用模式.

图 6.1 描述无条件 LCA 模型. 方框内的变量 U_1—U_6 是观察到的二分类条目变量或标识变量. 圆圈内的变量 C 代表未观察到的潜类别变量. LCA 模型的局部独立性 (local independence) 假设意味着观察到的标识变量 U 之间的相关性完全由潜类别变量 C 解释, 因此, 模型中没有 U 变量之间的残差协方差. 图 6.1 中描绘的模型看起来像一个 CFA 模型, 但这里的潜变量是分类变量, 而在 CFA 模型中潜变量是连续变量. 由于潜类别的数量是未知的, 不能直接从模型中估计, 为了确定最佳的类别数, 需要估计并比较具有不同潜类别的

表 **6.1** 非法药物使用频数

变量	N	百分比
U_1 – 大麻		
没使用	26	10.5%
使用	222	89.5%
U_2 – 甲基苯丙胺		
没使用	151	60.9%
使用	97	39.1%
U_3 – 快克可卡因		
没使用	58	23.4%
使用	190	76.6%
U_4 – 可卡因粉		
没使用	48	19.4%
使用	200	80.6%
U_5 – 阿片类药物		
没使用	64	25.8%
使用	184	74.2%
U_6 – 致幻剂		
没使用	159	64.1%
使用	89	35.9%

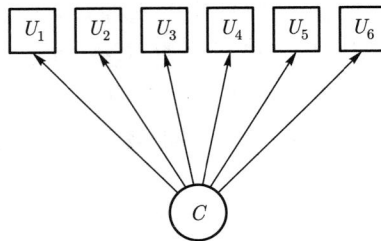

图 **6.1** 无条件 LCA 模型

模型. 我们从单类别模型开始, 然后每次将类别的数量增加 1.

表 6.2 报告了具有 1 到 4 个潜类别模型的模型拟合统计数据/指标. 1-类别模型具有最大的 AIC (1630.877)、BIC (1651.957) 和 ABIC (1632.937) 值, 表明该模型拟合数据比所有其他模型都差. 2-类别模型中 LMR LR、ALMR

表 6.2 不同 LCA 模型比较

模型	AIC	BIC	ABIC	LMR LR P 值	ALMR LR P 值	BLR P 值
1-类别 LCA	1630.877	1651.957	1632.937	—	—	—
2-类别 LCA	1523.801	1569.476	1528.266	< 0.0001	< 0.0001	< 0.0001
3-类别 LCA	1512.441	1582.710	1519.309	0.0493	0.0531	< 0.0001
4-类别 LCA	1516.288	1611.151	1525.560	0.0330	0.0357	0.6000

注: 一表示不适用.

LR、BLR 检验的 P 值均 < 0.0001; 这意味着所有的检验都拒绝 1-类别模型而青睐具有至少 2 个潜类别的模型. 换言之, 目标人群在非法药物使用行为方面存在未观察到的异质性. 在 4-类别模型中, LMR LR 和 ALMR LR 检验具有统计学意义 ($P < 0.05$), 但 BLR 检验不具有统计学意义 ($P = 0.6000$). 也就是说, 前两个检验支持 3 个以上的类别, 但是被认为比 LMR LR 和 ALMR LR 表现更好的 BLR 检验 (Nylund, Asparouhov & Muthén, 2007) 不能拒绝 3-类别模型. 此外, AIC、BIC 和 ABIC 在 3-类别模型中都比在 4-类别模型中小, 因此我们认为超过 3 个类别的模型不是首选. 现在, 首选模型应该是 2-类别或 3-类别模型. 一方面, 2-类别模型的 BIC (1569.476) 较小, 而 3-类别模型的 AIC (1512.441) 和 ABIC (1519.309) 较小; 另一方面, ALMR LR 检验支持 2-类别模型 ($P = 0.0531$), 但 LMR LR 和 BLR 检验 (分别为 $P = 0.0493$ 和 $P < 0.0001$) 拒绝 2-类别模型. 我们倾向于将 3-类别 LCA 模型确定为首选模型. 具有 6 个二分类标识变量且没有参数限制, 3-类别 LCA 模型具有 $P = 20$ 个自由参数 ($3 - 1 = 2$ 个潜类别概率和 $3 \times 6 = 18$ 个条件应答概率). 模型自由度为 $df = 2^6 - P - 1 = 64 - 20 - 1 = 43$, 其中 $2^6 = 64$ 为条目应答模式数 (即 6 个二分类条目列联表中的单元格). 运行 3-类别 LCA 模型的 Mplus 程序如下:

Mplus 程序 6.1

```
TITLE: 3-class LCA Model
DATA: FILE = Drug_LCA.dat;
VARIABLE: NAMES = U1-U6 DEP Gender Age Edu PID;
  USEVARIABLES = U1-U6;
  MISSING = .;
  CLASSES = C(3);
  CATEGORICAL = U1-U6;
ANALYSIS:
```

```
 TYPE = MIXTURE;
!# of random sets of starting values & final optimizations;
 STARTS = 1000 250;
!number of iterations in each optimization;
 STITERATIONS = 20;
!default # of initial & final iterations for both TECH11 & TECH14;
 K-1STARTS = 20 4;
!number of bootstrap draws;
 LRTBOOTSTRAP = 200;
!# of starts and optimizations for TECH14;
 LRTSTARTS = 20 5 100 25;
!OPTSEED = 22362;
MODEL:
%OVERALL%
!%C#1%
!%C#2%
OUTPUT: TECH11 TECH14;
PLOT: TYPE = PLOT3;
Series U1-U6(*);
```

其中, 6 个二分类标识变量/条目 U_1—U_6 在 VARIABLE 指令的 CATEGOR-ICAL 语句中被设定为分类变量. ANALYSIS 指令中的 TYPE = MIXTURE 选项用于混合模型建模. 默认估计是具有稳健标准误的最大似然估计 (MLR). 在 MODEL 指令中, %OVERALL% 语句设定跨类别的整体模型, 而 %C#1% 和 %C#2% 语句用于具体类别的模型设定. 在以上示范模型中, 没有具体类别的模型设定, 因此语句 %C#1% 和 %C#2% 在 MODEL 指令中被注释掉. OUTPUT 指令中的 TECH11 选项提供 LMR LR 检验, 而 TECH14 选项提供 BLR 检验.

　　在混合建模中需要使用不同的随机起始值集, 以确保模型估计收敛于似然的全局最大值 (global maximum of the likelihood), 而不是局部最大值. 在上面的 Mplus 程序中, 我们在 ANALYSIS 指令中设定 STARTS = 1000　250 和 STITERATIONS = 20 将初始阶段随机启动的次数从默认 (20) 增加到 1000, 将最终阶段优化的次数从默认 (4) 增加到 250 (大约是初始启动次数的 1/4), 并将初始阶段迭代次数从默认值 (10) 增加到 20. 我们在此处的 STARTS 和 STITERATIONS 选项中为随机启动指定的数字是随意的. 一般来说, 随机启动的次数应该足够大, 以保证模型估计的全局最大值; 然而, 大量的随机启动会大大增加计算时间.

在 Mplus 输出中, 模型估计最终阶段的对数似然值按初始阶段的起始数和随机种子报告, 从最佳对数似然值到最差值排列. 为我们模型选择的这些值报告在表 6.3 的上面部分, 其中第一列是最后阶段的对数似然值, 最后一列是起始值的随机集数, 中间的列是与初始阶段开始编号相关的随机种子 (random seed). 对于我们为最后阶段优化设定的 250 组随机起始值, 最佳对数似然值 −736.221 与第 365 组随机起始值相关联, 相应的随机种子为 22362. 对于成功的模型收敛, 最好的对数似然值应该多次且最频繁地复制. 在我们的示范中, 最佳对数似然值 (−736.221) 被复制了 100 多次, 表明模型收敛良好. 为了确保模型参数不是从局部解估计出来的, 我们可以通过在 ANALYSIS 指令的 OPTSEED 选项中指定不同的随机种子来检验模型, 然后检查模型参数估计是否与 Mplus 程序 6.1 的结果相同. 例如, 我们用不同的随机种子运行我们的示范模型两次: 首先, 在 ANALYSIS 指令中添加语句 OPTSEED = 22362, 它与第 365 组随机起始值相关联 (参见表 6.3 的上面部分), 并设置 STARTS = 0, 然后运行模型. 对另一个种子做同样的事情, 例如随机种子 65651, 它与第 214 组随机起始值相关联. 使用两个种子估计的模型参数与从 Mplus 程序 6.1 估计的参数相同. 这表明我们的模型估计收敛于似然的全局最大值.

表 6.3 的上面部分显示了一些 Mplus 警告: "IN THE OPTIMIZATION, ONE OR MORE LOGIT THRESHOLDS APPROACHED EXTREME VALUES OF −15.000 AND 15.000 AND WERE FIXED TO STABILIZE MODEL ESTIMATION..." 这并不是什么问题, 只是指出一些阈值 (threshold) 在模型估计中接近一个极大的负数值 (−15) 或正数值 (15), 因而对应的条目条件概率在模型估计中分别为 1 或 0.[1] 在我们的例题中, 基于估计模型 (estimated model) 和后验概率 (posterior probability) 估计的类别数和比例是基本相同的: 大约 27.8 (11.2%) 的样本分配到类别 1; 158.5 (63.9%) 分配到类别 2; 61.6 (24.9%) 分配到类别 3 (见图 6.2). 这些类别信息用于 Mplus 绘制潜类别示意图 (见图 6.2). 基于最大似然潜类别估计, 类别数和分布分别为 30 (12.1%), 158 (63.7%) 和 60 (24.2%) (见表 6.3). 基于不同方法估计的类别数和分布差异不是很大, 表明分类质量较好. 注意, 基于模型估计和后验概率估计的类别中的个案数带小数, 基于最大似然潜类别估计的为整数.

---

①logit 定义为对数几率: logit = ln[$P/(1-P)$]. 随着概率 P 接近 0, [$P/(1-P)$] 接近 0, logit 接近 $-\infty$. 随着概率 P 接近 1, [$P/(1-P)$] 接近 $+\infty$, logit 也是如此. 在 Mplus 建模中阈值代表负截距 (见附录 2.D). 因此, 与较大的负值 (例如, −15) 对应的条目条件概率是 $P = 1$; 与较大的正阈值 (例如, 15) 对应的条目条件概率是 $P = 0$.

表 6.3　　部分 Mplus 输出: 无条件 3-类别 LCA 模型

RANDOM STARTS RESULTS RANKED FROM THE BEST TO THE WORST LOGLIKELIHOOD VALUES
Final stage loglikelihood values at local maxima, seeds, and initial stage start numbers:

| | −736.221 | 22362 | 365 |
| | −736.221 | 592219 | 119 |

...

| | −736.221 | 980970 | 894 |
| | −736.221 | 65651 | 214 |

...

IN THE OPTIMIZATION, ONE OR MORE LOGIT THRESHOLDS APPROACHED EXTREME VALUES
OF −15.000 AND 15.000 AND WERE FIXED TO STABILIZE MODEL ESTIMATION. THESE
VALUES IMPLY PROBABILITIES OF 0 AND 1. IN THE MODEL RESULTS SECTION, THESE
PARAMETERS HAVE 0 STANDARD ERRORS AND 999 IN THE Z-SCORE AND P-VALUE COLUMNS.

...

THE MODEL ESTIMATION TERMINATED NORMALLY
MODEL FIT INFORMATION
Number of Free Parameters   20
Loglikelihood
　　　　HO Value   −736.221
　　　　HO Scaling Correction Factor   1.0857
　　　　　for MLR
Information Criteria
　　　　Akaike (AIC)   1512.441
　　　　Bayesian (BIC)   1582.710
　　　　Sample-Size Adjusted BIC   1519.309
　　　　　(n* = (n + 2) / 24)

Chi-Square Test of Model Fit for the Binary and Ordered Categorical
(Ordinal) Outcomes
　　　　Pearson Chi-Square
　　　　Value   62.273
　　　　Degrees of Freedom   43
　　　　P-Value   0.0287

　　　　Likelihood Ratio Chi-Square
　　　　Value   45.753
　　　　Degrees of Freedom   43
　　　　P-Value   0.3586

FINAL CLASS COUNTS AND PROPORTIONS FOR THE LATENT CLASSES
BASED ON THE ESTIMATED MODEL
　　Latent Classes
　　　　1   27.81571   0.11216
　　　　2   158.54662   0.63930

```
          3              61.63767              0.24854
FINAL CLASS COUNTS AND PROPORTIONS FOR THE LATENT CLASSES
BASED ON ESTIMATED POSTERIOR PROBABILITIES
     Latent Classes
          1              27.81571              0.11216
          2             158.54662              0.63930
          3              61.63767              0.24854


FINAL CLASS COUNTS AND PROPORTIONS FOR THE LATENT CLASSES
BASED ON THEIR MOST LIKELY LATENT CLASS MEMBERSHIP
Class Counts and Proportions
     Latent Classes
          1               30                   0.12097
          2              158                   0.63710
          3               60                   0.24194


CLASSIFICATION QUALITY
     Entropy                      0.799


Average Latent Class Probabilities for Most Likely Latent Class Membership (Row)
by Latent Class (Column)
           1         2         3
  1      0.791     0.209     0.000
  2      0.026     0.929     0.046
  3      0.000     0.093     0.907
Classification Probabilities for the Most Likely Latent Class Membership (Column)
by Latent Class (Row)
           1         2         3
  1      0.853     0.147     0.000
  2      0.040     0.925     0.035
  3      0.000     0.117     0.883


Logits for the Classification Probabilities for the Most Likely Latent Class
Membership (Column) by Latent Class (Row)
           1         2         3
  1     13.657    11.896     0.000
  2      0.121     3.274     0.000
  3    -13.691    -2.024     0.000
...
MODEL RESULTS
                                       Two-Tailed
                 Estimate      S.E.   Est./S.E.    P-Value
```

```
Latent Class 1
  Thresholds
    U1$1          -1.795       0.760      -2.360        0.018
    U2$1          15.000       0.000     999.000      999.000
    U3$1          15.000       0.000     999.000      999.000
    U4$1         -15.000       0.000     999.000      999.000
    U5$1          -0.088       0.693      -0.127        0.899
    U6$1           1.146       0.754       1.520        0.129

Latent Class 2
  Thresholds
    U1$1          -3.382       0.846      -3.998        0.000
    U2$1          -0.418       0.249      -1.678        0.093
    U3$1          -1.448       0.345      -4.196        0.000
    U4$1          -2.758       0.531      -5.199        0.000
    U5$1          -2.577       0.383      -6.732        0.000
    U6$1          -0.011       0.224      -0.049        0.961

Latent Class 3
  Thresholds
    U1$1          -0.980       0.323      -3.033        0.002
    U2$1           3.773       2.955       1.277        0.202
    U3$1         -15.000       0.000     999.000      999.000
    U4$1           0.512       0.412       1.243        0.214
    U5$1           0.580       0.536       1.080        0.280
    U6$1           3.130       0.885       3.539        0.000

Categorical Latent Variables
  Means
    C#1           -0.796       0.405      -1.962        0.050
    C#2            0.945       0.313       3.021        0.003


QUALITY OF NUMERICAL RESULTS
     Condition Number for the Information Matrix          0.364E-02
        (ratio of smallest to largest eigenvalue)


RESULTS IN PROBABILITY SCALE
                                               Two-Tailed
               Estimate     S.E.   Est./S.E.    P-Value


Latent Class 1
  U1
    Category 1     0.143       0.093       1.534        0.125
    Category 2     0.857       0.093       9.229        0.000
```

U2				
Category 1	1.000	0.000	0.000	1.000
Category 2	0.000	0.000	0.000	1.000
U3				
Category 1	1.000	0.000	0.000	1.000
Category 2	0.000	0.000	0.000	1.000
U4				
Category 1	0.000	0.000	0.000	1.000
Category 2	1.000	0.000	0.000	1.000
U5				
Category 1	0.478	0.173	2.765	0.006
Category 2	0.522	0.173	3.019	0.003
U6				
Category 1	0.759	0.138	5.498	0.000
Category 2	0.241	0.138	1.749	0.080
Latent Class 2				
U1				
Category 1	0.033	0.027	1.222	0.222
Category 2	0.967	0.027	35.974	0.000
U2				
Category 1	0.397	0.060	6.651	0.000
Category 2	0.603	0.060	10.105	0.000
U3				
Category 1	0.190	0.053	3.580	0.000
Category 2	0.810	0.053	15.225	0.000
U4				
Category 1	0.060	0.030	2.004	0.045
Category 2	0.940	0.030	31.611	0.000
U5				
Category 1	0.071	0.025	2.810	0.005
Category 2	0.929	0.025	36.995	0.000
U6				
Category 1	0.497	0.056	8.861	0.000
Category 2	0.503	0.056	8.959	0.000
Latent Class 3				
U1				
Category 1	0.273	0.064	4.259	0.000
Category 2	0.727	0.064	11.344	0.000
U2				
Category 1	0.978	0.065	15.064	0.000
Category 2	0.022	0.065	0.346	0.729
U3				

Category 1	0.000	0.000	0.000	1.000
Category 2	1.000	0.000	0.000	1.000
U4				
Category 1	0.625	0.097	6.474	0.000
Category 2	0.375	0.097	3.878	0.000
U5				
Category 1	0.641	0.123	5.192	0.000
Category 2	0.359	0.123	2.908	0.004
U6				
Category 1	0.958	0.035	26.998	0.000
Category 2	0.042	0.035	1.180	0.238

...

TECHNICAL 11 OUTPUT

Random Starts Specifications for the k-1 Class Analysis Model

Number of initial stage random starts   20

Number of final stage optimizations   4

VUONG-LO-MENDELL-RUBIN LIKELIHOOD RATIO TEST FOR 2 (H0) VERSUS 3 CLASSES

H0 Loglikelihood Value   -748.901

2 Times the Loglikelihood Difference   25.360

Difference in the Number of Parameters   7

Mean   6.882

Standard Deviation   9.916

P-Value   0.0493

LO-MENDELL-RUBIN ADJUSTED LRT TEST

Value   24.720

P-Value   0.0531

TECHNICAL 14 OUTPUT

Random Starts Specifications for the k-1 Class Analysis Model

Number of initial stage random starts   20

Number of final stage optimizations   4

Random Starts Specification for the k-1 Class Model for Generated Data

Number of initial stage random starts   20

Number of final stage optimizations   5

Random Starts Specification for the k Class Model for Generated Data

Number of initial stage random starts   100

Number of final stage optimizations   25

Number of bootstrap draws requested   200

PARAMETRIC BOOTSTRAPPED LIKELIHOOD RATIO TEST FOR 2 (H0) VERSUS 3 CLASSES

H0 Loglikelihood Value   -748.901

2 Times the Loglikelihood Difference   25.360

Difference in the Number of Parameters	7
Approximate P-Value	0.0000
Successful Bootstrap Draws	200

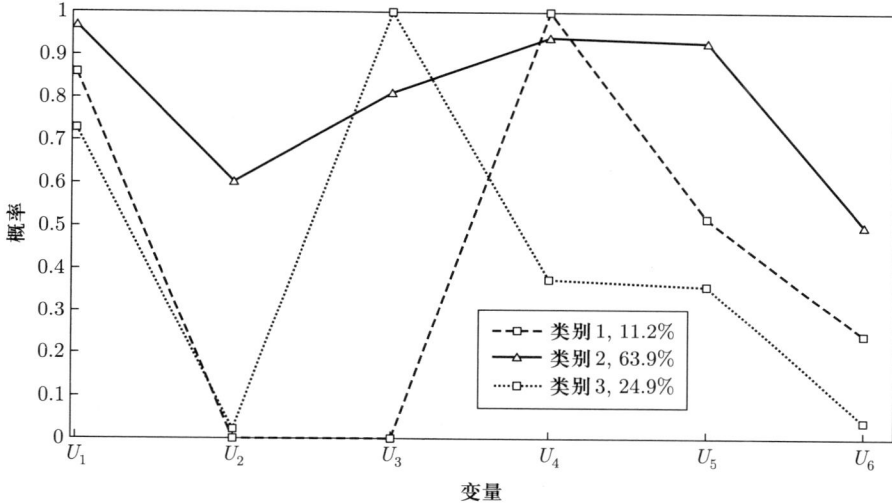

图 6.2 3-类别 LCA 模型估计的非法药物使用行为模式

模型估计的最大似然潜类别 S 是真实潜类别 C 的不完美标识. 表 6.3 中标题为 "Classification Probabilities for the Most Likely Latent Class Membership (Column) by Latent Class (Row)" 的矩阵对角线值表示给定真实潜类别变量 C 中类别情况下, 被分类到 S 相应的类别中的条件概率. 此概率可以看作正确分类概率. 在我们的例子中, 这些概率都在 0.70 的临界点之上 (Nagin, 2005): 类别 1 为 0.853, 类别 2 为 0.925, 类别 3 为 0.883. 此外, 作为分类汇总信息的熵 (entropy), 统计值约为 0.799, 且每个类别的规模和在样本中的比例都不是很小. 我们因此得出结论, 潜类别分类质量较好.

Mplus 输出中的某些结果较为费解. 例如, 表 6.3 的 "Categorical Latent Variables" 部分中的 "Means" 实际并非均值, 而是属于类别 k 的 logit 或对数几率. 将 logit 转换为概率的公式为:

$$P(k = j) = \frac{\exp(\text{logit}_j)}{1 + \sum_k^{K-1} \exp(\text{logit}_j)}. \tag{6.7}$$

在我们的例子中, 属于类别 1、2 和 3 的概率可以计算如下 (最后一个类别为参考组):

$$P(k=1) = \frac{\exp(-0.796)}{1+\exp(-0.796)+\exp(0.945)} = 0.112, \tag{6.8}$$

$$P(k=2) = \frac{\exp(0.945)}{1+\exp(-0.796)+\exp(0.945)} = 0.639, \tag{6.9}$$

$$P(k=3) = \frac{1}{1+\exp(-0.796)+\exp(0.945)} = 0.249. \tag{6.10}$$

这些数字与基于估计模型的潜类别的比例相匹配 (见表 6.3).

表 6.3 中 "RESULTS IN PROBABILITY SCALE" 部分报告的是估计的条目应答概率, 即在给定潜类别中使用特定药物的概率. 条目应答概率的模式用来定义潜类别. 例如, 对于类别 3 中的 60 人, 在基线访谈前的六个月中, 100% 的人使用了快克可卡因 (U_3), 其中 72.7% 的人使用了大麻 (U_1). 此外, 其中约有三分之一的人使用可卡因 (U_4) 和阿片类药物 (U_5); 但几乎没有人使用甲基苯丙胺 ($U_2, 2.2\%, P=0.729$) 和致幻剂 ($U_6, 4.2\%, P=0.238$). 因此, 我们可以将类别 3 定义为 "快克可卡因使用者". 出于同样的原因, 我们可以将类别 1 定义为 "粉状可卡因使用者", 将类别 2 定义为 "多种药物使用者", 而大麻的使用在每个类别中都很普遍.

表 6.3 中显示的无条件和条件概率按潜类别重新组织并报告在表 6.4 中. 无条件概率提供了关于潜类别的药物使用模式的丰富信息. 大多数 (64%) 农村非法药物使用者是多种药物使用者 (即类别 2). 这些人中, 超过 90% 的人使用大麻、粉状可卡因和阿片类药物, 81% 的人使用快克可卡因, 超过一半的人使用甲基苯丙胺和致幻剂. 类别 1 和类别 3 中的人分别是粉状可卡因使用者和快克可卡因使用者. 此外, 三个类的大部分人都是大麻使用者. 这些详细的非法药物使用信息对农村非法药物使用人群的药物治疗/干预具有重要意义.

表 6.4　　无条件和条件概率: 3-类别 LCA 模型 [1]

变量	潜类别		
	1–粉状可卡因 使用者 ($N=30$)	2–多种药物 使用者 ($N=158$)	3–快克可卡因 使用者 ($N=60$)
	无条件概率		
	0.12	0.64	0.24
	条件概率		

续表

变量	潜类别		
	1–粉状可卡因 使用者 ($N = 30$)	2–多种药物 使用者 ($N = 158$)	3–快克可卡因 使用者 ($N = 60$)
U_1–大麻			
未使用	0.143	0.033	0.273
使用	0.857	0.967	0.727
U_2–甲基苯丙胺			
未使用	1.000	0.397	0.978
使用	0.000	0.603	0.022
U_3–快克可卡因			
未使用	1.000	0.190	0.000
使用	0.000	0.810	1.000
U_4–可卡因			
未使用	0.000	0.060	0.625
使用	1.000	0.940	0.375
U_5–阿片类药物			
未使用	0.478	0.071	0.641
使用	0.522	0.929	0.359
U_6–致幻剂			
未使用	0.759	0.497	0.958
使用	0.241	0.503	0.042

注: 结果基于最大似然潜类别.

图 6.2 显示了基于 3-类别 LCA 模型的药物使用模式. 该图是由 PLOT 指令根据估计模型的类别成员生成的. Mplus 程序 6.1 的 PLOT 指令中的选项 TYPE = PLOT3 提供所有模型相关的绘图. 在图 6.2 中, y 轴代表使用药物的概率, 而 x 轴列出了 LCA 模型中使用的标识变量/条目. 三条线代表三个潜类别的药物使用模式. 图 6.2 中显示的线相互交叉, 表明估计的潜类别因非法药物使用类型而异. 如果这些线彼此平行, 则表示非法药物使用程度不同 (例如, 有限、中度和重度使用) 而非类型不同的三个类别.

Mplus 允许用户保存一个文本数据文件, 其中包含原始标识变量、每个特定潜类别的估计后验概率, 以及最大似然潜类别成员资格. 该数据与原始数据集合并, 便可使用统计软件, 如 SAS、SPSS 或 STATA, 进行进一步分析. 通过在 Mplus 程序 6.1 中添加表 6.5 上部中显示的 SAVEDATA 指令, 最大似然潜类别成员将保存在名为 3_LCA_OUT.dat 的文本数据文件中. 除非指定特定文件夹, 否则数据文件将保存在存储 Mplus 程序文件的文件夹中.

　　　Mplus OUTPUT 的底部提供输出数据的信息 (参见表 6.5 的下面部分). 在 VARIABLE 指令中使用 AUXILIARY 语句, 数据中的其他变量, 例如 DEP、*Gender*、*Age* 和 *Edu*, 也可以与输出数据文件中的潜类别变量一起保存. 需要提醒的是, 为了将输出的数据集与原始数据合并, 个体或案例 ID 变量 (即本例中的变量 PID) 必须保存在输出的数据文件中. 这可以通过在 VARIABLE 指令中添加 IDVARIABLE = PID 语句来完成.

表 6.5　输出 LCA 模型数据

保存潜类别成员的 `Mplus` 句法

```
SAVEDATA:
  File = 3_LCA_Out.dat;
  Save = CPROB;
  Format = free;
  Missflag=.;
```

`Mplus OUTPUT` 中的输出数据信息

```
U1
U2
U3
U4
U5
U6
CPROB1
CPROB2
CPROB3
C
PID
```

6.2.3　检验潜类别与观察变量的关系 (Testing relationship of latent class with observed variables)

　　　运行无条件 LCA, 然后保存估计的潜类别成员以供进一步分析是检查涉及潜类别变量关系的常见做法. 这种方法被称为经典三步法 (classical 3-step method): 首先, 运行 LCA, 将估计的潜类别变量存盘, 与原始数据合并, 然后进一步分析合并数据. 该潜类别变量在分析中被视为 "观察" 到的分类变量. 经典三步法是实际研究中的常见方法, 如果类别分类良好 (例如, 熵 ⩾ 0.80), 其结果是可以接受的 (Clark, 2010). 然而, 经典三步法低估协变量和潜类别变量之间的关系 (Bolck, Croon & Hagenaars, 2004; Vermunt, 2010), 许多其他方法更可取.

6.2.3.1 直接在 LCA 模型中纳入协变量 (Directly including covariates into LCA model)

直接将协变量加到 LCA 模型中, 以检查潜类别变量与其他观察变量的关系. 这种方法称为一步法 (one-step method). 下面, 我们将几个协变量 (例如 *Gender*、*Age* 和 *Edu*) 直接加到我们的 3-类别 LCA 模型中去预测潜类别变量. 相应的 Mplus 程序如下:

Mplus 程序 6.2

```
TITLE: 3-class LCA Model with covariates: one-step method
DATA: FILE = Drug_LCA.dat;
VARIABLE: NAMES = U1-U6 DEP Gender Age Edu PID;
  USEVARIABLES = U1-U6 Gender Age Edu;
  MISSING = .;
  CLASSES = C(3);
  CATEGORICAL = U1-U6;
ANALYSIS:
  TYPE = MIXTURE;
  STARTS = 1000 250;
MODEL:
  %OVERALL%
  C ON Gender Age Edu;
```

其中三个协变量 (*Gender, Age, Edu*) 包含在 VARIABLE 指令的 USEVARI-ABLES 语句中. 在 MODEL 指令的 ON 语句中, 分类潜变量 C 在三个协变量上回归. 默认情况下, MLR 估计法用于混合模型估计, 因此, 多项 logit 模型 (multinomial logit model) 用来估计协变量对潜类别变量的影响.

部分模型结果见表 6.6. 潜类别分别为: 类别 1: 129 (52.0%), 类别 2: 30 (12.1%) 和类别 3: 89 (35.9%). 相较于无条件 LCA 的估计, 类别的顺序发生了变化, 类别的大小也略有不同, 但类别的定义基本保持不变. 多项 logit 模型的结果显示在表 6.6 中标题为 "Categorical Latent Variables" 的部分. 由于潜类别变量具有三个类别, 因此对两个 logit 进行了建模, 其中最后一个类别 (即本示例中的类别 3) 被默认为参考组. 在多项式模型中只有年龄有显著的负效应; 也就是说, 年轻的非法药物使用者更有可能被归入类别 1 或类别 2.

表 6.6　部分 Mplus 输出: 条件 3-类别 LCA 模型

```
FINAL CLASS COUNTS AND PROPORTIONS FOR THE LATENT CLASSES
BASED ON THEIR MOST LIKELY LATENT CLASS MEMBERSHIP


Class Counts and Proportions

    Latent Classes

        1             129           0.52016
        2              30           0.12097
        3              89           0.35887
...
MODEL RESULTS

                                              Two-Tailed
                     Estimate    S.E.  Est./S.E.  P-Value
...

Categorical Latent Variables
  C#1       ON
    GENDER           -0.015    0.606    -0.025    0.980
    AGE              -0.164    0.036    -4.513    0.000
    EDU               0.073    0.193     0.379    0.705
  C#2       ON
    GENDER           -0.254    0.858    -0.296    0.767
    AGE              -0.270    0.113    -2.387    0.017
    EDU               0.445    0.277     1.610    0.107
  Intercepts
    C#1               5.346    1.100     4.859    0.000
    C#2               5.090    2.181     2.333    0.020
```

尽管一步法很简单, 但当协变量或结局测量加入模型中或从模型中删除时, 潜类别的分类通常会发生一点变化. 对于一步法的缺点的讨论, 读者可以参考 Vermunt (2010).

不同方法可以用来解决一步法的问题. 几种著名的方法是伪类法 (Pseudo-class method) (Clark & Muthén, 2009; Wang, Brown & Bandeen-Roche, 2005); 三步法 (3-step method) (Vermunt, 2010; Asparouhov & Muthén, 2013), Lanza 方法 (Lanza's method) (Lanza, Tan & Bray, 2013) 和 BCH 方法 (BCH method) (Bakk & Vermunt, 2016). Asparouhov 和 Muthén (2015a) 详细讨论

了 Mplus 中这些方法的比较、建议和实施. 下面, 我们将使用真实的研究数据简要演示这些方法.

6.2.3.2 伪类 (PC) 法 (Pseudo-class (PC) method)

使用 PC 法, 潜类别变量被多重插补估算出来, 就像我们在第二章 2.10 节讨论的 CFA 模型中插补潜变量的合理值 (plausible value, PV) 一样; 然后使用 Rubin 方法 (Rubin, 1987) 分析潜类别变量和辅助变量 (协变量或其他结局变量) 之间的关系. 这个估计过程可以手动进行, 就像我们在第三章中演示的在二次分析中使用潜类别变量的合理值的多个数据集一样. 但是, PC 法中数据集的多重插补 (multiple imputation, MI) 和分析可以通过使用 VARIABLE 指令中的 AUXILIARY 选项在 Mplus 中自动实现. 如果在指令中将辅助变量 (auxiliary variable) 设定为 (R) (例如, AUXILIARY = X(R)), 则将执行 PC 法, 并且变量 X 将被视为潜类别变量的协变量或预测变量. 也可将连续辅助变量 Y 设定为 (E) (例如, AUXILIARY = Y(E)), Mplus 将执行 PC 法, 并将变量 Y 视为连续的远端结局 (distal outcome) 变量. R 设置和 E 设置不能在同一个分析中一起使用. 注意, PC 法仅在类别分类良好时效果较好 (Clark & Muthén, 2009; Asparouhov & Muthén, 2014). 下面, 我们用 PC 法检验协变量对潜类别变量的影响.

Mplus 程序 6.3

```
TITLE: Auxiliary variables in LCA: Pseudo-class (PC) method
DATA: FILE = Drug_LCA.dat;
VARIABLE: NAMES = U1-U6 DEP Gender Age Edu PID;
  USEVARIABLES = U1-U6;
  MISSING = .;
  CLASSES = C(3);
  CATEGORICAL = U1-U6;
  AUXILIARY = (R) Gender Age Edu;
  !AUXILIARY = Gender(R) Age(R) Edu(R);
ANALYSIS:
  TYPE = MIXTURE;
  STARTS = 1000 250;
MODEL:
  %OVERALL%
```

通过在 VARIABLE 指令中设定 AUXILIARY = (R) Gender Age Edu (或者, AUXILIARY = Gender(R) Age(R) Edu(R)), 我们运用 PC 法估计协变量

(*Gender*、*Age* 和 *Edu*) 对潜类别成员的效应. 部分模型结果如表 6.7 所示. 只有年龄对属于类别 1 (OR $= 0.90$, 95% 置信区间 $= (0.84, 0.96)$) 和类别 2 (OR $= 0.90$, 95% 置信区间 $= (0.86, 0.94)$) 有显著效应.

表 6.7　部分 Mplus 输出: 使用 PC 法估计协变量在 LCA 模型中的效应

ODDS RATIOS OF TESTS OF CATEGORICAL LATENT VARIABLE MULTINOMIAL LOGISTIC REGRESSIONSUSING POSTERIOR PROBABILITY-BASED MULTIPLE IMPUTATIONS (PSEUDO-CLASS DRAWS)

			95% C.I.	
	Estimate	S.E.	Lower 2.5%	Upper 2.5%
C#1 ON				
GENDER	0.936	0.513	0.320	2.739
AGE	0.896	0.030	0.840	0.957
EDU	1.298	0.261	0.874	1.926
C#2 ON				
GENDER	1.123	0.431	0.529	2.385
AGE	0.904	0.020	0.864	0.944
EDU	1.103	0.157	0.835	1.457

6.2.3.3　三步法 (3-step method)

在 LCA 的实践中, 完美的分类几乎是不可能的. 换句话说, 估计的潜类别分类是有测量误差的. 因此, 经典三步法把估计的潜类别变量当作 “观察” 到的分类变量处理, 可能会导致模型估计偏差. 潜类别变量的测量误差可以通过使用先进的建模方法进行调整, 如新开发的三步法 (3-step method), Lanza 方法 (Lanza's method) (Lanza, Tan & Bray, 2013) 和 BCH 方法 (BCH method) (Bakk & Vermunt, 2016).

新的三步法适用于带协变量和远端结局的混合建模 (Vermunt, 2010; Asparouhov & Muthén, 2014). 顾名思义, 此方法在概念上有三个步骤. 步骤 1 估计混合模型的测量部分 (即 LCA). 步骤 2 计算潜类别分类的测量误差. 步骤 3 估计潜类别变量与协变量和远端结局的关系. 在这最后一步的模型估计中, 步骤 2 提供的信息用来控制潜类别分类测量误差的影响. 实际上, 这三个步骤可以在 Mplus 中通过简单指令同步实现. 为了评估协变量 (例如, X) 对潜类别变量的影响, 可以通过 VARIABLE 指令中的辅助设置 AUXILIARY $=$ X(R3STEP) 实施三步法估计 (Vermunt, 2010). 为了检查潜类别变量对连续远端结局变量 Y 的影响, 有两个辅助设置可用于实施三步法. 假设远端结局的方差因潜类别而异, 辅助设置 DU3STEP (例如, AUXILIARY = Y(DU3STEP)) 用于估计潜类别变量对远端结局 Y 的效应 (Vermunt,2010; Asparouhov & Muthén,2014). 另一方面, 如果假设远端结局变量的方差在潜类别中相等, 则可使用辅助设置 DE3STEP (例如, AUXILIARY = Y(DE3STEP)). 等方差是一个很强的假设, 如果假设不成立, 可能会导致有偏估计, 特别是当类别分类较差时 (如熵 < 0.60) (Asparouhov & Muthén, 2014). 只有模型估计在 DU3STEP 设置下不收敛时, 才可以试用 DE3STEP 设置.

注意, 三步法并不能完全解决在模型估计时产生类别漂移的问题. 也就是说, 有时, 第三步估计的类别分类可能与第一步估计的类别分类有差别. 当使用 Mplus AUXILIARY 设置运行三步法时, Mplus 将监控类别成员估计从第一步到第三步的变化. 如果变化很大, Mplus 将不会提供模型估计结果.

手动实施三步法: 当研究的模型同时涉及潜类别与协变量和远端结局变量的关系时, 三步法模型估计需要使用手动设置. 步骤 1 从无条件 LCA 模型中估计最大似然类别变量 S, 它是真实潜类别变量 C 的不完美估计. 步骤 2 在步骤 1 估计基础上估计变量 S 的条件概率 $P(S|C)$, 定义为 q 概率 (见 Asparouhov & Muthén, 2014, 公式 (1)). 基于 q 概率, 可以计算最大似然潜类别分类概率的 logit. 步骤 3 估计具有协变量和远端结局变量的模型. 在模型中, 最大似然类别变量 S 被设定为潜类别 C 的标识, S 分类概率的 logit 被预固定在步骤 2 中计算的 logit 值上. 因此, 模型估计考虑到了最大似然类别变量 S 的测量误差的影响 (Asparouhov & Muthen, 2014).

下面, 我们使用数据 Drug_LCA.dat 演示手动实施三步法来估计图 6.3 中描绘的模型, 其中抑郁 (DEP) 是远端结局. 潜类别变量 C 和协变量 ($Gender,$ Age, Edu) 都是 DEP 的预测因子, 且协变量也预测潜类别变量 C. 虚线表示协变量对 DEP 的效应受到潜类别变量 C 的调节.

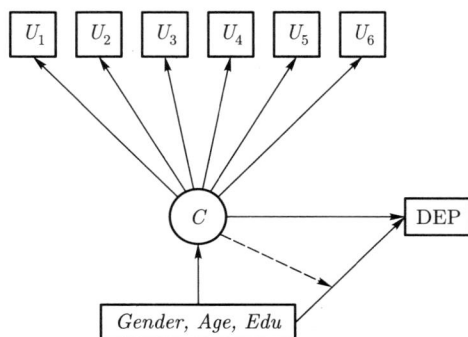

图 6.3 带协变量和远端结局测量的辅助模型

步骤 1: 估计无条件 LCA 模型. 以下程序使用观察到的条目 $U_1 - U_6$ 来估计 LCA.

Mplus 程序 6.4

```
TITLE: Manual Implementation of 3-Step Modeling for Chapter 6: Step 1
DATA: FILE = Drug_LCA.dat;
VARIABLE: NAMES = U1-U6 DEP Gender Age Edu PID;
  USEVARIABLES = U1-U6;
  MISSING = .;
  CLASSES = C(3);
  CATEGORICAL = U1-U6;
  AUXILIARY = DEP Gender Age Edu;
ANALYSIS: Estimator = MLR; !Default;
  TYPE = MIXTURE;
  STARTS = 1000 250;
MODEL:
  %OVERALL%
SAVEDATA: FILE = LCA3step.dat;
SAVE = CPROB;
```

此程序的 VARIABLE 指令的 AUXILIARY 选项中列出观察变量 (*Gender*, *Age*, *Edu* 和 *DEP*) 而没有设定辅助变量的类型 (如, R3STEP 或 DU3STEP). 就是说, 这些变量不用于模型估计, 而仅仅包含在 SAVEDATA 指令保存的数据文件 LCA3step.dat 中. 估计的最大似然类别变量 S 也保存在此数据文件中.

Mplus 程序 6.4 的部分结果如表 6.8 所示. 标记为 "Classification Probabilities for the Most Likely Latent Class Membership (Column) by Latent Class (Row)" 的部分显示 q 概率 $P(S|C)$, 即最大似然类别变量 S 的类别条件概率 $P(S|C)$ (Asparouhov & Muthén, 2014). 标记为 "Average Latent Class Probabilities for Most Likely Latent Class Membership (Row) by Latent Class (Column)" 的部分中显示的概率用于计算 q 概率 (Asparouhov & Muthén, 2014). 为了在步骤 3 中控制 S 的测量误差, q 概率需要转换为 logit. 这些 logit 标记在表 6.8 中的 "Logits for the Classification Probabilities for the Most Likely Latent Class Membership (Column) by Latent Class (Row)" 部分. 输出数据文件 LCA3step.dat 中包含的变量显示在表 6.8 的下部. 该文件中, 最大似然类别变量 S 被默认命名为 C.

表 6.8　　部分 Mplus 输出: 三步法 LCA 步骤 1

```
FINAL CLASS COUNTS AND PROPORTIONS FOR THE LATENT CLASSES
BASED ON THEIR MOST LIKELY LATENT CLASS MEMBERSHIP


Class Counts and Proportions


    Latent Classes


       1              30           0.12097
       2             158           0.63710
       3              60           0.24194
...

Average Latent Class Probabilities for Most Likely Latent Class Membership
(Row) by Latent Class (Column)


          1         2         3


   1   0.791     0.209     0.000
   2   0.026     0.929     0.046
   3   0.000     0.093     0.907


Classification Probabilities for the Most Likely Latent Class Membership
(Column) by Latent Class (Row)


          1         2         3
   1   0.853     0.147     0.000
   2   0.040     0.925     0.035
   3   0.000     0.117     0.883


Logits for the Classification Probabilities for the Most Likely Latent
Class Membership (Column) by Latent Class (Row)


           1         2         3
   1    13.657    11.896    0.000
   2     0.121     3.274    0.000
   3   -13.691    -2.024    0.000
...
  Save file
    LCA3step.dat
  Order and format of variables
    U1          F10.3
    U2          F10.3
    U3          F10.3
    U4          F10.3
```

U5	F10.3
U6	F10.3
DEP	F10.3
GENDER	F10.3
AGE	F10.3
EDU	F10.3
CPROB1	F10.3
CPROB2	F10.3
CPROB3	F10.3
C	F10.3

步骤 3: 估计图 6.3 中描述的模型. 在这最后一步中, 在步骤 1 中估计的最大似然类别变量 S 和在步骤 2 (步骤 1 和步骤 2 在实际建模中是同步进行的) 中计算的 S 分类概率的 logit 用于估计以下程序中所需的模型.

Mplus 程序 6.5

```
TITLE: Manual Implementation of 3-Step Method: Step 3
DATA: FILE = LCA3step.dat;
VARIABLE: NAMES = U1-U6 DEP Gender Age Edu CPROB1-CPROB3 S;
  USEVARIABLES = DEP Gender Age Edu S;
  MISSING = .;
  CLASSES = C(3);
  NOMINAL = S;
DEFINE: CENTER Age Edu(GRANDMEAN);
ANALYSIS: TYPE = MIXTURE;
STARTS = 0;
MODEL:
%OVERALL%
C ON Gender Age Edu;
DEP ON Gender Age Edu;
%C#1%
[S#1@13.657];
[S#2@11.896];
[DEP](i1);
DEP ON Gender Age Edu;
%C#2%
[S#1@0.121];
[S#2@3.274];
```

```
[DEP](i2);
DEP ON Gender Age Edu;
%C#3%
[S#1@-13.691];
[S#2@-2.024];
[DEP](i3);
MODEL CONSTRAINT:
NEW (dif1 dif2 dif3);
dif1 = i1-i2;
dif2 = i1-i3;
dif3 = i2-i3;
```

本程序中使用的数据集 LCA3step.dat 是由 Mplus 程序 6.4 中的 SAVEDATA 指令创建的. 数据中的最后一个变量是最大似然类别变量 S,[①] 它是潜类别 C 的估计. 变量 S 在 VARIABLE 指令中被设定为名义变量 (nominal variable). 表 6.8 中标记为 "Logits for the Classification Probabilities for the Most Likely Latent Class Membership (Column) by Latent Class (Row)" 的部分报告步骤 2 中计算的 logit. 这些 logit 被预设定为参数 [S#1] 和 [S#2] 在每个类别中的值. 比如, 在类别 1 中 (%C#1%), 两个 logit 设定为 "[S#1@13.657]" 和 "[S#2@11.896]", 其数值来源于表 6.8. 这样根据 logit 的值固定了潜类别变量 C 和最大似然类别变量 S 之间的测量关系, 从而处理了 S 中的测量误差. 在以上程序的整体模型指令 (%OVERALL%) 中, 潜类别变量 C 对协变量回归, 而远端结局变量 (DEP) 在整体模型指令和具体类别模型指令中均对协变量回归. 如果具体类别设定有自己的模型, 整体模型设定将对每一个类别提供相同的回归参数估计. 另外, 在此例的具体类别模型设定中, "[DEP](i1)", "[DEP](i2)", "[DEP](i3)" 本应估计 DEP 的均值, 但因 DEP 在各个类别里对协变量回归, 这些指令估计的便是在各个类别里的回归截距, 且分别用 i1, i2, i3 标记. MODEL CONSTRAINT 指令对 i1, i2, i3 进行比较. 注意, 在以上程序的 ANALYSIS 指令中, 我们将随机起始值的数量设置为 0 (STARTS = 0), 因为类别分类是已知的 (已由步骤 1 估计). 我们希望步骤 3 中的类别形成保持与步骤 1 中估计的相同. 但是, 步骤 3 中估计的类别分类在实践中可能与步骤 1 中的估计不是完全相同的 (Asparouhov & Muthén, 2014).

步骤 3 模型估计的部分结果如表 6.9 所示. 估计的类别比例非常接近于程序 6.3 的估计值 (见表 6.8). 由于远端结局 DEP 是一个连续测量, 协变量对

---

① SAVEDATA 指令存储的数据中, 最大似然类别变量被默认命名为 C. 我们习惯在读取该数据时将其重新命名为 S.

DEP 的影响是通过按类别进行的多组多元回归估计的, 其中潜类别被视为组别, 如同第五章中讨论的多组模型一样. 所有协变量对类别 2 和类别 3 中的 DEP 无显著效应. 然而, 性别对类别 1 中的 DEP 具有显著负效应.

　　各类别内估计的回归系数略有不同, 表明协变量对 DEP 的影响受类别成员的调节. 注意, 在 Mplus 输出中, 按类别报告的 "Means" (例如类别 1 中的 S#1 = 13.657 和 S#2 = 11.896) 实际上并不是均值, 而是上述 Mplus 程序中类别 1 的参数 S#1 和 S#2 的预设 logit 值.

表 6.9　　部分 Mplus 输出: 三步法 LCA 步骤 3

```
INAL CLASS COUNTS AND PROPORTIONS FOR THE LATENT CLASSES
BASED ON THEIR MOST LIKELY LATENT CLASS MEMBERSHIP

Class Counts and Proportions

    Latent Classes


        1              29           0.11694
        2             157           0.63306
        3              62           0.25000
...
MODEL RESULTS

                                              Two-Tailed
                   Estimate     S.E.   Est./S.E.   P-Value


Latent Class 1

DEP        ON
    GENDER          -3.575     1.006    -3.552      0.000
    AGE              0.005     0.048     0.106      0.915
    EDU             -0.246     0.379    -0.648      0.517

Means
    S#1             13.657     0.000   999.000    999.000
    S#2             11.896     0.000   999.000    999.000

Intercepts
    DEP              5.461     0.858     6.366      0.000

Residual Variances
    DEP             25.213     2.551     9.882      0.000

Latent Class 2
```

```
DEP          ON
   GENDER        -1.086      1.143     -0.950      0.342
   AGE            0.132      0.096      1.372      0.170
   EDU            0.051      0.381      0.133      0.894

Means
   S#1            0.121      0.000    999.000    999.000
   S#2            3.274      0.000    999.000    999.000

Intercepts
   DEP            7.968      1.159      6.877      0.000

Residual Variances
   DEP           25.213      2.551      9.882      0.000

Latent Class 3

DEP          ON
   GENDER        -2.537      1.696     -1.496      0.135
   AGE            0.079      0.098      0.808      0.419
   EDU           -0.605      0.550     -1.100      0.271

Means
   S#1          -13.691      0.000    999.000    999.000
   S#2           -2.024      0.000    999.000    999.000

Intercepts
   DEP            6.986      1.279      5.464      0.000

Residual Variances
   DEP           25.213      2.551      9.882      0.000

Categorical Latent Variables

C#1          ON
   GENDER        -0.161      0.575     -0.281      0.779
   AGE           -0.115      0.036     -3.201      0.001
   EDU            0.337      0.206      1.631      0.103

C#2          ON
   GENDER         0.443      0.473      0.938      0.348
   AGE           -0.137      0.029     -4.809      0.000
   EDU            0.155      0.183      0.848      0.397
```

续表

Intercepts				
C#1	-0.413	0.459	-0.899	0.368
C#2	0.844	0.411	2.055	0.040
New/Additional Parameters				
DIF1	-2.506	1.509	-1.661	0.097
DIF2	-1.525	1.516	-1.006	0.315
DIF3	0.982	1.986	0.494	0.621

　　潜类别 C 对远端结局 DEP 的影响不像协变量的影响那样通过回归系数来表示. 而是通过类别间 DEP 平均值的差异来反映类别对远端结局的影响. 在没有协变量的情况下, Mplus 将按类别生成远端结局的均值估计. 当在模型中设定协变量影响远端结局变量时, 具体类别内远端结局变量对协变量的回归截距代表当所有协变量为零值时的远端结局变量的均值.

　　在我们的示例中, 各类别中的回归截距即参考组的 DEP 条件平均值显示在表 6.9 的 "Intercepts DEP" 部分. 因为我们在以上 Mplus 程序中将协变量 Age 和 Edu 在 DEFINE 指令中重新编码为以总均值为中心的变量. 因此参考组 ($Age = 0$, $Edu = 0$, $Gender = 0$) 即为平均年龄、平均教育水平的女性. 用 MODEL CONSTRAINT 指令检验此类截距或条件结局平均值的跨组别差异, 没有发现显著差异 (见表 6.9 中标记为 "New/Additional Parameters" 部分).

　　协变量对潜类别分类的效应显示在表 6.9 中标有 "Categorical Latent Variables" 的部分中. 只有年龄对潜类别成员分类有显著的效应; 也就是说, 年纪大的人不易被归类到类别 1 和类别 2. 本节介绍和演示的三步法的手动实施过程可以应用于其他混合模型, 例如潜转换分析模型 (Latent transition analysis model, LTA) 和发展混合模型 (Growth mixture model, GMM).

6.2.3.4　Lanza 方法 (Lanza's method)

　　Lanza, Tan 和 Bray (2013) 提出了一种新的方法估计带远端结果变量的 LCA 模型. VARIABLE 指令中的 AUXILIARY = Y (DCONTINUOUS) 或 AUXILIARY = Y (DCON) 指令执行处理连续远端结局 (continuous distal outcome) 变量的 Lanza 方法; 而 AUXILIARY = Y (DCATEGORICAL) 或 AUXILIARY = Y (DCAT) 指令执行处理分类远端结局 (categorical distal outcome) 变量的 Lanza 方法. 在模型类别分类较差 (熵较低) 时, 处理连续远端结局变量的 Lanza 方法的效果较差, 尤其是当远端结局的方差在类别之间存在显著差异时. 然而, Lanza 的分类远端结局的方法没有这样的缺点

(Asparouhov & Muthén, 2015a).

6.2.3.5 BCH 方法 (BCH method)

BCH 方法最初由 Bolck, Croon & Hagenaars (2004) 和 Croon (2002) 开发, 后虽经修改, 但仍称为 BCH 方法 (Vermunt, 2010; Bakk & Vermunt, 2016). BCH 方法是 Lanza 方法的替代方法. 它的实现包括三个步骤, 但步骤与三步法不同. BCH 方法的步骤 1 是估计 LCA 模型. 在步骤 2 中, j 类中的第 i 个观察值被赋予一个权重 w_{ij}, 其反映潜类别成员资格的度量. 对于一个完美的类别分类, 即潜别类成员没有测量误差, 如果第 i 个观察被分类到类别 j, 则权重 w_{ij} 将为 1, 否则为 0. 步骤 2 中计算出的权重在步骤 3 中用于纠正类别分类误差. 在步骤 3 中, 估计的潜类别被处理为 "观察到的组别" 或 "已知类别", 因而避免了类别漂移. 模拟结果表明, BCH 方法比其他方法更稳健 (Asparouhov & Muthén, 2015a). 对于具有连续远端结局变量的混合建模, 当远端结局变量的方差跨类别不相等时, BCH 方法效果很好; 因此, 它解决了 Lanza 方法容易出现的问题. BCH 方法的一个问题是, 它使用传统的 LISTWISE 删除法来处理远端结局中的缺失值. 此外, 如果类别分类不佳, BCH 方法可能会产生负权重 w_{ij}, 导致模型估计有偏差.

通过在 VARIABLE 指令中使用 AUXILIARY 语句中的设置 BCH (例如, AUXILIARY = Y (BCH)), 可以在 Mplus 中自动执行 BCH 方法. BCH 方法和 Lanza 方法在远端结局的平均值是否以及如何在潜类别中变化方面提供的结果相似.

在 Mplus 中, BCH 方法也可以手动 (实际上是 "半自动") 实施, 分两次独立运行. 第一次运行涉及使用 BCH 的三步分析的前两个步骤, 即仅使用潜类别标识变量/条目 (即我们示例中的 U_1 — U_6) 来估计测量模型 (即 LCA), 计算并保存 BCH 权重以及远端结局和协变量. 在第二次运行中, 读取保存的数据文件进行进一步分析. 下面的 Mplus 程序是针对 BCH 手动实施的第一次运行.

Mplus 程序 6.6

```
TITLE: Manual Implementation of BCH Method: Step 1
DATA: FILE = Drug_LCA.dat;
VARIABLE: NAMES = U1-U6 DEP Gender Age Edu PID;
USEVARIABLES = U1-U6;
MISSING = .;
CLASSES = C(3);
```

```
CATEGORICAL = U1-U6;
AUXILIARY = DEP Gender Age Edu;
ANALYSIS: Estimator = MLR; !Default;
TYPE = MIXTURE;
STARTS = 1000 250;
MODEL:
%OVERALL%
SAVEDATA: FILE = DEP_BCH.dat;
SAVE = BCHweights;
```

其中变量 DEP、*Gender*、*Age* 和 *Edu* 列在 VARIABLE 指令的 AUXILIARY 语句中, 因此它们将包含在保存的数据文件 DEP_BCH.dat 中. 在 SAVE-DATA 指令中, SAVE = BCHweights 语句要求生成并保存 BCH 权重, 用于控制类别分类误差. 在 BCH 的最后阶段 BCH 权重与潜类别标识变量/条目 (即示例中的 U_1—U_6), 结局变量 DEP 和协变量 (Gender、Age 和 Edu) 一起保存在输出数据文件 DEP_BCH.dat 中.

　　Mplus 程序 6.6 生成的数据 (即 DEP_BCH.dat) 用于以下程序执行 BCH 方法步骤 3.

Mplus 程序 6.7

```
TITLE: Manual Implementation of BCH Method: Step 3
DATA: FILE = DEP_BCH.dat;
VARIABLE: NAMES = U1-U6 DEP Gender Age Edu BCHW1-BCHW3;
USEVARIABLES = DEP Gender Age Edu BCHW1-BCHW3;
MISSING = .;
CLASSES = C(3);
TRAINING = BCHW1-BCHW3(BCH);
ANALYSIS: Estimator = MLR;
TYPE = MIXTURE;
STARTS = 0;
MODEL:
%OVERALL%
C ON Gender Age Edu;
DEP ON Gender Age Edu;
%C#1%
DEP ON Gender Age Edu;
%C#2%
DEP ON Gender Age Edu;
```

其中远端结局变量 DEP, 协变量 *Gender*, *Age* 和 *Edu*, 以及 BCH 权重 (BCHW1 – BCHW3) 包含在 USEVARIABLES 语句中, BCH 权重用作 VARIABLE 指令的 TRAINING 语句中设定的训练数据. 潜类别被视为已知类别或组别, 不需要随机起始值, 因此, 我们在 ANALYSIS 指令中设定 STARTS = 0. Mplus 程序中的 MODEL 指令包括%OVERALL% 和具体类别子指令 (例如, %C#1%, %C#2%). 在%OVERALL% 指令中, 我们定义了两个回归模型. 使用默认估计 MLR, 第一个回归是多项 logit 模型, 其中 *Gender*, *Age* 和 *Edu* 预测潜类别分类. 第二个模型是线性回归, 其中 *Gender*, *Age* 和 *Edu* 预测连续的远端结局变量 DEP. 这个 %OVERALL% 模型估计的回归系数和相关参数对所有潜类别都是相同的. 但 %OVERALL% 模型可以被具体类别模型设定修改. 当具体类别子指令设定了具体类别模型后, %OVERALL% 模型的参数估计便只适用于没有设定具体类别模型的类别 (如我们例题中的类别 3). 如果我们想让回归斜率系数在不同的类别间变化, 可以在各具体类别中设定相应的回归模型, 这样便可方便地检验模型参数的跨潜类别不变性 (invariance across latent class).

Mplus 程序 6.6 的部分结果如表 6.10 所示. 表的上半部分显示了按类别分类的回归系数. *Gender* 在每个类别对远端结局变量 DEP 都有负效应, 但其效应仅在类别 1 内有统计学意义.

表 6.10 Mplus 部分输出: 手动运行 BCH 方法

```
MODEL RESULTS

                                              Two-Tailed
                 Estimate     S.E.   Est./S.E.   P-Value

Latent Class 1

 DEP        ON
    GENDER      -4.301     1.651    -2.604      0.009
    AGE         -0.007     0.073    -0.099      0.921
    EDU         -0.352     0.624    -0.564      0.573

 Intercepts
    DEP          6.931     3.145     2.204      0.028

 Residual Variances
    DEP         24.604     2.476     9.937      0.000

Latent Class 2
```

DEP ON				
GENDER	−1.013	1.090	−0.930	0.352
AGE	0.108	0.070	1.544	0.122
EDU	0.081	0.356	0.227	0.820
Intercepts				
DEP	4.286	2.233	1.919	0.055
Residual Variances				
DEP	24.604	2.476	9.937	0.000
Latent Class 3				
DEP ON				
GENDER	−2.981	1.641	−1.817	0.069
AGE	0.148	0.109	1.360	0.174
EDU	−0.772	0.571	−1.351	0.177
Intercepts				
DEP	5.361	3.528	1.519	0.129
Residual Variances				
DEP	24.604	2.476	9.937	0.000
Categorical Latent Variables				
C#1 ON				
GENDER	−0.108	0.584	−0.185	0.854
AGE	−0.121	0.036	−3.345	0.001
EDU	0.329	0.206	1.591	0.112
C#2 ON				
GENDER	0.482	0.456	1.056	0.291
AGE	−0.136	0.027	−4.980	0.000
EDU	0.164	0.168	0.977	0.328
Intercepts				
C#1	1.908	1.190	1.603	0.109
C#2	4.367	0.960	4.546	0.000

多项 logit 模型的部分结果显示在表的下面部分, 其中以最后一个类别 (即类别 3) 作为参考组估计了两个 logit 模型. 回归系数的解释方式与多项 logit 模型中的解释方式相同. 年龄较大的个体不易被分类到类别 1 和类别 2. 将其他类别作

为参考组的参数估计结果也可在 Mplus 输出中获得 (结果未在表 6.10 中报告).

6.2.4 带残差协方差的潜类别分析模型 (LCA model with residual covariance)

如前所述, 潜类别分析 (LCA) 模型是具有分类潜变量的测量模型. 就像 CFA 模型一样, 该模型具有局部独立性 (local independence) 的假设; 也就是说, 一旦观察标识/条目加载到潜类别, 它们在类别内便彼此独立. 然而, 这种假设在实际研究中可能不成立. 如果条目在类别内相互关联, 则应考虑局部依赖 (local dependence) 或条件依赖 (conditional dependence) 问题; 否则, 模型拟合统计/指标会变差, 导致潜类别数的过度提取. 也就是说, 我们需要在模型估计中增加额外的潜类别以提高模型拟合度; 而额外的类别可能是虚假的 (Asparouhov & Muthén, 2015b). 在 LCA 的应用中, 为避免虚假潜类别, 我们需要检查残差协方差 (residual covariance). 如果某些条目对 (item pair) 之间的残差协方差统计显著, 我们可以通过在 LCA 模型中设定它们的残差协方差来放宽这些条目的局部独立性假设. Asparouhov & Muthén (2015b) 讨论了在 LCA 中检查残差关联的不同方法. 较简单的方法是在 OUTPUT 指令中使用 TECH10 选项, 通过检查每个条目对的二分类变量 Pearson 检验统计量来检查残差协方差. 但是, 这种方法不能确定残差相关是存在于类别内还是跨类别. 当残差相关性在一个类别中为正, 而在另一个类别中为负时, 二分类 Pearson 检验无法检测到此类相关性. 此外, 对多个二分类变量的 Pearson 检验, 需要作多次检验校正 (multiple testing correction), 如 Bonferroni 校正 (Bonferroni correction). 以下 Mplus 程序检查 LCA 模型中的残差协方差.

Mplus 程序 6.8

```
TITLE: Examining residual covariances in LCA Model
DATA: FILE = Drug_LCA.dat;
VARIABLE: NAMES = U1-U6 DEP Gender Age Edu PID;
USEVARIABLES = U1-U6;
MISSING = .;
CLASSES = C(3);
CATEGORICAL = U1-U6;
ANALYSIS:
TYPE = MIXTURE;
STARTS = 1000 250;
STITERATIONS = 20;
MODEL:
```

```
%OVERALL%
OUTPUT: TECH10;
```

OUTPUT 指令中的 TECH10 选项提供模型中分类条目的应答模式、单变量和二分类变量模型拟合信息. TECH10 提供与标准正态残差一样的标准化 Pearson 残差. 标准化残差 (Z 值) > 1.96 表示统计显著. 在我们的示例中, Mplus 输出的 "BIVARIATE MODEL FIT INFORMATION" 部分 (此处未报告) 显示没有任何条目对的二分类标准化残差 (Z 值) > 1.96; 因此, 局部独立性假设适用于我们的 LCA 模型.

　　出于演示目的, 以下 Mplus 程序示范如何在 LCA 模型中纳入条目残差协方差, 包括设定跨类别不变残差协方差和具体类别的残差协方差.

Mplus 程序 6.9

```
TITLE: Including residual covariances in LCA Model
DATA: FILE = Drug_LCA.dat;
VARIABLE: NAMES = U1-U6 DEP Gender Age Edu PID;
USEVARIABLES = U1-U6;
MISSING = .;
CLASSES = C(3);
CATEGORICAL = U1-U6;
ANALYSIS:
TYPE = MIXTURE;
STARTS = 1000 250;
STITERATIONS = 20;
PARAMETERIZATION = RESCOVARIANCES;
MODEL:
%OVERALL%
U1 WITH U6; !Class-invariant residual covariance;
U5 WITH U6;
%C#3%
U5 WITH U6; !Class-specific residual covariance;
OUTPUT: TECH10;
```

其中, 残差协方差 $\text{Cov}(U_1, U_6)$ 只是在整体模型部分 (即在 %OVERALL% 模型指令中) 设定, 因而是跨类别不变的残差协方差. 残差协方差 $\text{Cov}(U_5, U_6)$ 在整体模型部分和具体类别模型中 (即在 %C#3% 模型指令中) 设定, 因而 $\text{Cov}(U_5, U_6)$ 是部分类别不变的残差协方差, 它在类别 1 和类别 2 中被限制不变, 但在类别 3 中是特定类的. 注意, 当使用 WITH 选项来设定分类观察标识/条目间的残差协方差时, 在 ANALYSIS 指令中一定要使用 PARAMETER-IZATION = RESCOVARIANCES 语句 (Asparouhov & Muthén, 2015b). 另外, 将残差协方差包含到 LCA 模型中通常会在一定程度上改变类别分类, 类别顺序也可能变化. 要检查特定的残差协方差是否跨类别不变, 可以使用 Mplus 中的 MODEL TEST 指令来检验不同类别中残差协方差的不变性. 例如, 我们可以将 Mplus 程序 6.9 中的 MODEL 指令替换为以下内容, 以检验跨类别的残差协方差 $\mathrm{Cov}(U_5, U_6)$ 的不变性.

```
MODEL:
%OVERALL%
!Class-invariant residual covariance;
U1 WITH U6;
U5 WITH U6(a);
%C#3%
!Class-specific residual covariance;
U5 WITH U6(b);
MODEL TEST:
0 = a-b;
```

Mplus 提供了参数约束的 Wald 检验 (Wald test), $P = 0.7745$, 表明我们的 LCA 模型中的残差协方差 $\mathrm{Cov}(U_5, U_6)$ 是跨类别不变的. 当然, 也可用信息标准指数 (information criterion indice) (例如 BIC、AIC) 和基于模型卡方统计量或似然函数的似然比检验 (LR test) 来比较具有各种残差协方差 (包括无残差协方差) 的模型. 此外, 根据我们的经验, 当 LCA 模型中包含残差协方差时, Mplus 在输出中不提供 RESULTS IN PROBABILITY SCALE, 即不提供条件概率 (conditional probability). 但是, 通过在 OUTPUT 指令中设定选项 TECH10, Mplus 在输出的 ESTIMATED UNIVARIATE PROBABILITIES 部分中提供分类别的条件概率.

6.3 潜剖面分析模型 (Latent profile analysis (LPA) model)

Mplus 允许使用分类、连续或计数标识变量/条目, 以及使用这些变量的组合进行 LCA 建模 (Muthén & Muthén, 1998 — 2017). 当使用连续标识变量/条目时, LCA 模型也称为潜剖面分析 (latent profile analysis, LPA) 模型 (Muthén & Muthén, 2000; Vermunt, 2004).

传统的聚类分析 (cluster analysis) 使用连续变量进行聚类. LPA 比传统的聚类分析有很多优势. 例如, 为了避免聚类变量的不同方差导致的结果有偏差, 传统的聚类分析需要在分析前对变量进行标准化 (Ketchen & Shook, 1996). 而标准化可能会产生不利影响 (Aldenderfer & Blashfield, 1984; Ketchen & Shook, 1996). 此外, 多重共线性 (multicollinearity) 可能成为聚类分析中的一个大问题 (Sambandam, 2003). LPA 不要求变量标准化, 且多重共线性对 LPA 影响也不大. 与 LCA 相同, LPA 中的潜变量也是分类变量, 但 LPA 模型中的潜类别是基于条目应答 (item response) 的平均值而非条目应答的概率定义的. 对于 LCA 和 LPA 之间的详细比较, 读者可以参考 Bartholomew (1987), Gibson (1959), Lazarsfeld & Henry (1968) 和 Muthén (2002). LPA 模型的形式为:

$$f(Y_i) = \sum_{k=1}^{K} P(C = k) f(Y_i | C = k), \tag{6.11}$$

其中 Y_i 表示个体 i 对标识变量集的应答值, 潜剖面变量 C 有 K 个剖面, $P(C = k)$ 是潜剖面 k 的概率. 假设连续标识变量/条目在每个潜剖面内呈正态分布, $f(Y_i | C = k)$ 是特定剖面的正态密度. 对于 LCA, 特定类别的条目参数是条件应答概率 (conditional response probability); 对于 LPA, 特定剖面的条目参数是条目应答均值和方差.

下面, 我们用第二章中使用的数据集 BSI_18.dat 的 6 个 BSI 抑郁条目来演示 LPA 模型. 与运行 LCA 模型相同, 我们首先估计具有不同潜剖面数量的一系列 LPA 模型, 使用 AIC、BIC、ABIC、Lo-Mendell-Rubin 似然比 (LMR LR) 检验、调整后的 LMR LR (ALMR LR) 检验和自助法似然比 (BLR) 检验对模型进行比较. 当确定了潜剖面的最佳数量后, 样本成员被分类到它们最可能的潜剖面中. 分类质量通过检查熵 (entropy) 及平均后验概率来评估. 接下来, 评估潜剖面的流行率 (即无条件概率), 并根据每个潜剖面中的标识变量/条目均值来定义该剖面. 通过比较不同的 LPA 模型, 我们发现 2-剖面模型拟合数据最好. 以下 Mplus 程序运行 2-剖面 LPA.

Mplus 程序 6.10

```
TITLE: LPA model
DATA:  FILE = BSI_18.dat;
VARIABLE:
NAMES = X1-X18 Gender Ethnic Age Edu Crack ID;
MISSING = ALL (-9);
USEVARIABLES = X5 X2 X8 X11 X14 X17; !Depression;
CLASSES = C (2);
ANALYSIS: TYPE = MIXTURE;
```

```
STARTS = 1000 250;
STITERATIONS = 20;
LRTBOOTSTRAP = 200;
LRTSTARTS = 20 5 100 25;
MODEL:
%OVERALL%
OUTPUT: TECH11 TECH14;
```

部分模型结果见表 6.11[①]. 大部分样本 (72.18%) 归入剖面 1, 27.82% 归入剖面 2. 剖面 1 中条目的平均值 (范围从 0.049 到 0.785) 远低于剖面 2 (范围从 0.483 到 2.961). 默认情况下, 条目变异被限制为跨剖面不变. 这种限制可以通过释放特定模型中的条目变异来解除. 例如, 我们可以在以上 Mplus 程序的MODEL 指令中加入以下语句:

```
%C#2%
X5 X2 X8 X11 X14 X17;
```

这样, 模型估计的剖面 2 中所有条目方差将有别于其他剖面的条目方差. 但是释放这种限制常常会导致模型估计问题. 在我们的示例中, 释放条目方差不变性限制导致 "ONE OR MORE PARAMETERS WERE FIXED TO AVOID SINGULARITY OF THE INFORMATION MATRIX...", 并且剖面 1 的分布为 0%. 显然, 这样的模型修订是不正确的.

表 6.11　部分 Mplus 输出: 2-类别潜剖面分析 (LPA) 模型

```
FINAL CLASS COUNTS AND PROPORTIONS FOR THE LATENT CLASSES
BASED ON THEIR MOST LIKELY LATENT CLASS MEMBERSHIP

Class Counts and Proportions

   Latent Classes
        1              179          0.72177
        2               69          0.27823

CLASSIFICATION QUALITY

   Entropy                        0.935
```

---

　①由于潜剖面分析 (LPA) 是潜类别分析 (LCA) 的特例, 在 Mplus 关于 LPA 模型的输出结果中, 使用的术语也是 "潜类别", 而非 "潜剖面".

续表

...

MODEL RESULTS

	Estimate	S.E.	Est./S.E.	Two-Tailed P-Value
Latent Class 1				
Means				
X5	0.699	0.099	7.041	0.000
X2	0.785	0.085	9.296	0.000
X8	0.601	0.069	8.687	0.000
X11	0.476	0.081	5.908	0.000
X14	0.767	0.091	8.395	0.000
X17	0.049	0.022	2.286	0.022
Variances				
X5	0.665	0.192	3.455	0.001
X2	1.013	0.155	6.552	0.000
X8	0.548	0.079	6.907	0.000
X11	0.842	0.174	4.841	0.000
X14	1.194	0.143	8.374	0.000
X17	0.307	0.080	3.836	0.000
Latent Class 2				
Means				
X5	2.961	0.181	16.315	0.000
X2	2.577	0.206	12.528	0.000
X8	2.783	0.137	20.244	0.000
X11	2.239	0.264	8.478	0.000
X14	2.041	0.233	8.754	0.000
X17	0.483	0.120	4.038	0.000
Variances				
X5	0.665	0.192	3.455	0.001
X2	1.013	0.155	6.552	0.000
X8	0.548	0.079	6.907	0.000
X11	0.842	0.174	4.841	0.000
X14	1.194	0.143	8.374	0.000
X17	0.307	0.080	3.836	0.000
Categorical Latent Variables				
Means				
CG#1	0.913	0.165	5.547	0.000

6.4 纵向数据混合模型 (Longitudinal data mixture model)

LCA 和 LPA 模型也可以扩展运用到纵向数据 (longitudinal data) 的分析. 在本节中, 我们将讨论几个这样的扩展: 纵向潜剖面分析 (longitudinal latent profile analysis, LLPA)、潜转换分析 (latent transition analysis, LTA) 和发展混合模型 (growth mixture model, GMM).

6.4.1 纵向潜剖面分析 (Longitudinal latent profile analysis, LLPA)

LCA 或 LPA 可应用于纵向数据, 相应的模型为纵向潜类别分析 (LLCA) 或纵向潜剖面分析 (LLPA) (Lanza & Collins, 2006; Croudace, et al., 2003; Feldman, Masyn & Conger, 2009). LLCA 或 LLPA 根据不同时间点的重复结局测量识别未知的潜类别. 它不是分析结局测量随时间的变化, 而是对跨越多个时间点的结局测量模式进行建模. 在本节中, 我们将示范带连续结局测量的 LLPA 模型.

如同运行 LPA 模型一样, 我们估计和比较一系列 LLPA 模型, 结果表明 2-剖面 LLPA 模型比其他模型拟合数据更好. 2-剖面 LLPA 模型的 Mplus 程序如下:

Mplus 程序 6.11

```
TITLE: Longitudinal Latent Profile Analysis (LLPA)
DATA: FILE = Crack_BDI2.dat;
VARIABLE:
NAMES = PID Ethnic Gender Age Edu Z0-Z5 Y0-Y5 TS0-TS5;
MISSING = ALL (-9);
USEVAR = Y0-Y5;
CLASSES = C(2);
CLUSTER = PID;
ANALYSIS:
TYPE = MIXTURE COMPLEX;
STARTS = 1000 250;
STITERATIONS = 20;
MODEL:
%OVERALL%
OUTPUT: TECH11;
PLOT: TYPE = PLOT3;
Series Y1-Y5(*);
```

程序中包含的数据集 Crack_BDI2.dat 是第四章中用于纵向建模的数据集之

一. 6 个结局变量 $(Y_0 - Y_5)$ 是 6 个不同时间点的 BDI 抑郁评分. 注意, 纵向数据是分层结构的, 重复测量嵌套在个体中. 因此, 样本应视为复杂样本而不是单个随机样本, 并应在数据分析中调整数据中的观察非独立性 (observation non-independence) 或类内相关性 (intra-class correlation, ICC), 以获得参数估计的无偏标准误和正确的模型卡方统计量. 因此, 在 ANALYSIS 指令的 TYPE 语句中加入关键词 "COMPLEX", 并在上述 Mplus 程序的 VARIABLE 指令中加入 CLUSTER = PID (personal ID 是个人识别指标) 的语句. 注意, 在 OUTPUT 指令中没有 TECH14 选项, 因为该选项不适用于 TYPE = MIXTURE COMPLEX.

2-剖面 LLPA 模型的部分结果如表 6.12 所示. 约 70.23% 的样本被分类到剖面 1 中, 29.77% 的样本被分类到剖面 2 中, 分类质量良好 (熵 = 0.857). 随时间推移的重复结局测量的模式如图 6.4 所示, 从中我们可以看到, 不同时间点的 BDI 抑郁测量值的平均分值在剖面 2 中都远高于剖面 1. 对于具有连续标识变量/条目的 LPA, Mplus 提供潜剖面分类的无条件概率 (unconditional probability) 和各剖面的条件条目均值 (conditional item mean) 估计. 默认情况下, 条目方差被限制为跨剖面不变 (invariant across profile). 特定潜剖面是基于其条目均值来定义的. 对于我们的示例, 这些剖面是根据 BDI 抑郁值在不同时间点的平均分值来定义的. 图 6.4[①] 清楚地表明, 剖面 1 和剖面 2 可以分别定义为低抑郁剖面和高抑郁剖面.

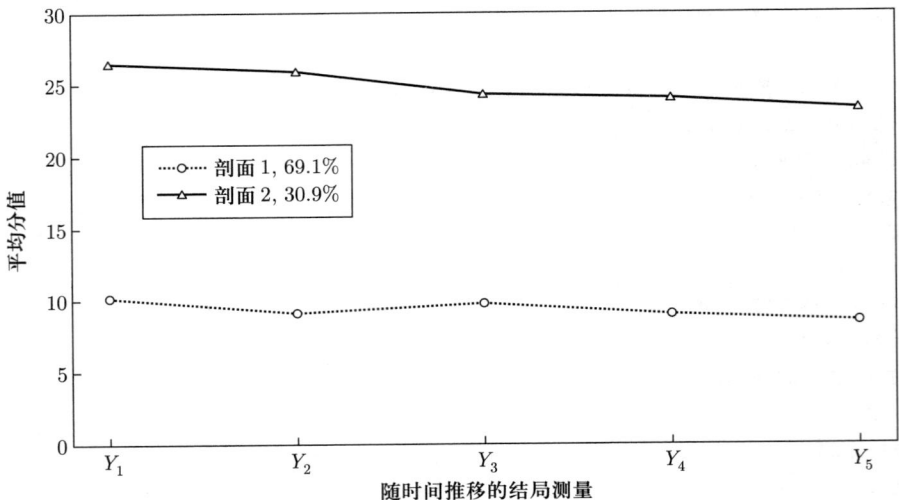

图 6.4　LLPA 估计的 BDI 抑郁值在不同类别内随时间的变化模式

① 图中显示的剖面分布比例与表 6.12 中显示的剖面分布比例略有不同, 因为前者基于估计模型, 而后者基于最大似然潜剖面成员. 如果剖面分类的质量是完美的 (即熵 = 1), 这些分布比例将是相同的.

表 6.12　部分 Mplus 输出: 2-剖面纵向潜剖面分析 (LLPA) 模型

```
FINAL CLASS COUNTS AND PROPORTIONS FOR THE LATENT CLASSES
BASED ON THEIR MOST LIKELY LATENT CLASS MEMBERSHIP

Class Counts and Proportions

    Latent Classes
        1              302        0.70233
        2              128        0.29767

CLASSIFICATION QUALITY
    Entropy                       0.857
...
Latent Class 1
  Means
    Y0           15.101     0.604    24.989    0.000
    Y1           10.165     0.559    18.188    0.000
    Y2            9.101     0.553    16.452    0.000
    Y3            9.757     0.575    16.980    0.000
    Y4            8.984     0.643    13.982    0.000
    Y5            8.542     0.653    13.082    0.000

  Variances
    Y0           72.172     5.229    13.802    0.000
    Y1           54.313     5.654     9.606    0.000
    Y2           56.773     5.968     9.513    0.000
    Y3           56.925     5.142    11.070    0.000
    Y4           58.005     5.820     9.966    0.000
    Y5           63.027     6.445     9.779    0.000

Latent Class 2
  Means
    Y0           28.169     0.983    28.643    0.000
    Y1           26.512     1.192    22.248    0.000
    Y2           25.953     1.324    19.599    0.000
    Y3           24.323     1.207    20.145    0.000
    Y4           24.062     1.167    20.627    0.000
    Y5           23.335     1.251    18.657    0.000

  Variances
    Y0           72.172     5.229    13.802    0.000
    Y1           54.313     5.654     9.606    0.000
    Y2           56.773     5.968     9.513    0.000
    Y3           56.925     5.142    11.070    0.000
```

续表

Y4	58.005	5.820	9.966	0.000
Y5	63.027	6.445	9.779	0.000

Categorical Latent Variables
Means

C#1	0.804	0.153	5.239	0.000

6.4.2　潜转换分析模型 (Latent transition analysis (LTA) model)

潜转换分析 (LTA) 是一种纵向混合模型, 用于研究潜类别状态随时间的变化 (Graham, Collins, Wugalter, et al., 1991; Lanza, Flaherty & Collins, 2003; Lanza & Collins, 2008)). LTA 是 LCA 或 LPA 模型在纵向数据上的扩展, 其中 LCA 或 LPA 扮演了测量模型 (measurement model) 的角色. 模型将估计各时间点的潜类别, 然后分析潜类别状态随时间的转换. 通常假设一阶平稳转换 (first-order stationary transition), 即在时间 T 的类别状态仅受时间 $(T-1)$ 的状态影响.

下面, 我们用在两个时间点的五种健康测量[①] (疼痛 (Pain)、疲劳 (Fatigue)、抑郁 (Depression)、焦虑 (Anxiety) 和行动不便 (Mobility difficulty)) 的模拟数据来演示 LTA 的应用. 第一时间点 T_1 有 $N = 300$ 个观察值, 第二时间点 T_2 有 $N = 250$ 个观察值. 每个健康指标都是连续变量, 分值越高表示健康状况越差. 表 6.13 显示了时间 T_1 和 T_2 时五种健康指标的描述性统计. T_1 的健康指标平均得分略高于 T_2. 为了检验健康测量在 T_1 和 T_2 的模式, 以及从 T_1 到 T_2 的健康测量模式的转换, 我们首先分别使用特定于时间点的数据运行 LPA 模型; 然后, 用 LTA 来研究健康测量模式从 T_1 到 T_2 的转换.

表 6.13　各时间点的健康测量样本统计

变量	T_1 ($N = 300$)	T_2 ($N = 250$)
	均值 (标准差)	均值 (标准差)
疼痛 (Pain)	45.14 (8.98)	43.24 (9.69)
疲劳 (Fatigue)	46.78 (11.99)	44.20 (13.13)
抑郁 (Depression)	48.17 (10.68)	43.95 (10.65)
焦虑 (Anxiety)	46.07 (9.81)	41.73 (10.56)
行动不便 (Mobility difficulty)	57.51 (9.88)	54.91 (10.77)

[①] 这里的健康测量是模拟的 PROMIS (Patient-Reported Outcomes Measurement Information System) 测量.

在第 6.2 节和第 6.3 节中讨论的 LCA/LPA 建模的策略分别用于确定 T_1 和 T_2 的最佳潜剖面数. 我们的模型结果表明 2-剖面 LPA 模型对 T_1 和 T_2 都是首选. 以下 Mplus 程序分别估计第一时间点 T_1 的 2-剖面 LPA 模型.

Mplus 程序 6.12

```
TITLE: T1 LPA
DATA: FILE = LTAT1_T2.dat;
VARIABLE:
NAMES = Pain1 fatigue1 depress1 anxiety1 mobility1
Pain2 fatigue2 depress2 anxiety2 mobility2
Age Gender PID;
MISSING = .;
USEVAR = Pain1 fatigue1 depress1 anxiety1 mobility1;
CLASSES = C(2);
ANALYSIS:
TYPE = MIXTURE;
STARTS = 2000 500;
STITERATIONS = 50;
LRTBOOTSTRAP = 200;
LRTSTARTS = 20 5 100 25;
MODEL:
%OVERALL%
OUTPUT: TECH11 TECH14;
PLOT: TYPE = PLOT3;
SERIES Pain1 fatigue1 depress1 anxiety1 mobility1(*);
```

然后, 用 T_2 的数据运行相同的程序. 由 LPA 模型估计的第一时间点 (T_1) 和第二时间点 (T_2) 的潜剖面模式相似 (见图 6.5a 和图 6.5b) 并且两个时间点的两个潜剖面都可以定义为 "较少痛苦" 与 "较多痛苦" 剖面. 接下来, 我们将同时估计 T_1 和 T_2 的潜剖面变量, 并使用潜转换分析 (latent transition analysis, LTA) 模型检验从 T_1 到 T_2 的潜剖面转换. 为了确认在不同的时间点估计的潜剖面具有相同的定义, 我们应该检验剖面内条目均值和方差随时间的不变性. 如果剖面内条目均值和方差 (within-profile item mean and variance), 特别是条目均值, 是随时间非不变的, 那么潜剖面在不同时间点的定义不一样, 这样便很难解释潜剖面随时间的转换. 下面, 我们首先估计一个 LTA, 对剖面内条目均值和方差不设任何限制; 再估计另一个 LTA, 对 T_1 和 T_2 的剖面内条目均值和方差施加等同限制 (equality restriction). 然后比较这两个模型的似然函数.

以下程序运行不设限的 LTA.

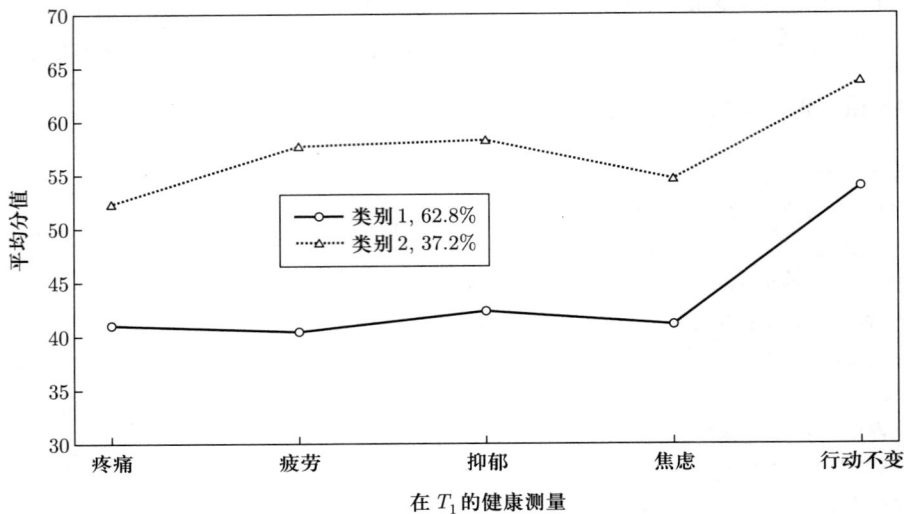

图 6.5a　LPA 模型估计的第一时间点 (T_1) 的潜类别模式

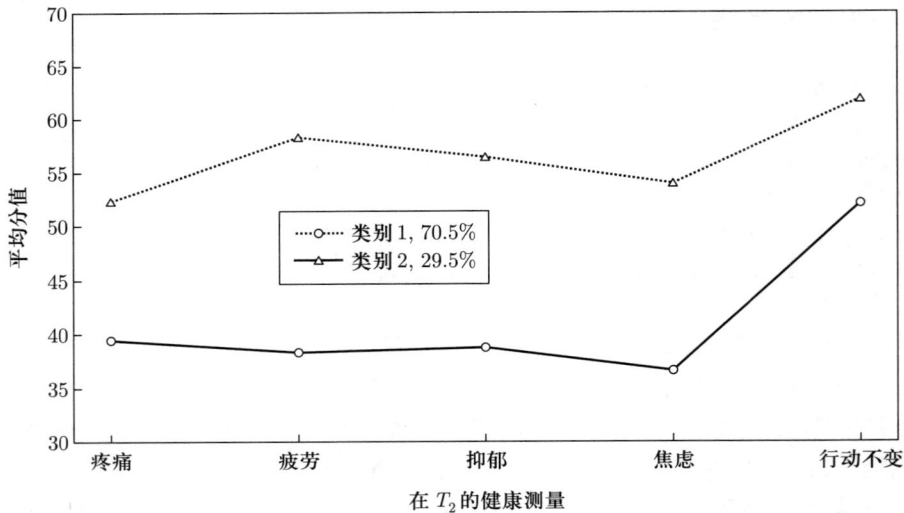

图 6.5b　LPA 模型估计的第二时间点 (T_2) 的潜类别模式

Mplus 程序 6.13

```
TITLE: T1-T2 LTA with measurement noninvariance
DATA: FILE = LTAT1_T2.dat;
VARIABLE:
```

```
NAMES = Pain1 fatigue1 depress1 anxiety1 mobility1
Pain2 fatigue2 depress2 anxiety2 mobility2
Age Gender PID;
MISSING = .;
Usevariables = Pain1 fatigue1 depress1 anxiety1 mobility1
Pain2 fatigue2 depress2 anxiety2 mobility2;
CLASSES = C1(2) C2(2);
IDVARIABLE = PID;
ANALYSIS: !Estimator = MLR; !default;
TYPE = MIXTURE;
STARTS = 500 50;
MODEL:
%OVERALL%
C2 on C1;
OUTPUT: TECH15;
```

其中估计了两个潜剖面变量 (C_1 和 C_2), 每个变量都有两个潜剖面, 并且在整个 MODEL 指令中, 将 T_2 处的潜剖面变量 C_2 回归到 T_1 处的潜剖面变量 C_1 上. OUTPUT 指令中的 TECH15 选项要求打印模型中分类潜剖面变量的边际和条件概率, 包括潜剖面转换概率. 当一个模型涉及多个潜类别/剖面变量时, Mplus 不支持 TECH11 和 TECH14, 因此它们未包含在上述 Mplus 程序中. 在下面的 Mplus 程序中, 我们在 LTA 模型中加入了剖面内条目均值不变性限制.

Mplus 程序 6.14

```
TITLE: T1-T2 LTA with item means invariance
DATA: FILE = LTAT1_T2.dat;
VARIABLE:
NAMES = Pain1 fatigue1 depress1 anxiety1 mobility1
Pain2 fatigue2 depress2 anxiety2 mobility2
Age Gender PID;
MISSING = .;
Usevariables = Pain1 fatigue1 depress1 anxiety1 mobility1
Pain2 fatigue2 depress2 anxiety2 mobility2;
CLASSES = C1(2) C2(2);
IDVARIABLE = PID;
ANALYSIS: !Estimator = MLR; !default;
TYPE = MIXTURE;
```

```
STARTS = 500 50;
MODEL:
%OVERALL%
C2 ON C1;
Model C1:
%C1#1%
[Pain1-mobility1](m1-m5);
%C1#2%
[Pain1-mobility1](m6-m10);
Model C2:
%C2#1%
[Pain2-mobility2](m1-m5);
%C2#2%
[Pain2-mobility2](m6-m10);
OUTPUT: TECH15;
```

在程序的剖面特定模型指令 MODEL C1 和 MODEL C2 中, 潜剖面变量中的条目均值在剖面 1 中标记为 (m1 – m5), 在剖面 2 中标记为 (m6 – m10). 因此, 特定剖面的条目均值被限制为跨时间不变 (即潜变量 C_1 和 C_2 中的条目均值在 T_1 和 T_2 不变). 默认情况下, 稳健估计 MLR 用于 Mplus 程序 6.13 和 6.14 中的模型估计. 因此, Mplus 输出中提供的模型拟合对数似然值不能直接用于似然比 (LR) 来检验比较不同的模型 (Satorra & Bentler, 1988), 而应使用第二章第 2.4.2 节中讲述的方法进行 LR 检验. LR 检验的结果显示, C_1 和 C_2 在 T_1 和 T_2 的剖面内条目均值显著不同 ($P < 0.001$) 表明潜剖面定义在不同时间点是不同的. 虽然不同时间点的 C_1 和 C_2 都可以定义为 "较少痛苦" 和 "较多痛苦" 剖面, 但痛苦程度不同, 因而剖面定义在 T_1 和 T_2 是不同的. 这里我们假设 Mplus 程序 6.14 设定的剖面内条目均值跨时间不变性成立, 演示分析 LTA 模型结果.

　　Mplus 程序 6.14 的部分结果见表 6.14. 该表顶部显示的是基于估计模型的剖面计数和比例; 基于最大似然潜剖面估计的相应数字由 TECH15 生成, 显示在表格的底部. 注意, 分配给剖面变量 C_2 的案例总数为 $N = 300$ (T_1 的样本量), 而不是 $N = 250$ (T_2 的样本量). 这是因为 MLR 估计结合使用全信息最大似然 (full information maximum likelihood, FIML) 来估计模型, 这样数据集中的所有信息都被保留在分析中. 因此, 一个案例只要在任何一个时间点具有有效值, 它便可以纳入模型估计, 并获得潜剖面成员资格估计.

表 6.14 部分 Mplus 输出: 具有条目均值不变性的 2-剖面 LTA 模型

...

```
FINAL CLASS COUNTS AND PROPORTIONS FOR EACH LATENT CLASS VARIABLE
BASED ON THE ESTIMATED MODEL

  Latent Class
    Variable    Class

    C1            1        165.89238        0.55297
                  2        134.10762        0.44703
    C2            1        203.57275        0.67858
                  2         96.42725        0.32142


CLASSIFICATION QUALITY

    Entropy                     0.852
...
LATENT TRANSITION PROBABILITIES BASED ON THE ESTIMATED MODEL

  C1 Classes (Rows) by C2 Classes (Columns)


           1        2
   1     0.975    0.025
   2     0.312    0.688


TRANSITION PROBABILITY ODDS

    TRANSITION TABLE ODDS AND 95% CONFIDENCE INTERVALS FOR C1 TO C2
       1.000(1.000,1.000)    0.026(0.007,0.098)
       0.454(0.265,0.776)    1.000(1.000,1.000)


C-SPECIFIC CLASSIFICATION RESULTS

Classification Quality for C1

    Entropy                     0.874
...
Logits for the Classification Probabilities for the Most Likely Latent Class
Membership (Column) by Latent Class (Row)

           1        2

   1     3.543    0.000
   2    -3.102    0.000
```

续表

Classification Quality for C2

    Entropy   0.803

...

Logits for the Classification Probabilities for the Most Likely Latent Class
Membership (Column) by Latent Class (Row)

	1	2
1	2.775	0.000
2	-2.648	0.000

MODEL RESULTS

	Estimate	S.E.	Est./S.E.	Two-Tailed P-Value

Parameters in the Overall Part of the Model (Parameters Equal in All of the Classes)

Variances

	Estimate	S.E.	Est./S.E.	P-Value
PAIN1	51.689	4.799	10.770	0.000
FATIGUE1	65.953	6.670	9.888	0.000
DEPRESS1	59.883	5.664	10.572	0.000
ANXIETY1	59.983	5.900	10.166	0.000
MOBILITY1	70.720	5.975	11.837	0.000
PAIN2	55.698	6.645	8.381	0.000
FATIGUE2	80.357	8.653	9.287	0.000
DEPRESS2	56.644	7.771	7.290	0.000
ANXIETY2	57.316	8.696	6.591	0.000
MOBILITY2	90.873	7.597	11.962	0.000

Parameters for Class-specific Model Parts of C1

Latent Class C1#1

Means

	Estimate	S.E.	Est./S.E.	P-Value
PAIN1	39.721	0.421	94.413	0.000
FATIGUE1	38.375	0.764	50.261	0.000
DEPRESS1	40.137	0.647	62.062	0.000
ANXIETY1	38.549	0.564	68.358	0.000
MOBILITY1	52.284	0.836	62.533	0.000

Latent Class C1#2
Means

	Estimate	S.E.	Est./S.E.	P-Value
PAIN1	51.617	1.134	45.508	0.000

FATIGUE1	57.240	0.992	57.700	0.000
DEPRESS1	56.008	1.131	49.500	0.000
ANXIETY1	52.949	1.220	43.384	0.000
MOBILITY1	63.004	0.749	84.062	0.000

Parameters for Class-specific Model Parts of C2

Latent Class C2#1

Means
PAIN2	39.721	0.421	94.413	0.000
FATIGUE2	38.375	0.764	50.261	0.000
DEPRESS2	40.137	0.647	62.062	0.000
ANXIETY2	38.549	0.564	68.358	0.000
MOBILITY2	52.284	0.836	62.533	0.000

Latent Class C2#2

Means
PAIN2	51.617	1.134	45.508	0.000
FATIGUE2	57.240	0.992	57.700	0.000
DEPRESS2	56.008	1.131	49.500	0.000
ANXIETY2	52.949	1.220	43.384	0.000
MOBILITY2	63.004	0.749	84.062	0.000

Categorical Latent Variables

C2#1   ON
C1#1	4.450	0.762	5.839	0.000

Means
C1#1	0.213	0.161	1.318	0.187
C2#1	-0.791	0.274	-2.887	0.004

...

TECHNICAL 15 OUTPUT

   ESTIMATED CONDITIONAL PROBABILITIES FOR THE LATENT CLASS VARIABLES

   P(C1=1)=0.553
   P(C1=2)=0.447

   P(C2=1|C1=1)=0.975
   P(C2=2|C1=1)=0.025

   P(C2=1|C1=2)=0.312
   P(C2=2|C1=2)=0.688

```
ESTIMATED MARGINAL PROBABILITIES FOR THE LATENT CLASS VARIABLES

    P(C2=1)=0.679
    P(C2=2)=0.321
...
FINAL CLASS COUNTS AND PROPORTIONS FOR THE LATENT CLASSES
BASED ON THEIR MOST LIKELY LATENT CLASS PATTERN

Class Counts and Proportions
  Latent Class
    Pattern

 1  1              164          0.54667
 1  2                3          0.01000
 2  1               34          0.11333
 2  2               99          0.33000


FINAL CLASS COUNTS AND PROPORTIONS FOR EACH LATENT CLASS VARIABLE
BASED ON THEIR MOST LIKELY LATENT CLASS PATTERN

    Latent Class
      Variable    Class
      C1            1          167          0.55667
                    2          133          0.44333
      C2            1          198          0.66000
                    2          102          0.34000
```

　　在我们的 LTA 模型示例中有两个剖面变量 (C_1 和 C_2), 每个变量分别有两个剖面, 因而总共有四个可能的从 C_1 到 C_2 的剖面转换. 在表 6.14 中, 标记为 "LATENT TRANSITION PROBABILITIES BASED ON THE ESTIMATED MODEL" 的转换矩阵的对角线数字是个体在 C_1 和 C_2 中均处在相同剖面的概率 (如在 T_1 和 T_2 时均处在剖面 1 内), 非对角线数字是从 C_1 中的特定剖面转换到 C_2 中不同特定剖面的概率. 从 C_1 的剖面 1 到 C_2 的剖面 2 的转换概率很小 (0.025), 表明从 T_1 的 "较少痛苦" 剖面转换到 T_2 的 "较多痛苦" 剖面的概率很小. 另一方面, 从 C_1 的剖面 2 转换到 C_2 的剖面 1 的概率相对较大 (0.312), 表明从 T_1 的 "较多痛苦" 剖面转换到 T_2 的 "较少痛苦" 剖面的概率则相对大些. 也就是说, 健康状况随时间有所改善.

　　相应的转换概率比和 95% 置信区间显示在表 6.14 中标记为 "TRANSITION PROBABILITY ODDS" 的部分中. 在该转换矩阵中, 对角线 (即滞留者 (stayer)) 被视为参考组. 相对于停留在剖面 1, 从 T_1 的剖面 1 转换到 T_2

的剖面 2 的概率比为 OR = 0.026, 95% 置信区间 = (0.007, 0.098); 相比之下, 从 T_1 的剖面 2 转换到 T_2 的剖面 1 的概率比较高 OR = 0.454, 95% 置信区间 = (0.265, 0.776).

我们通过逻辑斯谛回归模型来分析从 C_1 到 C_2 的剖面转换. 在模型中, 因变量 (C_2) 的最后一个剖面 (即 T_2 处的剖面 2) 被视为参考组, 自变量 C_1 中代表剖面 1 的虚拟变量 (dummy variable) 为预测变量. 逻辑斯谛回归模型的参数估计在表 6.14 中标记为 "Categorical Latent Variables" 的部分中报告. 在 "Means" 标题下, C1#1=0.213 不是均值, 而是在 T_1 时被归类到剖面 1 中的 logit (或对数几率). 被归类到 T_1 的剖面 1 和剖面 2 的概率可以计算如下:

$$P(C_1 = 1) = \frac{\exp(0.213)}{1 + \exp(0.213)} = 0.553, \tag{6.12}$$

$$P(C_1 = 2) = \frac{1}{1 + \exp(0.213)} = 0.447. \tag{6.13}$$

C$_2$#1 = -0.791 是 C_2 对 C_1 的逻辑斯谛回归的截距 α, 其中, C_1 是唯一以 T_1 的剖面 2 作为参考组的预测变量. C$_1$#1 对 C$_2$#1 有显著的正效应 ($\beta = 4.450, P < 0.0001$) (参见表 6.14 中 "Categorical Latent Variables" 部分). 就是说, 与 T_1 时剖面 2 中的个体相比, T_1 时剖面 1 中的个体更有可能在 T_2 时转换到 (滞留在) 剖面 1. 从 T_1 的剖面 1 转换到 T_2 的剖面 1 和剖面 2 的概率可以分别计算如下:

$$P(C_2 = 1|C_1 = 1) = \frac{\exp(\alpha + \beta)}{1 + \exp(\alpha + \beta)} = \frac{\exp(-0.791 + 4.450)}{1 + \exp(-0.791 + 4.450)} = 0.975, \tag{6.14}$$

$$P(C_2 = 2|C_1 = 1) = \frac{1}{1 + \exp(\alpha + \beta)} = \frac{1}{1 + \exp(-0.791 + 4.450)} = 0.025. \tag{6.15}$$

由上式计算出的剖面概率和剖面转换概率与 Mplus 输出报告匹配 (见表 6.14 的 TECHNICAL 15 OUTPUT 部分). 从 T_1 的剖面 2 转换到 T_2 的剖面 1 和剖面 2 的概率可以用同样的方式算出. 其他转换概率, 如 $P(C_2 = 1|C_1 = 2)$ 和 $P(C_2 = 2|C_1 = 2)$, 可以在逻辑斯谛回归模型中改变参考组后以同样的方式计算.

6.4.3　用三步法估计带协变量的 LTA 模型 (Estimate LTA model with covariates using 3-step method)

在估计潜类别/剖面以及潜类别/剖面分类和转换的同时, 我们可以在 LTA 模型中加入协变量来检验它们对潜类别/剖面分类和转换的影响. 下面, 我们使用三步法演示具有两个协变量 (*Age*、*Gender*) 的 LTA 估计.

步骤 1 运行不带协变量的 LTA 模型, 并将估计的潜剖面变量 S_1 和 S_2 保存在文本文件 LTA3Step.dat 中. Mplus 程序如下:

Mplus 程序 6.15

```
TITLE: 3-Step LTA: Step 1
DATA: FILE = LTAT1_T2.dat;
VARIABLE:
NAMES = Pain1 fatigue1 depress1 anxiety1 mobil1
Pain2 fatigue2 depress2 anxiety2 mobil2
Age Gender PID;
MISSING = .;
Usevariables = Pain1 fatigue1 depress1 anxiety1 mobil1
Pain2 fatigue2 depress2 anxiety2 mobil2;
CLASSES = C1(2) C2(2);
IDVARIABLE = PID;
AUXILIARY = Age Gender;
ANALYSIS: Estimator = MLR;
TYPE = MIXTURE;
STARTS = 500 50;
MODEL:
%OVERALL%
C2 ON C1;
Model C1:
%C1#1%
[Pain1-mobil1](m1-m5);
%C1#2%
[Pain1-mobil1](m6-m10);
Model C2:
%C2#1%
[Pain2-mobil2](m1-m5);
%C2#2%
[Pain2-mobil2](m6-m10);
```

```
SAVEDATA: FILE = LTA3Step.dat; SAVE = cprob;
Format = free;
```

以上程序生成的数据文件 LTA3Step.dat 用于在模型估计步骤 3 中检验协变量的效应. 以下 Mplus 程序运行 LTA 模型步骤 3:

Mplus 程序 6.16

```
TITLE: 3-Step LTA: Step 3
DATA: FILE = LTA3Step.dat;
VARIABLE:
NAMES = PAIN1 FATIGUE1 DEPRESS1 ANXIETY1 MOBIL1
PAIN2 FATIGUE2 DEPRESS2 ANXIETY2 MOBIL2
Age Gender CPROB1-CPROB4 S1 S2 MLCJOINT PID;
MISSING = *;
Usevariables = PAIN1 FATIGUE1 DEPRESS1 ANXIETY1 MOBIL1
PAIN2 FATIGUE2 DEPRESS2 ANXIETY2 MOBIL2
S1 S2 Age Gender;
NOMINAL = S1 S2;
CLASSES = C1(2) C2(2);
ANALYSIS:
TYPE = MIXTURE;
STARTS = 0;
Model:
%overall%
C2 ON C1;
C1 C2 ON Age Gender;
Model C1:
%C1#1%
[S1#1@3.543];
%C1#2%
[S1#1@-3.102];
Model C2:
%C2#1%
[S2#1@2.775];
%C2#2%
[S2#1@-2.648];
```

数据中的变量 S_1 和 S_2 是 Mplus 程序 6.15 中估计的潜剖面变量的标识. S_1 和 S_2 在上述程序的 VARIABLE 指令中被设定为名义变量. 因为潜剖

面分类从步骤 1 中已知, 无须再估计, 在 ANALYSIS 指令中我们将随机起始值的数量设置为 0 (STARTS = 0). 三步法的步骤 2 实际上在 Mplus 程序 6.15 运行时在内部进行了, 计算出的 S 分类概率的 logit 打印在该程序输出的 "Logits for the Classification Probabilities for the Most Likely Latent Class Membership (Column) by Latent Class (Row)" 部分. 这些 logit 在以上 Mplus 程序 6.16 的特定剖面模型中被预设定为相应的参数 [S#1] 和 [S#2] 的值 (例如, [S1#1@3.543]), 这样便固定了潜剖面变量和最大似然剖面变量 S 之间的测量关系. 表 6.15 报告了 Mplus 6.16 的部分结果. 年龄 (Age) 对时间点 T_1 的剖面分类有显著的负效应. 年龄较大者在 T_1 时分类到剖面 1 的可能性较小 (OR = 0.632, 95% 置信区间 = (0.542, 0.738)). 表 6.15 中标记为 "COVARIATE EFFECTS ON TRANSITION PROBABILITY ODDS RATIOS" 的部分显示协变量对潜转换的效应. 随时间的推移, 年龄和性别对剖面转换 (profile transition) 都没有显著影响. 例如, 从时间点 T_1 到 T_2, 男性 ($Gender = 1$) 转换到剖面 2 的概率比女性 ($Gender = 0$) 低 (0.398 倍); 然而, 该效应在统计上并不显著 (OR = 0.398, 95% 置信区间 = (0.085, 1.868)). 协变量对剖面转换的效应不显著可能是因为样本量较小. LTA 要求大样本量以确保有足够大的统计功效 (statistical power) 来检验协变量对类别/剖面转换的影响.

表 6.15　部分 Mplus 输出: 三步法 LTA 模型的部分结果

```
FINAL CLASS COUNTS AND PROPORTIONS FOR EACH LATENT CLASS VARIABLE BASED ON THE
ESTIMATED MODEL

   Latent Class
     Variable    Class

      C1            1         169.23822            0.56983
                    2         127.76177            0.43017
      C2            1         199.91333            0.67311
                    2          97.08665            0.32689


CLASSIFICATION QUALITY
    Entropy                      0.941

LOGISTIC REGRESSION ODDS RATIO RESULTS
                                         95% C.I.
                 Estimate      S.E.  Lower 2.5%   Upper 2.5%
```

```
Categorical Latent Variables

 C1#1      ON
    AGE                0.632      0.050      0.542      0.738
    GENDER             1.098      0.614      0.366      3.288


 C2#1      ON
    AGE                0.908      0.062      0.794      1.039
    GENDER             2.513      1.982      0.535     11.793


LATENT TRANSITION PROBABILITIES BASED ON THE ESTIMATED MODEL

 C1 Classes (Rows) by C2 Classes (Columns)


            1          2

  1      0.918      0.082
  2      0.356      0.644


TRANSITION PROBABILITY ODDS
     EVALUATED AT THE SAMPLE MEAN FOR ALL COVARIATES
     TRANSITION TABLE ODDS AND 95% CONFIDENCE INTERVALS FOR C1 TO C2

       1.000(1.000,1.000)    0.086(0.027,0.279)
       0.546(0.257,1.161)    1.000(1.000,1.000)


COVARIATE EFFECTS ON TRANSITION PROBABILITY ODDS RATIOS

     EFFECT OF AGE
TRANSITION TABLE ODDS RATIO AND 95% CONFIDENCE INTERVALS FOR C1 TO C2

       1.000(1.000,1.000)    1.102(0.963,1.260)
       0.908(0.794,1.039)    1.000(1.000,1.000)


     EFFECT OF GENDER

TRANSITION TABLE ODDS RATIO AND 95% CONFIDENCE INTERVALS FOR C1 TO C2

       1.000( 1.000, 1.000)    0.398( 0.085, 1.868)
       2.513( 0.535,11.793)    1.000( 1.000, 1.000)
...
```

用三步法估计带协变量的 LTA 模型较麻烦, 如果潜类别/剖面分类的质量很好 (例如, 熵 ⩾ 0.80), 我们可以用 SAVEDATA 指令保存估计的潜类别/剖面

变量和潜转换信息 (Clark, 2010). 这样, 我们便可以使用通用统计软件包 (如 SAS、SPSS 或 STATA) 轻松检查潜类别/剖面和潜转换与协变量以及远端结局的关系. 对于我们的示例模型, 熵 = 0.85, 因此我们可以将 SAVEDATA 指令添加到 Mplus 程序 6.16 中, 将潜剖面变量和潜转换信息保存在文本数据文件中以供进一步分析.

6.4.4　发展混合模型 (Growth mixture model, GMM)

在第四章中, 我们介绍了潜发展模型 (LGM), 其中, 连续潜变量 (即潜截距和斜率发展因子) 反映结局发展轨迹 (outcome growth trajectory). LGM 假设结局发展轨迹具有同质性 (homogeneity), 其中个体发展轨迹围绕整体平均发展轨迹随机变化. 很多时候, 同质性假设是不切实际的. 忽视可能的结局发展异质性 (heterogeneity), 仅关注整体平均发展轨迹可能会导致对结局发展的误导性理解和错误结论. 在本节中, 我们将 LGM 扩展到发展混合模型 (GMM), 以评估就结局变量发展轨迹而言, 研究总体是否由未观察到的子群/类别的混合组成 (Muthén, 2001, 2002, 2004; Muthén & Muthén, 2000; Muthén & Shedden, 1999; Verbeke & Lesaffre, 1996; Li, et al., 2001). GMM 在社会科学和公共卫生研究的不同领域的纵向研究中越来越受欢迎, 因为它能够检验不能直接观察到的结局发展轨迹异质性; 将每个个体分类到不同的具有独特的潜发展轨迹的类别/组别; 并将异质轨迹与远端结局变量和协变量相关联.

图 6.6 有助于比较 LGM 和 GMM 中的结局发展轨迹. 图 6.6a 显示一种假设的成长轨迹, 其中每条线代表一个个体的成长轨迹, 不同的个体有不同的截距和斜率.

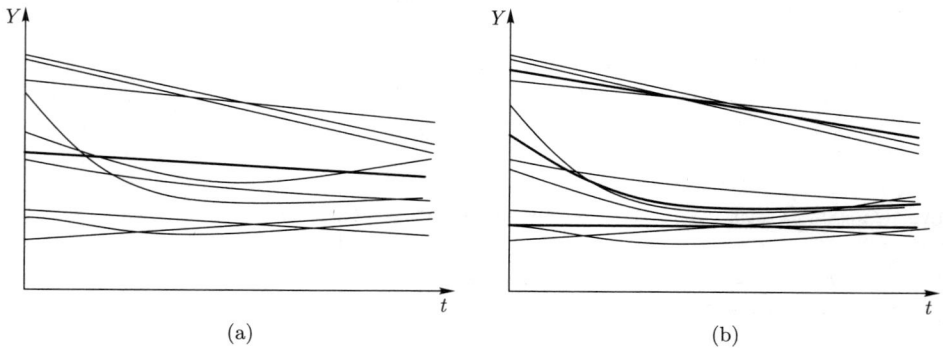

图 6.6　潜发展模型和发展混合模型中的结局发展轨迹

粗线代表整体平均发展轨迹. 第四章讨论的 LGM 分析了这种结局发展轨

迹. 围绕整体平均发展轨迹 (图 6.6a 中的粗黑线) 的个体变化由随机截距和斜率系数决定.

LGM 可以推广到发展混合模型 (GMM), 该模型通过将个体分类为具有不同潜轨迹的类别来容纳未观察到的关于结局发展的群体异质性. LGM 使用连续潜变量 (即潜发展因子) 来概括随时间推移的结局发展轨迹. 在 LGM 的基础上, GMM 通过使用分类潜变量 (即潜类别) 进一步识别结局发展轨迹的模式. 也就是说, GMM 使用连续潜变量 (即潜发展因子) 和分类潜变量来表示结局发展. 图 6.6b 显示了三个不同结局发展轨迹组:

- 第 1 组: 结局的初始水平较低且结局随着时间的推移没有显著变化;
- 第 2 组: 结局的初始水平中等偏高, 结局有显著的非线性变化;
- 第 3 组: 结局的初始水平较高, 且结局呈快速线性变化.

显然, 整体平均发展轨迹 (图 6.6a 中的粗线) 忽略了发展轨迹的异质性, 整体发展轨迹可能会提供关于结局变量随时间变化的误导性信息.

从直观的角度来看, 我们可以认为运行 GMM 是分两步实现的 (当然这两个步骤在模型估计中是同时进行的): 首先, 从 LGM 估计个体发展轨迹, 然后根据个体结局发展轨迹的模式对个体进行聚类, 将每个个体聚类到分类潜变量的特定类别中. 发展轨迹在类别内相似, 但在类别间不同. 使用连续和分类潜变量的组合, GMM 比 LGM 具有明显的优势. 它不仅对个体内发展轨迹和个体间发展轨迹进行建模, 而且还通过识别不同的潜类别来容纳结局发展轨迹中未观察到的群体异质性. 每个特定发展轨迹类别中的发展轨迹可以是线性的或非线性的, 并且轨迹可以是跨类别不变或非不变的, 这取决于所研究总体的性质. 下面, 我们使用真实的研究数据演示 GMM 的应用.

6.4.4.1 无条件发展混合模型 (Unconditional GMM)

本节将使用第四章演示 LGM 的数据来演示 GMM. 具体研究 (1) 在 30 个月的观察期内, 可卡因使用频数是否存在不同的变化模式; (2) 哪些个体特征会影响结局发展和发展轨迹的模式; (3) 可卡因使用频数的不同发展轨迹模式是否与观察期结束时的抑郁状态有关. 建模中涉及的结局测量是在六个时间点 T_0—T_5 测量的可卡因使用频数; 协变量是 $Gender$、$Ethnic$、Age 和 Edu; 远端结局测量是 BDI 定义的抑郁状态.

我们从图 6.7 所示的无条件 GMM 开始, 其中可卡因使用频数的六个重复测量值 (Y_0—Y_5) 作为潜发展截距因子 (latent growth intercept factor, η_0) 和潜发展斜率因子 (latent growth slope factor, η_1) 的标识变量. 在模型中, 时间分值 (time score) 在 T_0 被固定为 0, 而在 T_1 被固定为 1, 这是出于模型识别的需要; 其他时间点的时间分值则被设置为自由参数. 这样, 结局发展函数将由数据决定, 而非像在传统纵向统计模型中那样将发展函数预设为已知函数, 如线性、二次、三次函数等. 图 6.7 中所示潜发展因子 η_0 和 η_1 是连续潜变量. 它们被视为分类潜变量 (图 6.7 中的变量 C) 的标识变量. 结局发展轨迹因类别而异, 在类别内相似, 但仍然可能存在类别内变异.

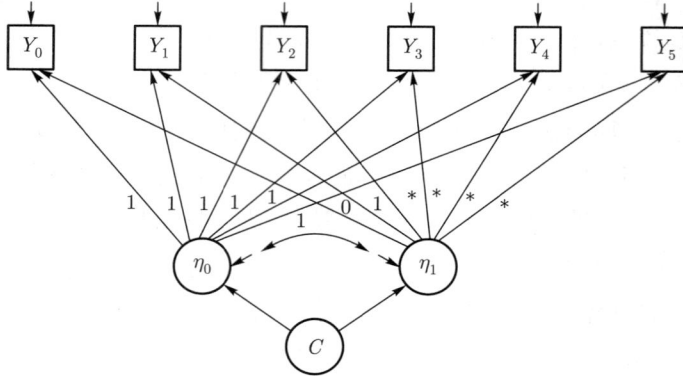

图 6.7　　无条件 GMM

　　运行 GMM 需要经历与运行 LCA 相同的过程. 即我们首先需要确定发展轨迹潜类别的最佳数量, 检查潜类别分类的质量, 定义潜发展轨迹类别, 并检验协变量与潜类别变量的关系等. 下面, 我们估计和比较不同潜轨迹的 GMM.

　　1-类别 GMM: 非线性发展轨迹 (设定时间分值为自由参数, 让数据决定结局发展轨迹).

　　2-类别 GMM: 发展轨迹在类别 2 为线性, 在类别 1 为非线性 (设定时间分值为自由参数).

　　3-类别 GMM: 发展轨迹在类别 2 为线性, 在类别 1 和类别 3 为非线性 (设定时间分值为自由参数).

　　4-类别 GMM: 发展轨迹在类别 1 和类别 2 为线性, 在类别 3 和类别 4 为非线性 (设定时间分值为自由参数).

　　5-类别 GMM: 发展轨迹在类别 1 和类别 2 为线性, 在类别 3、类别 4 和类别 5 为非线性 (设定时间分值为自由参数).

以上模型中, 4-类别 GMM 拟合数据更好, 是首选模型. 4-类别 GMM 的 Mplus 程序如下:

Mplus 程序 6.17[①]

```
TITLE: 4-Class Unconditional Growth Mixture Model (GMM)
DATA: FILE = Crack_BDI.dat;
VARIABLE:
NAMES = Ethnic Gender Age Edu Y0-Y5 Z0-Z5;
MISSING = ALL (-9);
USEVAR = Y0-Y5;
CLASSES = C(4);
ANALYSIS:
TYPE = MIXTURE;
STARTS = 1000 250;!# of random sets of starting values & final optimizations;
LRTBOOTSTRAP = 500;!number of bootstrap draws;
LRTSTARTS = 20 5 100 25;!# of starts and optimizations for TECH14;
MODEL:
%OVERALL%
eta0 eta1|Y0@0 Y1@1 Y2* Y3* Y4* Y5*;
%C#1%
eta0 eta1|Y0@0 Y1@1 Y2@2 Y3@3 Y4@4 Y5@5;
%C#2%
eta0 eta1|Y0@0 Y1@1 Y2@2 Y3@3 Y4@4 Y5@5;
%C#3%
eta0 eta1|Y0@0 Y1@1 Y2* Y3* Y4* Y5*;
OUTPUT: TECH11 TECH14;
PLOT: TYPE = PLOT3;
Series = Y0-Y5(*);
```

其中, 使用的数据集 (Crack_BDI.dat) 是第四章中用于模型演示的数据集. 可卡因使用频数的重复测量 ($Z_0 - Z_5$) 用于无条件 GMM. 在 OVERALL 模型指令中时间分值被设定为自由参数. 这样结局发展轨迹的时间函数由数据决定, 而非人为地设定为已知的线性或非线性函数. 注意, OVERALL 模型中设定的结局发展轨迹是整体模型设定. 如果在特定类别模型指令中没有给出进一步的发展轨迹设定, 那么 Mplus 将假设所有类别具有相同的发展时间函数. 在上面的程序中, 我们在 %C#1% 和 %C#2% 特定类别模型指令中设定类别 1 和类别 2 的结局发展轨迹为线性时间函数. 在 %C#3% 特定类别模型指令中, 时间

[①] 这个 Mplus 程序中设定了 1000 组随机启动值和 500 次自助抽样, 模型估计需要很长时间. 为减少模型估计时间, 我们可以首先运行没有 BLR 检验的模型. 然后从与最佳对数似然值相关的模型输出中识别随机种子 (如 648035); 再在模型中加入 BLR 检验, 并在程序的 ANALYSIS 指令中使用 OPTSEED 语句设定随机种子 (如设定 OPTSEED = 648035); 另外设置 STARTS = 0. 这样, 总的模型估计时间将大大减少.

分值被设定为自由参数, 因而类别 3 的结局发展时间函数由数据决定. 因为没有类别 4 的特定模型, 该类别的结局发展轨迹默认由 OVERALL 模型定义.

部分的模型结果如表 6.16 所示. 样本中的个体被分为四类, 每一类都有不同的发展轨迹, 就可卡因随时间的使用频数而言. 在总共 430 个病例中, 38.1% ($N = 164$) 被归类为类别 1, 11.2% ($N = 48$) 被归类为类别 2, 32.3% ($N = 139$) 被归类为类别 3, 18.4% ($N = 79$) 被归类为类别 4. 潜类别分类质量较好 (熵 = 0.878); 表 6.16 中最大似然潜类别的分类概率矩阵中的对角线值都远高于 0.70, 即可接受的分类的经验法则 (Nagin, 2005).

表 6.16　　部分 Mplus 输出: 4-类别无条件 GMM

```
FINAL CLASS COUNTS AND PROPORTIONS FOR THE LATENT CLASSES
BASED ON THE ESTIMATED MODEL

    Latent Classes

       1         168.50295            0.39187
       2          42.71622            0.09934
       3         130.17983            0.30274
       4          88.60101            0.20605
...
FINAL CLASS COUNTS AND PROPORTIONS FOR THE LATENT CLASSES
BASED ON THEIR MOST LIKELY LATENT CLASS MEMBERSHIP

Class Counts and Proportions

    Latent Classes

       1            164               0.38140
       2             48               0.11163
       3            139               0.32326
       4             79               0.18372


CLASSIFICATION QUALITY

    Entropy                   0.878
...
Classification Probabilities for the Most Likely Latent Class
Membership (Column) by Latent Class (Row)

            1         2         3         4

    1    0.962     0.037     0.001     0.000
```

续表

2	0.021	0.979	0.000	0.000
3	0.003	0.000	0.941	0.055
4	0.006	0.000	0.184	0.810

...

MODEL RESULTS

	Estimate	S.E.	Est./S.E.	Two-Tailed P-Value
Latent Class 1				
ETA0 |				
Y0	1.000	0.000	999.000	999.000
Y1	1.000	0.000	999.000	999.000
Y2	1.000	0.000	999.000	999.000
Y3	1.000	0.000	999.000	999.000
Y4	1.000	0.000	999.000	999.000
Y5	1.000	0.000	999.000	999.000
ETA1 |				
Y0	0.000	0.000	999.000	999.000
Y1	1.000	0.000	999.000	999.000
Y2	2.000	0.000	999.000	999.000
Y3	3.000	0.000	999.000	999.000
Y4	4.000	0.000	999.000	999.000
Y5	5.000	0.000	999.000	999.000
ETA1 WITH				
ETA0	0.010	0.027	0.357	0.721
Means				
ETA0	3.198	0.042	75.388	0.000
ETA1	-0.170	0.032	-5.403	0.000
...				
Variances				
ETA0	0.131	0.057	2.299	0.022
ETA1	0.097	0.019	5.067	0.000
...				
Latent Class 2				
ETA0 |				
Y0	1.000	0.000	999.000	999.000
Y1	1.000	0.000	999.000	999.000
Y2	1.000	0.000	999.000	999.000
Y3	1.000	0.000	999.000	999.000

续表

Y4	1.000	0.000	999.000	999.000
Y5	1.000	0.000	999.000	999.000
ETA1 |				
Y0	0.000	0.000	999.000	999.000
Y1	1.000	0.000	999.000	999.000
Y2	2.000	0.000	999.000	999.000
Y3	3.000	0.000	999.000	999.000
Y4	4.000	0.000	999.000	999.000
Y5	5.000	0.000	999.000	999.000
ETA1 WITH				
ETA0	0.010	0.027	0.357	0.721
Means				
ETA0	1.514	0.088	17.284	0.000
ETA1	0.030	0.068	0.444	0.657

...

Latent Class 3

ETA0 |				
Y0	1.000	0.000	999.000	999.000
Y1	1.000	0.000	999.000	999.000
Y2	1.000	0.000	999.000	999.000
Y3	1.000	0.000	999.000	999.000
Y4	1.000	0.000	999.000	999.000
Y5	1.000	0.000	999.000	999.000
ETA1 |				
Y0	0.000	0.000	999.000	999.000
Y1	1.000	0.000	999.000	999.000
Y2	1.072	0.186	5.774	0.000
Y3	0.806	0.158	5.113	0.000
Y4	0.758	0.360	2.107	0.035
Y5	1.418	0.308	4.601	0.000
ETA1 WITH				
ETA0	0.010	0.027	0.357	0.721
Means				
ETA0	5.682	0.049	115.050	0.000
ETA1	-1.224	0.165	-7.409	0.000

...

Latent Class 4

续表

ETA0					
Y0		1.000	0.000	999.000	999.000
Y1		1.000	0.000	999.000	999.000
Y2		1.000	0.000	999.000	999.000
Y3		1.000	0.000	999.000	999.000
Y4		1.000	0.000	999.000	999.000
Y5		1.000	0.000	999.000	999.000
ETA1					
Y0		0.000	0.000	999.000	999.000
Y1		1.000	0.000	999.000	999.000
Y2		1.331	0.182	7.321	0.000
Y3		1.806	0.212	8.502	0.000
Y4		1.992	0.289	6.897	0.000
Y5		1.822	0.261	6.993	0.000
ETA1	WITH				
ETA0		0.010	0.027	0.357	0.721
Means					
ETA0		5.600	0.068	82.832	0.000
ETA1		-2.092	0.312	-6.717	0.000
...					
Categorical Latent Variables					
Means					
C#1		0.643	0.218	2.950	0.003
C#2		-0.730	0.267	-2.734	0.006
C#3		0.385	0.317	1.213	0.225

　　按类别划分的可卡因使用频数的发展轨迹如图 6.8 所示. 根据发展轨迹, 我们可以将类别 2 定义为轻度可卡因使用者, 他们报告每周使用可卡因不超过一次, 并且随着时间的推移使用情况没有显著变化. 相应的潜发展因子为: eta0 = 1.514 ($P < 0.001$) 和 eta1 = 0.030 ($P = 0.657$) (参见表 6.16 中 MODEL RESULTS 部分标记为 Latent Class 2 的部分). 潜发展因子 eta0 代表发展轨迹的截距, 即可卡因使用频数的初始值; 潜发展因子 eta1 代表发展轨迹的斜率, 即结局测量单位时间的变化. 类别 1 可定义为中度可卡因使用者, 其中, 可卡因使用的平均初始水平为 eta0 = 3.198 ($P < 0.001$), 并且其使用频数随时间显著下降 (eta1 = $-0.17, P < 0.001$). 类别 3 和类别 4 的个体都是基线时的重度可卡因使用者, 估计的潜发展截距因子分别为 eta0 = 5.682 ($P < 0.001$) 和 eta0 = 5.600 ($P < 0.001$). 在类别 4 中, 可卡因使用频数随时间迅

速下降 (潜发展斜率因子 eta1 $= -2.092, P < 0.001$), 并在观察期结束时达到非常低的水平 (见图 6.8). 类别 3 中的个体是问题最大的. 尽管他们的非法药物使用频数随着时间的推移显著降低 (eta1 $= -1.224, P < 0.001$), 但平均而言, 该类别的个体每天仍然使用可卡因 (在观察期结束时, 可卡因使用频数的测量值仍然大于 4 (日常使用), 见图 6.8. 对于类别 1 和类别 2 中的两个线性轨迹[①], 潜发展因子估计值的解释是直接的. 类别 3 和类别 4 中的两个发展轨迹函数是非线性的, 此类参数估计的解释细节参见第四章.

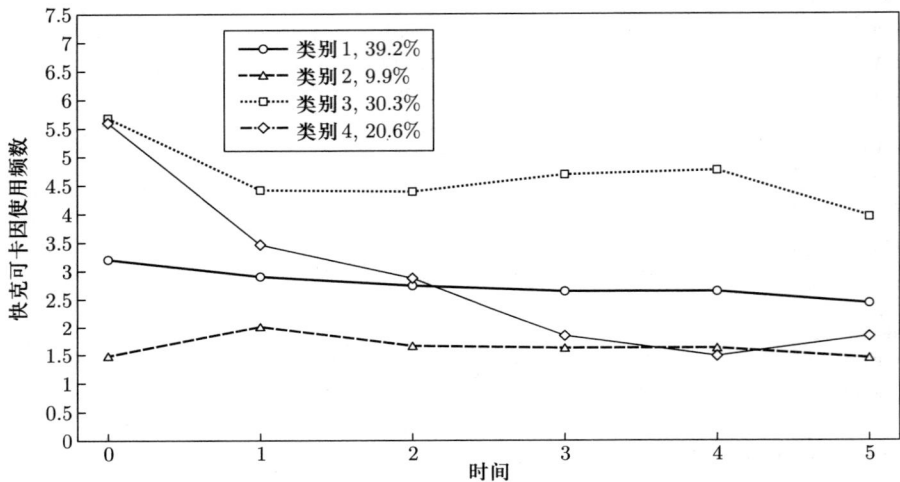

图 6.8　按类别划分的结局测量潜发展轨迹模式: 4-类别无条件 GMM

表 6.16 中的 "Categorical Latent Variables" 部分分别报告了类别 1、2 和 3 的 "均值" ("Means") (0.643、-0.730、0.385). 事实上, 这些 "均值" 是相对于参照类别 (最后一个类别, 即本例中的类别 4, 被视为默认参考组), 属于类别 1、2 和 3 的估计 logit 或对数几率 (log odds). 归属于类别 1、2、3 和 4 的概率可以计算为:

$$\text{类别 1}: \frac{\exp(0.643)}{\exp(0.643) + \exp(-0.730) + \exp(0.385) + 1} = 0.3919, \quad (6.16)$$

$$\text{类别 2}: \frac{\exp(-0.730)}{\exp(0.643) + \exp(-0.730) + \exp(0.385) + 1} = 0.0993, \quad (6.17)$$

$$\text{类别 3}: \frac{\exp(0.385)}{\exp(0.643) + \exp(-0.730) + \exp(0.385) + 1} = 0.3027, \quad (6.18)$$

$$\text{类别 4}: \frac{1}{\exp(0.643) + \exp(-0.730) + \exp(0.385) + 1} = 0.2060. \quad (6.19)$$

[①] 图 6.8 是基于样本均值而非模型估计, 故类别 1 和类别 2 的发展轨迹看上去不是非线性的.

以上计算的潜类别概率匹配表 6.16 中 "FINAL CLASS COUNTS AND PRO-
PORTIONS FOR THE LATENT CLASSES BASED ON THE ESTIMATED
MODEL" 部分报告的数值. 在下一节中, 我们将一些协变量和远端结局变量加
入 GMM 中.

6.4.4.2 用三步法估计带协变量和远端结局变量的发展混合模型 (Estimate GMM with covariates and distal outcome using 3-step method)

图 6.9 描述了带协变量和远端结局测量的 GMM. 协变量包括四个社会人
口变量 (种族 (*Ethnic*), 性别 (*Gender*), 年龄 (*Age*) 和教育 (*Edu*)) 以预测潜
类别分类以及每个类别中的潜发展因子 (即潜发展截距因子 η_0 和潜发展斜率
因子 η_1). 在模型图中, 有两条虚线从潜类别变量 C 指向从协变量到两个连续
潜变量 (η_0 和 η_1) 的箭头线. 这些虚线表明协变量对 η_0 和 η_1 的效应受潜类别
变量的影响. 换句话说, 协变量对 η_0 和 η_1 的效应因潜类别而变化. 在第五章
中, 我们讨论过, 多组模型中协变量对结局测量的效应跨组不同表示协变量与
组别存在交互效应.

本节中讨论的模型与多组模型相似, 只不过这里的 "组别" 不是观察到的,
而是模型估计的潜类别. 这里, 我们谈论的实际上是协变量和潜类别变量之间
的交互效应 (interaction). 模型中的远端结局 (distal outcome) 变量 (图 6.9)
是观察期结束时 (即 T_5: 30 个月随访) 的结局测量变量 (1 − 抑郁, 0 − 未抑郁).
通过将远端结局变量回归到模型中的潜类别变量, 可以检查可卡因使用频数的
发展模式对远端结局的影响. 模型估计可以用第 6.2.3 节中介绍的不同方法进
行, 但我们倾向于用三步法 (3-step method) 来估计图 6.9 中描绘的 GMM.

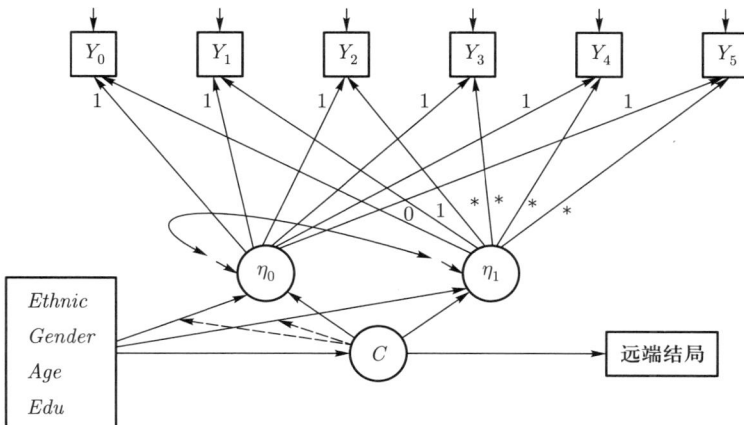

图 6.9 带协变量和远端结局测量的 GMM

以下程序运行三步法 GMM 的步骤 1.

Mplus 程序 6.18

```
TITLE: 3-Step GMM: Step 1
DATA: FILE = Crack_BDI.dat;
VARIABLE:
NAMES = Ethnic Gender Age Edu Y0-Y5 Z0-Z5;
MISSING = ALL (-9);
USEVAR = Y0-Y5;
CLASSES = C(4);
AUXILIARY = Ethnic Gender Age Edu Z5;
ANALYSIS:
TYPE = MIXTURE;
STARTS = 1000 250;!# of random sets of starting values & final optimizations;
MODEL:
%OVERALL%
eta0 eta1|Y0@0 Y1@1 Y2* Y3* Y4* Y5*;
%C#1%
eta0 eta1|Y0@0 Y1@1 Y2@2 Y3@3 Y4@4 Y5@5;
%C#2%
eta0 eta1|Y0@0 Y1@1 Y2@2 Y3@3 Y4@4 Y5@5;
%C#3%
eta0 eta1|Y0@0 Y1@1 Y2* Y3* Y4* Y5*;
SAVEDATA: FILE = GMM3Step.dat; SAVE=cprob;
Format = free;
```

其中, 除了估计设定的无条件 GMM, 在 VARIABLE 指令的 AUXILIARY 语句中列出的一系列变量不用于模型估计, 而仅包含在 SAVEDATA 指令保存的数据文件 GMM3Step.dat 中. 最大似然的潜类别变量 S (该变量在 Mplus 输出中自动命名为 "C") 将被产生并保存在数据文件 GMM3Step.dat 中. 以上程序实际上同时完成三步法建模的第 1 步和第 2 步.

以下程序检验协变量 (*Ethnic, Gender, Age, Edu*) 对潜发展截距因子 (eta0) 和潜发展斜率因子 (eta1) 的效应, 以及这些效应是否受潜类别变量 C 的调节.

Mplus 程序 6.19

```
TITLE: 3-Step GMM: Step 3  (example 1)
DATA: FILE = GMM3Step.dat;
```

```
VARIABLE:
NAMES = Y0-Y5 Ethnic Gender Age Edu Z5 CPROB1-CPROB4 S;
MISSING = *;
Usevariables = Y0-Y5 Ethnic Gender Age Edu S Depress;
CATEGORICAL = Depress;
CLASSES = C(4);
NOMINAL = S;
DEFINE:
!generate dichotomous distal outcome variable;
If Z5 LT 20 then Depress = 0; If Z5 GE 20 then Depress = 1;
ANALYSIS:
TYPE = MIXTURE;
STARTS = 0;
MODEL:
%OVERALL%
eta0 eta1|Y0@0 Y1@1 Y2* Y3* Y4* Y5*;
C on Ethnic Gender Age Edu;
eta0 eta1 on Ethnic Gender Age Edu;
%C#1%
[S#1@8.197];
[S#2@4.928];
[S#3@1.206];
eta0 eta1|Y0@0 Y1@1 Y2* Y3* Y4* Y5*;
eta0 eta1 on Ethnic Gender Age Edu;
%C#2%
[S#1@9.937];
[S#2@13.795];
[S#3@0];
eta0 eta1|Y0@0 Y1@1 Y2@2 Y3@3 Y4@4 Y5@5;
eta0 eta1 on Ethnic Gender Age Edu;
%C#3%
[S#1@-2.796];
[S#2@-10.918];
[S#3@2.838];
eta0 eta1|Y0@0 Y1@1 Y2* Y3* Y4* Y5*;
eta0 eta1 on Ethnic Gender Age Edu;
%C#4%
[S#1@-4.896];
[S#2@-13.605];
```

[S#3@-1.483];

其中, 最大似然类别变量 S (即潜类别 C 的标识变量) 在 VARIABLE 指令中被设定为名义变量 (nominal variable). Mplus 程序 6.18 的输出 (此处未报告) 中报告的 S 分类概率的 logit 在以上程序中用来预固定 (例如, [S#1@8.197]) 潜类别的分类概率, 因此, 在模型估计中便考虑了 S 中的测量误差. 在 DEFINE 指令中, 我们使用 30 个月观察期结束时测量的 BDI 分值变量 Z_5 (参见第四章 BDI 的描述) 生成一个二分类远端结局变量 Depress. $Z_5 \geqslant 20$ 编码为 1, 表示抑郁; 否则编码为 0, 表示没有抑郁. 在整体模型指令中的第一个 ON 语句设定多项 logit 模型 (multinomial logit model), 其中, 潜类别变量 C 在协变量 Ethnic, Gender, Age 和 Edu 上回归. 由于潜类别变量有四个类别, 默认情况下, 模型将最后一个类别 (即类别 4) 作为参考组, 估计三个 logit. 整体模型指令中的第二个 ON 语句设定两个多元回归模型, 其中, 连续潜变量 eta0 (即截距发展因子) 和 eta1 (即斜率发展因子) 在协变量上回归. 该线性回归语句在每个特定类别模型 %C#1%, %C#2% 和 %C#3% 指令中重复设定, 以释放默认的跨类别回归系数的等同限制 (equality restriction). 在 %C#4% 中没有 ON 语句, 因此, 类别 4 的回归模型由整体模型中的指令默认设定.

　　模型结果如表 6.17 所示. 由于在整体模型指令以及特定类别模型指令中设定了潜发展因子在协变量上回归, 因此允许协变量对潜发展因子的效应因潜类别而异 (参阅表 6.17 中 MODEL RESULTS 部分). 例如, Ethnic 对潜发展斜率因子 eta1 (eta1 反映可卡因使用频数变化率) 的效应在各潜类别中不同. 类别 1: 0.189 ($P = 0.021$); 类别 2: 0.311 ($P = 0.015$); 类别 3: 0.164 ($P = 0.379$); 类别 4: 0.272 ($P = 0.050$). 协变量的效应随类别变化意味着潜类别调节协变量与结局发展轨迹之间的关系. 换句话说, 协变量与潜类别之间存在交互效应.

表 6.17　部分 Mplus 输出: 用三步法估计带协变量和远端结局的 GMM: 潜类别调节协变量与结局发展轨迹之间的关系

```
FINAL CLASS COUNTS AND PROPORTIONS FOR THE LATENT CLASSES
BASED ON THEIR MOST LIKELY LATENT CLASS MEMBERSHIP

Class Counts and Proportions

  Latent Classes
      1             164          0.38140
      2              48          0.11163
```

续表

3	139	0.32326		
4	79	0.18372		

```
CLASSIFICATION QUALITY
    Entropy                   0.972
...
```

MODEL RESULTS

	Estimate	S.E.	Est./S.E.	Two-Tailed P-Value
Latent Class 1				
...				
ETA0 ON				
ETHNIC	0.208	0.069	3.026	0.002
GENDER	0.034	0.069	0.484	0.628
AGE	0.003	0.004	0.688	0.491
EDU	-0.035	0.037	-0.952	0.341
ETA1 ON				
ETHNIC	0.189	0.082	2.306	0.021
GENDER	-0.070	0.075	-0.937	0.349
AGE	-0.002	0.005	-0.376	0.707
EDU	0.016	0.034	0.485	0.628
ETA1 WITH				
ETA0	-0.016	0.020	-0.784	0.433
Means				
S#1	8.197	0.000	999.000	999.000
S#2	4.928	0.000	999.000	999.000
S#3	1.206	0.000	999.000	999.000
Intercepts				
...				
ETA0	3.132	0.211	14.851	0.000
ETA1	-0.252	0.239	-1.055	0.291
Thresholds				
DEPRESS$1	1.163	0.209	5.559	0.000
...				
Latent Class 2				
...				
ETA0 ON				
ETHNIC	-0.077	0.138	-0.562	0.574
GENDER	0.017	0.143	0.121	0.904
AGE	0.001	0.008	0.174	0.862

续表

EDU	0.113	0.065	1.750	0.080
ETA1　　ON				
ETHNIC	0.311	0.127	2.437	0.015
GENDER	-0.130	0.114	-1.141	0.254
AGE	0.005	0.007	0.692	0.489
EDU	-0.029	0.060	-0.493	0.622
ETA1　　WITH				
ETA0	-0.016	0.020	-0.784	0.433
Means				
S#1	9.937	0.000	999.000	999.000
S#2	13.795	0.000	999.000	999.000
S#3	0.000	0.000	999.000	999.000
Intercepts				
...				
ETA0	1.097	0.426	2.575	0.010
ETA1	-0.100	0.325	-0.307	0.759
Thresholds				
DEPRESS$1	1.138	0.408	2.791	0.005
...				
Latent Class 3				
...				
ETA0　　ON				
ETHNIC	0.089	0.102	0.871	0.384
GENDER	-0.029	0.085	-0.339	0.734
AGE	-0.014	0.006	-2.262	0.024
EDU	-0.025	0.049	-0.507	0.612
ETA1　　ON				
ETHNIC	0.164	0.186	0.879	0.379
GENDER	0.073	0.156	0.464	0.643
AGE	0.019	0.010	1.832	0.067
EDU	0.034	0.082	0.418	0.676
ETA1　　WITH				
ETA0	-0.016	0.020	-0.784	0.433
Means				
S#1	-2.796	0.000	999.000	999.000
S#2	-10.918	0.000	999.000	999.000

续表

S#3	2.838	0.000	999.000	999.000
Intercepts				
...				
ETA0	6.253	0.237	26.340	0.000
ETA1	-2.198	0.541	-4.059	0.000
Thresholds				
DEPRESS$1	0.510	0.207	2.468	0.014
...				
Latent Class 4				
...				
ETA0 ON				
ETHNIC	-0.046	0.109	-0.422	0.673
GENDER	-0.150	0.112	-1.349	0.177
AGE	-0.001	0.007	-0.086	0.931
EDU	0.125	0.060	2.095	0.036
ETA1 ON				
ETHNIC	0.272	0.139	1.959	0.050
GENDER	0.065	0.134	0.488	0.626
AGE	0.021	0.010	2.058	0.040
EDU	-0.109	0.071	-1.534	0.125
ETA1 WITH				
ETA0	-0.016	0.020	-0.784	0.433
Means				
S#1	-4.896	0.000	999.000	999.000
S#2	-13.605	0.000	999.000	999.000
S#3	-1.483	0.000	999.000	999.000
Intercepts				
...				
ETA0	5.278	0.307	17.207	0.000
ETA1	-2.842	0.489	-5.812	0.000
Thresholds				
DEPRESS$1	1.355	0.328	4.130	0.000
...				
Categorical Latent Variables				
C#1 ON				
ETHNIC	-0.075	0.284	-0.265	0.791

续表

GENDER	−0.144	0.286	−0.503	0.615
AGE	0.030	0.019	1.596	0.111
EDU	0.117	0.150	0.779	0.436
C#2 ON				
ETHNIC	−0.363	0.378	−0.962	0.336
GENDER	0.284	0.385	0.739	0.460
AGE	−0.016	0.026	−0.606	0.544
EDU	−0.043	0.218	−0.197	0.844
C#3 ON				
ETHNIC	0.989	0.325	3.040	0.002
GENDER	0.055	0.308	0.178	0.859
AGE	0.031	0.019	1.599	0.110
EDU	−0.119	0.160	−0.744	0.457
Intercepts				
C#1	−0.744	0.879	−0.847	0.397
C#2	0.198	1.053	0.188	0.851
C#3	−0.897	0.983	−0.912	0.362

...

RESULTS IN PROBABILITY SCALE

	Estimate	S.E.	Est./S.E.	Two-Tailed P-Value
Latent Class 1				
DEPRESS				
Category 1	0.762	0.038	20.072	0.000
Category 2	0.238	0.038	6.270	0.000
Latent Class 2				
DEPRESS				
Category 1	0.757	0.075	10.104	0.000
Category 2	0.243	0.075	3.237	0.001
Latent Class 3				
DEPRESS				
Category 1	0.625	0.048	12.890	0.000
Category 2	0.375	0.048	7.737	0.000
Latent Class 4				

续表

```
DEPRESS
   Category 1          0.795      0.053     14.865      0.000
   Category 2          0.205      0.053      3.835      0.000

LATENT CLASS INDICATOR ODDS RATIOS FOR THE LATENT CLASSES

                                             95% C.I.
                    Estimate     S.E.   Lower 2.5%   Upper 2.5%
Latent Class 1 Compared to Latent Class 2

DEPRESS
   Category > 1        0.975      0.448      0.397      2.398

Latent Class 1 Compared to Latent Class 3

DEPRESS
   Category > 1        0.520      0.153      0.292      0.926

Latent Class 1 Compared to Latent Class 4

DEPRESS
   Category > 1        1.211      0.471      0.565      2.597

Latent Class 2 Compared to Latent Class 3

DEPRESS
   Category > 1        0.534      0.244      0.218      1.308

Latent Class 2 Compared to Latent Class 4

DEPRESS
   Category > 1        1.242      0.650      0.445      3.464

Latent Class 3 Compared to Latent Class 4

DEPRESS
   Category > 1        2.326      0.909      1.081      5.005

LOGISTIC REGRESSION ODDS RATIO RESULTS
                                             95% C.I.
                    Estimate     S.E.   Lower 2.5%   Upper 2.5%

Categorical Latent Variables
C#1      ON
```

续表

ETHNIC	0.927	0.264	0.531	1.619
GENDER	0.866	0.248	0.494	1.517
AGE	1.030	0.019	0.993	1.069
EDU	1.124	0.168	0.838	1.507
C#2　　ON				
ETHNIC	0.695	0.263	0.332	1.458
GENDER	1.329	0.511	0.625	2.823
AGE	0.984	0.026	0.935	1.036
EDU	0.958	0.209	0.625	1.469
C#3　　ON				
ETHNIC	2.687	0.874	1.421	5.083
GENDER	1.056	0.325	0.578	1.930
AGE	1.031	0.020	0.993	1.071
EDU	0.888	0.142	0.649	1.215

协变量对潜类别的影响由多项 logit 模型估计, 模型结果显示在表 6.17 底部标记为 "Categorical Latent Variables" 的部分. 对于四个潜类别, 多项 logit 模型中有三个 logit. 三组回归系数估计的解释方式与常规多项 logit 模型中的解释方式相同.

最后, 潜类别与远端结局 $Depress$ (1 – BDI 分值 $\geqslant$ 20); 0 – BDI 分值 < 20) 的关系由二元逻辑斯谛回归模型估计. 我们无须设定远端结局 $Depress$ 对潜类别变量 C 回归, 程序会自动处理. 每个类别的 Mplus 输出中都有一个门槛参数估计, 显示在表 6.17 中每个特定类别模型结果部分的底部. 对于二分类变量 $Depress$, 门槛参数只有一个. 例如, 类别 1, 门槛估计为 DEPRESS\$1 = 1.163; 类别 2, 门槛估计为 DEPRESS\$1 = 1.138; 类别 3, 门槛估计为 DEPRESS\$1 = 0.510; 类别 4, 门槛估计为 Depress\$1 = 1.355.

Mplus 估计的门槛 (例如, Depress\$1) 是逻辑斯谛回归截距的负值 (参见第二章附录 2.D). 因此在我们的示例中, 门槛的负值实际上是类别中 $Depress = 1$ 的 logit. 因此, 在 30 个月观察期结束时, 各潜类别中的抑郁概率可以计算如下:

$$\text{类别 1}: \frac{\exp(-1.163)}{\exp(-1.163) + 1} = 0.238, \tag{6.20}$$

$$\text{类别 2}: \frac{\exp(-1.138)}{\exp(-1.138) + 1} = 0.243, \tag{6.21}$$

$$\text{类别 3}: \frac{\exp(-0.510)}{\exp(-0.510) + 1} = 0.375, \tag{6.22}$$

$$\text{类别 } 4 : \frac{\exp(-1.355)}{\exp(-1.355) + 1} = 0.205. \tag{6.23}$$

这些数字与表 6.17 的 "RESULTS IN PROBABILITY SCALE" 部分报告的数字相匹配. 结果表明, 在观察期结束时, 类别 3 中的个体患抑郁症的概率最高 (0.375), 而类别 4 中的个体患抑郁症的概率最低 (0.205). 类别之间患抑郁症概率的差异检验显示在表 6.17 中标有 "LATENT CLASS INDICATOR ODDS RATIOS FOR THE LATENT CLASSES" 的部分. 仅在比较类别 1 和类别 3 (OR = 0.520, 95% 置信区间 = (0.292, 0.926)), 以及比较类别 3 和 4 (OR = 2.326, 95% 置信区间 = (1.081, 5.005)) 时概率显著不同.

通过稍微修改程序 6.19, 可以很容易地检验协变量对远端结局的效应. 在下面的程序中, 我们检验协变量 *Ethnic*, *Gender*, *Age* 和 *Edu* 对远端结局 *Depress* 的影响, 以及潜类别如何调节这种影响.

Mplus 程序 6.20

```
TITLE: 3-Step GMM: Step 3 (example 2)
DATA: FILE = GMM3Step.dat;
VARIABLE:
NAMES = Y0-Y5 Ethnic Gender Age Edu Z5 CPROB1-CPROB4 S;
MISSING = *;
Usevariables = Y0-Y5 Ethnic Gender Age Edu S Depress;
CATEGORICAL = Depress;
CLASSES = C(4);
NOMINAL = S;
DEFINE:
!generate dichotomous distal outcome variable;
If Z5 LT 20 then Depress = 0; If Z5 GE 20 then Depress = 1;
ANALYSIS:
TYPE = MIXTURE;
STARTS = 0;
MODEL:
%OVERALL%
eta0 eta1 | Y0@0 Y1@1 Y2* Y3* Y4* Y5*;
C on Ethnic Gender Age Edu;
eta0 eta1 ON Ethnic Gender Age Edu;
Depress ON Ethnic Gender Age Edu;
%C#1%
[S#1@8.197];
```

```
[S#2@4.928];
[S#3@1.206];
eta0 eta1 | Y0@0 Y1@1 Y2* Y3* Y4* Y5*;
eta0 eta1 ON Ethnic Gender Age Edu;
Depress ON Ethnic Gender Age Edu;
%C#2%
[S#1@9.937];
[S#2@13.795];
[S#3@0];
eta0 eta1 | Y0@0 Y1@1 Y2@2 Y3@3 Y4@4 Y5@5;
eta0 eta1 ON Ethnic Gender Age Edu;
Depress ON Ethnic Gender Age Edu;
%C#3%
[S#1@-2.796];
[S#2@-10.918];
[S#3@2.838];
eta0 eta1 | Y0@0 Y1@1 Y2* Y3* Y4* Y5*;
eta0 eta1 ON Ethnic Gender Age Edu;
Depress ON Ethnic Gender Age Edu;
%C#4%
[S#1@-4.896];
[S#2@-13.605];
[S#3@-1.483];
```

其中, 在整体模型和类别 1—3 的特定模型中都设定远端结局变量 *Depress* 对协变量 *Ethnic*、*Gender*、*Age* 和 *Edu* 的回归. 因此, 允许协变量对远端结局的效应跨潜类别变化. 也就是说, 协变量对远端结局的效应将受到潜类别的调节 (此处未列表报告模型结果).

GMM 的一个特例是潜类别发展分析 (latent class growth analysis, LCGA) 模型 (Muthén, 2002) 或组群发展模型 (group-based development model) (Nagin, 1999, 2005; Wang, Xie & Fisher, 2012). LCGA 识别不同的发展轨迹并将个体分为有限数量的类别, 但假设每个类别内的个体发展轨迹无变异. 由于 GMM 是具有较少限制性假设的更广义模型, 因此首选用于纵向数据混合建模.

在本节中, 我们讨论并演示了带连续结局变量的 GMM. 其他类型的结局变量, 例如分类、计数, 以及不同类型变量的组合, 都可以用于 GMM (Muthén & Muthén, 1998—2017).

6.5 因子混合建模 (Factor mixture modeling, FMM)

上一节讨论的用于纵向数据分析的发展混合模型 (GMM) 是一个涉及连续潜变量 (即潜发展因子) 和分类潜变量 (潜类别变量) 的混合模型. 一个分析横截面数据的类似混合模型叫因子混合分析 (factor mixture analysis, FMA) 模型, 它是 EFA 或 CFA 与潜类别模型的杂交模型 (Lubke & Muthén, 2005; Muthén, 2006). 在 FMA 模型中, 因子分析模型对因子 (连续潜变量) 上的条目进行聚类并生成因子分值; 而 LCA 模型再将个体/案例分类为具有不同因子平均分值的类别 (分类潜变量) (Lubke & Muthén, 2005, 2007). 因此, 与 GMM 一样, FMA 是以变量为中心和以个体/案例为中心的建模方法的结合.

杂交潜变量模型 (hybrid latent variable model) 分为四个分支. 前两个分支假设跨类别测量不变性 (measurement invariance across class), 而后两个分支假设跨类别测量非不变性 (Muthén, 2008). 在本节中, 我们介绍属于前两个分支的 FMA 模型: (1) 具有跨类别测量不变性和参数因子分布的 FMA, 也称为混合因子分析 (mixture factor analysis, MFA). (2) 具有跨类别测量不变性和非参数因子分布的 FMA, 也称为非参数因子分析或潜类别因子分析 (latent class factor analysis, LCFA) (Muthén, 2008). MFA 模型可以描述如下:

$$Y_{ic} = \tau + \Lambda \eta_{ic} + \varepsilon_{ic},$$
$$\eta_{ic} = \eta_c + \zeta_{ic}, \tag{6.24}$$
$$\zeta_{ic} \sim N(0, \psi_c),$$

其中, 测量参数 (例如, 因子载荷和标识/条目截距) 被限制跨类别不变, 而残差方差、因子均值、因子方差和协方差被设置为自由参数. 在模型中, 类别内条目协方差由验证性因子分析 (CFA) 模型解释, CFA 模型的因子结构跨类别保持不变; 个体被聚类到不同的类别中, 每个类别都有不同的因子均值和方差/协方差. 如果我们对公式 (6.24) 中的类别内因子分值施加等同限制 (即, 将因子方差设置为 0, 导致 $\zeta_{ic} = 0$, 因此 $\eta_{ic} = \eta_c$), 则 MFA 模型变为 LCFA 模型, 其中每个类别内因子分值无变异, 但因子均值因类别而异.

具有三个潜类别的 MFA 和 LCFA 模型分别如图 6.10a 和 6.10b 所示. 两种模型之间的唯一区别是, 前者允许每个类别有参数因子分布 (parametric factor distribution), 通常假设为正态分布 (见图 6.10a 右侧); 而后者仅估计每个类别的因子均值 (见图 6.10b) 右侧, 潜类别内无参数因子分布, 而是由标记因子均值的条形表示). 图 6.10a 左侧有一个残差箭头指向 MFA 模型中的因子 η, 表示类别内因子分值有变异, 而 LCFA 模型没有这样的残差箭头 (图 6.10b

左侧), 因为它假设没有类别内变异.

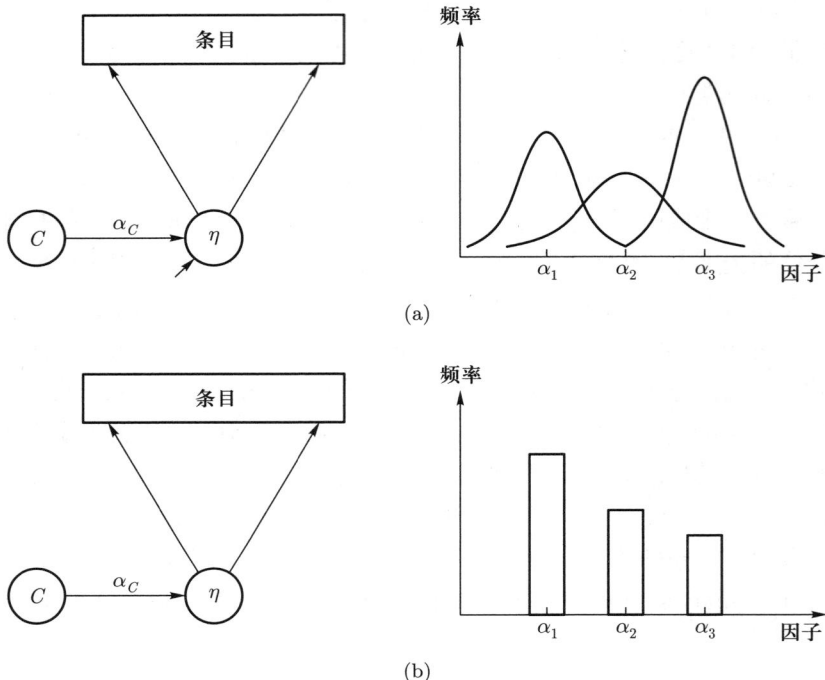

图 6.10　　(a) 混合因子分析 (MFA) 模型; (b) 潜类别因子分析 (LCFA) 模型.

　　下面, 我们使用第二章中用于模型演示的数据集 BSI_18.dat 来演示 MFA 模型的示例. MFA 的类别内模型是一个 2-因子 (DEP 和 ANX) CFA 模型; MFA 的 LCA 部分将个体分类为具有不同因子分值的类别. 在运行 MFA 之前, 我们首先检验了 2-因子 CFA 模型, 结果表明模型拟合数据非常好 (RMSEA = 0.056, 90% 置信区间 = (0.036, 0.074), 精确拟合检验 $P = 0.297$; CFI = 0.961; TLI = 0.950 和 SRMR = 0.043). 在确认测量模型后, 我们将探索可能未观察到的有关抑郁和焦虑因子分值的群体异质性.

　　如同运行其他混合模型, 为了确定未观察到的潜类别数量, 我们需要运行具有不同类别数量的 MFA 模型并比较它们的模型拟合情况. 将具有测量不变性的 2-因子/2-类别模型与 2-因子单类别模型进行比较, AIC、BIC 和 ABIC 显示 2-类别模型拟合数据较好. 虽然 LMR LR 检验和 ALMR LR 检验在 2-因子/2-类别模型中的 $P > 0.05$, 但 BLR 检验的 $P < 0.001$, 因此, 我们拒绝单类别模型. 由于模型只有两个因子, 不能估计有两个以上类别的模型, 我们仅用

2-因子/2-类别模型进行模型演示. 对应的 Mplus 程序如下:

Mplus 程序 6.21

```
TITLE: 2-Factor/2-Class MFA
DATA:  FILE = BSI_18.dat;
VARIABLE:
NAMES = X1-X18 Gender White Age Edu Crack ID;
MISSING = ALL (-9);
USEVARIABLES = X5 X2 X8 X11 X14 X17
X3 X6 X9 X12 X15 X18;
CLASSES = C(2);
ANALYSIS:
TYPE = MIXTURE;
STARTS = 1000 250;
!LRTBOOTSTRAP = 200;
!LRTSTARTS = 20 5 100 25;
OPTSEED = 427006;
MODEL:
%OVERALL%
DEP BY X5 X2 X8 X11 X14 X17;!Depression;
ANX BY X3 X6 X9 X12 X15 X18;!Anxiety;
X8 WITH X5;
```

由于上述程序中没有设定特定类别模型, 因此测量参数 (条目截距、因子载荷和误差方差/协方差) 以及因子方差/协方差均被默认限制为跨类别不变. 为了减少模型估计时间, 以上模型不要求 TECH14 检验, 把之前运行的模型结果中与模型估计最佳对数似然值相关联的随机种子 (如种子 427006) 设定在 Mplus 程序 ANALYSIS 指令的 OPTSEED 语句中 (OPTSEED = 427006), 模型估计速度非常快.

部分模型结果如表 6.18 所示. 在样本的 248 个案例中, 41 个 (16.5%) 被分到类别 1, 其余被分到类别 2. 潜类别分类质量很好 (熵 = 0.897). 该模型的主要兴趣是潜类别之间的因子分值平均差异. 像往常一样, 最后一类被视为参考组, 出于模型识别的目的, 参考组中所有因子均值估计值为 0 (例如, 表 6.18 中类别 2 的因子 DEP 和 ANX 的均值均为 0). Mplus 输出显示, 类别 1 的 DEP 和 ANX 的估计因子 "均值" 分别为 1.270 和 1.816. 事实上, 这些数字是类别 1 与类别 2 之间的因子均值差, 表明类别 1 的个体抑郁和焦虑平均水平高于类别 2 的个体.

表 6.18   部分 Mplus 输出: 2-因子/2-类别 MFA 模型

```
FINAL CLASS COUNTS AND PROPORTIONS FOR THE LATENT CLASSES
BASED ON THE ESTIMATED MODEL
     Latent Classes

          1          42.22554          0.17026
          2         205.77446          0.82974
...

FINAL CLASS COUNTS AND PROPORTIONS FOR THE LATENT CLASSES
BASED ON THEIR MOST LIKELY LATENT CLASS MEMBERSHIP

Class Counts and Proportions
     Latent Classes

          1            41              0.16532
          2           207              0.83468


CLASSIFICATION QUALITY
     Entropy                           0.897
...

Classification Probabilities for the Most Likely Latent Class
Membership (Column) by Latent Class (Row)


           1          2

     1   0.907      0.093
     2   0.013      0.987
...

MODEL RESULTS

                                                  Two-Tailed
                    Estimate     S.E.   Est./S.E.  P-Value
Latent Class 1
  DEP     BY
     X5               1.000     0.000    999.000    999.000
     X2               1.051     0.072     14.633      0.000
     X8               1.043     0.049     21.302      0.000
     X11              0.994     0.084     11.865      0.000
     X14              0.813     0.115      7.098      0.000
     X17              0.251     0.077      3.258      0.001
  ANX     BY
     X3               1.000     0.000    999.000    999.000
     X6               1.037     0.111      9.308      0.000
     X9               1.064     0.159      6.693      0.000
     X12              1.119     0.169      6.613      0.000
     X15              1.051     0.118      8.944      0.000
     X18              0.959     0.156      6.166      0.000
  ANX     WITH
     DEP              0.269     0.078      3.449      0.001
```

X8	WITH				
X5		0.353	0.079	4.489	0.000
Means					
DEP		1.270	0.261	4.863	0.000
ANX		1.816	0.168	10.791	0.000
...					
Variances					
DEP		0.673	0.119	5.670	0.000
ANX		0.146	0.060	2.426	0.015
...					
Latent Class 2					
DEP	BY				
X5		1.000	0.000	999.000	999.000
X2		1.051	0.072	14.633	0.000
X8		1.043	0.049	21.302	0.000
X11		0.994	0.084	11.865	0.000
X14		0.813	0.115	7.098	0.000
X17		0.251	0.077	3.258	0.001
ANX	BY				
X3		1.000	0.000	999.000	999.000
X6		1.037	0.111	9.308	0.000
X9		1.064	0.159	6.693	0.000
X12		1.119	0.169	6.613	0.000
X15		1.051	0.118	8.944	0.000
X18		0.959	0.156	6.166	0.000
ANX	WITH				
DEP		0.269	0.078	3.449	0.001
X8	WITH				
X5		0.353	0.079	4.489	0.000
Means					
DEP		0.000	0.000	999.000	999.000
ANX		0.000	0.000	999.000	999.000
...					
Variances					
DEP		0.673	0.119	5.670	0.000
ANX		0.146	0.060	2.426	0.015
...					
Categorical Latent Variables					
Means					
C#1		-1.584	0.216	-7.321	0.000

在表 6.18 的 "Categorical Latent Variables" 部分, 我们看到的 "Means"

C#1 = −1.584 不是均值, 而是被归入类别 1 的 logit. 它可以转换为概率 exp(−1.584)/[exp(−1.584) + 1] = 0.170. 该概率报告在表 6.18 的 "FINAL CLASS COUNTS AND PROPORTIONS FOR THE LATENT CLASSES BASED ON THE ESTIMATED MODEL" 部分.

我们可以在 MFA 模型中纳入协变量来预测因子. 这样, MFA 便扩展为混合 MIMIC 模型, 通过用因子之间的因果关系替换因子协方差, MFA 模型则成为混合 SEM. 例如, 下面的 Mplus 程序估计了一个简单的混合 SEM, 其中协变量 *Gender* 影响两个因子 (ANX 和 DEP), 而 ANX 影响 DEP.

Mplus 程序 6.22

```
TITLE: Mixture SEM
DATA:  FILE = BSI_18.dat;
VARIABLE:
NAMES = X1-X18 Gender White Age Edu Crack ID;
MISSING = ALL (-9);
USEVARIABLES = X5 X2 X8 X11 X14 X17
X3 X6 X9 X12 X15 X18 Gender;
CLASSES = C(2);
ANALYSIS:
TYPE = MIXTURE;
MODEL:
%OVERALL%
DEP BY X5 X2 X8 X11 X14 X17;!Depression;
ANX BY X3 X6 X9 X12 X15 X18;!Anxiety;
X8 WITH X5;
DEP ON ANX;
DEP ANX ON Gender;
%C#1%
DEP ON ANX;
DEP ANX ON Gender;
OUTPUT: SAMPSTAT;
```

程序在整体模型和特定类别模型中均设定 "DEP ON ANX" 和 "DEP ANX ON Gender", 因此, 回归系数可以在不同类别之间变化. 通过将该模型的卡方统计量与对回归系数施加等同限制的模型卡方统计量进行比较, 我们将能够检验潜类别之间的因果效应不变性.

模型结果 (Mplus 输出未列表报告) 表明, *Gender* 对类别 1 中的 DEP (−1.725, *P* = 0.004) 和 ANX (−1.788, *P* < 0.001) 都有显著的负效应. 在类别

2 中, ANX 对 DEP 有显著的正效应 (1.141, $P < 0.001$), 且 *Gender* 对 DEP 有显著的正效应 (0.360, $P = 0.006$). 将协变量包含在模型中会略微改变潜类别的分类. 这就像将协变量包含在 LCA 或 GMM 中的情况一样.

如前所述, MFA 模型的一个特例是 LCFA 模型. 如果 MFA 模型中类别内因子分值无显著变异, 可以将类别内因子方差设定为 0, 这样 MFA 便成为 LCFA. 协变量不能纳入 LCFA 模型来预测因子, 因为该模型中因子分值在类别内无变异.

6.6 多组潜剖面分析模型 (Multi-group LPA model, MGLPA)

本章中我们已经讨论并演示了一些带分类潜变量 (潜类别/剖面) 的混合模型. 到目前为止, 所有这些模型都是单组潜类别/剖面模型. 有时, 我们希望比较跨总体/组群的潜类别/剖面的特征. 在第五章中, 多组 CFA 模型用于比较跨总体/组群的测量模型, 其中潜变量是连续变量. 本节中, 我们讨论多组 LPA, 其中潜变量是分类变量 (建模方法也适用于多组 LCA). 我们用美国俄亥俄州 (Ohio) 和肯塔基州 (Kentucky) 非法药物使用人群数据演示 LPA 模型, 以检验、比较两个州非法药物使用人群中的潜剖面情况. 结果表明, 2-剖面模型更适用于俄亥俄州和肯塔基州的样本. 在以下程序中, 多组 LPA 模型 (MGLPA) 用于同时估计两个州样本中的 2-剖面模型.

Mplus 程序 6.23

```
TITLE: MGLPA: item means are noninvariant, item variances are invariant
       across profiles in given group, but non-invariant across groups
DATA: FILE = 2_Site_BSI_18.dat;
VARIABLE: NAMES = X1-X18 Gender White Age Edu Crack Site ID;
MISSING = .;
USEVARIABLES = X1 X4 X7 X10 X13 X16; !Somatization;
KNOWNCLASS = G (Site = 1 Site = 2);
CLASSES = G (2) C (2);
ANALYSIS: TYPE = MIXTURE;
MODEL:  %OVERALL%
C ON G;
%G#1.C#1%
[X1 X4 X7 X10 X13 X16 *0.4];
X1 X4 X7 X10 X13 X16 (V1-V6);
%G#1.C#2%
[X1 X4 X7 X10 X13 X16 *2.0];
```

```
X1 X4 X7 X10 X13 X16 (V1-V6);
%G#2.C#1%
[X1 X4 X7 X10 X13 X16 *0.3];
X1 X4 X7 X10 X13 X16 (V1b-V6b);
%G#2.C#2%
[X1 X4 X7 X10 X13 X16 *2.0];
X1 X4 X7 X10 X13 X16 (V1b-V6b);
OUTPUT: TECH15;
```

其中, 数据集是第五章中用于多组建模的数据集. BSI-18 量表的 6 个躯体化 (Somatization) 条目用于 LPA 建模. 为了估计多组 LPA 模型, 在模型中, 已知类别选项设定分组变量 G 中的组别由观察变量 $Site$ 定义 ($Site = 1$ 为俄亥俄州, $Site = 2$ 为肯塔基州). 变量 G 中的组别非模型估计, 而是已知组别. 在整体模型指令中, 潜剖面变量 C 对观察分组变量 G 进行回归, 以检验 C 中潜剖面的概率在两个州是否不同. 在整体模型指令下方, 为 G 和 C 两个变量的每个类/组别组合设定了特定类的指令: $G = 1$ 和 $C = 1$ 用 %G#1.C#1% 表示; $G = 1$ 和 $C = 2$ 用 %G#1.C#2% 表示; $G = 2$ 和 $C = 1$ 用 %G#2.C#1% 表示; $G = 2$ 和 $C = 2$ 用 %G#2.C#2% 表示. 分组变量 G 必须在前, 否则模型将无法运行. 在每个特定剖面模型中, 我们为条目均值设定了一个估计起始值. 例如, 在 %G#1.C#1% 中, 条目均值以 0.4 的起始值进行估计. 在 %G#1.C#2% 中起始值为 2.0. 默认情况下, 剖面内条目方差设定跨剖面 (C) 和跨观察组别 (G) 不变. 我们认为, 更合理的假设是设定条目方差在给定观察组别中的剖面之间不变, 但在观察组之间是非不变的. 在以上程序的每个特定剖面模型设定中, 条目方差参数在括号中标记. 例如, 6 个条目方差在 %G#1.C#1% 和 %G#1.C#2% 中均标记为 "(V1–V6)", 这意味着在俄亥俄州样本 ($G = 1$) 中的剖面 1 和剖面 2 中对条目方差施加了等同限制, 但没有对条目均值施加该限制. 在肯塔基州的特定剖面模型中使用了类似的设定.

　　部分模型结果如表 6.19 所示. 在俄亥俄州和肯塔基州, 条目均值在剖面 1 中低于剖面 2, 因此, 我们可以将剖面 1 和剖面 2 分别定义为 "较低痛苦" 和 "较高痛苦" 剖面. 剖面内条目方差在给定 G 组别 (如 $G = 1$) 中的剖面之间不变, 但在不同 G 组别之间变异 (如条目方差在 $G = 1$ 的剖面中为 V1–V6, 在 $G = 2$ 的剖面中为 V1b–V6b). 潜剖面的分布在 G 组别中相似: 在俄亥俄州, 剖面 1 占 77.0%, 剖面 2 占 23.0%; 在肯塔基州, 剖面 1 占 76.0%, 剖面 2 占 24.0%. 总体而言, 俄亥俄州估计的剖面内均值和方差略大于肯塔基州.

表 6.19　分州、分剖面的 BSI–18 躯体化障碍条目均值和方差: MG LPA 模型部分结果

| 条目 | 俄亥俄州 ($N = 248$) | | 肯塔基州 ($N = 225$) | |
	剖面 1$^{\&}$ ($N = 191, 77.0\%$) 均值 (方差)	剖面 2$^{\&}$ ($N = 57, 23.0\%$) 均值 (方差)	剖面 1$^{\&}$ ($N = 171, 76.0\%$) 均值 (方差)	剖面 2$^{\&}$ ($N = 54, 24.0\%$) 均值 (方差)
X_1	0.276 (0.495)	1.850 (0.495)	0.194 (0.487)	1.205 (0.487)
X_4	0.457 (0.831)	1.962 (0.831)	0.248 (0.618)	1.797 (0.618)
X_7	0.687 (0.903)	2.668 (0.903)	0.459 (0.766)	2.298 (0.766)
X_{10}	0.277 (0.574)	2.059 (0.574)	0.220 (0.540)	1.439 (0.540)
X_{13}	0.806 (1.663)	2.022 (1.663)	0.506 (0.825)	2.036 (0.825)
X_{16}	0.804 (1.054)	2.625 (1.054)	0.661 (0.874)	2.530 (0.874)

注: X_1–眩晕 (Faintness), X_4–胸痛 (Chest pain), X_7–恶心 (Nausea), X_{10}–呼吸急促 (Short of breath), X_{13}–麻木或刺痛 (Numb or tingling), X_{16}–身体虚弱 (Body weakness).
剖面 1: 较低痛苦剖面.
剖面 2: 较高痛苦剖面.
$^{\&}$: 剖面分布信息见 Mplus 输出的 TECHNICAL 15 OUTPUT 部分.

6.6.1　检验条目均值的跨组不变性 (Testing invariance of item means across groups)

当我们检验条目值跨组不变性时, 以上程序估计的模型将用作模型比较的配置模型 (configural model). 为了检验跨组条目均值的不变性, 我们在以下程序中对跨组的条目均值施加等同限制; 然后将模型的对数似然与 Mplus 程序 6.23 中估计的对数似然进行比较.

Mplus 程序 6.24

```
TITLE: MGLPA: testing invariance of item means across groups
DATA: FILE = 2_Site_BSI_18.dat;
VARIABLE: NAMES = X1-X18 Gender White Age Edu Crack Site ID;
MISSING = .;
USEVARIABLES = X1 X4 X7 X10 X13 X16; !Somatization;
KNOWNCLASS = G (Site = 1 Site = 2);
CLASSES = G (2) C (2);
ANALYSIS: TYPE = MIXTURE;
MODEL:  %OVERALL%
C ON G;
%G#1.C#1%
```

```
[X1 X4 X7 X10 X13 X16 *0.4](c1m1-c1m6);
X1 X4 X7 X10 X13 X16 (V1-V6);
%G#1.C#2%
[X1 X4 X7 X10 X13 X16 *2.0](c2m1-c2m6);
X1 X4 X7 X10 X13 X16 (V1-V6);
%G#2.C#1%
[X1 X4 X7 X10 X13 X16 *0.3](c1m1-c1m6);
X1 X4 X7 X10 X13 X16 (V1b-V6b);
%G#2.C#2%
[X1 X4 X7 X10 X13 X16 *2.0](c2m1-c2m6);
X1 X4 X7 X10 X13 X16 (V1b-V6b);
OUTPUT: TECH15;
```

在上面的程序中, 每个特定类别模型中条目均值参数都被分配了标签 (例如, %G#1.C#1% 和 %G#2.C#1% 中的 c1m1 – c1m6; %G#1.C#2% 和 %G#2. C#2% 中的 c2m1 – c2m6). 在不同组别中用相同的标签标记参数意味着对参数值施加跨组不变限制.

表 6.20　　检验条目均值、条目方差和剖面分布在不同组别间的相似性

剖面解	对剖面内条目均值和组别间方差无相等限制的模型			对剖面内条目均值或组别间方差施加相等限制的模型		
	对数似然值	自由参数数量	标度校正因子	对数似然值	自由参数数量	标度校正因子
检验剖面内条目均值跨组不变 [1]	-4191.852	39	1.8781	-4207.545	27	1.8877
	Satorra & Bentler 卡方检验: 自由度 $= 12$, $P = 0.1532$					
检验剖面内条目均值和方差跨组不变 [2]	-4191.852	39	1.8781	-4222.345	21	1.8464
	Satorra & Bentler 卡方检验: 自由度 $= 18$, $P = 0.0229$					
检验剖面分布跨组不变 [3]	观察组别变量 G 对潜剖面变量 C 的效应: $\beta = -0.383$ ($P = 0.094$)					

注: [1]: 比较程序 6.24 和 6.23 的模型拟合.

　　 [2]: 比较程序 6.26 和 6.23 的模型拟合.

　　 [3]: 在程序 6.24 中设定潜剖面变量 C 在观察组别变量 G 上回归.

　　该模型的模型拟合对数似然值与来自 Mplus 程序 6.23 的模型进行了比较.
由于模型是使用 MLR 估计的, 因此, 比较模型拟合应使用 Satorra & Bentler
卡方检验 (Satorra & Bentler, 1988) (参见第二章中第 2.4.2 节). Satorra &
Bentler 卡方检验所需的模型拟合对数似然值、自由参数数量和标度校正因子
(scaling correction factor) 如表 6.20 所示. 卡方检验结果显示由 Mplus 程序
6.23 和 6.24 估计的模型拟合对数似然值差异统计不显著 ($P = 0.1532$). 这表
明剖面内条目均值在观察组别 (俄亥俄州和肯塔基州) 之间无显著差异. 此外,
我们还可以在下面的程序中检验组间特定条目均值的差异是否显著.

Mplus 程序 6.25

```
TITLE: MGLPA: testing invariance of specific item means
DATA: FILE = 2_Site_BSI_18.dat;
VARIABLE: NAMES = X1-X18 Gender White Age Edu Crack Site ID;
MISSING = .;
USEVARIABLES = X1 X4 X7 X10 X13 X16; !Somatization;
KNOWNCLASS = G (Site = 1 Site = 2);
CLASSES = G (2) C (2);
ANALYSIS: TYPE = MIXTURE;
MODEL:  %OVERALL%
C ON G;
%G#1.C#1%
[X1 X4] (g1c1m1 g1c1m2);
[X7 X10 X13 X16 *0.4](c1m3-c1m6);
X1 X4 X7 X10 X13 X16 (V1-V6);
%G#1.C#2%
[X1 X4 X7 X10 X13 X16 *2.0](c2m1-c2m6);
X1 X4 X7 X10 X13 X16 (V1-V6);
%G#2.C#1%
[X1 X4](g2c1m1 g2c1m2);
[X7 X10 X13 X16 *0.3](c1m3-c1m6);
X1 X4 X7 X10 X13 X16 (V1b-V6b);
%G#2.C#2%
[X1 X4 X7 X10 X13 X16 *2.0](c2m1-c2m6);
X1 X4 X7 X10 X13 X16 (V1b-V6b);
MODEL TEST:
g1c1m1 = g2c1m1;
g1c1m2 = g2c1m2;
```

其中, X_1 和 X_4 的均值参数分别在特定剖面模型 %G#1.C#1% 中标记为 g1c1m1 和 g1c1m2, 在 %G#2.C#1% 中标记为 g2c1m1 和 g2c1m2. 因此, 它们在各组中有不同的估计值. MODEL TEST 指令用于检验这两个均值参数在组间是否有显著差异. 指令执行 $df = 2$ 的 Wald 检验. 模型结果显示该检验在统计上不显著 ($P = 0.1752$), 即条目 X_1 和 X_4 的均值在两个州无显著差异. 同样的方式可以用于检验其他参数的不变性.

6.6.2　检验条目方差的跨组不变性 (Testing invariance of item variances across groups)

在 Mplus 程序 6.24 的基础上, 我们在以下程序中进一步对跨观察组别 (G) 的条目方差施加等同限制. 通过将此模型的对数似然值与程序 6.23 中估计的模型对数似然值进行比较, 我们将能够检验剖面条目均值和方差是否跨观察组别不变.

Mplus 程序 6.26

```
TITLE: MGLPA: testing invariance of item variances
DATA: FILE = 2_Site_BSI_18.dat;
VARIABLE: NAMES = X1-X18 Gender White Age Edu Crack Site ID;
MISSING = .;
USEVARIABLES = X1 X4 X7 X10 X13 X16; !Somatization;
KNOWNCLASS = G (Site = 1 Site = 2);
CLASSES = G (2) C (2);
ANALYSIS: TYPE = MIXTURE;
MODEL:   %OVERALL%
C ON G;
%G#1.C#1%
[X1 X4 X7 X10 X13 X16 *0.4](c1m1-c1m6);
X1 X4 X7 X10 X13 X16 (V1-V6);
%G#1.C#2%
[X1 X4 X7 X10 X13 X16 *2.0](c2m1-c2m6);
X1 X4 X7 X10 X13 X16 (V1-V6);
%G#2.C#1%
[X1 X4 X7 X10 X13 X16 *0.3](c1m1-c1m6);
X1 X4 X7 X10 X13 X16 (V1-V6);
%G#2.C#2%
[X1 X4 X7 X10 X13 X16 *2.0](c2m1-c2m6);
X1 X4 X7 X10 X13 X16 (V1-V6);
```

OUTPUT: TECH15;

其中, $X_1, X_4, X_7, X_{10}, X_{13}, X_{16}$ 的方差在每个剖面和每个组别中标记为 V1–V6, 因此它们跨剖面和观察组别不变. 通过将该模型的对数似然值与 Mplus 程序 6.23 的模型对数似然值进行比较, Satorra & Bentler 卡方检验具有统计学意义 ($P = 0.0229$) (见表 6.20). 因此, 我们拒绝从 Mplus 程序 6.26 估计的模型并得出结论, 躯体化条目分值的方差跨观察组非不变.

Mplus 程序 6.23—6.26 的结果表明, Mplus 程序 6.24 中设定的模型可以作为保留模型 (retained model) 进行进一步分析. 在此模型中, 特定剖面中条目均值被设定为跨剖面非不变, 但是剖面条目均值在两个观察组别 (俄亥俄州和肯塔基州) 之间不变. 这样, 具体潜剖面 ("较低痛苦" 或 "较高痛苦") 在不同观察组别中的定义标准是一致的.

6.6.3 检验潜剖面分布的跨组不变性 (Testing invariance of latent profile distribution across groups)

在 Mplus 程序 6.24 估计的保留模型中, 潜剖面内的条目均值被设置为跨观察组别 (俄亥俄州和肯塔基州) 不变, 即潜剖面在两个组别中的定义相同. 在整体模型指令中的 C ON G 语句设定逻辑斯谛回归, 其中观察组别变量 (G) 预测潜剖面变量 C. 这样便可检验被聚类到特定剖面的概率是否因观察组别而异. 在我们的示例中, C 在 G 上回归的斜率系数为 -0.383 ($P = 0.094$) (见表 6.20). 这意味着被聚类到剖面 1 的概率在组别 1 (俄亥俄州) 小于组别 2 (肯塔基州), 但是没有统计学意义.

6.6.4 带协变量和结局测量的多组潜剖面模型 (Multi-group LPA model with covariates and outcome measure)

MGLPA 模型中可以加入协变量 (如 *Gender*、*White*、*Age*、*Edu*) 和额外的结局测量 (如 *Crack* (可卡因使用频数)) 来评估潜剖面变量与协变量和结局测量的关系. 在我们的 MGLPA 模型中, 协变量 *Gender*、*White*、*Age* 和 *Edu* 对 *Crack* 的效应因潜剖面和观察组别而异. 这种跨组非不变关系可以解释为潜剖面变量 C 和观察组别变量 G 调节了协变量对 *Crack* 变量的效应. 在本节中, 我们使用三步法进行模型估计.

首先, 我们在 Mplus 程序 6.24 的 VARIABLE 指令中添加语句 "AUXILIARY = Gender White Age Edu Crack Site", 并使用 "SAVEDATA: FILE = MGLPAStep1.dat; SAVE = cprob; Format = free" 指令输出保存在一个名为

MGLPAStep1.dat 的数据文件中, 其中变量 *Gender*、*White*、*Age*、*Edu* 和
Crack, 以及观察组别变量 *G*、模型估计的最大似然类别变量 *S* 和用于定义组
别变量 *G* 的变量 *Site* (1 – 俄亥俄州, 2 – 肯塔基州) 都包括在内. 模型结果中
也提供了步骤 3 中调节潜剖面变量估计测量误差所需的 *S* 分类概率的 logit
值. 也就是说, 该程序实际完成了三步法的步骤 1 和步骤 2. 下面的 Mplus 程
序读取数据文件 MGLPAStep1.dat 并进行步骤 3 建模.

Mplus 程序 6.27

```
TITLE: MGLPA with covariates and additional outcome measure
DATA: FILE = MGLPAStep1.dat;
VARIABLE: NAMES = X1 X4 X7 X10 X13 X16
Gender White Age Edu Crack CPROB1-CPROB4
G S MLCJOINT SITE;
MISSING = *;
USEVARIABLES = X1 X4 X7 X10 X13 X16 SITE S
Gender White Age Edu Crack;
NOMINAL = S;
KNOWNCLASS = G (Site = 1 Site = 2);
CLASSES = G (2) C (2);
ANALYSIS: TYPE = MIXTURE;
STARTS = 0;
MODEL:
%OVERALL%
C ON G Gender White Age Edu;
CRACK ON Gender White Age Edu;
%G#1.C#1%
[X1 X4 X7 X10 X13 X16 *0.4](c1m1-c1m6);
X1 X4 X7 X10 X13 X16 (V1-V6);
CRACK ON Gender White Age Edu;
%G#1.C#2%
[X1 X4 X7 X10 X13 X16 *2.0](c2m1-c2m6);
X1 X4 X7 X10 X13 X16 (V1-V6);
CRACK ON Gender White Age Edu;
%G#2.C#1%
[X1 X4 X7 X10 X13 X16 *0.3](c1m1-c1m6);
X1 X4 X7 X10 X13 X16 (V1b-V6b);
CRACK ON Gender White Age Edu;
%G#2.C#2%
```

```
[X1 X4 X7 X10 X13 X16 *2.0](c2m1-c2m6);
X1 X4 X7 X10 X13 X16 (V1b-V6b);
!CRACK ON Gender White Age Edu;
Model C:
%C#1%
[S#1@4.068];
%C#2%
[S#1@-3.071];
OUTPUT: TECH15;
```

程序读取文件 MGLPAStep1.dat, 然后将最大似然类别变量 S 在 VARIABLE 指令中设定为名义变量. 程序 6.24 输出的 "Logits for the Classification Probabilities for the Most Likely Latent Class Membership" 部分提供的 S 分类概率的 logit (如 4.068, -3.071) 在剖面 1 和剖面 2 中预设为参数 S#1 的值, 例如, 剖面 1 中的 [S#1@4.068] 和剖面 2 中的 [S #1@-3.071]. 这样便在模型估计中考虑了 S 中的测量误差可能造成的影响. 在整体模型中, 剖面变量 C 在观察组别变量 G 和协变量 (Gender、White、Age 和 Edu) 上进行回归. 由于变量 C 有两个水平 (即两个剖面), 因此该模型是逻辑斯谛回归. 此外, 另一个连续结局变量 Crack, 也在整体模型中对协变量进行回归. 如果此多元回归仅在整体模型中设定, 模型将对所有组别或潜剖面估计同一组回归参数. 上述程序在组别 1 和组别 2 中的所有特定剖面的模型中设定该多元回归. 这样, 模型将按组别和剖面估计四组不同的回归参数. 部分模型结果如表 6.21 所示. 标记为 "Parameters for Class-specific Model Parts of C" 的部分显示了两个 "Means" (S#1 = 4.068 和 S#1 = -3.071). 它们不是 "均值", 而是程序中预设的 S 分类概率的 logit, 用于固定潜剖面变量 C 和最大似然剖面变量 S 之间的测量关系. 潜剖面变量 C 在观察组别变量 G 和协变量上回归结果显示在表中标记为 "Categorical Latent Variables" 的部分中. 控制社会人口变量后, 观察组别变量 G 对潜剖面变量 C 的效应变得统计显著 ($\beta = -0.477, P = 0.033$). 就是说, 控制社会人口变量后, 潜剖面分布在观察组别间显著不同, 聚类到潜剖面 1 的概率在观察组别 1 (俄亥俄州) 中低于观察组别 2 (肯塔基州). 性别 (Gender) 对潜剖面分类有显著的正效应 ($0.736, P = 0.001$), 种族 (White) 则具有显著的负效应 ($-1.081, P = 0.008$). 表 6.21 "Categorical Latent Variables" 部分中显示的 "Means" 是该逻辑斯谛回归模型的截距.

有关协变量效应的更多具体信息显示在标有 "COVARIATE EFFECTS ON TRANSITION PROBABILITY ODDS RATIOS" 的矩阵中. 这些效应以

"TRANSITION TABLE ODDS RATIO" 的格式报告, 其中对角线为参考组. 我们以性别效应为例. 在观察组别 2 (肯塔基州) 中, 男性 ($Gender = 1$) 聚类到剖面 1 而不是剖面 2 的概率是女性 ($Gender = 0$) 的 2.088 倍 (95% 置信区间 = (1.352, 3.224). 在观察组别 1 (俄亥俄州) 中, 男性 ($Gender = 1$) 聚类到剖面 2 而不是剖面 1 的概率是女性 ($Gender = 0$) 的 0.479 倍 (95% 置信区间 = (0.310, 0.740). 其他协变量对不同观察组别中的剖面分类的影响可以用相同的方式解释.

表 **6.21**　　部分 Mplus 输出: 带协变量和结局测量的 MGLPA 模型

```
COVARIATE EFFECTS ON TRANSITION PROBABILITY ODDS RATIOS
    EFFECT OF GENDER
    TRANSITION TABLE ODDS RATIO AND 95% CONFIDENCE INTERVALS FOR G TO C
        1.000(1.000,1.000)    0.479(0.310,0.740)
        2.088(1.352,3.224)    1.000(1.000,1.000)
    EFFECT OF WHITE
    TRANSITION TABLE ODDS RATTO AND 95% CONFIDENCE INTERVALS FOR G TO C
        1.000(1.000,1.000)    2.946(1.321,6.574)
        0.339(0.152,0.757)    1.000(1.000,1.000)
    EFFECT OF AGE
    TRANSITION TABLE ODDS RATIO AND 95% CONFIDENCE INTERVALS FOR G TO C
        1.000(1.000,1.000)    1.023(0.999,1.047)
        0.978(0.955,1.001)    1.000(1.000,1.000)
    EFFECT OF EDU
    TRANSITION TABLE ODDS RATIO AND 95% CONFIDENCE INTERVALS FOR G TO C
        1.000(1.000,1.000)    0.869(0.740,1.021)
        1.150(0.979,1.351)    1.000(1.000,1.000)
...
MODEL RESULTS
                                              Two-Tailed
                    Estimate     S.E.  Est./S.E.   P-Value
Parameters in the Overall Part of the Model (Parameters Equal in All of the Classes)
...

Parameters for Class-specific Model Parts
Latent Class Pattern 1 1
CRACK       ON
    GENDER          -2.193      1.542    -1.422     0.155
    WHITE           -2.626      2.023    -1.298     0.194
    AGE              0.127      0.094     1.353     0.176
    EDU             -0.922      0.669    -1.377     0.168
...

Latent Class Pattern 1 2

CRACK       ON
```

GENDER	-1.293	2.452	-0.527	0.598
WHITE	-0.344	5.088	-0.068	0.946
AGE	0.065	0.131	0.499	0.618
EDU	0.957	0.895	1.069	0.285

...

Latent Class Pattern 2 1
CRACK   ON

GENDER	-0.016	0.608	-0.027	0.978
WHITE	-6.495	1.409	-4.611	0.000
AGE	0.091	0.037	2.490	0.013
EDU	-0.283	0.260	-1.090	0.276

...

Latent Class Pattern 2 2
CRACK   ON

GENDER	-4.451	1.510	-2.948	0.003
WHITE	-6.499	4.906	-1.325	0.185
AGE	0.244	0.096	2.532	0.011
EDU	-0.519	0.563	-0.922	0.357

...

Parameters for Class-specific Model Parts of C

Latent Class C#1
 Means

S#1	4.068	0.000	999.000	999.000

Latent Class C#2
 Means

S#1	-3.071	0.000	999.000	999.000

Categorical Latent Variables
C#1   ON

G#1	-0.477	0.224	-2.131	0.033

C#1   ON

GENDER	0.736	0.222	3.320	0.001
WHITE	-1.081	0.409	-2.639	0.008
AGE	-0.023	0.012	-1.891	0.059
EDU	0.140	0.082	1.703	0.089

 Means

G#1	0.097	0.092	1.057	0.290
C#1	2.018	0.709	2.846	0.004

...

TECHNICAL 15 OUTPUT
ESTIMATED CONDITIONAL PROBABILITIES FOR THE LATENT CLASS VARIABLES
EVALUATED AT THE SAMPLE MEAN FOR ALL COVARIATES

...

```
P(C=1|G=1)=0.724
P(C=2|G=1)=0.276


P(C=1|G=2)=0.808
P(C=2|G=2)=0.192
```

　　协变量对可卡因使用频数 (*Crack*) 的效应按观察组别和剖面分别估计, 并在表 6.21 的 "Parameters for Class-specific Model Parts" 部分显示. 对于观察组别 1 (俄亥俄州), 在剖面 1 和剖面 2 的特定剖面模型中, 没有任何社会人口变量对 *Crack* 有显著效应. 然而, 在观察组别 2 的剖面 1 中, 种族 (*White*) 对 *Crack* 有显著的负效应 ($\beta = -6.495, P < 0.001$), 而年龄 (*Age*) 有显著的正效应 ($\beta = 0.091, P = 0.013$). 另外, 在观察组别 2 的剖面 2 中, 性别 (*Gender*) 对 *Crack* 有显著的负效应 ($\beta = -4.451, P = 0.003$), 而年龄 (*Age*) 有显著的正效应 ($\beta = 0.244, P = 0.011$). 模型结果显示, 协变量对结局测量的效应可以因观察组别和潜剖面不同而变化. 这对我们研究特定协变量在不同人口总体和不同潜子群体中的效应十分有用.

　　在本章中, 我们讨论并演示了一些基本的混合模型, 用于单组和多组的横截面和纵向数据分析. 混合模型是探索和分析未观察到的群体异质性的有用统计方法. 混合模型还可与多层模型相结合, 从而建立一个更广义的建模框架. 感兴趣的读者可以参考 Asparouhov & Muthén (2008) 以及 Muthén & Asparouhov (2011).

第七章 结构方程建模的样本量估计 (Sample Size Estimation for Structural Equation Modeling)

7.1 简介 (Introduction)

结构方程模型 (SEM) 是一种大样本数据分析方法. 小样本会导致一系列问题, 如, 模型估计不能收敛, 降低参数估计准确性, 甚至出现负方差参数估计及相关系数大于 1 或小于 -1, 统计功效 (statistical power) 小, 模型拟合统计指标估计不当, 等等. 与其他统计建模一样, 确定适当的样本量对 SEM 至关重要. 本章讨论 SEM 样本量估计和功效分析 (power analysis) 的一些基本概念, 逐一介绍用于 SEM 样本量估计的不同方法. 第 7.2 节描述常用的经验法则, 然后, 在以下各节中介绍和演示用于 SEM 样本量估计的不同方法. 第 7.3 节和第 7.4 节分别介绍用 Satorra-Saris 方法和蒙特卡罗模拟 (Monte Carlo simulation) 对验证性因子分析 (confirmatory factor analysis, CFA) 模型和潜发展模型 (latent growth model, LGM) 进行样本量估计和功效分析. 第 7.5 节介绍两种基于模型拟合统计量/指标的方法 (MacCallum-Browne-Sugawara 方法和 Kim 方法) 来进行样本量估计. 混合模型的样本量估计仍然是一个挑战. 我们在第 7.6 节演示如何使用 Dziak-Lanza-Tan 方法来估计无条件潜类别模

型 (unconditional latent class model) 的样本量.

7.2　结构方程模型样本量估计的经验法则 (The rule of thumb for sample size needed for SEM)

　　尽管确定合适的样本量是 SEM 实践中的一个关键问题, 但遗憾的是, 关于 SEM 的合适样本量, 在结构方程建模的文献中并没有统一认识. 尽管有证据表明, 即使样本量较小, 也可以对简单的 SEM 进行有意义的检验 (Hoyle, 1999; Hoyle & Kenny, 1999; Marsh & Hau, 1999). 但通常, $N = 100$ 到 $N = 150$ 被认为是 SEM 所需的最小样本量 (Anderson & Gerbing, 1988; Ding, Velicer & Harlow, 1995; Tabachnick & Fidell, 2001; Tinsley & Tinsley, 1987). 一些研究人员则认为 SEM 的样本量还应更大些, 例如, $N = 200$ (Boomsma & Hoogland, 2001; Hoogland & Boomsma, 1998; Kline, 2005). 模拟研究表明, 在标识变量/条目呈正态分布且没有缺失数据的情况下, CFA 模型的合理样本量约为 $N = 150$ (Muthén & Muthén, 2002). 对于多组模型 (multi-group model), 经验法则是每组 100 个案例/观察值 (Kline, 2005). 在 SEM 的实际运用中, 考虑样本量大小的经验法则 (rule of thumb) 通常基于观察案例与观察变量的数量之比. 对于正态分布的数据, Bentler & Chou (1987) 建议案例数与观察变量数 5:1 的比例就够了. 也有学者认为 10:1 的比例才足以设置合适的样本规模下限 (Nunnally, 1967). 另外, 人们也常关注案例 (N) 与自由参数 (q) 数量之比 ($N : q$). 较高的 $N : q$ 比率为好. Tanaka (1987) 提出 $N : q = 20$ 的比率, 但通常认为在一个模型中 $N : q$ 比率应至少 $\geqslant 5$ (Bentler, 1995; Bentler & Chou, 1987). 对于峭度 (kurtosis) 大的数据, 最小样本量应该至少是自由参数数量的十倍 (即 $N : q \geqslant 10$) (Hoogland & Boomsma, 1998). Kline (1998) 建议 $N : q$ 比率应该为 10 甚至 20. 当样本规模较小时, 可使用贝叶斯估计来估计模型. 贝叶斯估计不像 ML 估计那样假设大样本. Lee & Song (2004) 的研究表明, 贝叶斯估计需要的 $N : q$ 比率要小得多. 他们的研究中 $N : q = 3 : 1$ 的比率效果也很好.

　　样本量大小的确定也与每个潜变量/因子的标识/条目数量有关. 有人认为, 如果 CFA 模型中每个因子有 6 ~ 12 个标识/条目, 那么 $N = 50$ 的样本量就足够了 (Marsh, Balla & McDonald, 1998; Marsh & Hau, 1999). 对于每个因子/条目有 3 ~ 4 个标识/条目的 CFA 模型, 样本量至少应为 $N = 100$ (Boomsma, 1985; Marsh & Hau, 1999). 但是, 如果在多因子 CFA 模型中每个因子只有 2 个标识/条目, 则所需的样本量至少应为 $N \geqslant 400$ (Boomsma &

Hoogland, 2001; Marsh & Hau, 1999). 不过, 不是潜变量/因子的标识/条目数量多就一定好. 根据我们的经验, 如果每个因子的标识/条目数量太多, 在实际研究中往往很难验证一个量表的因子结构, 因为由于各种原因, 许多条目误差项很可能相互关联. 运行多因子、多标识/条目的 CFA 模型时, 通常需要设定一些误差项协方差或交叉因子载荷才能有较好的模型拟合.

确定 SEM 所需样本量很复杂. 没有关于足够样本量的绝对标准, 也没有适用于结构方程建模中所有情况的经验法则 (Muthén & Muthén, 2002). 除了自由参数的数量和每个潜变量的观察标识/条目数之外, SEM 所需的样本量还取决于许多其他与数据特征和被检验模型相关的因素, 例如观察标识的可靠性 (Gerbing & Anderson, 1985; Velicer & Fava, 1998), 研究设计 (例如, 横截面或纵向研究) (Muthén & Muthén, 2002), 数据多元正态性程度 (Anderson, 1996; West, Finch & Curran, 1995), 缺失数据的处理 (Brown, 1994), 模型复杂性 (Kline, 1998) 和模型估计方法 (例如, ML、MLR、WLSMV) (Fan, Thompson & Wang, 1999). 我们对文献中的经验法则应持谨慎态度.

一些基于模型的方法, 例如 Satorra & Saris 方法 (Satorra & Saris, 1985) 和蒙特卡罗模拟 (Muthén & Muthén 2002), 以及基于模型拟合指数的方法, 例如, MacCallum, Browne & Sugawara 方法 (1996) 和 Kim 方法 (2005), 越来越多地用于对特定 SEM 进行功效分析和样本量估计. 另外, Dziak, Lanza & Tan (2014) 提供了实用的效应测量和功效曲线, 用于在给定样本量的情况下估计 LCA 模型的统计功效. 在本章中, 我们将演示如何应用这些方法对特定 SEM 进行功效分析和样本量估计.

7.3　用 Satorra-Saris 方法估计样本量 (Satorra-Saris's method for sample size estimation)

Satorra & Saris (1985) 提出的估计 SEM 统计功效的方法是, 当模型被错误设定 (但不是很严重) 时, 模型拟合检验统计量不遵循中心卡方分布 (central χ^2 distribution), 而是非中心卡方分布. 错误设定模型的模型卡方统计量可以被视为非中心卡方分布的非中心参数 (λ) 的近似值. 一旦估计出了参数 λ, 就可以从适当自由度和 α 水平的非中心卡方分布表中获得统计功效 (Saris & Stonkhorst, 1984), 或者使用统计软件包 (如 SAS 或 SPSS) 进行计算.

应用 Satorra-Saris 方法来估计统计功效和样本量时遵循以下几个步骤 (Brown, 2015):

1. 设定一个具有假设总体参数值的模型, 并使用零协方差矩阵 (null co-

variance matrix) (即对角线元素为 1, 非对角线元素为 0 的矩阵) 和零均值向量来生成总体均值和协方差矩阵.

2. 使用步骤 1 生成的均值和协方差矩阵作为输入数据来运行相同的模型, 检查总体参数值是否恢复. 如果步骤 2 中估计的参数与步骤 1 中模型设定的参数值匹配, 则转到下一步.

3. 选择样本量并将感兴趣的参数限制为零 (或零假设下的预期值) 来设定一个错误模型, 然后用步骤 2 中生成的均值和协方差结构作为输入数据运行该错误设定模型 (mis-specified model).

4. 使用在步骤 3 中估计的模型卡方统计量作为近似的非中心参数 λ 来计算所测效应统计功效值.

5. 使用不同的样本量重复步骤 3 和步骤 4, 并计算相应的功效值. 对应于至少 0.80 的统计功效的样本量将是模型所需的最小样本量估计.

下面我们将演示 Satorra-Saris 方法在 CFA 和 LGM 中的应用.

7.3.1　Satorra-Saris 方法在 CFA 模型中的应用 (Application of Satorra-Saris's method to CFA model)

图 7.1 所示的假设 CFA 模型有两个因子 ξ_1 和 ξ_2, 每个因子有四个标识变量/条目 (ξ_1 有 X_1—X_4, ξ_2 有 X_5—X_8). 假设所有标识变量的均值为 0, 方差为 1; 所有因子载荷均设定为 0.75, 表明条目信度 (item reliability) 为 $0.75^2 = 0.56$. 为了定义因子尺度, 因子方差被设定为 1. 因此, 所有误差项方差为 $1.0 - 0.56 = 0.44$. 两个因子间的协方差假设为 0.30. 在 Satorra-Saris 方法实施中设定的所有参数值应该是基于最佳理论猜测或经验发现的假设总体参数值. 在我们的例子中, 参数值只是为了模型演示而假设的. 下面的 Mplus 程序运行 Satorra-Saris 方法步骤 1.

Mplus 程序 7.1

```
TITLE: Satorra& Saris method for CFA: Step 1
DATA: FILE = CFA_N_1.dat;
TYPE = MEANS COVARIANCE;
NOBSERVATIONS = 500;
Variable: NAMES = X1-X8;
MODEL:
[X1-X8*0];
F1 BY X1-X4@0.75;
F2 BY X5-X8@0.75;
```

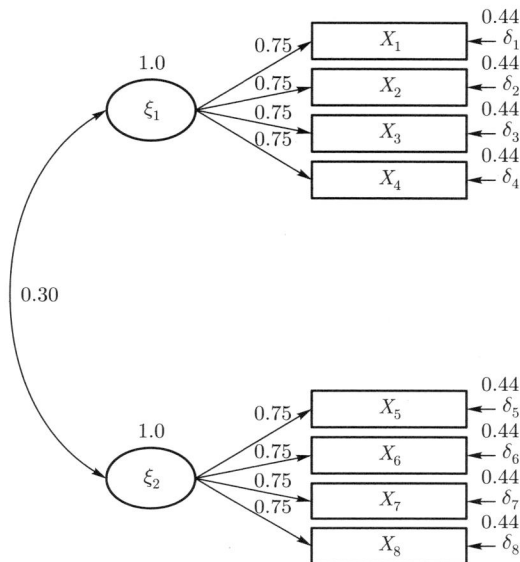

图 7.1   用于估计统计功效和样本量的假设 CFA 模型

```
F1@1;
F2@1;
X1-X8@0.44
F1 WITH F2@0.30;
OUTPUT: SAMPSTAT RESIDUAL;
```

其中, DATA 指令的 TYPE 语句中的 MEANS COVARIANCE 选项定义输入数据类型 (均值和协方差结构 (mean and covariance structure, MACS)). 在 DATA 指令的 NOBSERVATIONS 语句中设定了一个相对较大的样本量 $N = 500$. 用于建模的数据 (数据文件 CFA_N_1.dat) 是仅包含如下所示的空数据矩阵:

```
0 0 0 0 0 0 0
1
0 1
0 0 1
0 0 0 1
0 0 0 0 1
0 0 0 0 0 1
0 0 0 0 0 0 1
0 0 0 0 0 0 0 1
```

其中, 第一行是每个元素均为 0 值的均值向量, 其余部分是方差/协方差矩阵的对角线 (方差) 和左下三角 (协方差) 部分, 即所有方差设置为 1, 所有协方差设置为 0. 从第一章我们知道, 结构方程模型拟合是用模型估计参数, 然后生成隐含的模型方差/协方差矩阵 $\Sigma(\hat{\theta})$, 即估计的总体方差/协方差矩阵, 并将观察方差/协方差矩阵 S 与隐含的模型方差/协方差矩阵之间的差异最小化. 在这里, 我们进行的则是一个相反的操作; 即对应于在模型中给定的参数 (即, 模型中的每个参数都设定为其假设的总体参数值) 生成一个总体均值向量和方差/协方差矩阵. 上述 Mplus 程序中 OUTPUT 指令中设定的 RESIDUAL 语句在模型输出中生成一个与程序中设定的总体参数相对应的总体均值向量和方差/协方差矩阵.

表 7.1　部分 Mplus 输出: CFA 模型 Satorra-Saris 方法步骤 1

```
MODEL FIT INFORMATION

Number of Free Parameters                8

Loglikelihood

        H0 Value                    -6523.035
        H1 Value                    -5671.750

Information Criteria

        Akaike (AIC)                13062.070
        Bayesian (BIC)              13095.786
        Sample-Size Adjusted BIC    13070.394
          (n* = (n + 2) / 24)

Chi-Square Test of Model Fit

        Value                        1702.569
        Degrees of Freedom                 36
        P-Value                        0.0000

RMSEA (Root Mean Square Error Of Approximation)
        Estimate                        0.304
        90 Percent C.I.                 0.292   0.317
        Probability RMSEA <= .05        0.000

CFI/TLI
SRMR (Standardized Root Mean Square Residual)
```

```
        Value                          0.312
...
        Model Estimated Means/Intercepts/Thresholds
             X1            X2            X3            X4            X5

           --------      --------      --------      --------      --------
     1       0.000         0.000         0.000         0.000         0.000
...

        Model Estimated Means/Intercepts/Thresholds
             X6            X7            X8

           --------      --------      --------
     1       0.000         0.000         0.000
...

        Model Estimated Covariances/Correlations/Residual Correlations
             X1            X2            X3            X4            X5

           --------      --------      --------      --------      --------
   X1        1.002
   X2        0.562         1.002
   X3        0.562         0.562         1.002
   X4        0.562         0.562         0.562         1.002
   X5        0.169         0.169         0.169         0.169         1.002
   X6        0.169         0.169         0.169         0.169         0.562
   X7        0.169         0.169         0.169         0.169         0.562
   X8        0.169         0.169         0.169         0.169         0.562


        Model Estimated Covariances/Correlations/Residual Correlations
             X6            X7            X8

           --------      --------      --------
   X6        1.002
   X7        0.562         1.002
   X8        0.562         0.562         1.002
```

表 7.1 显示该模型对数据的拟合不佳, 这并不意外. Mplus 程序 7.1 的目的是生成总体均值向量和协方差矩阵供以后使用, 而不期望模型拟合任意空数据. Mplus 输出中打印的总体均值向量和方差/协方差矩阵 (见表 7.1) 如下所示:

```
0.000 0.000 0.000 0.000 0.000 0.000 0.000 0.000
1.002
0.562 1.002
0.562 0.562 1.002
0.562 0.562 0.562 1.002
```

```
0.169 0.169 0.169 0.169 1.002
0.169 0.169 0.169 0.169 0.562 1.002
0.169 0.169 0.169 0.169 0.562 0.562 1.002
0.169 0.169 0.169 0.169 0.562 0.562 0.562 1.002
```

我们将该均值和协方差结构保存在数据文件 CFA_N_2.dat 中, 并将用于下一次建模. 使用生成的总体均值向量和方差/协方差矩阵作为输入数据, Satorra-Saris 方法的步骤 2 估计模型参数并检查估计的参数是否与步骤 1 中设定的参数匹配. 相应的 Mplus 程序如下:

Mplus 程序 7.2

```
TITLE: Satorra& Saris method for CFA: Step 2
DATA: FILE = CFA_N_2.dat;
TYPE = MEANS COVARIANCE;
NOBSERVATIONS = 120;
Variable: NAMES = X1-X8;
MODEL:
F1 BY X1-X4*;
F2 BY X5-X8*;
F1@1;
F2@1;
F1 WITH F2;
OUTPUT: SAMPSTAT;
```

其中, 模型参数设定为自由参数, 并且设定了中等样本量 $N = 120$. 模型参数估计如表 7.2 所示.

表 **7.2**　部分 Mplus 输出: CFA 模型 Satorra-Saris 方法步骤 2

```
MODEL FIT INFORMATION

Number of Free Parameters                25

Loglikelihood

      H0 Value                     -1177.347
      H1 Value                     -1177.347

Information Criteria
```

续表

```
              Akaike (AIC)                    2404.694
              Bayesian (BIC)                  2474.381
              Sample-Size Adjusted BIC        2395.343
                (n* = (n + 2) / 24)

Chi-Square Test of Model Fit

              Value                             0.000
              Degrees of Freedom                   19
              P-Value                          1.0000

RMSEA (Root Mean Square Error Of Approximation)

              Estimate                          0.000
              90 Percent C.I.                   0.000  0.000
              Probability RMSEA <= .05          1.000


CFI/TLI

              CFI                               1.000
              TLI                               1.000

Chi-Square Test of Model Fit for the Baseline Model

              Value                           363.553
              Degrees of Freedom                   28
              P-Value                          0.0000

SRMR (Standardized Root Mean Square Residual)

              Value                             0.000

MODEL RESULTS

                                                        Two-Tailed
                       Estimate     S.E.   Est./S.E.    P-Value

F1        BY
    X1                   0.747      0.084      8.853      0.000
    X2                   0.747      0.084      8.853      0.000
    X3                   0.747      0.084      8.853      0.000
    X4                   0.747      0.084      8.853      0.000
```

续表

F2	BY				
X5		0.747	0.084	8.853	0.000
X6		0.747	0.084	8.853	0.000
X7		0.747	0.084	8.853	0.000
X8		0.747	0.084	8.853	0.000
F1	WITH				
F2		0.301	0.101	2.975	0.003
Intercepts					
X1		0.000	0.091	0.000	1.000
X2		0.000	0.091	0.000	1.000
X3		0.000	0.091	0.000	1.000
X4		0.000	0.091	0.000	1.000
X5		0.000	0.091	0.000	1.000
X6		0.000	0.091	0.000	1.000
X7		0.000	0.091	0.000	1.000
X8		0.000	0.091	0.000	1.000
Variances					
F1		1.000	0.000	999.000	999.000
F2		1.000	0.000	999.000	999.000
Residual Variances					
X1		0.436	0.076	5.757	0.000
X2		0.436	0.076	5.757	0.000
X3		0.436	0.076	5.757	0.000
X4		0.436	0.076	5.757	0.000
X5		0.436	0.076	5.757	0.000
X6		0.436	0.076	5.757	0.000
X7		0.436	0.076	5.757	0.000
X8		0.436	0.076	5.757	0.000

表 7.2 表明该模型完美拟合数据. 这是因为总体均值和方差/协方差结构 (MACS), 而不是样本 MACS, 被用作建模的输入数据. 从表中我们可以看出, 参数估计值与 Mplus 程序 7.1 中步骤 1 设定的总体参数值几乎完全相同. 这表明参数估计与理论预期非常吻合. 接下来, 我们在以下 Mplus 程序中运行 Satorra-Saris 方法的步骤 3, 即设定并估计一个有错误设定的模型.

Mplus 程序 7.3

```
TITLE: Satorra& Saris method for CFA: Step 3
DATA: FILE = CFA_N_2.dat;
```

```
TYPE = MEANS COVARIANCE;
NOBSERVATIONS = 50;
Variable: NAMES = X1-X8;
MODEL:
F1 BY X1-X4*;
F2 BY X5-X8*;
F1@1;
F2@1;
F1 WITH F2@0;
OUTPUT: SAMPSTAT;
```

其中, 生成的总体均值向量和协方差矩阵 (数据文件 CFA_N_2.dat) 用作输入数据. DATA 指令中的 NOBSERVATIONS = 50 语句将样本量设置为 $N = 50$. 由于我们的兴趣是检验因子协方差 (即 φ_{12}) 的显著性, 这个协方差参数被 MODEL 指令中的 "F1 WITH F2@0" 语句故意错误地设定为 0. 从这个错误设定的模型中估计的模型 $\chi^2 = 3.267$ 可以被视为近似的非中心参数 λ. 在非中心卡方分布表中, 我们可以查到相应的统计功效约为 0.44. 显然, $N = 50$ 不能提供足够大的统计功效来检验因子协方差 $\varphi_{12} = 0.30$ 的假设. 我们重复运行 Mplus 程序 7.3, 样本量从 $N = 50$ 到 $N = 150$. 然后使用估计的非中心参数值在以下 SAS 程序中计算对应于不同样本量的统计功效值.

SAS 程序 7.1

```
/***Satorra-Saris's method for CFA: Step 4***/
DataPower;
INPUT N LAMBDA;
DF=1; CRIT=3.841459;
POWER=(1-(PROBCHI(CRIT,DF,LAMBDA)));
CARDS;
50 3.267
60 3.920
70 4.573
80 5.227
90 5.880
100 6.533
110 7.187
120 7.840
130 8.494
140 9.147
```

```
150 9.800
;
Proc Print noobs;
Var N POWER;
Run;
```

其中, 变量 LAMBDA 表示从具有不同样本量的错误设定模型估计的非中心参数的近似值. CRIT = 3.841459 是 $df = 1$ 时在 $\alpha = 0.05$ 水平下的卡方统计值. 不同样本量对应的统计功效估计值见表 7.3. $N = 120$ 或更大的样本将具有 0.80 或更大的统计功效来检验假设的双因子 CFA 模型中的因子协方差 $\varphi_{12} = 0.30$.

表 7.3　按样本量估算统计功效: 使用 Sattaro-Saris 方法检验 CFA 模型中因子协方差

样本量 (N)	统计功效
50	0.44
60	0.51
70	0.57
80	0.62
90	0.67
100	0.72
110	0.76
120	0.80
130	0.83
140	0.86
150	0.88

7.3.2　Satorra-Saris 方法在 LGM 中的应用 (Application of Satorra-Saris's method to LGM)

在本节中, 我们演示 Satorra-Saris 方法在潜发展模型中的应用. 图 7.2 所示的是有六个重复结局测量 ($Y_1 — Y_6$) 的无条件线性潜发展模型. 首先, 将以下空 MACS 数据集保存在数据文件 LGM_N_1.dat 中, 作为 Mplus 程序 7.4 中的输入数据去生成总体 MACS 数据集.

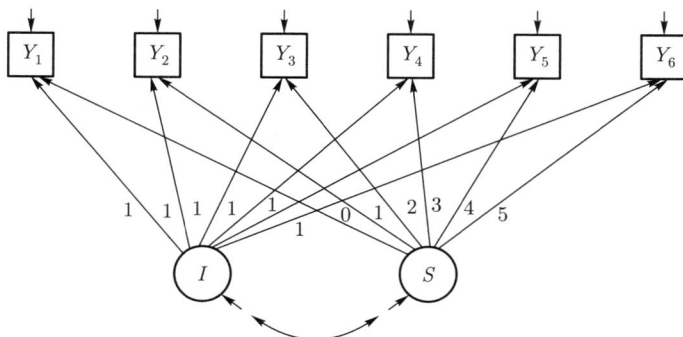

图 7.2 用于估计统计功效和样本量的无条件 LGM

```
0 0 0 0 0 0
1
0 1
0 0 1
0 0 0 1
0 0 0 0 1
0 0 0 0 0 1
```

Mplus 程序 7.4

```
TITLE: Satorra& Saris method for LGM: Step 1
DATA: FILE = LGM_N_1.dat;
TYPE = MEANS COVARIANCE;
NOBSERVATIONS = 500;
Variable: NAMES = Y1-Y6;
MODEL:
I S | Y1@0 Y2@1 Y3@2 Y4@3 Y5@4 Y6@5;
[Y1-Y6@0];
[I@0.2 S@0.1];
I@0.3;
S@0.1;
I WITH S@0.1;
Y1-Y6@0.5;
OUTPUT: SAMPSTAT RESIDUAL;
```

其中, 假设基线结局测量的总体均值为 0.2, 方差为 0.3 (即潜发展截距因子 I 的均值为 0.2, 方差为 0.3). 假设一个线性结局增长, 6 个时间点的时间分值

(time score) 分别设置为 0、1、2、3、4 和 5. 结局变化率假定为 0.1, 方差为 0.1 (即潜发展斜率因子 S 的均值为 0.1, 方差为 0.1). 假设两个潜发展因子 (I 和 S) 相互关联, 其协方差为 0.1. 对于所有观察到的结局测量 ($Y_1 — Y_6$), 假设残差方差为 0.5. 同样, 在 OUTPUT 指令中设定 RESIDUAL 语句以生成总体均值和协方差结构 (MACS) 数据 (如下所示):

```
0.200 0.300 0.400 0.500 0.600 0.700
0.800
0.400 1.100
0.500 0.800 1.600
0.600 1.000 1.400 2.300
0.700 1.200 1.700 2.200 3.200
0.800 1.400 2.000 2.600 3.200 4.300
```

这个生成的总体 MACS 保存在数据文件 LGM_N_2.dat 中, 并用作以下 Mplus 程序中的输入数据.

Mplus 程序 7.5

```
TITLE: Satorra& Saris method for LGM: Step 2
DATA: FILE = LGM_N_2.dat;
TYPE = MEANS COVARIANCE;
NOBSERVATIONS = 500;
Variable: NAMES = Y1-Y6;
MODEL:
I S | Y1@0 Y2@1 Y3@2 Y4@3 Y5@4 Y6@5;
[Y1-Y6@0];
[I S];
OUTPUT: SAMPSTAT;
```

Mplus 程序 7.5 的模型输出 (此处未报告) 表明模型估计的参数估计值与其假设的总体参数值非常匹配. 因此, 下一步是运行错误设定模型来估计非中心参数 λ. 由于我们在这里的兴趣是估计合适的样本量以确保模型有足够大的统计功效来检验由潜发展斜率因子 S 表示的结局变化率的显著性, 我们在零假设模型中将 S 设置为 0. 以下 Mplus 程序估计 $N = 50$ 的非中心参数.

Mplus 程序 7.6

```
TITLE: Satorra-Saris method for LGM: Step 3
DATA: FILE = LGM_N_2.dat;
```

```
TYPE = MEANS COVARIANCE;
NOBSERVATIONS = 50;
Variable: NAMES = Y1-Y6;
MODEL:
I S | Y1@0 Y2@1 Y3@2 Y4@3 Y5@4 Y6@5;
[Y1-Y6@0];
[S@0];
OUTPUT: SAMPSTAT;
```

其中 MODEL 指令中的语句 [S@0] 将 S 的均值设置为 0, 即有意地错误设定潜发展因子的均值. 估计的模型卡方统计量是估计的非中心参数 $\lambda = 3.819$. 同样程序以不同的样本量运行多次, 范围从 $N = 50$ 到 $N = 150$. 然后将参数 λ 估计值输入到 SAS 程序 7.2 中计算相应的统计功效值. 表 7.4 显示需要至少 $N = 110$ 的样本量, 以便在设计的 LGM 中具有大于 0.80 的功效来检验 $S = 0.10$ 的结局变化率.

SAS 程序 7.2

```
/***Satorra-Saris's method for LGM: Step 4***/
DataPower;
INPUT N LAMBDA;
DF=1; CRIT=3.841459; *Chi-square test;
POWER=(1-(PROBCHI(CRIT,DF,LAMBDA)));
CARDS;
50 3.819
60 4.567
70 5.316
80 6.065
90 6.814
100 7.563
110 8.312
120 9.061
130 9.810
140 10.559
150 11.308
;
Proc Print;
var N POWER;
Run;
```

表 7.4　按样本量估算统计功效: 使用 Sattaro-Saris 方法检验 LGM 中结局变化率

样本量 (N)	统计功效
50	0.50
60	0.57
70	0.64
80	0.69
90	0.74
100	0.79
110	0.82
120	0.85
130	0.88
140	0.90
150	0.92

以上演示的 Satorra-Saris 方法可以应用于其他 SEM. Satorra-Saris 方法的局限性是它必须设定嵌套的零模型和备择模型, 并且只能检验有关受限参数.

最近开发的一种用于 SEM 功效分析和样本量估计的方法是蒙特卡罗模拟. 它可以为给定样本量的模型中涉及的所有自由参数提供统计功效估计以及精度信息. 在下一节中, 我们将运用蒙特卡罗模拟方法演示本节中演示的相同 CFA 和 LGM, 并将蒙特卡罗模拟的结果与 Satorra-Saris 方法的结果进行比较. 此外, LGM 中还将考虑协变量和由纵向数据中不同损耗率引起的缺失值.

7.4　用蒙特卡罗模拟估计样本量 (Monte Carlo simulation for sample size estimation)

蒙特卡罗方法是计算机化的数学技术, 它使用随机抽样和计算机模拟来解决问题. 蒙特卡罗一词是由 20 世纪 40 年代从事核武器项目的物理学家创造的, 他们以摩纳哥这座以赌场和机会游戏而闻名的城市命名. 蒙特卡罗模拟越来越多地用于 SEM 中的统计功效分析. Mplus 这样的计算机软件为用户提供了方便的途径进行这种模拟.

应用蒙特卡罗模拟来估计所需 SEM 的功效和样本量, 需要根据最佳理论假设或实证发现来设定假设模型的总体参数值. 基于假设模型的总体参数值, 随机生成大量样本, 并用每个样本运行相同的模型. 这样, 每个参数的重复估计值形成了参数估计的分布. 根据参数估计分布, 我们不仅可以检查参数估计精度, 还可以确定保证足够大的统计功效 (例如, $\geqslant 0.80$) 所需的最小样本量.

在本节中, 我们将演示如何使用蒙特卡罗模拟为 CFA 和 LGM 估计足够的样本量, 并详细描述 Mplus 编程和结果解释, 并将结果与上一节用 Satorra-Saris 方法估计的结果进行比较.

7.4.1 蒙特卡罗模拟在 CFA 模型中的应用 (Application of Monte Carlo simulation to CFA model)

使用在第 7.2.1 节中演示的 CFA 模型, 我们演示如何使用蒙特卡罗模拟来估计样本量, 以确保有足够大的功效来拒绝零假设 $\varphi_{12} = 0$ (即假设 CFA 模型中两个因子间的协方差为零) 并检验假设的因子协方差 $\varphi_{12} = 0.30$.

Mplus 程序 7.7

```
TITLE: Monte Carlo simulation for testing factor covariance
MONTECARLO: NAMES = X1-X8;
  NOBSERVATIONS = 120;
  NREPS = 10000;
  SEED = 12345;
MODEL POPULATION:
[X1-X8@0];
F1 BY X1-X4@0.75;
F2 BY X5-X8@0.75;
F1@1;
F2@1;
X1-X8@0.44
F1 WITH F2@0.30;
MODEL:
[X1-X8*0];
F1 BY X1-X4*0.75;
F2 BY X5-X8*0.75;
F1@1;
F2@1;
X1-X8*0.44
F1 WITH F2*0.30;
OUTPUT: TECH9;
```

其中 MONTECARLO 指令中, NAMES 语句定义变量, NOBSERVATIONS 语句设定样本量, NREPS 语句设定随机样本/复制的数量[1], SEED 语句设定

---

[1] 根据 Muthén & Muthén (2002), 为了保证模型估计的稳定性, 保守的选择是 10000 次随机样本.

蒙特卡罗模拟的种子[1]. 为保证模型估计的稳定性, 应使用多个种子, 并将模型结果相互比较. 这里, 我们使用与第 7.2.1 节中相同的 CFA 模型进行方法比较. 与 Satorra-Saris 的方法不同, 总体数据生成和数据分析集成在同一个 Mplus 程序中. 在以上程序中, 总体数据生成模型在 MODEL POPULATION 指令中设定, 分析模型在 MODEL 指令中设定. 在这个例子中, 分析模型和总体数据生成模型设定在程序中是相同的. 但是, MODEL POPULATION 指令中设定的参数值是总体参数值, 而 MODEL 指令中设定的参数值是模型参数估计的起始值. OUTPUT 指令中的 TECH9 选项对每个随机样本的模型估计中可能会出现的错误提供信息, 例如, 模型估计不收敛或有不当解 (例如负方差、大标准误、绝对值大于 1 的相关系数). 本例中, 模型估计在每次复制时正常终止, 并且 TECH9 选项没有报告错误信息. 部分的模型输出如表 7.5 所示.

表 7.5 部分 Mplus 输出: CFA 模型的蒙特卡罗模拟

```
MODEL FIT INFORMATION
...
    Bayesian (BIC)

    Mean                                    2457.305
    Std Dev                                   44.528
    Number of successful computations        10000


        Proportions                  Percentiles
    Expected    Observed         Expected      Observed
       0.990       0.990         2353.720      2352.813
       0.980       0.979         2365.858      2364.454
       0.950       0.948         2384.061      2383.137
       0.900       0.898         2400.238      2399.847
       0.800       0.798         2419.831      2419.559
       0.700       0.703         2433.955      2434.288
       0.500       0.504         2457.305      2457.708
       0.300       0.307         2480.656      2481.503
       0.200       0.200         2494.780      2494.805
       0.100       0.097         2514.372      2513.771
       0.050       0.048         2530.549      2528.981
       0.020       0.018         2548.752      2547.106
       0.010       0.010         2560.891      2560.427
...
Chi-Square Test of Model Fit
```

---

[1] 默认情况下, 种子值为零.

Degrees of freedom		19	
Mean		19.912	
Std Dev		6.462	
Number of successful computations		10000	

Proportions		Percentiles	
Expected	Observed	Expected	Observed
0.990	0.993	7.633	7.983
0.980	0.984	8.567	8.911
0.950	0.958	10.117	10.416
0.900	0.917	11.651	12.146
0.800	0.833	13.716	14.386
0.700	0.740	15.352	16.052
0.500	0.556	18.338	19.248
0.300	0.358	21.689	22.880
0.200	0.251	23.900	25.170
0.100	0.134	27.204	28.615
0.050	0.071	30.144	31.569
0.020	0.028	33.687	35.007
0.010	0.015	36.191	37.532

RMSEA (Root Mean Square Error Of Approximation)

Mean		0.024
Std Dev		0.027
Number of successful computations		10000

Cumulative Distribution Function

Value	Function Value
0.990	1.000
0.980	1.000
0.950	1.000
0.900	1.000
0.800	1.000
0.700	1.000
0.500	1.000
0.300	1.000
0.200	1.000
0.100	0.997
0.050	0.782
0.020	0.540
0.010	0.498

CFI/TLI

CFI

Mean	0.992
Std Dev	0.012
Number of successful computations	10000

Cumulative Distribution Function

Value	Function Value
0.990	0.309
0.980	0.156
0.950	0.010
0.900	0.000
0.800	0.000
0.700	0.000
0.500	0.000
0.300	0.000
0.200	0.000
0.100	0.000
0.050	0.000
0.020	0.000
0.010	0.000

TLI

Mean	0.988
Std Dev	0.018
Number of successful computations	10000

Cumulative Distribution Function

Value	Function Value
0.990	0.371
0.980	0.251
0.950	0.050
0.900	0.002
0.800	0.000
0.700	0.000
0.500	0.000
0.300	0.000
0.200	0.000
0.100	0.000
0.050	0.000
0.020	0.000
0.010	0.000

SRMR (Standardized Root Mean Square Residual)

Mean		0.041
Std Dev		0.009
Number of successful computations		10000

Cumulative Distribution Function

Value	Function Value
0.990	1.000
0.980	1.000
0.950	1.000
0.900	1.000
0.800	1.000
0.700	1.000
0.500	1.000
0.300	1.000
0.200	1.000
0.100	1.000
0.050	0.852
0.020	0.002
0.010	0.000

...

MODEL RESULTS

		Population	ESTIMATES Average	Std. Dev.	S. E. Average	M. S. E.	95% Cover	% Sig Coeff
F1	BY							
X1		0.750	0.7453	0.0849	0.0841	0.0072	0.946	1.000
X2		0.750	0.7457	0.0856	0.0841	0.0074	0.945	1.000
X3		0.750	0.7456	0.0861	0.0842	0.0074	0.944	1.000
X4		0.750	0.7443	0.0855	0.0842	0.0074	0.945	1.000
F2	BY							
X5		0.750	0.7457	0.0840	0.0841	0.0071	0.947	1.000
X6		0.750	0.7457	0.0853	0.0842	0.0073	0.947	1.000
X7		0.750	0.7458	0.0840	0.0842	0.0071	0.950	1.000
X8		0.750	0.7452	0.0853	0.0842	0.0073	0.946	1.000
F1	WITH							
F2		0.300	0.2977	0.1023	0.1005	0.0105	0.939	0.817

Intercepts

续表

X1	0.000	0.0011	0.0907	0.0908	0.0082	0.946	0.054
X2	0.000	0.0006	0.0915	0.0908	0.0084	0.948	0.052
X3	0.000	0.0009	0.0906	0.0908	0.0082	0.946	0.054
X4	0.000	0.0020	0.0911	0.0908	0.0083	0.950	0.050
X5	0.000	-0.0006	0.0910	0.0908	0.0083	0.947	0.053
X6	0.000	-0.0006	0.0911	0.0909	0.0083	0.947	0.053
X7	0.000	-0.0008	0.0906	0.0908	0.0082	0.947	0.053
X8	0.000	0.0013	0.0913	0.0908	0.0083	0.949	0.051
Variances							
F1	1.000	1.0000	0.0000	0.0000	0.0000	1.000	0.000
F2	1.000	1.0000	0.0000	0.0000	0.0000	1.000	0.000
Residual Variances							
X1	0.440	0.4308	0.0765	0.0754	0.0059	0.933	1.000
X2	0.440	0.4299	0.0767	0.0754	0.0060	0.933	1.000
X3	0.440	0.4313	0.0769	0.0755	0.0060	0.935	1.000
X4	0.440	0.4333	0.0765	0.0756	0.0059	0.941	1.000
X5	0.440	0.4305	0.0767	0.0754	0.0060	0.933	1.000
X6	0.440	0.4318	0.0777	0.0755	0.0061	0.932	1.000
X7	0.440	0.4312	0.0774	0.0755	0.0061	0.933	1.000
X8	0.440	0.4320	0.0763	0.0755	0.0059	0.937	1.000

　　表 7.5 的上半部分是从蒙特卡罗模拟中选择的一些模型拟合统计量和指标的汇总信息. 在我们的示例中, 10000 次重复建模的平均模型卡方值约为 19.912, 标准误为 6.462. 表中 "Proportions Expected" 和 "Percentiles Expected" 列下的值分别是具有一定自由度 (此示例中为 $df = 19$) 的中心卡方分布的 α 值和相应的临界值. "Proportions Observed" 和 "Percentiles Observed" 列给出了在蒙特卡罗样本重复建模中观察到的相应值.

　　我们以表 7.5 中 "Chi-Square Test of Model Fit" 部分底部的倒数第三行为例. 该行中的值表明, 在 $\alpha = 0.05$ (第一列) 时, $df = 19$ 的中心卡方分布的临界值为 30.144 (第三列). 第二列的 0.071 表示, 在蒙特卡罗模拟的卡方值中有 7.1% 大于临界值 30.144. 0.071 很接近 $\alpha = 0.05$, 说明蒙特卡罗模拟的卡方分布很近似于理论分布. 第四列中的值 31.569 表示, 在蒙特卡罗模拟的卡方值中, 有 5% 大于 31.569. 对于其他拟合指标, 如对数似然函数、信息标准 (AIC、BIC、ABIC)、RMSEA 和 SRMR, 正态分布用来获取检验统计量的临界值 (Muthén & Muthén, 1998 — 2017).

　　这些信息可用于检查蒙特卡罗模拟的质量. 如果 "Proportions Observed" 和 "Percentiles Observed" 列中的值接近 "Proportions Expected" 和 "Percentiles

Expected" 列中的理论值, 我们得出分布非常近似的结论. 表 7.5 显示, 我们的蒙特卡罗模拟的结果良好.

在表 7.5 的 "MODEL RESULTS" 模型结果部分, 总体参数值报告在 "Population" 列下, 接下来是所有 10000 个样本/复制的参数估计的平均值, "Std. Dev." 列显示所有样本/复制中参数估计的标准差. 就像自助法一样, 特定参数在大量样本中参数估计的均值和标准差可以分别视为该参数及其标准差的自助法估计.

该表的 "S. E. Average" 列代表样本/复制的标准差估计的平均值; "M. S. E." 列代表每个参数的均方误差; "95% Cover" 列代表覆盖率, 表示 95% 置信区间覆盖了总体参数值的样本百分比 (覆盖率); 最后一列 "% Sig Coeff" 是参数估计值在 $\alpha = 0.05$ 水平时显著不等于零的样本/复制的百分比, 代表估计的统计功效.

在样本量为 $N = 120$ (见 Mplus 程序 7.7) 的情况下, 在我们的双因子 CFA 中拒绝错误假设 (例如 $\varphi_{12} = 0$) 并检验设定因子协方差 (例如 $\varphi_{12} = 0.30$) 的估计统计功效为 0.817 (见表 7.5 中 "MODEL RESULTS" 部分的 "F1 WITH F2" 行的 "%Sig Coeff"), 大于常用的切断值 0.80 (Cohen, 1988).

除了查看 Mplus 输出中 "% Sig Coeff" 列下的估计功效之外, 还需要检查三个标准以确定样本量是否足够大 (Muthén & Muthén, 2002): (1) 模型中任何参数的参数估计偏差和标准误偏差不应超过 10%; (2) 聚焦的参数估计偏差和标准误偏差 (standard error bias) 不应大于 5%; (3) 覆盖率应在 0.91 到 0.98 之间. 我们示例中聚焦的参数是因子协方差 (φ_{12}). 该参数估计的偏差百分比是通过从其平均参数估计值 (即 0.2977) 中减去其假设的总体参数值 (即 $\varphi_{12} = 0.30$), 然后除以其总体参数值计算的: $100 \times (0.2977 - 0.30)/0.30 = -0.77\%$, 远小于 5%. 该参数估计的标准误偏差百分比是通过从估计的标准误的平均值 (即 S. E. Average = 0.1005) 中减去参数估计的标准差 (即 Std. Dev. = 0.1023), 然后除以标准差计算的: $100 \times (0.1005 - 0.1023)/0.1023 = -1.76\%$, 也远小于 5%. 其他参数 (例如因子载荷) 估计的偏差及其标准误偏差可以用相同的方式计算, 它们都远小于它们的切断值 (即 10%). 对于第三个标准, 所有参数的覆盖值都在 0.91 到 0.98 之间. 因此, 我们满足了三个标准, 对于设计的 CFA 模型来说, $N = 120$ 是一个足够的样本量. 为了检查模型估计的稳定性, 我们使用了不同的种子来实现相同的蒙特卡罗模拟, 模型结果基本保持不变. 因此我们得出结论, 我们的蒙特卡罗模拟结果是稳定的.

Mplus 程序 7.7 以 $N = 50$ 到 $N = 150$ 的不同样本量重复运行, 检验因子协方差的估计统计功效如表 7.6 所示. 根据 Satorra-Saris 方法和蒙特卡罗模拟估计的样本量统计功效值绘制在图 7.3 中. 这两种方法提供了非常相似的结果. 当样本量较小时, 蒙特卡罗模拟的功效估计值略大于 Satorra-Saris 方法的功效估计值[1].

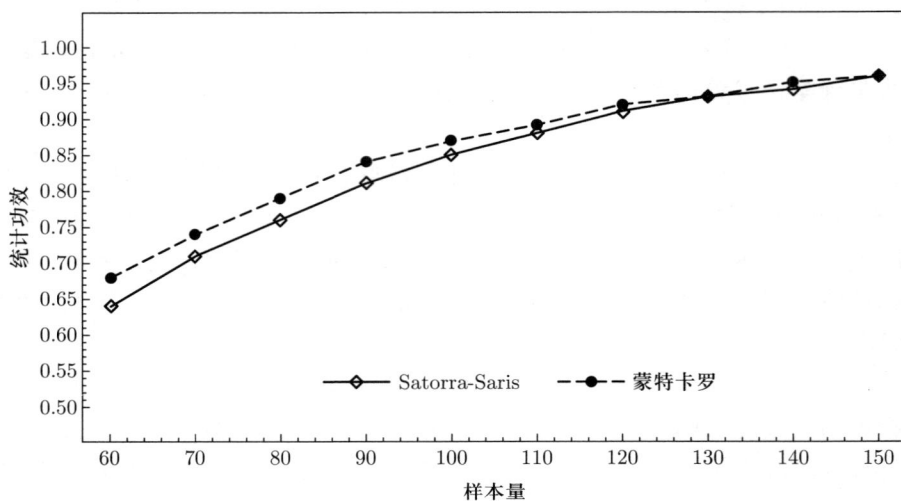

图 7.3　按样本量估算的 CFA 模型的统计功效: 蒙特卡罗模拟与 Satorra-Saris 方法比较

表 7.6　使用蒙特卡罗模拟按样本量估算统计功效: 检验 CFA 模型中的因子协方差

样本量 (N)	统计功效
50	0.49
60	0.55
70	0.60
80	0.66
90	0.70
100	0.74
110	0.78
120	0.82
130	0.84
140	0.87
150	0.89

---

[1] 根据 Muthén & Curran (1997), Satorra-Saris 方法的功效估计对于小样本量 (例如低于 100) 可信度较差.

7.4.2 蒙特卡罗模拟在 LGM 中的应用 (Application of Monte Carlo simulation to LGM)

在本节中, 我们将演示如何使用蒙特卡罗模拟对 LGM 进行功效分析和样本量估计, 并将结果与第 7.3.2 节中讨论的 Satorra-Saris 方法的结果进行比较. 我们关注的参数还是结局变化率 (即潜发展斜率因子 S). 在下面的蒙特卡罗模拟中, 我们估计检验 $S = 0.1$ 和样本量 $N = 110$ 的统计功效.

Mplus 程序 7.8

```
TITLE: Monte Carlo simulation for testing growth slope factor in a LGM
MONTECARLO:
  NAMES ARE Y1-Y6;
  NOBSERVATIONS = 110;
  NREPS = 10000;
  SEED = 12345;
MODEL POPULATION:
I S | Y1@0 Y2@1 Y3@2 Y4@3 Y5@4 Y6@5;
[Y1-Y6@0];
[I@0.2 S@0.1];
I@0.3;
S@0.1;
I WITH S@0.1;
Y1-Y6@0.5;
MODEL:
I S | Y1@0 Y2@1 Y3@2 Y4@3 Y5@4 Y6@5;
[Y1-Y6@0];
[I*0.2 S*0.1];
I*0.3;
S*0.1;
I WITH S*0.1;
Y1-Y6*0.5;
OUTPUT: TECH9;
```

其中, MONTECARLO 指令中的 NREPS 语句为模型模拟设定了 10000 个样本量为 $N = 110$ 的样本/复制. MODEL POPULARION 指令中为生成总体数据模型指定的假设总体参数值与 Mplus 程序 7.4 中设定的相同. 相同的参数值在 MODEL 指令的分析模型中被设定为起始值. OUTPUT 指令中的 TECH9 选项提供有关在模型估计中产生不正确解的样本/复制的信息.

表 7.7 显示 $N = 110$ 的样本量可以产生 0.834 的功效来检验 $S = 0.10$ 的结局变化率的统计显著性. 参数估计的精度非常好. 对于聚焦参数 S, 参数偏差百分比为 $100 \times [(0.1006 - 0.10)/0.10] = 0.6\%$, 标准误偏差百分比为 $100 \times [(0.0339 - 0.0346)/0.0346] = -2.02\%$; 两者都远低于 5% 的切断值. 另外, 覆盖率为 0.946, 介于 0.91 和 0.98 之间. 与 Satorra-Saris 方法不同, 蒙特卡罗斯模拟不仅为聚焦参数 (例如, 潜发展斜率因子 S) 提供功效估计, 还为模型中设定的所有自由参数提供功效估计. 例如, 拒绝基线零结局均值的错误假设 (即 $\mathrm{H}_0 : I = 0$) 的功效为 0.804; 拒绝初始结局水平和结局变化率之间零协方差的错误假设 (即 $\mathrm{H}_0 : \mathrm{Cov}(I, S) = 0$) 的功效为 0.960. 参数和标准误的偏差都很小, 每个参数的覆盖率也都很高. 每个模拟复制 (simulation replication) 如果有错误的话, 有关信息会在 Mpuls 输出中的 "TECHNICAL 9 OUTPUT" 部分打印. 例如, 在第 64 个模拟复制中, 潜变量协方差矩阵 (PSI) 的模型估计为非正定 (参见表 7.7 的底部). 在全部 10000 个样本/复制中, 大约有 3.5% 的模拟复制有这样的问题.

表 7.7   部分 Mplus 输出: LGM 的蒙特卡罗模拟

MODEL RESULTS

		Population	ESTIMATES Average	Std. Dev.	S. E. Average	M. S. E.	95% Cover	% Sig Coeff
I								
Y1		1.000	1.0000	0.0000	0.0000	0.0000	1.000	0.000
Y2		1.000	1.0000	0.0000	0.0000	0.0000	1.000	0.000
Y3		1.000	1.0000	0.0000	0.0000	0.0000	1.000	0.000
Y4		1.000	1.0000	0.0000	0.0000	0.0000	1.000	0.000
Y5		1.000	1.0000	0.0000	0.0000	0.0000	1.000	0.000
Y6		1.000	1.0000	0.0000	0.0000	0.0000	1.000	0.000
S								
Y1		0.000	0.0000	0.0000	0.0000	0.0000	1.000	0.000
Y2		1.000	1.0000	0.0000	0.0000	0.0000	1.000	0.000
Y3		2.000	2.0000	0.0000	0.0000	0.0000	1.000	0.000
Y4		3.000	3.0000	0.0000	0.0000	0.0000	1.000	0.000
Y5		4.000	4.0000	0.0000	0.0000	0.0000	1.000	0.000
Y6		5.000	5.0000	0.0000	0.0000	0.0000	1.000	0.000
I	WITH							
S		0.100	0.0995	0.0270	0.0268	0.0007	0.952	0.960

续表

Means							
I	0.200	0.2012	0.0719	0.0710	0.0052	0.945	0.804
S	0.100	0.1006	0.0346	0.0339	0.0012	0.946	0.834
Intercepts							
Y1	0.000	0.0000	0.0000	0.0000	0.0000	1.000	0.000
Y2	0.000	0.0000	0.0000	0.0000	0.0000	1.000	0.000
Y3	0.000	0.0000	0.0000	0.0000	0.0000	1.000	0.000
Y4	0.000	0.0000	0.0000	0.0000	0.0000	1.000	0.000
Y5	0.000	0.0000	0.0000	0.0000	0.0000	1.000	0.000
Y6	0.000	0.0000	0.0000	0.0000	0.0000	1.000	0.000
Variances							
I	0.300	0.2948	0.0806	0.0805	0.0065	0.938	0.987
S	0.100	0.0988	0.0179	0.0175	0.0003	0.931	1.000
Residual Variances							
Y1	0.500	0.4999	0.0899	0.0901	0.0081	0.944	1.000
Y2	0.500	0.5008	0.0790	0.0787	0.0062	0.945	1.000
Y3	0.500	0.4990	0.0782	0.0771	0.0061	0.941	1.000
Y4	0.500	0.4992	0.0830	0.0819	0.0069	0.937	1.000
Y5	0.500	0.4989	0.0938	0.0940	0.0088	0.943	1.000
Y6	0.500	0.5013	0.1216	0.1192	0.0148	0.939	0.999

...

```
TECHNICAL 9 OUTPUT

Error messages for each replication (if any)

REPLICATION 64:
WARNING: THE LATENT VARIABLE COVARIANCE MATRIX (PSI) IS NOT POSITIVE DEFINITE.
THIS COULD INDICATE A NEGATIVE VARIANCE/RESIDUAL VARIANCE FOR A LATENT VARIABLE,
A CORRELATION GREATER OR EQUAL TO ONE BETWEEN TWO LATENT VARIABLES, OR A LINEAR
DEPENDENCY AMONG MORE THAN TWO LATENT VARIABLES. CHECK THE TECH4 OUTPUT FOR MORE
INFORMATION.
PROBLEM INVOLVING VARIABLE S.
```

为了确定足够的样本量以达到至少 0.80 的功效, 该模型用不同样本量 (从 $N = 50$ 到 $N = 150$) 运行, 相应的统计功效估计值见表 7.8. 蒙特卡罗模拟与 Satorra-Saris 方法估计结果比较如图 7.4 所示. 两种方法的功效估计非常相似; 但蒙特卡罗模拟估计的统计功效值略大于 Satorra-Saris 方法的估计值.

表 7.8　使用蒙特卡罗模拟按样本量估算统计功效: 检验 LGM 中结局测量的变化率

样本量 (N)	统计功效
50	0.52
60	0.59
70	0.66
80	0.71
90	0.76
100	0.80
110	0.83
120	0.87
130	0.90
140	0.91
150	0.93

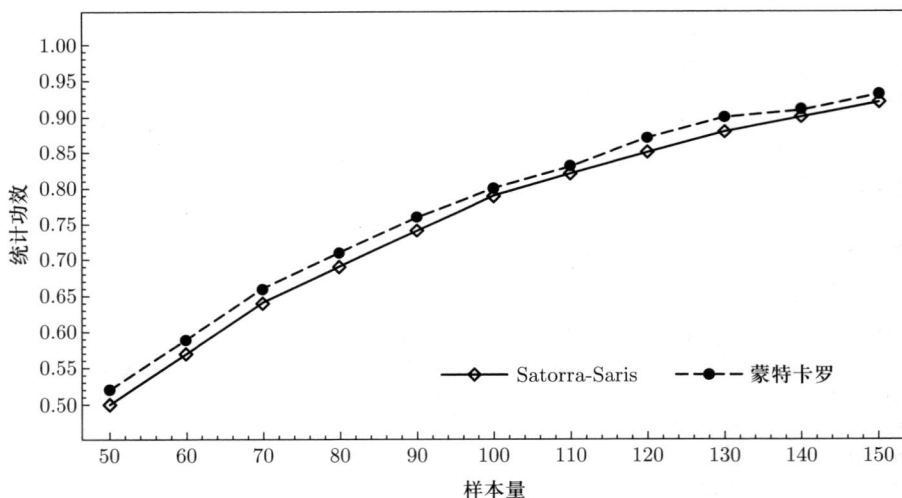

图 7.4　按样本量估算的 LGM 统计功效: 蒙特卡罗模拟与 Satorra-Sari 方法比较

7.4.3　蒙特卡罗模拟在带协变量的 LGM 中的应用 (Application of Monte Carlo simulation to LGM with covariate)

在纵向研究中, 研究人员通常对协变量如何影响结局发展轨迹感兴趣. 例如, 治疗或干预将如何影响结局测量随时间的变化. 在本节中, 我们通过在模型中加入二分类协变量 X (1 – 干预组; 0 – 对照组) 来修改上一节中讨论的 LGM. 我们重点关注的是多大的样本量能确保有足够大的统计功效 ($\geqslant 0.80$) 来检验干预对斜率发展因子 (S) 的效应显著性. 我们假设干预对结局测量的初始水平没有影响 (即, 研究对象在基线时被随机分配到干预组和对照组), 但对结局随时间的变化率有显著的正效应. 该模型在以下 Mplus 程序中设定.

Mplus 程序 7.9

```
TITLE: Monte Carlo simulation for LGM with a covariate
MONTECARLO:
  NAMES ARE Y1-Y6 X;
  NOBSERVATIONS = 180;
  NREPS = 10000;
  SEED = 12345;
  CUTPOINTS = X(0);!A binary variable with 50% cases in each category;
MODEL POPULATION:
[X@0]; X@1; !The binary var X is generated from a standardized z score;
I S | Y1@0 Y2@1 Y3@2 Y4@3 Y5@4 Y6@5;
[I@0.2 S@-0.05];
I@0.3;
S@0.0944;!Residual variance;
I WITH S@0.1;
Y1-Y6@0.5;
S ON X@0.15; !X has an effect on rate of outcome change;
MODEL:
I S | Y1@0 Y2@1 Y3@2 Y4@3 Y5@4 Y6@5;
[I*0.2 S*-0.05];
I*0.3;
S*0.0944;
I WITH S*0.1;
Y1-Y6*0.5;
S ON X*0.15;
OUTPUT: TECH9;
```

其中在 MONTECARLO 指令中设定样本量为 $N = 180$ 的 10000 个样本/复制, 以及任意随机数种子 (12345). 与 MONTECARLO 指令中的 CUTPOINTS 语句一起, MODEL POPULATION 指令中的 [X@0] 和 X@1 语句从标准正态分布中生成一个二分类变量 X. 正态值小于或等于 0 的观察值被赋值为 1, 否则赋值为 0, 因此, 变量 X 的均值为 0.50, 方差为 0.25. 干预组 ($X = 1$) 和控

制组 ($X = 0$) 各有 50% 的案例.

与 Mplus 程序 7.8 不同, Mplus 程序 7.9 设定了以下回归方程:

$$S = \alpha_0 + \alpha_1 X + e, \tag{7.1}$$

其中, S 是潜发展斜率因子, 它是一个随机系数; α_0, α_1 和 e 分别是 S 对 X 回归的截距、斜率和残差项. S 的方差表示如下:

$$\mathrm{Var}(S) = \alpha_1^2 \mathrm{Var}(X) + \mathrm{Var}(e). \tag{7.2}$$

从模型设定中我们知道 $\alpha_1 = 0.15$ (由 MODEL POPULATION 指令中的 S ON X@0.15 语句设定) 和 $\mathrm{Var}(X) = 0.25$, 为确保斜率发展因子的方差等于 Mplus 程序 7.8 中设定的 $\mathrm{Var}(S) = 0.10$, 我们需要设置误差方差 $\mathrm{Var}(e) = \mathrm{Var}(S) - \alpha_1^2 \mathrm{Var}(X) = 0.0944$, 这由上述 Mplus 程序中的 $S * 0.0944$ 语句设定. 注意, 方程 (7.1) 中变量 X 的斜率系数 $\alpha_1 = 0.15$ 表示干预组和对照组之间斜率发展因子 S 的平均值的差异. 将此差异除以斜率发展因子的标准差, 我们得到干预 (X) 的效应量 (Muthén & Muthén, 2002). 也就是说, 在 Mplus 程序 7.9 中, 我们为干预 (X) 设定了一个中等效应量[1]: $0.15/\sqrt{0.10} \approx 0.47$, 其中 0.10 是 Mplus 程序 7.8 中设定的斜率发展因子 S 的方差. 表 7.9 显示 $N = 180$ 的样本量将具有 0.826 的统计功效来检验这种中等大小的效应量.

表 7.9   部分 Mplus 输出: 蒙特卡罗模拟带协变量的 LGM

```
MODEL RESULTS
```

		Population	ESTIMATES Average	Std. Dev.	S. E. Average	M. S. E.	95% Cover	% Sig Coeff
I	|							
Y1		1.000	1.0000	0.0000	0.0000	0.0000	1.000	0.000
Y2		1.000	1.0000	0.0000	0.0000	0.0000	1.000	0.000
Y3		1.000	1.0000	0.0000	0.0000	0.0000	1.000	0.000
Y4		1.000	1.0000	0.0000	0.0000	0.0000	1.000	0.000
Y5		1.000	1.0000	0.0000	0.0000	0.0000	1.000	0.000
Y6		1.000	1.0000	0.0000	0.0000	0.0000	1.000	0.000
S	|							
Y1		0.000	0.0000	0.0000	0.0000	0.0000	1.000	0.000
Y2		1.000	1.0000	0.0000	0.0000	0.0000	1.000	0.000

---

[1] Cohen (1988) 为社会科学研究定义的小、中、大效应的一般定义为: 0.20 为小效应, 0.80 为大效应; 中等效应 (例如 0.50) 介于两者之间.

续表

Y3		2.000	2.0000	0.0000	0.0000	0.0000	1.000	0.000
Y4		3.000	3.0000	0.0000	0.0000	0.0000	1.000	0.000
Y5		4.000	4.0000	0.0000	0.0000	0.0000	1.000	0.000
Y6		5.000	5.0000	0.0000	0.0000	0.0000	1.000	0.000
S	ON							
X		0.150	0.1503	0.0522	0.0517	0.0027	0.948	0.826
I	WITH							
S		0.100	0.1001	0.0208	0.0206	0.0004	0.952	0.998
Means								
I		0.200	0.2003	0.0565	0.0556	0.0032	0.945	0.942
Intercepts								
Y1		0.000	0.0000	0.0000	0.0000	0.0000	1.000	0.000
Y2		0.000	0.0000	0.0000	0.0000	0.0000	1.000	0.000
Y3		0.000	0.0000	0.0000	0.0000	0.0000	1.000	0.000
Y4		0.000	0.0000	0.0000	0.0000	0.0000	1.000	0.000
Y5		0.000	0.0000	0.0000	0.0000	0.0000	1.000	0.000
Y6		0.000	0.0000	0.0000	0.0000	0.0000	1.000	0.000
S		-0.050	-0.0499	0.0368	0.0367	0.0014	0.948	0.276
Variances								
I		0.300	0.2968	0.0632	0.0631	0.0040	0.942	1.000
Residual Variances								
Y1		0.500	0.4998	0.0705	0.0701	0.0050	0.944	1.000
Y2		0.500	0.5009	0.0614	0.0614	0.0038	0.947	1.000
Y3		0.500	0.4993	0.0605	0.0603	0.0037	0.943	1.000
Y4		0.500	0.5000	0.0645	0.0641	0.0042	0.943	1.000
Y5		0.500	0.5013	0.0742	0.0735	0.0055	0.946	1.000
Y6		0.500	0.5004	0.0928	0.0925	0.0086	0.946	1.000
S		0.094	0.0929	0.0130	0.0131	0.0002	0.940	1.000

7.4.4 蒙特卡罗模拟在带缺失值的 LGM 中的应用 (Application of Monte Carlo simulation to LGM with missing values)

任何纵向研究几乎都不可避免地会遇到缺失值, 因为受试者可能会错过一次或多次后续访谈, 或者可能在某特定场合拒绝回答某些问题. 因此, 研究人员在其纵向研究设计中应始终考虑数据缺失问题. 在本节中, 我们将展示如何模拟纵向数据并估计 LGM 在给定样本量时的统计功效. 在示例中, 我们假设在

基线 T_1 时观察结局测量 Y_1 中没有缺失值, 然后缺失率随着时间的推移逐渐增加: T_2 时为 5%, T_3 时为 10%, T_4 时为 12%, T_5 时为 13%, T_6 时为 15%. 目前, 我们假设干预组和对照组在缺失率方面没有差异.

Mplus 程序 7.10

```
TITLE: Monte Carlo simulation for LGM with a covariate and missing values
       assuming the same rate of missingness in the intervention and
       control groups
MONTECARLO:
  NAMES ARE Y1-Y6 X;
  NOBSERVATIONS = 180;
  NREPS = 10000;
  SEED = 12345;
  CUTPOINTS = X(0);!A binary variable with 50% cases in each category;
  MISSING = Y1-Y6;
MODEL POPULATION:
[X@0]; X@1; !The binary var X is generated from a standardized z score;
I S | Y1@0 Y2@1 Y3@2 Y4@3 Y5@4 Y6@5;
[I@0.2 S@-0.05];
I@0.3;
S@0.0944;!Residual variance;
I WITH S@0.1;
Y1-Y6@0.5;
S ON X@0.15; !X has an effect on rate of outcome change;
MODEL MISSING:
[Y1*-15 Y2*-2.94 Y3*-2.20 Y4*-1.99 Y5*-1.90 Y6*-1.73];
MODEL:
I S | Y1@0 Y2@1 Y3@2 Y4@3 Y5@4 Y6@5;
[I*0.2 S*-0.05];
I*0.3;
S*0.0944;
I WITH S*0.1;
Y1-Y6*0.5;
S ON X*0.15;
OUTPUT: TECH9;
```

其中, MODEL MISSING 指令与 MONTECARLO 指令结合使用, 模拟数据中的缺失值[①]. 在生成缺失值时, 我们定义缺失为 1, 非缺失为 0, 则在时间点 t

---

① 不同的方法可以用来设定缺失值. 感兴趣的读者可以参考 Mplus 用户指南.

缺失的概率表示为 P_t. MODEL MISSING 指令中方括号中设定的值是不同时间点的 logit (或对数几率) 值. 对于给定的缺失概率, 相应的 logit 值定义为

$$\text{logit} = \ln \frac{P_t}{1 - P_t}. \tag{7.3}$$

对于我们示例中的六个重复测量 ($Y_1 - Y_6$), 每个时间点假设的缺失概率及其对应的 logit 值如表 7.10 所示. 因为我们假设基线结局测量中没有缺失值 (即 $P_1 = 0$), 对应于结局变量 Y_1 的 logit 是无限小. 我们设定 logit $= -15$ 可以确保缺失概率为零.

表 7.10   按缺失概率分类的 logit

时间点	缺失概率	logit
T_1	0.00	-15
T_2	0.05	-2.94
T_3	0.10	-2.20
T_4	0.12	-1.99
T_5	0.13	-1.90
T_6	0.15	-1.73

对于我们假设的较小缺失概率, 用同样的样本量 ($N = 180$), 相同的 LGM 估计的统计功效从原来的 0.826 略微降低到 0.812 (此处未报告 Mplus 输出), 略高于切断值 0.80. 这表明, 对于我们假设的缺失概率/损耗率, $N = 180$ 的样本量仍然足够大, 可以确保有足够大的功效来检验中等效应量. 我们鼓励读者以不同的缺失概率自行练习建模.

Mplus 允许随机缺失 (missing at random, MAR), 就是说, 缺失值可以允许与观察到的测量值 (如观察到的结局测量或协变量值) 相关联. 这是对缺失数据更合理的假设 (Foster & Fang, 2004). 在下面的 Mplus 程序中, 我们设定干预组和对照组有不同的缺失概率.

Mplus 程序 7.11

```
TITLE: Monte Carlo simulation for LGM with a covariate and missing values
       assuming different rate of missingness in the intervention and
       control groups
MONTECARLO:
  NAMES ARE Y1-Y6 X;
  NOBSERVATIONS = 180;
```

```
  NREPS = 10000;
  SEED = 12345;
  CUTPOINTS = X(0);!A binary variable with 50% cases in each category;
  MISSING = Y1-Y6;
MODEL POPULATION:
[X@0]; X@1; !The binary var X is generated from a standardized z score;
I S | Y1@0 Y2@1 Y3@2 Y4@3 Y5@4 Y6@5;
[I@0.2 S@-0.05];
I@0.3;
S@0.0944;!Residual variance;
I WITH S@0.1;
Y1-Y6@0.5;
S ON X@0.15; !X has an effect on rate of outcome change;
MODEL MISSING:
[Y1*-15 Y2*-2.94 Y3*-2.20 Y4*-1.99 Y5*-1.90 Y6*-1.73];
Y2-Y4 ON X@0; !No difference in rate of missingness between Trt groups;
Y5 ON X@-0.2;
Y6 ON X@-0.25;
MODEL:
I S | Y1@0 Y2@1 Y3@2 Y4@3 Y5@4 Y6@5;
[I*0.2 S*-0.05];
I*0.3;
S*0.0944;
I WITH S*0.1;
Y1-Y6*0.5;
S ON X*0.15;
OUTPUT: TECH9;
```

其中, 在 MODEL MISSING 指令中, 缺失值的 logit 被设定为协变量 X 的函数. 语句 Y2–Y4 ON X@0 表明, 干预组和对照组在时间点 T_2、T_3 和 T_4 的结局测量值 Y_2、Y_3 和 Y_4 的缺失率没有差异. 但在 T_4 之后假设缺失率有组间差异: 在 MODEL MISSING 指令中设定 Y_5 和 Y_6 对干预变量 X 回归, 斜率系数分别设置为 -0.20 和 -0.25. 就是说, 在 T_5 时, 干预组缺失值的发生比是对照组的 0.82 倍 $(\exp(-0.20) = 0.82)$; 在 T_6 时的对应数字为 $\exp(-0.25) = 0.78$. 以上 Mplus 程序结果显示, 在样本量为 $N = 180$ 时, 模型检验干预变量 X 的中等效应量 (0.47) 的统计功效约为 0.813 (此处未列表报告 Mplus 输出).

在本节中, 我们讨论并演示了如何估计 LGM 的统计功效和最小样本量. 与重复测量分析等传统方法相比, 运用 LGM 分析纵向数据将提供更大的统计

功效 (Muthén & Curran, 1997). 注意, 重复结局测量的数量对纵向研究的统计功效有重要作用. 例如, 如果我们在 Mplus 程序 7.11 中仅使用五个结局测量 (例如, $Y_1 - Y_5$) 进行模拟, 则统计功效将从 0.813 大幅降低到 0.736. 由于样本量和重复测量数之间存在权衡, 因此, 在样本量不够大时, 可以通过增加重复测量数来增强统计功效 (Diggle, Liang & Zeger, 1998).

7.5 基于模型拟合统计量/指标估计 SEM 的样本量 (Estimate sample size for SEM based on model fit statistics/indexes)

在本章的前几节中, 我们讨论并演示了如何根据检验不同的模型参数 (例如因子协方差、结局发展轨迹的斜率和效应量) 进行功效分析并估计模型所需的最小样本量. 一些新开发的 SEM 功效分析方法, 例如 MacCallum, Browne & Sugawara 方法 (MacCallum, Browne & Sugawara, 1996) 和 Kim 方法 (Kim, 2005), 基于检验模型的整体拟合指标来计算给定样本量的模型功效, 或估计能达到一定功效 (例如, 0.80) 所需的最小样本量. 在这些方法中, 一个非中心参数被定义为样本量和特定模型拟合指标的函数, 而模型拟合指标扮演效应量的角色. MacCallum, Browne & Sugawara 方法通过根据模型拟合指标 "近似的均方根误差" (RMSEA) 定义零假设来计算功效. MacCallum & Hong (1997) 后来扩展了该方法, 以使用 "拟合优度" (goodness-of-fit, GFI) 和 "调整的拟合优度" (adjusted goodness-of-fit, AGFI) 进行功效和样本量估计. Kim (2005) 开发了一些公式在给定功效情况下基于模型拟合指标 (例如 CFI、RMSEA、Steiger γ 和 MocDonald 拟合指标) 来计算样本量. Kim 方法允许研究人员根据以下模型拟合指标手动计算给定功效的最小样本量: CFI、RMSEA、Steiger γ 或 MocDonald 拟合指标. MacCallum, Browne & Sugawara 方法可以检验不同的假设, 例如非精确拟合 (not close fit)、精确拟合 (close fit) 和完美拟合 (exact fit) (MacCallum, Browne & Sugawara, 1996). 而 Kim 方法侧重于检验传统的完美拟合假设.

在 MacCallum, Browne & Sugawara 方法以及 Kim 方法的以下应用中, 我们以第二章图 2.2 所示的 CFA 模型为例估计合适的样本量以检验完美拟合 (例如, 给定 $\alpha = 0.05$, 功效为 0.80, 检验替代假设 H_1: RMSEA = 0.05 vs. 完美拟合零假设 H_0: RMSEA = 0). 这些方法不像 Satorra-Saris 方法和蒙特卡罗模拟那样需要有关总体参数的信息, 但需要有关模型自由度 (df) 的信息在给定所需功效的情况下计算最小样本量, 或在给定样本量的情况下估计统

计功效 (MacCallum, Browne & Sugawara, 1996; MacCallum & Hong, 1997; MacCallum, Browne & Cai, 2006; Kim, 2005). 要计算所研究模型的 df, 需要有关数据中的数据点以及模型中要估计的自由参数的信息. 以下是图 2.2 所示 CFA 模型中涉及的数据点、自由参数和 df 的信息:

- 数据点总数: 189, 其中包括
  - 观察标识的方差/协方差数: $18 \times (18 + 1)/2 = 171$
  - 观察标识的均值数: 18
- 自由参数: 57, 其中包括
  - 因子载荷数: $3 \times (6 - 1) = 15$
  - 观察标识的截距数: 18
  - 观察标识的误差方差数: 18
  - 因子方差数: 3
  - 因子协方差数: 3
- 自由度: $df = 132$

7.5.1　MacCallum, Browne & Sugawara 方法的应用 (Application of MacCallum, Browne & Sugawara's method)

Preacher & Coffman (2006) 的网站提供一个在线免费统计软件, 用 Mac-Callum, Browne & Sugawara 方法进行模型功效分析和样本量估计. 该网站生成的 R 代码提交给 Rweb, 这是 R (一个在线免费统计分析包) 的互联网的接口, 它接受提交的代码, 用 R 运行代码并返回输出. 该程序可以应用于 (1) 在给定样本量、df 和 α 水平的情况下计算 SEM 的统计功效; (2) 在给定 df 和 α 水平的情况下, 估计达到一定的功效 (例如, 0.80) 的最小样本量; (3) 计算检验两个嵌套模型之间差异的功效或样本量. 在我们的示例中, 我们估计在 $df = 132$ 和 $\alpha = 0.05$ 时, 达到 0.80 的统计功效所需的最小样本量. 因此, 我们在基于 Web 的程序中为 RMSEA 计算样本量的面板中设定了以下信息: $df = 132$, $\alpha = 0.05$, $H_0 : \text{RMSEA} = 0$, $H_1 : \text{RMSEA} = 0.05$, 所需功率 $= 0.80$ (见图 7.5), 并生成 R 代码, 然后将代码提交到 Rweb. 估计的样本量打印在 Rweb 输出的底部. Rweb 报告的估计样本量带小数, 因此, 它应该四舍五入到最接近的整数. 例如, 以下是我们示例中的部分 Rweb 结果:

```
Results from Rweb
...
Rweb:>minn<- newn
Rweb:> print(minn)
[1] 139.8438
Rweb:>
```

假设功效为 0.80, $\alpha = 0.05$ 和 $df = 132$, 模型达到 RMSEA $= 0.05$ 所需最小样本量约为 $N = 140$. 注意, 估计的样本量不仅适用于图 2.2 所示的 CFA 模型, 也适用于任何 $df = 132$ 的其他 SEM.

Compute Sample Size for RMSEA

Alpha	0.05
Degrees of Freedom	132
Desired Power	0.80
Null RMSEA	0
Alt. RMSEA	0.05

Generate R Code

```
#Computation of minimum sample size for test of fit

rmsea0 <- 0 #null hypothesized RMSEA
rmseaa <- 0.05 #alternative hypothesized RMSEA
d <- 132 #degrees of freedom
alpha <- 0.05 #alpha level
desired <- 0.8 #desired power
```

Submit above to Rweb

Erase R code

图 7.5 基于 RMSEA 估计样本量: 生成 R 代码并将其提交到 Rweb 网站

Preacher & Coffman (2006) 还开发了另一个基于网络的实用程序, 用于绘制图表来展示功效随样本量的变化. 设定运行制图程序的信息如图 7.6 所示, 程序的输出如图 7.7 所示.

Create a Plot for Power and Sample Size for RMSEA

Alpha	0.05
Degrees of Freedom	132
Lower Sample Size	50
Upper Sample Size	200
Step Size	10
Null RMSEA	0.00
Alt. RMSEA	0.05

```
#Power analysis for CSM

alpha <- 0.05 #alpha level
d <- 132 #degrees of freedom
nlow <- 50 #lower sample size
nhigh <- 200 #upper sample size
step <- 10 #steps between sample size
rmsea0 <- 0 #null hypothesized RMSEA
```

Submit above to Rweb

Erase R code

图 7.6 用图表展示功效随样本量的变化: 生成 R 代码并将其提交到 Rweb 网站

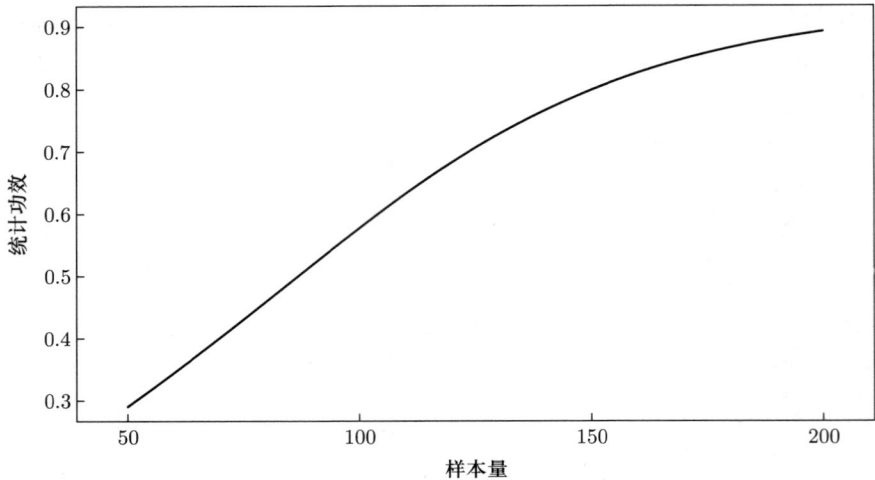

图 7.7 功效随样本量变化图

7.5.2 Kim 方法的应用 (Application of Kim's method)

Kim (2005) 基于模型拟合指标 CFI、RMSEA、Steiger & MocDonald 拟合指标开发了一些公式来计算给定功效的样本量. 这里我们只关注该方法基于 RMSEA 的应用. 下面是相应的计算公式:

$$N_{\text{RMSEA}} = \frac{\lambda}{(\text{RMSEA})^2 \cdot df} + 1, \tag{7.4}$$

其中, 样本量是非中心参数 λ、RMSEA 和 df 的函数. 对于给定的 df, 如果统计功效为 0.80 或 0.90, 则可以在表 7.11 中找到相应的 λ 值 (Kim, 2005). 对于表中未列出的 df, 可以使用 Kim (2005) 开发的 SAS 或 SPSS 程序计算非中心参数. 以下 SAS 程序计算给定 $df = 132$ 和功效 $= 0.80$ 的 λ 值.

表 7.11 在 $\alpha = 0.05$ 水平上随自由度和统计功效变化的非中心参数临界值

df	统计功效		df	统计功效	
	0.80	0.90		0.80	0.90
1	7.849	10.507	7	14.351	18.284
2	9.635	12.654	8	15.022	19.083
3	10.903	14.171	9	15.650	19.829
4	11.935	15.405	10	16.241	20.532
5	12.828	16.469	11	16.802	21.198
6	13.624	17.419	12	17.336	21.833

df	统计功效		df	统计功效	
	0.80	0.90		0.80	0.90
13	17.847	22.439	40	27.557	33.940
14	18.338	23.022	45	28.918	35.549
15	18.811	23.583	50	30.204	37.069
16	19.268	24.125	60	32.593	39.891
17	19.710	24.650	70	34.787	42.483
18	20.139	25.158	80	36.829	44.893
19	20.555	25.652	90	38.745	47.155
20	20.961	26.132	100	40.556	49.293
21	21.356	26.600	125	44.721	54.206
22	21.741	27.057	150	48.483	58.643
23	22.118	27.503	175	51.942	62.721
24	22.486	27.939	200	55.160	66.515
25	22.847	28.366	225	58.182	70.077
26	23.200	28.784	250	61.039	73.444
27	23.546	29.194	300	66.353	79.706
28	23.885	29.596	350	71.238	85.462
29	24.219	29.991	400	75.785	90.818
30	24.547	30.379	450	80.055	95.848
35	26.107	32.225	500	84.093	100.604

来源: 授权转载于 Kim (2005, 表 2).

SAS 程序 7.3

```
/***SAS Program for Calculating Chi-square noncentral parameter***/
datanoncent;
alpha = .05;
df = 132;
power = .80;
crit = cinv(1-alpha,df);
lambda = round(crit-df); *delta in Kim (2005, p.390);
times = 1;
direc = 1;
amount = 10;
do until (times = 8);
lambda = lambda + direc*amount;
pow = 1 - probchi(crit, df, lambda);
if (direc*(power-pow) <0) then do;
times = times + 1;
direc = -1 * direc;
```

```
amount = amount/10;
end;
end;
proc print data = noncent;
var df alpha power lambda;
run;
```

上述 SAS 程序计算出 $\lambda = 45.81$. 将 $\lambda = 45.81$、$df = 132$ 和所需的 RMSEA $= 0.05$ 代入方程 (7.4), 我们有

$$N_{0.05} = [45.81/(0.05^2 \times 132)] + 1 \approx 140.$$

使用 Kim 方法估计的模型达到 RMSEA $= 0.05$ 所需最小样本量约为 $N = 140$ 与 Preacher & Coffman (2006) 的网络程序估计的结果相同.

在本章中, 我们讨论并演示了在收集数据之前估计 SEM 统计功效和样本量的不同方法. 这称为先验或预期功效分析 (priori or prospective power analysis). 收集到数据后可以进行事后功效分析 (post-hoc power analysis), 使用获得的样本量和效应量来确定所研究模型的统计功效. 遗憾的是, 有时所需研究的手头数据可能没有足够大的样本量来确保感兴趣的模型具有足够的功效 (例如, 0.80). 不过, 这并不一定意味着研究人员除了描述性统计外对数据无能为力. 使用小样本建模时, 标准误通常有偏差, 模型拟合检验的统计功效和质量可能存在问题. 但是, 如果模型估计中不出现不收敛和不当解 (例如, 负方差估计), 则参数估计基本上是无偏的 (Chen, et al., 2001). 因此, 参数估计可以提供有关效应大小的有用信息, 可用于未来研究的功效分析; 此外, 它们还可用作蒙特卡罗模拟研究的总体参数假设值.

7.6　LCA 模型的样本量估计 (Estimate sample size for LCA model)

检验潜类别的统计功效对于运行 LCA 模型非常重要. 模拟研究表明, 小样本通常会导致潜类别提取不足 (latent class under-extraction) (Nylund, Asparouhov & Muthén, 2007; Wu, 2009; Yang, 2006). 然而, 有限混合模型的功效分析较为复杂, 因为它不仅涉及影响功效的常见因素 (例如, 显著性水平、效应量、样本量和统计检验方法), 而且还涉及类别数量, 类别比例, 类别规模, 观察标识/条目数量, 类别内的条目应答, 以及类别分离 (class separation) 水平等 (Dziak, Lanza & Tan, 2014). 遗憾的是, 文献中关于 LCA 模型的统计功效或所需样本量的研究较为缺乏. 对于使用二分类条目变量的 LCA 模型,

Formann (1984) 推荐了一条 "经验法则", 即最小样本量应不少于 2^k 个案例 (k 为条目数), 最好是 5×2^k.

Dziak, Lanza & Tan (2014) 使用自助法似然比 (BLR) 检验来处理在 LCA 中选择类别量的样本量和统计功效问题. 从蒙特卡罗模拟中, 作者发现两个检验效应量, Cohen's w (Cohen, 1988) 和 Kullback-Leibler 差异 (Kullback-Leibler discrepancy, KL) (Kullback & Leibler, 1951), 与 LCA 模型的 BLR 检验的功效密切相关. 基于广泛的蒙特卡罗模拟, 他们模拟了条目数 (J) 和类别数 (K) 的不同组合的功效曲线. 他们在 J 和 K 的特定组合的功效曲线中确定了一个常数 m 来估计样本量. 例如, 以下公式

$$m_{80}^{(w^2)} = N \times w^2 \tag{7.5}$$

表示在给定 Cohen's w 值的情况下功效超过 0.80 的最小 $N \times w^2$ 基准. 因此, 可以计算样本量:

$$N = \frac{m_{80}^{(w^2)}}{w^2}. \tag{7.6}$$

相应的 KL 公式为

$$m_{80}^{(\mathrm{KL})} = N \times \mathrm{KL}, \tag{7.7}$$

$$N = \frac{m_{80}^{(\mathrm{KL})}}{\mathrm{KL}}. \tag{7.8}$$

Dziak, Lanza & Tan (2014) 使用条目数 (J) 和类别数 (K) 的不同组合模拟了功效超过 0.80 和 0.90 时的 $N \times w^2$ 和 $N \times \mathrm{KL}$ 的值 (Dziak, Lanza & Tan, 2014, 表 4). 使用上述公式来估计最小样本量 N 需要一个效应度量值 (w 或 KL). Dziak, Lanza & Tan (2014) 开发了一个 SAS 宏程序, 用于估计带二分类条目变量的 LCA 的 w 和 KL 效应量. 在该宏程序中需要设定类别比例 (γ 参数) 和特定类别条目应答概率 (ρ 参数) 以估计 w 和 KL 效应量. 但是, 总体参数 γ 和 ρ 对于拟定的潜类别分析通常是未知的. 一个实用的方法是用 Dziak, Lanza & Tan (2014) 提供的表格得到对应于功效 0.80 或 0.90 的常数 m 值, 然后使用公式 (7.7) 或 (7.8) 计算检验该功效所需的样本量.

经 Dziak 博士和版权清算中心 (the Copyright Clearance Center) 的许可, 我们在本章中包含了 Dziak, Lanza & Tan (2014) 的表 4 涉及 Cohen's w 的部分 (见表 7.12). 下面, 我们示范如何使用表 7.12 和公式 (7.7) 估计带 5 个二分类条目的 LCA 的样本量. 假设目标总体中存在 3 个潜类别, 效应量[1] Cohen's

---

[1] Cohen (1988) 将 w 等于 0.1、0.3 和 0.5 的值分别定义为小、中和大效应量.

$w = 0.35$, 比较 3-类别模型与 2-类别模型时, 我们可以通过如下步骤计算获得目标功效 0.80 所需的样本量 N: 首先, 在表 7.12 中找出与 5 个条目和 3 个类别相关联的常数 m 的值, 即 $m_{80}^{(w^2)} = 17.9$. 然后, 使用公式 (7.6) 计算所需的样本量 $N = 17.9/0.35^2 \approx 146$. 就是说, 如果有至少 $N = 146$ 的样本量, 我们便有足够的功效确认总体中的 3 个潜类别. 我们可以重复计算各种效应量以生成功效曲线来指导科研设计中样本量的考虑. 用这样的方法可以比较 K-类 LCA 和 $(K - 1)$-类 LCA, 其中 K 从 2 变化到 K.

当前版本的 Dziak, Lanza & Tan 方法 (2014) 仅适用于无协变量的带二分类条目的 LCA. LCA 和其他混合模型的功效分析和样本量估计, 例如带多分类条目的 LCA、潜剖面分析 (LPA)、潜转换模型 (LTA) 和增长混合模型 (GMM) 等, 仍然是一个挑战. 关于 LCA 或其他混合模型的样本量的一个通常建议是避免高数据维度, 即避免在模型中使用大量标识变量/条目.

表 7.12　　基于自助模拟实验估计的常数 m

条目数	类别数	估计的 $m_{80}^{(w^2)}$	估计的 $m_{90}^{(w^2)}$
来自实验 1 的经验估计			
5	3	17.9	21.4
9	3	34.0	40.8
9	5	35.1	43.3
13	3	62.3	79.0
13	5	57.1	70.9
来自实验 2 的光滑经验估计			
4	任意	14.8	18.0
5	任意	16.2	19.9
6	任意	18.5	22.8
7	任意	22.0	27.1
8	任意	26.4	32.4
9	任意	30.8	38.0
10	任意	35.5	43.8
11	任意	40.4	49.6
12	任意	46.7	57.3
13	任意	54.6	67.3
14	任意	64.1	79.5
15	任意	74.3	92.7

注: $m_{80}^{(w^2)}$ 和 $m_{90}^{(w^2)}$ 分别代表从 Cohen's w 预测达到目标功效 0.80 和 0.90 所需 N 的常数.
来源: 授权转载于 Dziak, Lanza & Tan (2014) 表 4.

参考文献 (References)

具体文献信息可通过扫描以下二维码查看.

名词索引 (Index)

A

Akaike 信息标准 (Akaike's information criterion, AIC), 22, 321

B

BCH 方法 (BCH method), 339, 340

Bonferroni 校正 (Bonferroni correction), 353

半连续测量 (semi-continuous measure), 208

保留模型 (retained model), 409

暴露变量 (exposure variable), 150

贝叶斯 CFA (Bayesian CFA, BCFA), 76

贝叶斯估计 (Bayesian estimator), 16

贝叶斯后验参数分布 (Bayesian posterior parameter distribution), 157

贝叶斯后验参数轨迹图 (Bayesian posterior parameter trace plot), 157

贝叶斯后验预测检查 (Bayesian posterior predictive checking, BPPC), 24

贝叶斯结构方程模型 (Bayesian structural equation model, BSEM), 76

贝叶斯可信区间 (Bayesian credibility interval), 156

贝叶斯信息标准 (Bayesian information criterion, BIC), 22, 321

贝叶斯自相关图 (Bayesian autocorrelation plot), 157

比较拟合指数 (comparative fit index, CFI), 19

标度 (scale), 37, 165, 268

标度参数 (scale parameter), 287

标度校正卡方统计量 (rescaled χ^2 statistic), 15

标度校正卡方值差异 (scaled difference in χ^2), 63

标度校正因子 (scaling correction factor), 15, 64, 407

标度因子 (scale factor), 71, 216, 287, 289

标记标识 (marker indicator), 51

标记标识方法 (marker indicator method), 51

标记条目 (marker item), 253

标量 (scalar), 232

标识 (indicator), 3

标识变量 (indicator variable), 1, 37

标准差 (standardized deviation), 161

标准化 EPC (standardized EPC), 26

标准化均方根残差 (standardized root mean-square residual, SRMR), 21

标准化因子载荷 (standardized factor loading), 39

标准化因子载荷平方 (squared standardized factor loading), 55

标准误偏差 (standard error bias), 437

标准整数正交多项式 (standard integer orthogonal polynomial), 186

部分测量不变性 (partial measurement invariance), 290

C

参考标识/条目 (reference indicator/item), 253

参数限制方法 (parameter restriction approach), 231

参数因子分布 (parametric factor distribution), 397

测量变量 (measured variable), 3, 37

测量不变性 (measurement invariance), 32, 231, 232, 363

测量参数 (measurement parameter), 123, 231, 320

测量方程 (measurement equation), 9

测量模型 (measurement model), 31, 103, 104, 124, 362

测量伪像 (measurement artifact), 40

测量误差 (measurement error), 1, 32, 40

测量信度 (measurement reliability), 134

插补间方差 (between-imputation variance), 162

插补内方差 (within-imputation variance), 162

差拟合检验统计量 (badness-of-fit test statistic), 19

超参数 (hyperparameter), 77

超识别的 (over-identified), 11, 89

纯自然间接效应 (pure natural indirect effect), 149

纯自然直接效应 (pure natural direct effect), 149

次要参数 (minor parameter), 84

错误设定模型 (mis-specified model), 418

D

Delta 参数化 (Delta parameterization), 71, 217, 223, 293

单维性的指标 (index of unidimensionality), 95

单一总体/组 (single population/group), 230

单组模型 (single group model), 44, 104

等同限制 (equality restriction), 232, 363, 388

等同约束 (equality constraint), 243

点估计 (point estimate), 159

度量不变性 (metric invariance), 232, 250

断点 (break point), 192

堆积应答 (piling of response), 286

对称置信区间 (symmetric confidence interval), 146

对数几率 (log odds), 384

多层建模 (multilevel modeling), 230

多层模型 (multilevel model), 317

多次检验校正 (multiple testing correction), 353

多分类测量 (polytomous categorical measure), 68

多维性 (multidimensionality), 40

多项 logit 模型 (multinomial logit model), 337, 388

多项式函数 (polynomial function), 179

多序列相关 (polyserial correlation), 69, 216

多元 delta 方法 (multivariate delta method), 128

多元非正态性 (multivariate non-normality), 107

多元相关 (polychoric correlation), 69, 216

多重插补 (multiple imputation, MI), 17, 152, 339

多重共线性 (multicollinearity), 111, 215, 356

多重相关平方 (squared multiple correlation), 41

多总体/组 (multiple population/group), 230

多组 CFA (multi-group CFA), 231

多组 SEM (multi-group SEM), 231

多组二阶 CFA 模型 (multi-group second-order CFA model), 231

多组建模 (multi-group modeling), 71, 104, 230

多组模型 (multi-group model), 44, 416

多组配置模型 (multi-group configural model), 241

多组潜发展模型 (multi-group latent growth model), 229

多组潜剖面分析模型 (multi-group LPA model, MGLPA), 318

E

二分类测量 (binary measure), 69

二阶 CFA 模型 (second-order CFA model), 265

二阶测量参数不变性 (invariance of the second-order measurement parameter), 265

二阶结构参数不变性 (invariance of the second-order structural parameter), 265

二阶配置不变性 (second-order configural invariance), 265

二阶因子 (second-order factor), 88

二阶因子方差 (second-order factor variance), 265

二阶因子均值 (second-order factor mean), 265

二阶因子均值不变性 (invariance of the second-order factor mean), 275

二阶因子载荷 (second-order factor loading), 265

F

发展混合模型 (growth mixture model, GMM), 229, 318, 359

方法效应 (method effect), 38

非规范拟合指数 (non-normed fit index, NNFI), 20

非平衡数据 (unbalanced data), 164

非设定 LGM (unspecified LGM), 196

非识别的 (unidentified), 11

非随机误差 (non-random error), 161

非信息先验 (non-informative prior), 161

分布式打包 (distributed parceling), 39

分层结构数据 (hierarchically structured data), 317

分层因子结构 (hierarchical factorial structure), 265

分段多项式 (piece-wise polynomial), 179

分类远端结局 (categorical distal outcome), 348

分组变量 (grouping variable), 243

峰度 (kurtosis), 59

辅助变量 (auxiliary variable), 339

G

Gelman-Rubin 收敛标准 (Gelman-Rubin convergence criterion), 23

概念信度 (construct reliability), 41

高阶 CFA 模型 (higher-order CFA model), 32, 88, 266

高阶或分层 CFA 模型 (higher-order or hierarchical CFA model), 88

高阶因子不变性 (higher-order factorial invariance), 233

个体间变异 (between subject variation 或 inter-subject variation), 164

个体间模型 (between subject model), 203

个体内变异 (within subject variation 或 intra-subject variation), 164

个体内模型 (within subject model), 203

功效分析 (power analysis), 415

工具维度 (dimensionality of an instrument), 31

共线性 (collinearity), 182

孤立打包 (isolated parceling), 39

固定标记方法 (fixed marker method), 51

固定参数 (fixed parameter), 9

固定因子方法 (fixed factor method), 51, 55

固定因子载荷 (fixed factor loading), 232

观察变量 (observed variable), 37

H

合成测量 (composite measure), 38

合成分值 (composite score), 137

合理值 (plausible value, PV), 151

合理值数据集 (plausible value data set), 152

后验点估计 (posterior point estimate), 18

后验分布 (posterior distribution), 16, 80

后验概率 (posterior probability), 322, 327

后验预测 P 值 (posterior predictive P-value, PPP), 24, 77

后验预测检查 (posterior predictive checking, PPC), 84

混合模型 (mixture model), 316, 317

混合效应混合分布模型 (mixed-effect mixed distribution model), 208

混合因子分析 (mixture factor analysis, MFA), 397

I

IW 先验 (IW prior), 77

I 类错误 (type I error), 19

J

基线模型 (baseline model), 49, 234

加权最小二乘 (weighted least square, WLS), 69

检验二阶因子载荷的不变性 (testing invariance of second-order factor loading), 273

检验发展函数的不变性 (testing invariance of growth function), 311

检验间接效应的跨组不变性 (testing invariance of indirect effect across groups), 304

检验结构路径系数的跨组不变性 (testing invariance of structural path coefficient across groups), 300

检验配置不变性 (testing configural invariance), 232

检验潜发展因子均值不变性 (testing invariance of latent growth factor mean), 313

检验强测量不变性 (testing strong measurement invariance), 232, 255

检验弱测量不变性 (testing weak measurement invariance), 232, 250

检验严格测量不变性 (testing strict measurement invariance), 232, 257

检验因子方差不变性 (testing factor variance invariance), 259

检验因子均值不变性 (testing factor mean invariance), 263

检验因子协方差不变性 (testing factor covariance invariance), 261

简约模型 (parsimonious model), 23

间接效应 (indirect effect), 142

渐近标准误差 (asymptotical standard error), 26

渐近无分布估计法 (asymptotically distribution free estimator, ADF), 69

交叉因子载荷 (cross-factor loading), 39, 76

交互效应 (interaction), 385

结点 (knot), 192

结构不变性 (structural invariance), 232

结构参数 (structural parameter), 123, 231

结构方程 (structural equation), 6, 104, 124

结构路径系数 (structural path coefficient), 294

结构系数 (structural coefficient), 9

结构系数矩阵 (structural coefficient matrix), 8

结局发展轨迹 (outcome growth trajectory), 376

近似误差均方根 (root mean-square error of approximation, RMSEA), 20

精确拟合检验 (close fit test), 50, 56, 62, 170

经验贝叶斯方法 (empirical Bayesian approach), 77

经验法则 (rule of thumb), 416

经验欠识别 (empirically under-identification), 266

局部独立性 (local independence), 40, 76, 323, 353

局部依赖 (local dependence), 353

具体间接效应 (specific indirect effect), 129

聚类分析 (cluster analysis), 318, 355

均方根残差 (root mean-square residual, RMR), 21

均值调整 WLS 估计法 (mean-adjusted WLS estimator, WLSM), 69

均值调整最大似然 (mean-adjusted maximum likelihood, MLM), 62

均值和方差调整 WLS (mean and variance-adjusted WLS, WLSMV), 69

均值和协方差结构 (mean and covariance structure, MACS), 7, 44, 104, 419

均值结构 (mean structure), 44, 301

均值结构参数 (mean structural parameter), 242

均值离差 (deviation from the mean), 111, 143

K

Kernel 密度 (Kernel density), 158

Kolomogorov-Smirnov 检验 (Kolomogorov-Smirnov test, KS 检验), 23

可解释的共同方差指数 (explained common variance index, ECV), 95

跨类别测量不变性 (measurement invariance across class), 397

跨剖面不变 (invariant across profile), 360

跨潜类别不变性 (invariance across latent class), 351

跨组不变性 (invariance across groups), 231

L

Lanza 方法 (Lanza's method), 338, 340

Likert 测量 (Likert measure), 68

Lo-Mendell-Rubin 似然比 (Lo-Mendell-Rubin likelihood ratio, LMR LR) 检验, 321

老化迭代 (burn-in iteration), 158

类别分离 (class separation), 454

类内相关性 (intra-class correlation, ICC), 360

离差信息标准 (deviance information criterion, DIC), 25, 78, 84

联立方程模型 (simultaneous equations model), 6, 107

连续远端结局 (continuous distal outcome), 348

链接函数 (link function), 16, 75, 102, 216

两部式模型 (two-part model), 208

量表信度 (scale reliability), 41

列联表 (contingency table), 320

零协方差矩阵 (null covariance matrix), 418

路径分析 (path analysis), 6, 123

路径分析模型 (path analysis model), 153

路径图 (path diagram), 3

路径系数 (path coefficient), 231

M

Mardia 多变量偏度和峰度检验 (Mardia multivariate skewness and kurtosis test), 60

MIMIC 模型 (multiple indicators and multiple causes model), 35

马尔可夫链蒙特卡罗 (Markov Chain Monte Carlo, MCMC), 17, 77

马氏距离 (Mahalanobis distance), 60

蒙特卡罗模拟 (Monte Carlo simulation), 415

敏感性分析 (sensitivity analysis), 78, 84

名义变量 (nominal variable), 388

模拟复制 (simulation replication), 440

模型比较 (model comparison), 24

模型表述 (model formulation), 2

模型估计 (model estimation), 2

模型评估 (model evaluation), 2

模型识别 (model identification), 2, 37

模型修正 (model modification), 2

模型隐含方差/协方差矩阵 (model implied variance/covariance matrix), 21, 27

目标后验分布 (target posterior distribution), 157

目标总体 (target population), 317

N

内部一致性 (internal consistency), 33, 38, 44

内结点 (interior knot), 192

内容相似性 (content similarity), 38

内生标识 (endogenous indicator), 4, 40, 104

内生潜变量 (endogenous latent variable), 3, 89, 104

内生因变量 (endogenous dependent variable), 103

内生因子 (endogenous factor), 110

拟合不良指数 (badness-of-fit index), 21

O

Omega 分层系数 (Omega hierarchical coefficient, ωh), 95

Omega 分层子量表系数 (Omega hierarchical subscale coefficient, ωs), 95

欧几里得距离 (Euclidean distance), 318

P

配置不变性 (configural invariance), 231

配置模型 (configural model), 235, 405

偏差校正置信区间 (bias-corrected confidence interval), 128

偏度 (skewness), 59

频率论方法 (frequentist method), 16

平行测量 (parallel measure), 41, 100

平行发展过程 (parallel growth process), 202

剖面内条目均值 (within-profile item mean), 363

剖面转换 (profile transition), 374

Q

恰识别的 (just-identified), 89

恰识别模型 (just-identified model), 11, 273

潜变量 (latent variable), 1

潜变量合理值 (plausible value of latent variable), 17, 103

潜发展轨迹 (latent growth trajectory), 165

潜发展截距因子 (latent growth intercept factor), 165, 179

潜发展模型 (latent growth model, LGM), 164, 415

潜发展斜率因子 (latent growth slope factor), 165

潜发展因子 (latent growth factor), 165

潜类别变量 (latent class variable), 319

潜类别发展分析 (latent class growth analysis, LCGA), 396

潜类别分析 (latent class analysis, LCA), 318

潜类别提取不足 (latent class under-extraction), 454

潜类别因子分析 (latent class factor analysis, LCFA), 397

潜连续应答变量 (latent continuous response variable), 216

潜剖面分析 (latent profile analysis, LPA), 318, 319

潜相关 (latent correlation), 69

潜相关矩阵 (latent correlation matrix), 69

潜在标度缩减 (potential scale reduction, PSR), 23

潜在标准化方法 (latent standardization method), 37

潜转换分析 (latent transition analysis, LTA), 318, 359, 363

嵌套模型 (nested model), 320

强测量不变性 (strong measurement invariance), 232, 250

强偏态分布 (strongly skewed distribution), 159

峭度 (kurtosis), 416

全信息估计法 (full information estimator), 17

全信息最大似然 (full information maximum likelihood, FIML), 14, 43, 62, 167, 366

缺失数据模式 (missing data pattern), 50

缺失信息分率 (fraction of missing information, FMI), 154

缺失值插补不确定性 (uncertainty in missing value imputation), 17

群体同质性 (population homogeneity), 317

群体异质性 (population heterogeneity), 317

R

弱测量不变性 (weak measurement invariance), 231, 250

S

Schmid & Leiman 转换 (Schimd & Leiman transformation), 91

Schwarz 标准 (Schwarz criterion), 22

SEM 配置模型 (SEM configural model), 300

Sobel 检验 (Sobel test), 128

三步法 (3-step method), 338, 340, 385

三阶因子 (third-order factor), 88

删失测量 (censored measure), 32

删失数据 (censored data), 66

删失正态分布 (censored nomal distribution), 66

熵 (entropy), 322, 333, 356

时间变化协变量 (time-varying covariate), 177

时间分值 (time score), 165, 377, 428

事后功效分析 (post-hoc power analysis), 454

似然比 (likelihood ratio, LR), 24, 234

似然的全局最大值 (global maximum of the likelihood), 326

识别模型 (identified model), 11

收敛标准 (convergence criterion), 156

受访者驱动抽样 (respondent-driven sampling, RDS), 42

数据点 (data point), 11

数据缺失机制 (missing data mechanism), 14

数据相关先验 (data-dependent prior, DDP), 77

衰减因子 (attenuation factor), 161

双序列相关 (biserial correlation), 69, 216

双因子模型 (bifactor model), 32, 88

顺序发展过程 (sequential growth process), 202

随机缺失 (missing at random, MAR), 14, 43, 167, 447

随机误差 (random error), 40, 161

随机系数 (random coefficient), 166, 227

随机种子 (random seed), 327

T

Theta 参数化 (Theta parameterization), 71, 223, 293

Tucker Lewis 指数 (Tucker Lewis index, TLI), 20

探索性因子分析 (exploratory factor analysis, EFA), 31

特定域因子 (domain-specific factor), 93

条件 LGM (conditional LGM), 175

条件独立假设 (conditional independence assumption), 319

条件概率 (conditional probability), 355

条件平行发展过程 LGM (conditional parallel growth process LGM), 203

条件条目均值 (conditional item mean), 360

条件依赖 (conditional dependence), 353

条件应答概率 (conditional response probability), 356

调节变量 (moderating variable), 142

调节效应 (moderating effect), 103

调节中介效应 (moderated mediation effect), 141

条目 (item), 37

条目打包 (item parceling), 38, 59

条目对 (item pair), 353

条目对打包 (item pair parceling), 39, 58

条目功能差异 (differential item functioning, DIF), 113

条目信度 (item reliability), 41, 418

条目信度不变性 (invariance of item reliability), 232

条目应答 (item response), 356

条目阈值 (item threshold), 286

调整后的 ADF 卡方 (adjusted ADF χ^2), 15

调整后的 LMR LR (adjusted LMR LR, ALMR LR) 检验, 321

通用维度 (general dimension), 93

通用因子 (general factor), 93

同类测量 (congeneric measure), 41, 100

同质群体 (homogeneous population), 230

同质性 (homogeneity), 376

统计功效 (statistical power), 374, 415

W

Wald 检验 (Wald test), 355

外生变量 (exogenous variable), 103, 117

外生标识 (exogenous indicator), 4, 21, 40

外生潜变量 (exogenous latent variable), 4, 28

完全测量不变性 (full measurement invariance), 290

完全测量不变性模型 (full measurement invariance model), 286

完全随机缺失 (missing completely at random, MCAR), 14, 43, 216

伪类法 (pseudo-class method), 338

未识别模型 (unidentified model), 4

稳健估计法 (robust estimator), 16, 71, 301

稳健最大似然 (robust maximum likelihood, MLR), 62

无条件 LGM (unconditional LGM), 306

无条件概率 (unconditional probability), 360

无条件平行发展过程 LGM (unconditional parallel growth process LGM), 203

无条件潜类别模型 (unconditional latent class model), 416

无条件线性 LGM (unconditional linear LGM), 166

无条件自由时间分值 LGM (unconditional free time score LGM), 196

误差方差/协方差矩阵 (error variance/covariance matrix), 28

误差方差不变性 (error variance invariance), 232

X

系统性误差 (systematic error), 40

先决结点 (predetermined knot), 192

先验 (prior), 77

先验的后验预测 P 值 (prior posterior predictive P-value, PPPP), 84

先验方差 (prior variance), 156

先验分布 (prior distribution), 16

先验或预期功效分析 (priori or prospective power analysis), 454

线性潜发展斜率因子 (linear latent growth slope factor), 179

相对模型拟合统计量 (relative model fit statistic), 22

相对效率 (relative efficiency, RE), 154

相关矩阵 (correlation matrix), 40

相关因子模型 (correlated factor model), 88

小方差正态先验 (small-variance normal prior), 77

小先验 (small prior), 78

效应编码方法 (effect-coding method), 12, 37, 51

协变量之间的交互效应 (interaction effect between covariates), 111

协方差结构 (covariance structure, COVS), 6, 44, 104

信度 (reliability), 10

信息标准指数 (information criterion indice), 215, 321

信息先验 (informative prior), 81, 161

修正指数 (modification indice, MI), 25

虚拟变量 (dummy variable), 115

序数测量 (ordinal measure), 216

序数分类标识/条目 (ordinal categorical indicator/item), 286

序数分类结局 (ordinal categorical outcome), 15

Y

严格测量不变性 (strict measurement invariance), 232, 250

验证性因子分析 (confirmatory factor analysis, CFA), 4, 415

样本量调整的贝叶斯信息标准 (sample-size adjusted BIC, ABIC), 22

一般结构方程模型 (general structural equation model), 3, 8

一般因子 (general factor), 88

一步法 (one-step method), 337

一阶平稳转换 (first-order stationary transition), 362

一阶因子 (first-order factor), 88

一阶因子的截距 (intercept of the first-order factor), 265

一阶因子截距不变性 (invariance of the first-order factor intercept), 275

以案例为中心的分析方法 (case-centered analytical method), 317

以变量为中心的分析方法 (variable-centered analytical method), 317

异常值 (outlier), 59

因子不变性 (factorial invariance), 230

因子方差不变性 (invariance of factor variance), 241

因子分值 (factor score), 85, 151

因子分值确定性 (factor score determinacy), 44, 50

因子混合分析 (factor mixture analysis, FMA) 模型, 397

因子混合建模 (factor mixture modeling, FMM), 318

因子结构 (factorial structure), 31, 103

因子均值不变性 (invariance of factor mean), 233, 241

因子协方差不变性 (invariance of factor covariance), 233

因子有效性 (factorial validity), 33

因子载荷 (factor loading), 32, 39, 179

隐含方差/协方差矩阵 (implied variance/covariance matrix), 13

应答模式插补 (response pattern imputation), 43

应答依赖性 (response dependence), 40

有限混合模型 (finite mixture model), 317

有效性 (validity), 32, 33

有序测量 (ordinal measure), 68

有序分类结局 (ordered categorical outcome), 102

阈值或临界值 (threshold), 327

预期参数变化 (expected parameter change, EPC), 26, 56

远端结局 (distal outcome), 339, 385

Z

杂交潜变量模型 (hybrid latent variable model), 397

整体模型拟合检验 (overall model fit test), 18

正交 (orthogonal), 40

正交多项式 (orthogonal polynomial), 186

正交多项式函数 (orthogonal polynomial function), 179

正交分组因子 (orthogonal grouping factor), 88

正态先验 (normal prior), 156

直接效应 (direct effect), 142

中介变量 (mediating variable), 71

中介效应 (mediating effect), 103

中心卡方分布 (central χ^2 distribution), 417

主效应 (main effect), 111

自相关 (autocorrelation), 9

自由参数 (free parameter), 9

自由时间分值 (free time score), 179, 306

自由因子载荷 (free factor loading), 232

自助法似然比 (bootstrap likelihood ratio, BLR) 检验, 321

自助法置信区间 (bootstrap confidence interval), 146

自助样本 (bootstrap sample), 321

总间接效应 (total indirect effect), 129

总体参数 (population parameter), 11, 159

总体方差/协方差矩阵 (population variance/covariance matrix), 27

总效应 (total effect), 129, 148

总自然间接效应 (total natural indirect effect), 149

总自然直接效应 (total natural direct effect), 149

纵向潜剖面分析 (longitudinal latent profile analysis, LLPA), 318, 359

纵向数据分析 (longitudinal data analysis), 164

组群发展模型 (group-based development model), 396

组因子 (group factor), 93

最大似然 (maximum likelihood, ML), 13

最大限制的模型 (most restrictive model), 286

统计学丛书

书号	书名	著译者
9787040623116（平装） 9787040626407（精装）	结构方程模型：方法与应用（第二版）	王济川、王小倩、姜宝法
9787040607710	R 语言与统计分析（第二版）	汤银才 主编
9787040608199	基于 INLA 的贝叶斯推断	Virgilio Gomez-Rubio 著 汤银才、周世荣 译
9787040610079	基于 INLA 的贝叶斯回归建模	Xiaofeng Wang、Yu Ryan Yue、Julian J. Faraway 著 汤银才、周世荣 译
9787040604894	社会科学的空间回归模型	Guangqing Chi、Jun Zhu 著 王平平 译
9787040612615	基于 R-INLA 的 SPDE 空间模型的高级分析	Elias T. Krainski 等 著 汤银才、陈婉芳 译
9787040607666	地理空间健康数据：基于 R-INLA 和 Shiny 的建模与可视化	Paula Moraga 著 汤银才、王平平 译
9787040557596	MINITAB 软件入门：最易学实用的统计分析教程（第二版）	吴令云 等 编著
9787040588200	缺失数据统计分析（第三版）	Roderick J. A. Little、Donald B. Rubin 著 周晓华、邓宇昊 译
9787040554960	蒙特卡罗方法与随机过程：从线性到非线性	Emmanuel Gobet 著 许明宇 译
9787040538847	高维统计模型的估计理论与模型识别	胡雪梅、刘锋 著

书号	书名	著译者
9787040515084	量化交易：算法、分析、数据、模型和优化	黎子良 等 著 冯玉林、刘庆富 译
9787040513806	马尔可夫过程及其应用：算法、网络、基因与金融	Étienne Pardoux 著 许明宇 译
9787040508291	临床试验设计的统计方法	尹国圣、石昊伦 著
9787040506679	数理统计（第二版）	邵军
9787040478631	随机场：分析与综合（修订扩展版）	Erik Vanmarcke 著 陈朝晖、范文亮 译
9787040447095	统计思维与艺术：统计学入门	Benjamin Yakir 著 徐西勒 译
9787040442595	诊断医学中的统计学方法（第二版）	周晓华 等 著 侯艳、李康、宇传华、周晓华 译
9787040448955	高等统计学概论	赵林城、王占锋 编著
9787040436884	纵向数据分析方法与应用（英文版）	刘宪
9787040423037	生物数学模型的统计学基础（第二版）	唐守正、李勇、符利勇 著
9787040419504	R 软件教程与统计分析：入门到精通	Pierre Lafaye de Micheaux 等 著 潘东东、李启寨、唐年胜 译
9787040386721	随机估计及 VDR 检验	杨振海
9787040378177	随机域中的极值统计学：理论及应用（英文版）	Benjamin Yakir 著
9787040372403	高等计量经济学基础	缪柏其、叶五一
9787040322927	金融工程中的蒙特卡罗方法	Paul Glasserman 著 范韶华、孙武军 译
9787040348309	大维统计分析	白志东、郑术蓉、姜丹丹

书号	书名	著译者
9787040348286	结构方程模型：Mplus 与应用（英文版）	王济川、王小倩 著
9787040348262	生存分析：模型与应用（英文版）	刘宪
9787040321883	结构方程模型：方法与应用	王济川、王小倩、姜宝法 著
9787040319682	结构方程模型：贝叶斯方法	李锡钦 著 蔡敬衡、潘俊豪、周影辉 译
9787040315370	随机环境中的马尔可夫过程	胡迪鹤 著
9787040256390	统计诊断	韦博成、林金官、解锋昌 编著
9787040250626	R 语言与统计分析	汤银才 主编
9787040247510	属性数据分析引论（第二版）	Alan Agresti 著 张淑梅、王睿、曾莉 译
9787040182934	金融市场中的统计模型和方法	黎子良、邢海鹏 著 姚佩佩 译

购书网站：高教书城（www.hepmall.com.cn），高教天猫（gdjycbs.tmall.com），京东，当当，微店

其他订购办法：

各使用单位可向高等教育出版社电子商务部汇款订购。书款通过银行转账，支付成功后请将购买信息发邮件或传真，以便及时发货。购书免邮费，发票随书寄出（大批量订购图书，发票随后寄出）。

单位地址：北京西城区德外大街4号
电　话：010-58581118
传　真：010-58581113
电子邮箱：gjdzfwb@pub.hep.cn

通过银行转账：
户　名：高等教育出版社有限公司
开 户 行：交通银行北京马甸支行
银行账号：110060437018010037603